统计数据分析与应用丛书

统计分析与R

陈正昌　贾俊平　著

STATISTICS

中国人民大学出版社
· 北京 ·

图书在版编目（CIP）数据

统计分析与 R/陈正昌，贾俊平著．—北京：中国人民大学出版社，2016.11
统计数据分析与应用丛书
ISBN 978-7-300-23584-4

Ⅰ.①统… Ⅱ.①陈…②贾… Ⅲ.①统计分析-统计程序 Ⅳ.①C819

中国版本图书馆 CIP 数据核字（2016）第 270365 号

统计数据分析与应用丛书
统计分析与 R
陈正昌　贾俊平　著
Tongji Fenxi yu R

出版发行	中国人民大学出版社			
社　　址	北京中关村大街 31 号		**邮政编码**	100080
电　　话	010－62511242（总编室）			010－62511770（质管部）
	010－82501766（邮购部）			010－62514148（门市部）
	010－62515195（发行公司）			010－62515275（盗版举报）
网　　址	http://www.crup.com.cn			
	http://www.ttrnet.com(人大教研网)			
经　　销	新华书店			
印　　刷	北京鑫丰华彩印有限公司			
规　　格	185 mm×260 mm　16 开本	**版　　次**		2016 年 11 月第 1 版
印　　张	25.5 插页 1	**印　　次**		2016 年 11 月第 1 次印刷
字　　数	598 000	**定　　价**		52.00 元

前　言
Preface

精熟应用统计软件，是研究人员与数据分析人员须具备的基本能力。目前有许多统计软件可供选择，然而，多数都需要付费购买，也无法免费升级，通常不是个别人员可以负担得起的。幸好，在商业软件之外，R 提供了另一个选择。R 统计软件不仅免费，而且功能强大，包含众多的分析包，提供了绝大多数统计软件的全部分析方法，此外，R 还可以自行编写程序完成自建模型的求解和分析。甚至，像 SPSS 或 Stata 等统计软件也可以直接调用 R，扩充其分析功能。现在，R 正逐步成为统计分析的主流，国外也有大量的图书介绍 R 统计软件。

《统计分析与 R》是在陈正昌所著《SPSS 与统计分析》和《Minitab 与统计分析》（均由台北五南图书出版公司出版，前者亦由北京教育科学出版社出版简体版）的基础上，搭配最新版之 R 统计软件改写而成。本书包罗了多数的单变量统计方法，以及常用的多变量分析技术，主要供基础统计学及进阶统计学教学之用，也配合研究生及学者进行量化研究分析与撰写论文之需。

全书共分为九大部分。第一部分（第 1 章）是 R 的安装、数据处理及初步分析之简介。第二部分（第 2 章及第 3 章）是统计图表及描述统计。第三部分（第 4 章）是各种概率分布简介，也是本书各章统计方法的基础。第四部分（第 5 章及第 6 章）说明均值之区间估计及统计检验的基本概念。第五部分（第 7 章至第 15 章）为均值差异检验，分别针对 t 检验及各种方差分析加以说明。第六部分（第 16 章至第 18 章）是变量间的相关分析，包含简单相关、偏相关及典型相关。第七部分（第 19 章及第 20 章）为回归分析，包含简单及多元回归。第八部分（第 21 章及第 22 章）是卡方检验及定性变量的分析。第九部分（第 23 章至第 25 章）是量表的信度及效度分析。

第 7 章至第 25 章都涵盖七个重点。一是，每章开头提醒该种统计方法适用的情境，叙述虽然简短，却相当重要。二是，简要说明基本统计概念，建议读者仔细阅读这一节的内容。三是，使用各学科领域的范例数据，并提出研究问题及统计假设。四是，配合 R 进行分析，此部分说明如何使用程序套件及函数进行分析，并针对分析所得的结果逐一解读，对重要的统计量数说明计算方法。五是，针对目前各学术期刊都强调的效应量（effect size）加以介绍。六是，将分析发现以 APA 格式写成研究结果。七是，强调该种统计方法的基本假定，避免误用工具。

本书能够发行简体版，首先要感谢中国人民大学出版社慨允出版，贾俊平协助各项出版事宜。其次要感谢林素秋老师及黄俊维先生审阅初稿，并提出许多宝贵建议。教学过程中，学生对《SPSS 与统计分析》的回馈及提问，也使《统计分析与 R》更加完善，在此一并致谢。

本书主要的统计方法及分析结果解读由屏东大学陈正昌负责，第 1、第 4 两章及 R 命令的撰写由中国人民大学贾俊平负责。书中所有的统计图形都由我们亲自绘制，虽然投入许多心力，但是难免会有疏漏之处，敬请读者不吝来信指教（陈正昌的电子邮箱：chencc@mail. nptu. edu. tw）。

需要书中所用的数据文件，请到中国人民大学出版社工商管理分社网站（www. rdjg. com. cn），或是陈正昌的教学网站（http://faculty. nptu. edu. tw/～chencc/）的“个人著作”区下载。

屏东大学　陈正昌

中国人民大学　贾俊平

目　录

第 1 章 R 简介

R 是基于 R 语言的一种优秀统计软件. R 语言是一款统计计算语言，它根源于贝尔实验室开发的 S 语言. R 语言有许多优点，比如：

1. 与多数统计软件相比，R 语言是免费的.
2. 更新速度快，包含很多最新方法，而其他软件的更新需要比较长的时间.
3. R 提供丰富的数据分析技术，功能十分强大.
4. R 绘图功能强大，可以按照需求画出所需的图形对数据进行可视化分析.

1.1 R 的初步使用

1.1.1 R 的安装

在 CRAN 网站 http://www.r-project.org/上可以下载 R 的各种版本，包括 Windows、Linux 和 MacOX 三个版本，使用者可以根据自己的平台选择相对应的版本.

下载完成后，双击程序文件（.exe 文件）即可完成安装. 安装 R 后，启动 R（本书使用的是 3.3.0 版本）出现的开始界面如图 1—1 所示. 其中，显示了 R 的版本信息及一些简要的 R 软件说明.

R 命令（指令）要在提示符号“>”后输入，每次输入一条命令，按“Enter”后再输入下一条命令. 也可以连续输入多条命令，命令之间可以用分号“;”隔开. R 每次执行一条命令，也可以连续执行多条命令.

1.1.2 为对象赋值并运行

R 运行的是一个对象，在运行前需要给对象赋值. R 语言中标准的赋值符号是“<-”，也允许使用“=”进行赋值，但推荐使用更加标准的前者.

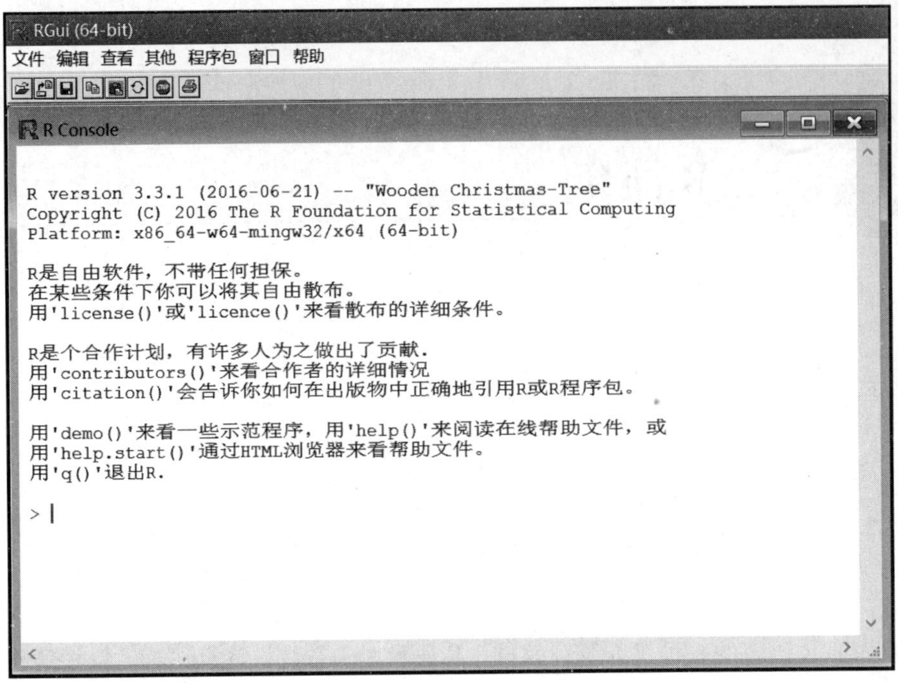

图 1—1 Windows 中的 R 界面

我们可以给对象赋一个值、一个向量、一个矩阵，或一个数据框. 比如，将数值 8 赋值给对象 x，将 5 个数据 75，82，93，68，95 赋值给对象 y，将数据框 table1_1 赋值给对象 z，命令如下：

```
x<-8                              # 将数值 8 赋值给对象 x
y<-c(75, 82, 93, 68, 95)          # 将 5 个数据赋值给对象 y
z<-table1_1                       # 将数据框 table1_1 赋值给对象 z
```

为对象赋值后，就可以对对象进行各种计算和绘图. 比如，要计算对象 y 的总和、均值和方差，命令如下（命令下一行即为输出结果）：

```
> sum(y)                          # 计算对象 y 的总和
[1] 413
> mean(y)                         # 计算对象 y 的均值
[1] 82.6
> var(y)                          # 计算对象 y 的方差
[1] 133.3
```

要绘制对象 y 的条形图，命令为：

```
> barplot(y,xlab="类别",ylab="计数",col=c(1:5))   # 绘制对象 y 的条形图,x 轴标签为“类
                                                     别”,y 轴标签为“计数”,每个条的颜色
                                                     为 R 颜色系中的 1~5 种颜色
```

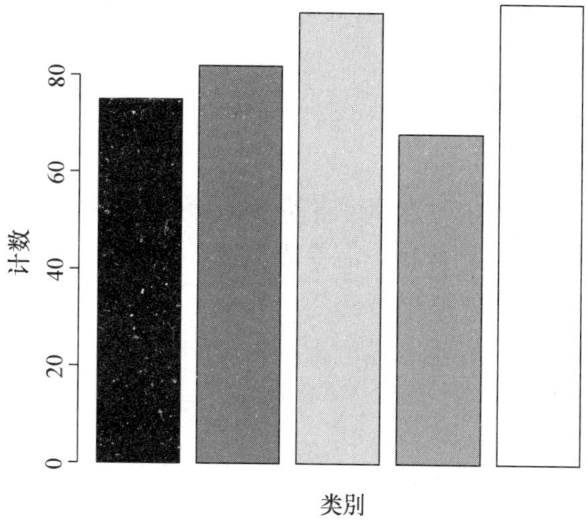

1.1.3　查看 R 的帮助文件

R 软件中的每个函数和包都有相对应的帮助说明，使用中遇到疑问时，可以随时查看帮助文件. 比如，要想了解 mean 函数的功能和使用方法，使用 help 或"?"命令查询该函数，命令为：

```
> help(mean)
> ? mean
```

R 软件就会输出 mean() 函数的具体说明，包括函数中参数设定、结果的结构、使用例子等内容. 当对一个函数不太清楚时，通过帮助文件，可以得到很大的协助.

1.1.4　包的安装和加载

R 中的包（package）是指包含 R 数据、函数等的集合. 目前，R 中有 9 000 多个包. 大部分统计分析都可以通过已有的 R 包来实现. 一个 R 包中可能包含多个函数，能做多种分析，而对于同类问题的分析也可以使用不同的包来实现，使用者可根据个人需要和偏好来选择所用的包.

在安装 R 时，附带了一系列默认包（包括 base，datasets，utils，grDevices，graphics，stats 以及 methods），它们提供了种类繁多的默认函数和数据集，分析时直接加载这些包，即可使用. 其他包可经由下载来进行安装. 使用函数 library() 则可以显示你的 R 中已经安装了哪些包.

在使用 R 时，可根据需要随时在线安装所需的包. 比如，要安装包 car（Companion to Applied Regression)，命令为：

```
> install.packages("car")                    # 安装包 car
```

要同时安装多个包，比如要安装 car 和 vcd（Visualizing Categorical Data）两个包，命令为：

```
> install.packages(c("car", "vcd"))                # 同时安装 car 和 vcd 两个包
```

输入命令后，选择相应的镜像点即可自动完成包的下载和安装.

在完成包的安装后，要使用该包，需要先使用 library() 或 require() 函数加载这个包. 比如，要使用 car 包，执行命令：

```
> library(car)                                     # 载入包 car(二择一)
> require(car)                                     # 载入包 car
```

要查看包的使用说明，使用命令：

```
> help(package = "package_name")                   # 查看加载包的帮助文件
```

R 可以输出某个包的简短描述以及包中的函数名称和数据集名称的列表，使用函数 help() 可以查看其中任意函数或数据集的更多细节.

本书各章将使用以下 R 包，建议读者先行安装，以方便随时调用，也避免不能连网无法分析的情况.

● agricolae	● biotools	● BSDA	● car	● CCP
● compute.es	● corpcor	● DescTools	● DTK	● effects
● ez	● foreign	● ggm	● GPArotation	● gplots
● heplots	● lavaan	● lm.beta	● lsr	● multcomp
● onewaytests	● openxlsx	● pastecs	● phia	● plyr
● psych	● reshape	● Rmisc	● semPlot	● subselect
● userfriendlyscience	● vcd	● xlsx	● yacca	

1.2 数据的读入与保存

1.2.1 读取 R 格式数据

如果要在 R 中分析数据，可以在 R 中直接输入数据，也可以读取已有的数据文件. 如果是已有的数据，在运行程序时，首先需要将数据读入 R. R 可以读入很多类型的数据文件，包括 Excel，SPSS，SAS，Stata 数据等.

如果数据已存为 R 数据格式，读取 R 数据文件的命令为：

```
> load("mydata.RData")
```

在 mydata 中需要说明文件存放的路径和文件名，注意路径中分隔符是“\\”或者

"/". 比如，要将存放在 C：/mydata/chap01/目录下的 R 文件 table1 _ 1 读入 R，命令为：

```
> load("C:/mydata/chap01/table1_1.RData")
```

1.2.2　读取 Excel 和 SPSS 文件

有时，已有的数据已存为其他格式，如 Excel 或 SPSS 格式，在分析时需要先将其读入 R. 假定下面的表 1—1 是以 Excel 或 SPSS 格式存储的数据文件，并已存放在 C:/mydata/chap01/目录下，取名为 table1 _ 1，即路径为："C:/mydata/chap01/table1_1".

表 1—1　　　　10 名学生 5 门课程的考试分数

学生姓名	统计学	数学	营销学	管理学	会计学
张青松	68	85	84	89	86
王奕翔	85	91	63	76	66
田新雨	74	74	61	80	69
徐丽娜	88	100	49	71	66
张志杰	63	82	89	78	80
赵颖睿	78	84	51	60	60
王智强	90	78	59	72	66
宋媛婷	80	100	53	73	70
袁四方	58	51	79	91	85
张建国	63	70	91	85	82

使用包"xlsx"或"openxlsx"可以读入 Excel 数据，使用包"foreign"则可以读入 SPSS 数据（注：如果数据中有中文，读取时会有错误）. 命令为：

```
# 读取 Excel 数据-1
> install.packages("xlsx")                       # 下载并安装 xlsx 包
> library(xlsx)                                  # 载入 xlsx 包
> table1_1<-read.xlsx("C:/mydata/chap01/table1_1.xlsx", as.data.frame=TRUE)
                                                 # 读取 Excel 数据，存入 table1_1 对象
# 读取 Excel 数据-2
> install.packages("openxlsx")                   # 下载并安装 openxlsx 包
> library(openxlsx)                              # 载入 openxlsx 包
> table1_1<-read.xlsx("C:/mydata/chap01/table1_1.xlsx")
                                                 # 读取 Excel 数据，存入 table1_1 对象
# 读取 SPSS 数据
> install.packages("foreign")                    # 安装 foreign 包
> library(foreign)                               # 载入 foreign 包
> table1_1<-read.spss(file="C:/mydata/chap01/table1_1.sav", use.value.labels=TRUE, to.
data.frame=TRUE)                                 # 读取 SPSS 数据，存入 table1_1 对象
```

也可以先将 Excel 或 SPSS 格式数据存为 csv 格式数据（以逗号分隔的文本文件），并将其存放在指定路径的文件中. 比如，将表 1—1 存为 csv 格式，存放路径为："C:/mydata/chap01/table1_1.csv".

然后，在 R 中读取 csv 文件. 如果 csv 文件中包含标题（即变量名，如 table1 _ 1 的"学生姓名"和"统计学""数学"等课程名称），使用以下命令：

```
> table1_1<-read.csv("C:/mydata/chap01/table1_1.csv")
```

如果 csv 文件中不包含标题，使用以下命令：

```
> table1_1<-read.csv("C:/mydata/chap01/table1_1.csv",header=FALSE)
```

这样，以 csv 格式存放的 table1 _ 1 就被读入到 R 中，可以进行各种分析了.

如果要将读入的数据存为 R 数据格式，使用 save 函数可将该数据存为一个 R 文件. 比如，将读入的 table1 _ 1 数据以 R 格式存放在指定的目录"C:/mydata/chap01"下，并命名为 table1 _ 1. RData，命令为：

```
> save(table1_1,file="C:/mydata/chap01/table1_1.RData")
```

其中，file=" " 指定文件的存放路径和名称. 后缀名必须是". RData". 这样表 1—1 就已经被存为一个名为 table1 _ 1 的 R 数据文件了.

1.2.3 在 R 中查看数据

将数据载入 R 时，R 并不显示该数据. 如果要在 R 中看 table1 _ 1 的数据，使用命令：

```
> load("C:/mydata/chap01/table1_1.RData")          # 加载数据框 table1_1
> table1_1                                         # 查看 table1_1 的全部数据
   学生姓名 统计学 数学 营销学 管理学 会计学
1   张青松    68    85    84    89    86
2   王奕翔    85    91    63    76    66
3   田新雨    74    74    61    80    69
4   徐丽娜    88   100    49    71    66
5   张志杰    63    82    89    78    80
6   赵颖睿    78    84    51    60    60
7   王智强    90    78    59    72    66
8   宋媛婷    80   100    53    73    70
9   袁四方    58    51    79    91    85
10  张建国    63    70    91    85    82
> head(table1_1, 5)                                # 查看 table1_1 的前 5 行数据
   学生姓名 统计学 数学 营销学 管理学 会计学
1   张青松    68    85    84    89    86
2   王奕翔    85    91    63    76    66
3   田新雨    74    74    61    80    69
4   徐丽娜    88   100    49    71    66
5   张志杰    63    82    89    78    80
```

```
> tail(table1_1)                                    # 查看table1_1的最后几行(默认值为后6行)数据

   学生姓名 统计学 数学 营销学 管理学 会计学
5    张志杰     63   82     89     78     80
6    赵颖睿     78   84     51     60     60
7    王智强     90   78     59     72     66
8    宋媛婷     80  100     53     73     70
9    袁四方     58   51     79     91     85
10   张建国     63   70     91     85     82
```

如果要对数据框或矩阵做转置处理（行列互换），使用命令：

```
> t(table1_1)                                       # 将数据框table1_1转置
```

1.3 数据的使用和编辑

有时，我们要对一个数据框（表1—1就是一个数据框）的某个或某些变量进行分析，就需要指定这些特定的分析变量.

1.3.1 选定数据框（或矩阵）的行或列进行分析

比如，要对数据框table1＿1的某个特定的列或变量进行分析，例如计算均值，可以使用以下命令：

```
> load("C:/mydata/chap01/table1_1.RData")          # 加载数据框table1_1
> table1_1[,2]                                      # 选定数据框table1_1的第2列
或
> table1_1$统计学                                   # 选定数据框table1_1的“统计学”变量
> mean(table1_1[,2])                                # 对数据框table1_1的第2列求均值
[1] 74.7
或
> mean(table1_1$统计学)                             # 对数据框table1_1的“统计学”求均值
[1] 74.7
```

再比如，要选定矩阵matrix1＿1的第5行，使用命令：

```
> matrix1_1[5,]                                     # 选定矩阵matrix1_1的第5行
```

1.3.2 编辑数据框

有时需要对数据框中的变量名或数据进行编辑，并用编辑后的数据覆盖原有的数据.

1.3.2.1 变量的重新命名

比如，将数据框table1＿1中的“学生姓名”重新命名为“姓名”，将“统计学”重新命名为“统计”，命令为：

```
> load("C:/mydata/chap01/table1_1.RData")                # 加载数据框 table1_1
> library(reshape)                                       # 载入包 reshape
> rename(table1_1,c(学生姓名 = "姓名",统计学 = "统计"))      # 对变量重新命名
```

1.3.2.2 编辑已有数据框中的数据并保存覆盖旧数据

比如，将 table1 _ 1 中的“学生姓名”修改为“姓名”，将“统计学”修改为“统计”，并保存覆盖原数据框. 命令为：

```
> load("C:/mydata/chap01/table1_1.RData")                     # 加载数据框 table1_1
> newdata<-edit(table1_1)                                     # 打开并编辑数据,然后 close
> table1_1<-newdata                                           # 修改并覆盖旧数据
> save(table1_1, file = "C:/mydata/chap01/table1_1.RData")    # 保存修改后的数据
> table1_1[1:3,]                                              # 查看前 3 行
  姓名   统计  数学 营销学 管理学 会计学
1 张青松  68   85   84    89    86
2 王奕翔  85   91   63    76    66
3 田新雨  74   74   61    80    69
```

1.3.3 创建一个新数据框并编辑数据

在 R 中创建一个新数据框，编辑数据，并将其保存在指定路径的文件中. 比如，创建一个包含“性别”和“年龄”两个变量的数据框，其中“性别”为文字型，“年龄”为数值型，并命名为 newdata，编辑数据后将其保存在“C:/mydata/chap01”中. 命令为：

```
> newdata<-data.frame(性别 = character(0),年龄 = numeric(0))     # 创建数据框 newdata
> newdata<-edit(newdata)                                        # 编辑数据框 newdata
> save(newdata,file = "C:/mydata/chap01/newdata.RData")         # 保存数据框 newdata
```

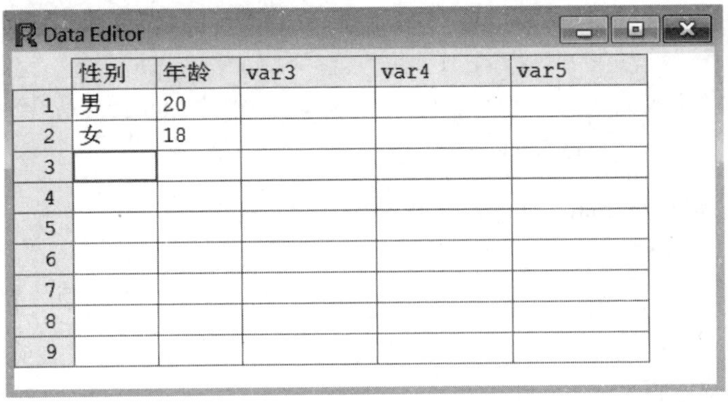

1.3.4 缺失值的处理

在问卷调查中，经常出现未作答的情况，这样，在数据集中就会出现缺失值. 在 R 中，缺失值用 NA（Not Available）表示. 使用函数 is. na() 可以检测数据集中是否存在

缺失值．下面的文本框显示了使用函数 is. na() 的例子．

```
> x<-c(2, 4, 6, NA)                    # 带有缺失值的向量 x
> is.na(x)                             # 检测向量中的缺失值
[1] FALSE FALSE FALSE TRUE             # 返回向量,缺失值的位置为 TRUE,不是缺失值的位
                                         置为 FALSE
```

在分析数据集时，需要移出这些缺失值，因为对含有缺失值的数据集使用函数或表达式计算时，也会得到缺失值．比如，对 x 求和，也会得到 NA，所以需要先将缺失值移出，再做分析，如下面的文本框所示．

```
> x<-c(2, 4, 6, NA)                    # 带有缺失值的向量 x
> sum(x)                               # 对 x 求和
[1] NA
> y<-sum(x, na.rm = TRUE)              # 移出向量中的缺失值后再求和,并存入 y 对象中
> y                                    # 展示 y 对象内容
[1] 12
```

如果一个数据框中的多个变量有缺失值，比如，假定在数据框 table1＿1 中有两门课程有缺失值（另存为新文件 table1＿11），可以通过函数 na. omit() 移出所有含有缺失值的列，然后再做分析，如下面的文本框所示．

```
> load("C:/mydata/chap01/table1_11.RData")        # 加载带有缺失值的数据框 table1_11
> table1_11                                       # 展示数据框 table1_11
   学生姓名 统计学 数学 营销学 管理学 会计学
1   张青松    68    85    84     89     86
2   王奕翔    85    91    63     76     66
3   田新雨    74    74    61     80     69
4   徐丽娜    88   100    49     71     66
5   张志杰    63    82    89     78     80
6   赵颖睿    78    84    51     60     60
7   王智强    90    78    59     NA     NA
8   宋媛婷    80   100    53     NA     NA
9   袁四方    58    51    79     91     85
10  张建国    63    70    91     85     82
> ntable1_11<-na.omit(table1_11); ntable1_11      # 移出数据框中有缺失值的所有行
   学生姓名 统计学 数学 营销学 管理学 会计学
1   张青松    68    85    84     89     86
2   王奕翔    85    91    63     76     66
3   田新雨    74    74    61     80     69
4   徐丽娜    88   100    49     71     66
5   张志杰    63    82    89     78     80
6   赵颖睿    78    84    51     60     60
9   袁四方    58    51    79     91     85
10  张建国    63    70    91     85     82
> save(ntable1_11, file = "C:/mydata/chap01/ntable1_11.RData")
                                          # 保存移出缺失值后的数据框 ntable1_11
```

1.4 数据转换

1.4.1 数据类型的转换

为满足不同分析的需要，有时要将一种数据结构转换为另一种数据结构. 比如，要把数据框转换为矩阵，或者把矩阵转换为数据框，把数据框或矩阵转换为向量，等等. 例如，要把以 R 格式存放的 table1 _ 1 数据框转换为名为 matrix1 _ 1 的矩阵，并保存该矩阵，命令为：

```
> load("C:/mydata/chap01/table1_1.RData")              # 加载数据框 table1_1
> matrix1_1 = as.matrix(table1_1[,2:6])                # 转换为矩阵 matrix1_1
> rownames(matrix1_1) = table1_1[,1]                   # 矩阵的行名为 table1_1 第 1 列的名称
> save(matrix1_1, file = "C:/mydata/chap01/matrix1_1.RData")
                                                       # 保存矩阵文件
> matrix1_1                                            # 查看矩阵
       统计学 数学 营销学 管理学 会计学
张青松     68   85     84     89     86
王奕翔     85   91     63     76     66
田新雨     74   74     61     80     69
徐丽娜     88  100     49     71     66
张志杰     63   82     89     78     80
赵颖睿     78   84     51     60     60
王智强     90   78     59     72     66
宋媛婷     80  100     53     73     70
袁四方     58   51     79     91     85
张建国     63   70     91     85     82
> colSums(matrix1_1[,1:5])                             # 对矩阵 matrix1_1 的第 1 列到第 5 列求和
统计学 数学 营销学 管理学 会计学
  747  815    679    775    730
> rbind(matrix1_1, 总和 = colSums((matrix1_1[,1:5])))
                                                       # 将求和结果加到原矩阵
       统计学 数学 营销学 管理学 会计学
张青松     68   85     84     89     86
王奕翔     85   91     63     76     66
田新雨     74   74     61     80     69
徐丽娜     88  100     49     71     66
张志杰     63   82     89     78     80
赵颖睿     78   84     51     60     60
王智强     90   78     59     72     66
宋媛婷     80  100     53     73     70
袁四方     58   51     79     91     85
张建国     63   70     91     85     82
总和      747  815    679    775    730

> rowSums(matrix1_1)                                   # 分别对矩阵 matrix1_1 的各行求和
张青松 王奕翔 田新雨 徐丽娜 张志杰 赵颖睿 王智强 宋媛婷 袁四方 张建国
   412    381    358    374    392    333    365    376    364    391
```

```
> colMeans(matrix1_1)                        # 分别对矩阵 matrix1_1 的各列求均值
统计学  数学  营销学  管理学  会计学
 74.7   81.5   67.9    77.5    73.0
> mean(matrix1_1)                            # 对矩阵 matrix1_1 中的所有数据求均值
[1]74.92
```

(注:将矩阵转换为数据框使用命令:as.data.frame(matrix).对矩阵的行求和使用代码 rowSums(matrix),但行必须是数值,不能有字符串.)

为了分析方便，可以将数据框中的某个变量转换为一个向量，也可以将几个变量合并转换成一个向量（注：只有数据合并有意义时转换才有价值）. 比如，将 table1 _ 1 中的统计学分数转换成向量，将统计学和数学分数合并转换成一个向量，命令为：

```
> as.vector(as.matrix(table1_1$统计学))          # 将统计学分数转换成向量
[1] 68 85 74 88 63 78 90 80 58 63
> as.vector(as.matrix(table1_1[,2:3]))          # 将统计学和数学分数合并转换成一个向量
[1]  68  85  74  88  63  78  90  80  58  63  85  91  74  100  82  84  78  100  51  70
```

1.4.2 数据重新分组

为符合分析要求，有时要将数值数据转换为类别数据（即定性数据）. 这一过程统计上称为"类别化"，或称为"数据分组". 比如，根据收入的多少将家庭收入分为高、中、低三个等级，就是把收入这一数值数据转换为类别数据的过程.

例如，表 1—2 是一家购物网站连续 120 天的销售额数据. 制作一张频数分布表以观察销售额的分布特征.

表 1—2　　某购物网站 120 天的销售额　　单位：万元

272	197	225	183	200	217	210	205	191	186
181	236	172	195	222	253	205	217	224	238
225	198	252	196	201	206	212	237	204	216
199	196	187	239	224	248	218	217	224	234
188	199	216	196	202	181	217	218	188	199
240	200	243	198	193	207	214	203	225	235
191	172	246	208	203	172	206	219	222	220
204	234	207	199	261	207	215	207	209	238
192	161	243	252	203	216	265	222	226	196
212	254	167	200	218	205	215	218	228	233
194	171	203	238	235	209	233	226	229	206
241	203	224	200	208	210	216	223	230	243

制作频数分布表时，首先要确定将数据分成多少组. 一组数据所分的组数一般与数据本身的特点及数据的多少有关. 由于分组的主要目的是观察数据的分布特征，因此组数的多少应以能够适当观察数据的分布特征为准. 一般情况下，一组数据所分的组数大致等于

样本量的平方根比较合适. 假设组数为 K，则 $K\approx\sqrt{n}$. 当然这只是个概数，具体的组数可根据需要做适当调整. 本例共有 120 个数据，组数 $K\approx\sqrt{120}\approx11$，为便于理解，这里我们可分为 12 组.

其次，确定各组的组距. 组距可根据全部数据的最大值和最小值及所分的组数来确定，即组距=(最大值−最小值)÷组数. 例如，对于本例数据，最大值为 272，最小值为 161，则组距=(272−161)÷12=9.25. 为便于计算，组距宜取 5 或 10 的倍数，而且第一组的下限应低于最小变量值，最后一组的上限应高于最大变量值，因此组距可取 10.

最后，统计出各组的频数即为频数分布表. 在统计各组频数时，恰好等于某一组上限的变量值一般不算在本组内，而计算在下一组，即一个组的变量值 x 满足 $a\leqslant x<b$.

下面的文本框呈现了表 1—2 数据的分组过程.

```
# 数据加载和转换
> load("C:/mydata/chap01/table1_2.RData")               # 加载数据框 table1_2
> head(table1_2)                                         # 展示数据框前 6 列
  销售额
1    272
2    181
3    225
4    199
5    188
6    240
> vector1_2<-as.vector(as.matrix(table1_2$销售额))
                                                         # 把数据框 table1_2 转换为向量 vector1_2
> save(vector1_2, file="C:/mydata/chap01/vector1_2.RData")
                                                         # 保存向量 vector1_2

# 把销售额数据以 10 为间隔进行分组(计算各组频数、百分比和累积百分比)
> load("C:/mydata/chap01/vector1_2.RData")               # 载入向量 vector1_2
> vector1_2                                              # 展示向量 vector1_2
  [1] 272 181 225 199 188 240 191 204 192 212 194 241 197 236 198 196 199 200 172 234
 [21] 161 254 171 203 225 172 252 187 216 243 246 207 243 167 203 224 183 195 196 239
 [41] 196 198 208 199 252 200 238 200 200 222 201 224 202 193 203 261 203 218 235 208
 [61] 217 253 206 248 181 207 172 207 216 205 209 210 210 205 212 218 217 214 206 215
 [81] 265 215 233 216 205 217 237 217 218 203 219 207 222 218 226 223 191 224 204 224
[101] 188 225 222 209 226 228 229 230 186 238 216 234 199 235 220 238 196 233 206 243
> install.packages("plyr")                               # 安装包 plyr
> library(plyr)                                          # 载入包 plyr
> count<-table(round_any(vector1_2, 10, floor))          # 对向量 vector1_2 取不大于传入数值 10 的
                                                           最大整数,并进行计数
> count<-as.numeric(count)                               # 输出计数向量
> pcount<-prop.table(count)*100                          # 输出计数的百分比向量
> cumsump<-cumsum(pcount)                                # 输出计数的累积百分比向量
> name<-paste(seq(160, 270, by=10), "-", seq(170, 280, by=10), sep="")
                                                         # 输出组别向量
> tt<-data.frame("频数"=count, "百分比"=pcount, "累积百分比"=cumsump, row.names=name)
                                                         # 将各输出结果组织成数据框输出
```

```
> round(tt, 4)                                   # 将输出结果保留4位小数
           频数   百分比   累积百分比
160 - 170     2   1.6667     1.6667
170 - 180     4   3.3333     5.0000
180 - 190     7   5.8333    10.8333
190 - 200    17  14.1667    25.0000
200 - 210    27  22.5000    47.5000
210 - 220    20  16.6667    64.1667
220 - 230    16  13.3333    77.5000
230 - 240    13  10.8333    88.3333
240 - 250     7   5.8333    94.1667
250 - 260     4   3.3333    97.5000
260 - 270     2   1.6667    99.1667
270 - 280     1   0.8333   100.0000
```

1.4.3　数据的直线转换（标准分数）

在分析数据时，有时需要对数据进行直线转换，也就是将数据做标准化处理，标准化的结果称为标准分数. 其转换公式为：$Z_i=(X_i-\overline{X})/s$.

例如，要将数据框 table1_2 转换成标准分数，过程如下面的文本框所示.

```
> load("C:/mydata/chap01/table1_2.RData")          # 加载数据框 table1_2
> z<-as.vector(scale(table1_2))                    # 转换成标准分数,并以向量形式输出
> round(z,4)                                       # 将结果保留4位小数
  [1]  2.7209 -1.5189  0.5311 -0.6802 -1.1927  1.2300 -1.0530 -0.4473 -1.0064 -0.0745
 [11] -0.9132  1.2766 -0.7734  1.0436 -0.7268 -0.8200 -0.6802 -0.6336 -1.9382  0.9505
 [21] -2.4507  1.8823 -1.9848 -0.4939  0.5311 -1.9382  1.7891 -1.2393  0.1118  1.3698
 [31]  1.5095 -0.3075  1.3698 -2.1711 -0.4939  0.4845 -1.4257 -0.8666 -0.8200  1.1834
 [41] -0.8200 -0.7268 -0.2609 -0.6802  1.7891 -0.6336  1.1368 -0.6336 -0.6336  0.3914
 [51] -0.5870  0.4845 -0.5405 -0.9598 -0.4939  2.2084 -0.4939  0.2050  0.9970 -0.2609
 [61]  0.1584  1.8357 -0.3541  1.6027 -1.5189 -0.3075 -1.9382 -0.3075  0.1118 -0.4007
 [71] -0.2143 -0.1677 -0.1677 -0.4007 -0.0745  0.2050  0.1584  0.0186 -0.3541  0.0652
 [81]  2.3948  0.0652  0.9039  0.1118 -0.4007  0.1584  1.0902  0.1584  0.2050 -0.4939
 [91]  0.2516 -0.3075  0.3914  0.2050  0.5777  0.4380 -1.0530  0.4845 -0.4473  0.4845
[101] -1.1927  0.5311  0.3914 -0.2143  0.5777  0.6709  0.7175  0.7641 -1.2859  1.1368
[111]  0.1118  0.9505 -0.6802  0.9970  0.2982  1.1368 -0.8200  0.9039 -0.3541  1.3698
```

1.5　函数的编写

如果你对数据的分析有些特殊需要，而已有的 R 包不能满足需要，可以在 R 中编写自己的函数. 下面简要介绍编写函数的方法.

函数的定义格式：

```
> functionname<-function(a1,a2,…) expression
```

functionname 是函数名称（由用户自己定义），function 指明该对象为函数类型，a1，a2，…为函数中涉及的参数，expression 是函数的具体内容．比如，要自己编写函数计算 table1_1 中“数学”分数的均值、中位数、极差、标准差，程序如下：

```
> load("C:/mydata/chap01/table1_1.RData")           # 加载数据
> x<-table1_1$数学                                   # 将 table1_1 的"数学"变量赋值给对象 x
# 编写函数如下:
> myfun<-function(x)                                 # 函数名称为 myfun
{
n<-length(x)                                         # 计算样本量
mean<-mean(x)                                        # 计算均值
median<-median(x)                                    # 计算中位数
r<-max(x)-min(x)                                     # 计算极差
s<-sd(x)                                             # 计算标准差
summ<-data.frame(c(n, mean, median, r, s),
row.names=c(N="个数","均值","中位数","极差","标准差"))
names(summ)<-"值"
return(summ)
}
> myfun(x)                                           # 返回函数结果
          值
个数      10.00000
均值      81.50000
中位数    83.00000
极差      49.00000
标准差    14.62304
```

经由这个简单的例子，读者应该可以大致了解一个函数的各个构成部分，更加详细的内容请查看相关文献．

1.6 范　例

本章最后，经由一个范例说明 R 应用的一些简单规则．

在 2013 年一项关于智能手机的网络问卷调查中，共收到 308 份有效问卷．调查的内容包括受访者的基本数据、认知有用性、倾向使用态度、使用行为倾向、实际使用行为、其他议题等几个方面的问题．下面的表 1—3 是 308 名受访者的部分基本数据．

表 1—3　　308 名受访者的基本数据（部分）

性别	年龄	受教育程度	使用智能型手机	手机品牌	手机大概价格	可以接受的手机价格
男	31	硕士	是	hTC	14 000	15 000
女	38	硕士	是	Samsung	21 000	25 000
女	18	大学	是	Sony	7 000	7 000
女	22	大学	否	Sony	2 000	5 000

续前表

性别	年龄	受教育程度	使用智能型手机	手机品牌	手机大概价格	可以接受的手机价格
男	21	大学	是	Sony	3 000	5 000
女	34	博士	是	hTC	12 000	15 000
女	20	大学	是	hTC	18 000	25 000
男	23	大学	是	Samsung	22 000	10 000
女	21	大学	是	Sony	6 000	6 000
女	19	高中职	否	Nokia	3 000	5 000
男	19	大学	是	hTC	10 000	20 000
女	22	大学	是	Sony	6 000	5 000
男	22	大学	是	hTC	12 000	15 000
女	36	硕士	是	hTC	25 000	22 000

首先，需要将该数据框读入 R（这里已将其先存为 R 文件，名为 example1）．由于该范例数据中的某些变量有缺失值，在分析之前需要将缺失值移出．

```
> load("C:/mydata/chap01/example1.RData")                # 加载数据框 example1
> head(example1)                                          # 展示数据前 6 行
  性别 年龄 受教育程度 使用智能型手机 手机品牌 手机大概价格 可以接受的手机价格
1 男   31       硕士             是       hTC        14000              15000
2 女   38       硕士             是   Samsung        21000              25000
3 女   18       大学             是      Sony         7000               7000
4 女   22       大学             否      Sony         2000               5000
5 男   21       大学             是      Sony         3000               5000
6 女   34       博士             是       hTC        12000              15000
> nexample1<-na.omit(example1)                            # 移出数据框中有缺失值的所有行
> save(nexample1, file="C:/mydata/chap01/nexample1.RData")
                                                          # 保存移出缺失值后的数据 nexample1
```

为便于分析，将移出缺失值后的数据存为新文件，名为 nexample1．在分析时，需要加载新数据框 nexample1．

该数据可以做多种分析，具体方法详见以后各章的介绍．这里只做一些简单的描述性分析，如生成简单频数表和列联表，绘制条形图、饼图、直方图，以及计算一些简单的描述统计量，如均值、中位数、标准差等．

1.6.1　生成频数表

利用频数分布表可以观察各定性变量各类别的分布状况．这里只生成受访者的性别、受教育程度、手机品牌的简单频数表，以及性别和手机品牌的列联表．如下面的文本框所示．

```
> load("C:/mydata/chap01/nexample1.RData")                   # 加载数据框 nexample1
> nexample1$受教育程度<-ordered(nexample1$受教育程度, levels = c("初中以下", "高中职",
"专科", "大学", "硕士", "博士"))
                                                             # 将"受教育程度"依序排列
> mytable1<-table(nexample1$性别); mytable1                  # 生成性别的频数表
男  女
106 188
> mytable2<-table(nexample1$受教育程度); mytable2            # 生成受教育程度的频数表
初中以下   高中职    专科    大学    硕士    博士
     6      38       16      156      69      9
> mytable3<-table(nexample1$手机品牌); mytable3              # 生成手机品牌的频数表
 Apple     hTC     LG    Nokia   other  Samsung   Sony
   39       73     10      22      12      76       62
> mytable4<-table(nexample1$性别,nexample1$手机品牌); mytable4
                                                             # 生成性别和手机品牌的列联表

    Apple hTC LG Nokia other Samsung Sony
 男    13  23  4    7     6      33   20
 女    26  50  6   15     6      43   42
> addmargins(mytable4)                                       # 为列联表增加边际和
      Apple hTC  LG Nokia other Samsung Sony Sum
 男      13  23   4     7     6      33   20 106
 女      26  50   6    15     6      43   42 188
 Sum     39  73  10    22    12      76   62 294
> round(addmargins(prop.table(mytable4)) * 100, 2)
                                                             # 将列联表转换为百分比,并保留 2 位小数
       Apple    hTC     LG   Nokia  other  Samsung   Sony     Sum
 男     4.42   7.82   1.36   2.38   2.04    11.22   6.80   36.05
 女     8.84  17.01   2.04   5.10   2.04    14.63  14.29   63.95
 Sum   13.27  24.83   3.40   7.48   4.08    25.85  21.09  100.00
```

1.6.2 绘制图形

利用图形可以更清楚地分析变量的分布状况. 对于定性变量, 可以绘制条形图和饼图, 以观察各类别的数值及其构成. 对于定量变量, 可以绘制直方图等来观察实际的分布状况. 下面的文本框显示了几种常见图形的绘制方法.

```
# 绘制条形图
> par(mfrow = c(1,3), cex = 0.6)                             # 设置图的排列方式为 1 行 3 列,设定图
                                                               中字体大小为 0.6 倍
> barplot(mytable1, xlab = "性别", ylab = "频数", main = "性别条形图")
                                                             # 绘制性别条形图,设定 x 轴和 y 轴的标
                                                               签与图标题
> barplot(mytable2, xlab = "受教育程度", ylab = "频数", col = c(1:6), main = "受教育程度条形图")
                                                             # 绘制受教育程度条形图,设定 x 轴和 y
                                                               轴的标签、条形颜色、图标题
> barplot(mytable3, xlab = "频数", ylab = "手机品牌", horiz = TRUE, main = "手机品牌条形图",
col = c(1:7))                                                # 绘制手机品牌水平条形图,设定 x 轴和
                                                               y 轴的标签、条形颜色、图标题
```

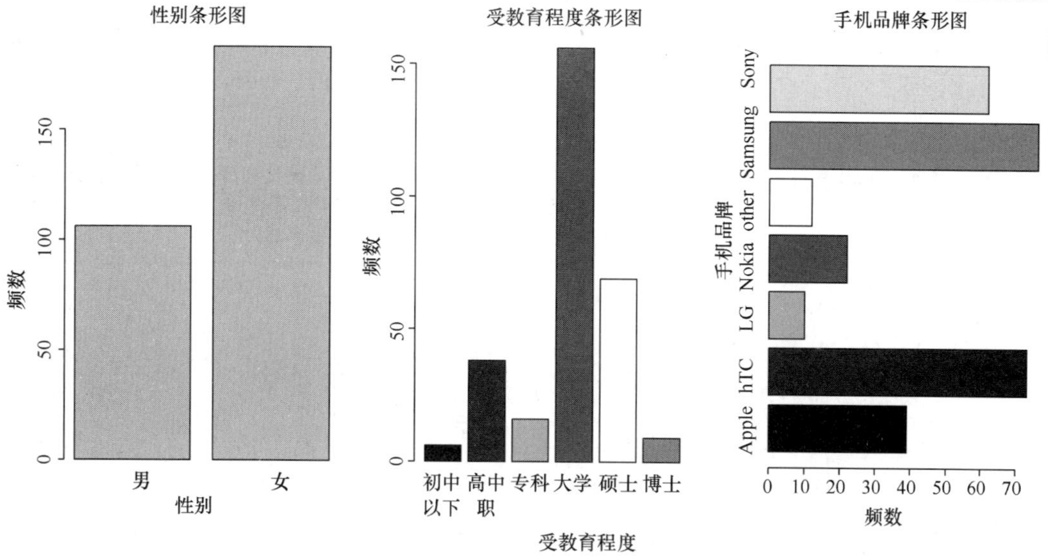

 # 绘制受访者受教育程度的饼图

```
> mytable2<-table(nexample1$受教育程度)               # 计算"受教育程度"的频数,存入mytable2
> name<-names(mytable2)                              # 设置饼图分区名称
> percent<-round(prop.table(mytable2)*100,2)         # 设置数据百分比,结果保留2位小数
> labs<-paste(name,"",percent,"%",sep="")            # 设置饼图分区标签
> par(mai=c(0, 0.1, 0.1,0), cex=1.3)                 # 设定边界与字体大小
> pie(mytable2, labels=labs,init.angle=90)           # 绘制饼图,从12点钟方向开始绘图
```

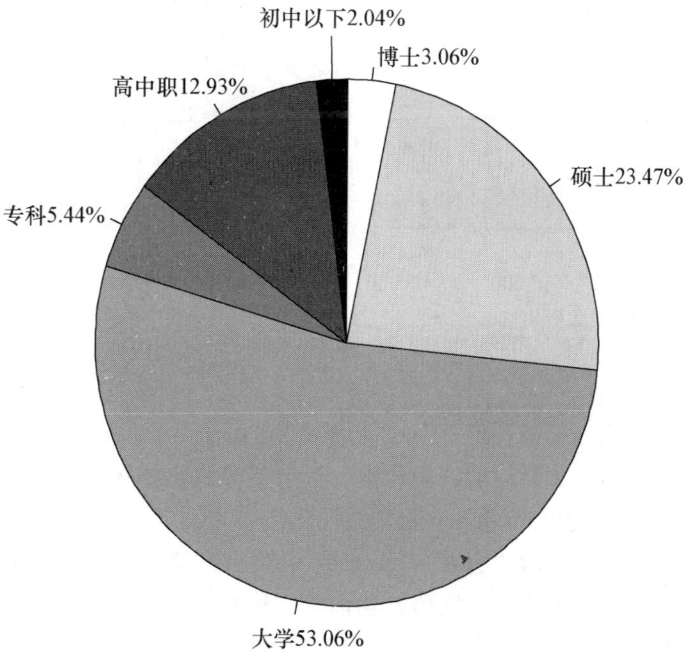

 # 绘制直方图

```
> par(mfrow=c(1,2), cex=0.8, mai=c(0.65, 0.65, 0.1,0.1))
                                    # 设置图的排列方式为1行2列,图中字体
                                      大小为0.8倍,边界各为0.65及0.1英寸
```

```
> hist(nexample1 $ 手机大概价格, breaks = 20, col = "gray", xlab = "手机大概价格", ylab = "频数", main = "")      # 绘制“手机大概价格”的直方图,分成 20 组,设置颜色,设置 x 轴和 y 轴名称,取消图标题
> hist(nexample1 $ 可以接受的手机价格, breaks = 20, col = "gray", xlab = "可以接受的手机价格", ylab = "频数", main = "")      # 绘制“可以接受的手机价格”的直方图,分成 20 组,设置颜色,设置 x 轴和 y 轴名称,取消图标题
```

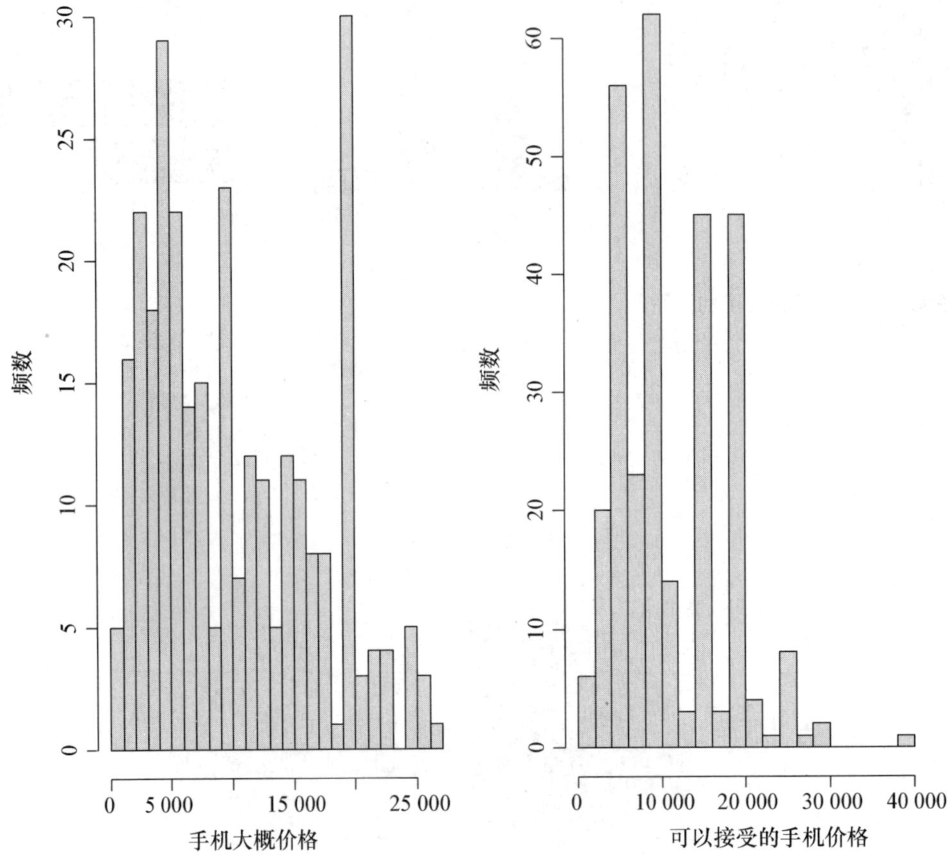

1.6.3 用 summary 函数做描述统计分析

对于数值变量，可以计算均值、中位数、标准差等进行描述性分析. R 计算描述统计量的方法有很多，这里只以 summary 函数的输出结果为例（其他方法见以后各章）. 该函数对于定性变量（R 将其视为“因素”，factor）会生成频数表，对于定量变量则输出几个主要的描述统计量，如最小值、最大值、均值、中位数、第 1 个四分位数和第 3 个四分位数等，作为对数据的简单描述. 结果见下面的文本框.

```
# 用 summary 函数做描述统计分析
> load("C:/mydata/chap01/nexample1.RData")      # 加载数据框 nexample1
```

```
> summary(nexample1)                                    # 输出描述统计分析结果
性别          年龄            受教育程度    使用智能型手机
男:106   Min.    :13.00   初中以下:  6   否: 42
女:188   1st Qu. :20.00   高中职   : 38   是:252
         Median  :26.00   专科     : 16
         Mean    :27.97   大学     :156
         3rd Qu. :35.00   硕士     : 69
         Max.    :52.00   博士     :  9

  手机品牌    手机大概价格     可以接受的手机价格
Apple   :39   Min.    :  250   Min.    :  250
hTC     :73   1st Qu. : 5000   1st Qu. : 6000
LG      :10   Median  :10000   Median  :10000
Nokia   :22   Mean    :10534   Mean    :11674
other   :12   3rd Qu. :16000   3rd Qu. :15000
Samsung:76    Max.    :27000   Max.    :40000
Sony    :62
```

第 2 章 统计图表

本章旨在说明单维度频数分布表及绘制各种统计图，双维度频数分布表及其统计分析请见第 22 章“卡方齐性与独立性检验”.

2.1 频数分布表

2.1.1 基本概念

单维度的频数分布表旨在计算变量中所有数值的频数，列成表格，是相当常见的统计图表. 在绘制频数分布表时，首先计算变量中各个数值的频数，其次计算各有效频数的百分比，它的公式是：

$$\text{有效百分比}=\frac{\text{频数}}{\text{有效的样本数}}\times 100\%$$

如果变量是次序变量或定量变量（含等距及比率变量），也可以将有效的频数及百分比累加，称为累积频数及累积百分比；如果是名义变量，则累积频数及累积百分比并无意义，也不应计算这两个统计量.

2.1.2 分析步骤与统计结果解读

在 R 中，要计算各数值或类别的频数，可以使用 table 函数，而 porp. table 用于计算其比例，如果要计算累积频数或比例，则使用 cumsum 函数. userfriendlyscience 包的 freq 函数，. 提供了类似 SPSS 中 frequency 的功能，使用更是方便.

文本框 2—1 分别计算“认知易用性分组”的频数、百分比，及累积频数与百分比.

文本框 2—1　　　　　　　　　　　频数及百分比

```
> load("C:/mydata/chap02/table2_1.RData")          # 加载 table2_1 数据
> head(table2_1)                                    # 展示前 6 个观察体数据
性别 认知易用性 认知易用性分组
1 男        31        3:高分组
2 女        36        3:高分组
3 女        29        2:中间组
4 女        29        2:中间组
5 男        26        2:中间组
6 女        36        3:高分组
> count2_1<-table(table2_1$认知易用性分组)          # 计算认知易用性分组之频数,存入 count2_1
> count2_1                                          # 展示 count2_1 内容
1:低分组 2:中间组 3:高分组
      91      122       95
> cumsum(count2_1)                                  # 计算 count2_1 中的累积频数
1:低分组 2:中间组 3:高分组
      91      213      308
> pcount2_1<-round(prop.table(count2_1)*100,2)      # 计算百分比,取小数 2 位,存入 pcount2_1
> pcount2_1                                         # 展示 pcount2_1 内容
1:低分组 2:中间组 3:高分组
   29.55    39.61    30.84
> cumsum(pcount2_1)                                 # 计算 pcount2_1 中的累积百分比
1:低分组 2:中间组 3:高分组
   29.55    69.16   100.00
> library(userfriendlyscience)                      # 载入 userfriendlyscience 包
> freq(table2_1$认知易用性分组)                     # 计算认知易用性分组之频数及百分比
            Frequencies Perc.Total Perc.Valid Cumulative
1:低分组             91       29.5       29.5       29.5
2:中间组            122       39.6       39.6       69.2
3:高分组             95       30.8       30.8      100.0
Total valid         308      100.0      100.0
```

文本框 2—1 中的第一部分是三个分组的人数（频数），中间组（代号为 2）人数最多，有 122 人. 第二部分是由低分组累加至高分组的累积频数，共 308 人. 第三部分为百分比，由各等级的人数除以有效总样本数后再乘以 100 而得，如 122/308×100＝39.61. 第四部分为累积百分比.

由文本框 2—1 的第二部分可得知：在有效样本中，从受访者对智能型手机的认知易用性来看，低分组人数占 29.55%，中间组占 39.61%，高分组占 30.84%.

2.2　条形图

2.2.1　基本概念

条形图（bar chart）是以其高度（将类别放在 X 轴时）或长度（将类别放在 Y 轴时）来代表数量的大小，适用于名义变量或次序变量. 由于是离散变量，因此条形间应有适当的间距. 在绘制时应只改变高度（或长度），而不能同时改变高度与宽度，否则会造成视觉上的错误.

以图 2—1 中左图为例，甲校的升学率是 30%，乙校为 60%，因此乙校是甲校的 2 倍. 当宽度固定，而高度变为 2 倍时，面积也变为 2 倍. 但是如果像图 2—1 中右图，宽度与高度同时倍增，则面积会变为 4 倍，就会误导读者.

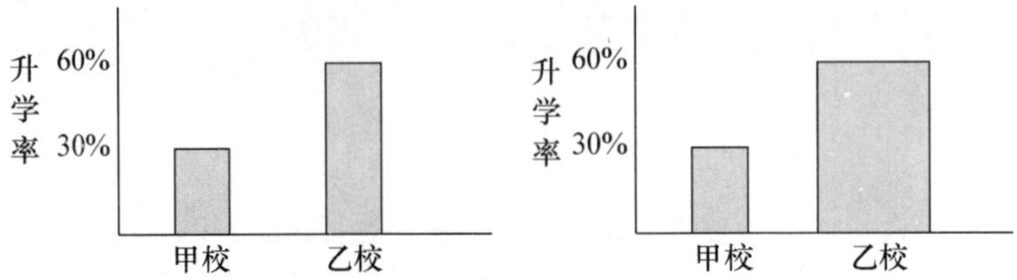

图 2—1　同时改变条形高度与宽度

在绘制条形图时，应避免以圆形表示，因为人的视觉会留意物体的面积，而不单是其高度或者宽度（在圆形中则为直径）. 圆形的面积为 πr^2，当直径变为 2 倍时，面积已变为 4 倍. 如果再以立体的球形表示，因为球形体积是 $4/3\pi r^3$，则体积会变为 8 倍（见图 2—2）.

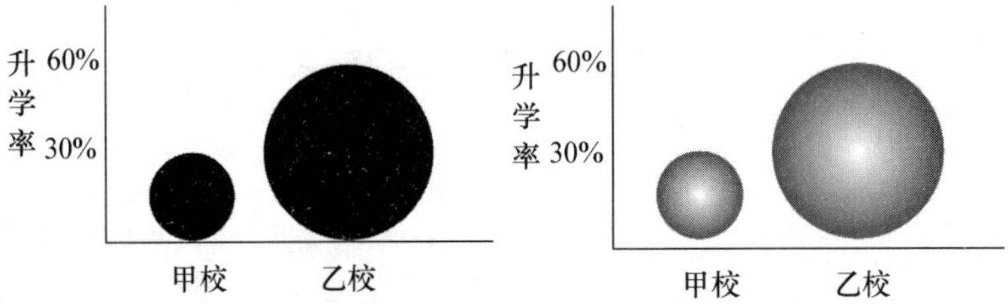

图 2—2　以圆形图表示数量

如果以象形图（pictogram）表示，也容易误导读者. 图 2—3 中左图为了维持图形的美观，高度与宽度同比例增加，也会造成面积变成 4 倍的错误. 即使像图 2—3 中右图不改变宽度，因为物体是立体的，深度仍难以固定不变.

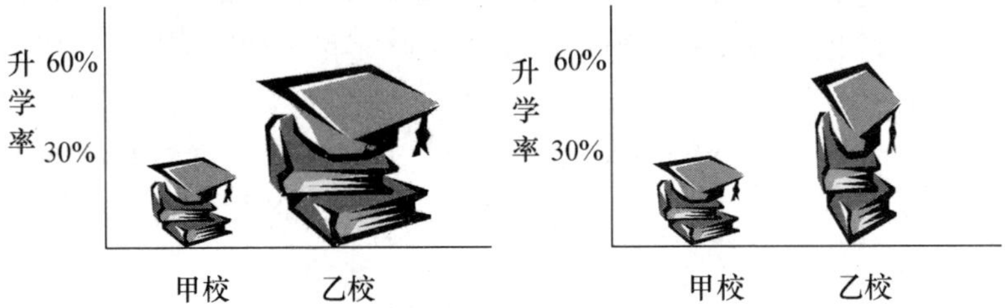

图 2—3　以象形图表示数量

2.2.2　分析步骤与统计结果解读

文本框 2—2 以 barplot 函数对“认知易用性分组”绘制条形图，得到的图形会在 R Graphics 窗口显示，如图 2—4 所示.

文本框 2—2　　　　**简单条形图（认知易用性分组）**

```
> barplot(count2_1, xlab = "认知易用性分组", ylab = "频数/人", main = "认知易用性分组条形图")
                                                          # 绘制条形图并设定各标题
```

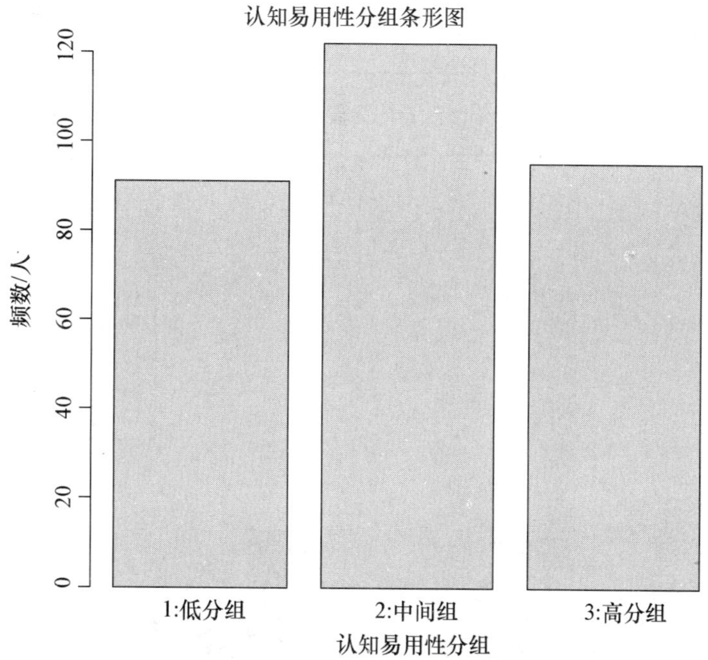

图 2—4　简单条形图——认知易用性分组

图 2—4 是受访者的认知易用性分组的条形图，由图中可看出：多数受访者在中间组（约有 120 人），高分组人数其次（约有 95 人），低分组人数最少（约有 90 人）（注：低、中、高各组的精确人数分别为 91 人、122 人、95 人，见文本框 2—1）.

2.3　分组条形图

2.3.1　基本概念

分组条形图（clustered bar chart）的绘制方法与条形图相似，也是将数据使用长条代表. 不过，在 X 轴上则另外依照主要分组（第一层变量）加以分群.

表 2—1 为甲、乙两名学生于暑假中每天自行复习各科课业的时间.

表 2—1　　　　**两名学生的读书时间**　　　　单位：小时

科目	甲	乙
语文	5.0	2.5
数学	3.0	1.5
英语	4.0	2.0

续前表

科目	甲	乙
历史	2.0	1.0
地理	1.0	0.5
总计	15.0	7.5

绘制时分别以五种颜色的长条代表五个学科的复习时间，接着以甲、乙两名学生作为第一层变量，将各自的长条放在一起. 由图 2—5 可看出甲、乙两人都在语文上花最多的时间，在社会类科目上所花的时间最少. 整体而言，两人在各科上所花时间长短的排序相同.

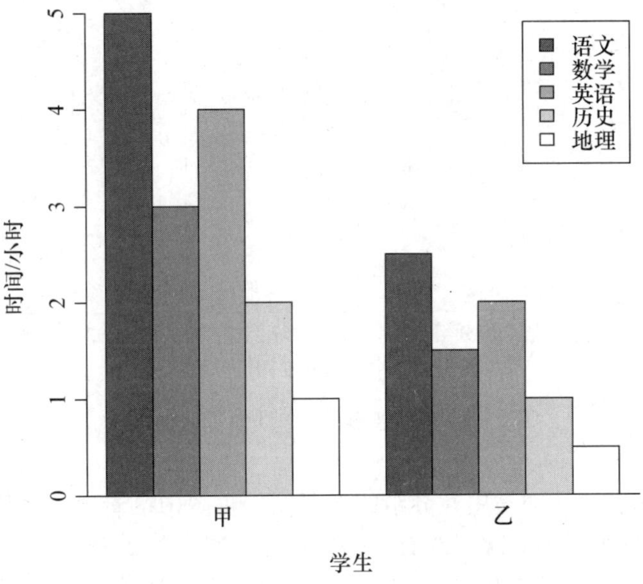

图 2—5　分组条形图

2.3.2　分析步骤与统计结果解读

文本框 2—3 先以“性别”与“认知易用性分组”产生列联表，第一层变量置于“列”，第二层变量则在“行”. 接着以 barplot 用列联表绘制条形图，如果设定“beside=TRUE”，则绘制分组条形图（见图 2—6），如果省略此设定，则绘制堆砌条形图.

文本框 2—3　　分组条形图（性别为第一层变量）

```
> mytable2_1<-table(table2_1[,3], table2_1[,1])  # 以第 3 个变量(分组)为行，第 1 个变量(性
                                                   别)为列，存成列联表 mytable2_1
> mytable2_1                                     # 展示列联表内容

            男   女
  1:低分组  21   70
  2:中间组  49   73
  3:高分组  42   53
```

```
> par(mai = c(0.85, 0.85, 0.3,0.0))                # 设定边界
> barplot(mytable2_1, xlab = "性别", ylab = "频数/人", ylim = c(0,95), legend = rownames
(mytable2_1), args.legend = list(x = 8), beside = TRUE, main = "性别, 认知易用性分组, 分组条形
图")                                               # 绘制分组条形图,并设定各标题
```

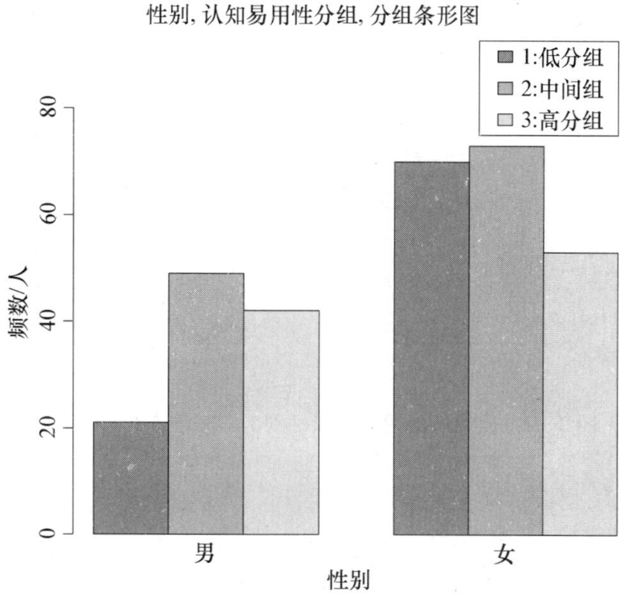

图 2—6　分组条形图——以性别为第一层变量

图 2—6 为两性在三个分组的条形图. 由该图可看出：两性都以中间组的人数最多，但是在男性中，高分组人数比低分组多，而在女性中，高分组人数则比低分组少.

由于女性受访者较多，因此在图 2—6 中女性在各分组中的人数都比男性多. 文本框 2—4 先分别计算各列（两性）的百分比，再绘制分组条形图（见图 2—7).

文本框 2—4　　　　分组条形图（性别为第一层变量的百分比）

```
> pmytable2_1<- prop.table(mytable2_1, margin = 2) * 100
                                                   # 计算列(性别)的百分比,存成 pmytable2_1
> round(pmytable2_1, 2)                            # 展示 pmytable2_1 内容,取小数 2 位

            男     女
  1:低分组 18.75  35.71
  2:中间组 43.75  37.24
  3:高分组 37.50  27.04
> par(mai = c(0.85, 0.85, 0.3,0.0))                # 设定边界
> barplot(pmytable2_1, xlab = "性别", ylab = "百分比%", ylim = c(0, 60), legend = rownames
(pmytable2_1), args.legend = list(x = 8), beside = TRUE, main = "性别, 认知易用性分组, 分组条形
图")                                               # 绘制分组条形图
```

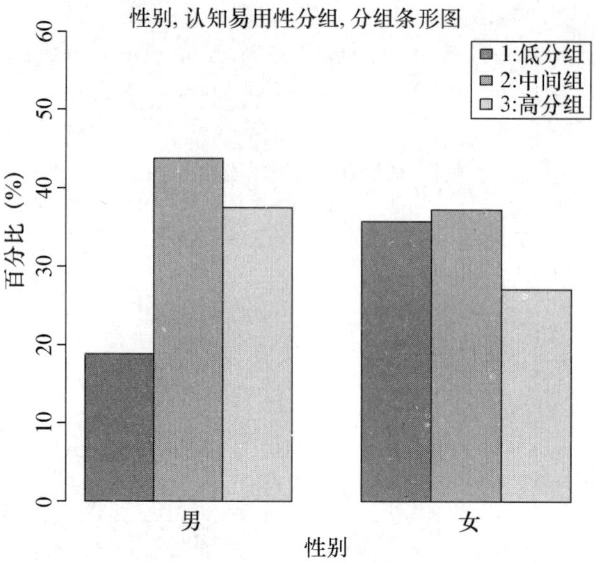

图 2—7　分组条形图——以性别为第一层变量(百分比)

```
> chisq.test(mytable2_1)                              # 进行卡方检验


        Pearson's Chi-squared test


data:  mytable2_1
X-squared = 10.232, df = 2, p-value = 0.006001
```

由图 2—7 可以看出：男性的高分组人数的比例（37.50%）比低分组（18.75%）大，而女性的低分组人数的比例（35.71%）比高分组（27.04%）大. 由分组条形图可大略看出：与女性相比，男性认为智能型手机更容易使用. 如果要进行检验，可以进行卡方检验，函数为 chisq.test，文本框 2—4 的内容解读请参见本书第 22 章.

如果要更换第一层变量，如文本框 2—5 所示，先以“认知易用性分组”与“性别”产生列联表，接着以 barplot 用列联表绘制条形图（见图 2—8）.

文本框 2—5　　分组条形图（认知易用性分组为第一层变量）

```
> mytable2_2<-table(table2_1[,1], table2_1[,3])  # 以第 1 个变量(性别)为行,第 3 个变量(分
                                                   组)为列,存成列联表 mytable2_2
> mytable2_2                                       # 展示列联表内容


     1:低分组 2:中间组 3:高分组
  男       21       49       42
  女       70       73       53
> par(mai = c(0.85, 0.85, 0.3,0.0))               # 设定边界
> barplot(mytable2_2, xlab = "认知易用性分组", ylab = "频数/人", ylim = c(0, 80),legend = rown-
ames (mytable2_2), args.legend = list(x = 9), beside = TRUE, main = "认知易用性分组, 性别, 分组
条形图")                                           # 绘制分组条形图
```

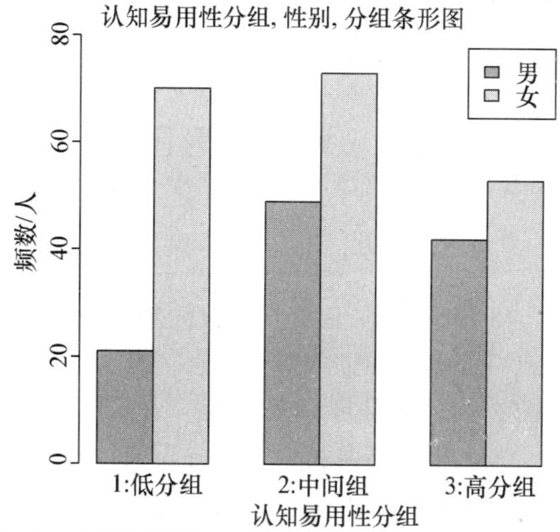

图 2—8　分组条形图——以认知易用性分组为第一层变量

将上述两个变量互相交换后，由图 2—8 可看出：在三组中，女性的人数都比男性多. 然而由于女性受访者总数较多（有 196 人），因此无法清楚看出两性的差异.

文本框 2—6 将图 2—8 中第一层变量改为各分组的百分比，得到图 2—9.

文本框 2—6　　　　分组条形图（认知易用性分组为第一层变量的百分比）

```
> pmytable2_2<- prop.table(mytable2_2,margin = 2) * 100   # 计算列(分组)的百分比,存成 pmytable2_2
> round(pmytable2_2, 2)                                  # 展示 pmytable2_2 内容,取小数 2 位

     1:低分组 2:中间组 3:高分组
  男     23.08    40.16    44.21
  女     76.92    59.84    55.79
> par(mai = c(0.85, 0.85, 0.3,0.0))                       # 设定边界
> barplot(pmytable2_2, xlab = "认知易用性分组",ylab = "百分比 %", ylim = c(0, 80),legend = rownames
(pmytable2_2), args.legend = list(x = 9), beside = TRUE, main = "认知易用性分组, 性别, 分组条形图")
                                                          # 绘制分组条形图
```

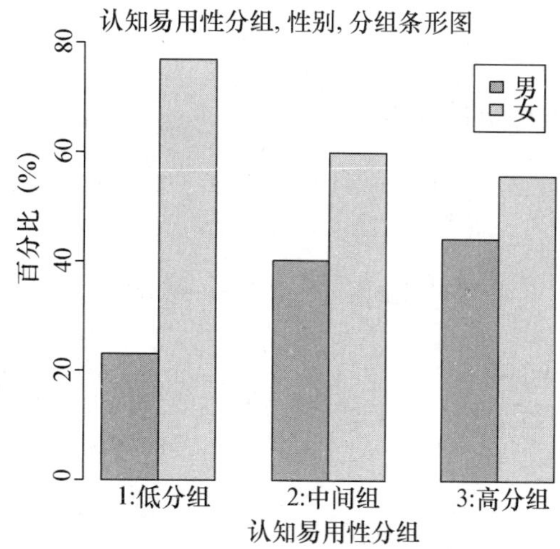

图 2—9　分组条形图——以认知易用性分组为第一层变量(百分比)

由图 2—9 可看出：虽然在各分组中，女性的百分比仍然较大，但是在低分组中，两性的差异较大（76.92%对 23.08%），高分组中则差异较小（55.79%对 44.21%）.

2.4 堆砌条形图

2.4.1 基本概念

堆砌条形图（stacked bar chart）在形式上类似简单条形图，但是在单一的条形中又可以显示不同类别的频数或百分比．堆砌条形图的绘制方法与分组条形图类似，它也是以不同颜色的长条代表不同的数据，只是最后在 X 轴上是以第一层变量为主，然后将所有长条堆砌在一起．图 2—10 中，甲、乙两名学生各科读书时间的比例相同，但是总时数甲为 15 小时，乙为 7.5 小时，相差 1 倍.

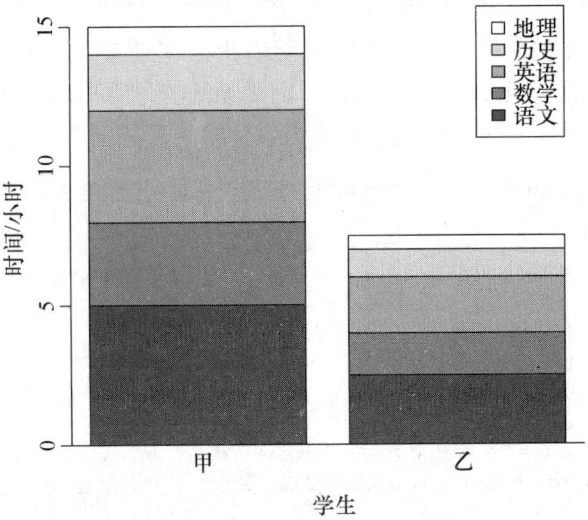

图 2—10 堆砌条形图

2.4.2 分析步骤与统计结果解读

文本框 2—7 与文本框 2—3 相似，只是省略了“beside＝TRUE”，改绘堆砌条形图（见图 2—11）.

文本框 2—7　　堆砌条形图（性别为第一层变量）

```
> par(mai = c(0.85, 0.85, 0.3,0.0))                          # 设定边界
> barplot(mytable2_1, xlab = "性别", ylab = "频数/人", ylim = c(0, 250), legend = rownames
(mytable2_1), args.legend = list(x = 2.4), main = "性别，认知易用性分组，堆砌条形图")
                                                           # 绘制堆砌条形图,并设定各标题
```

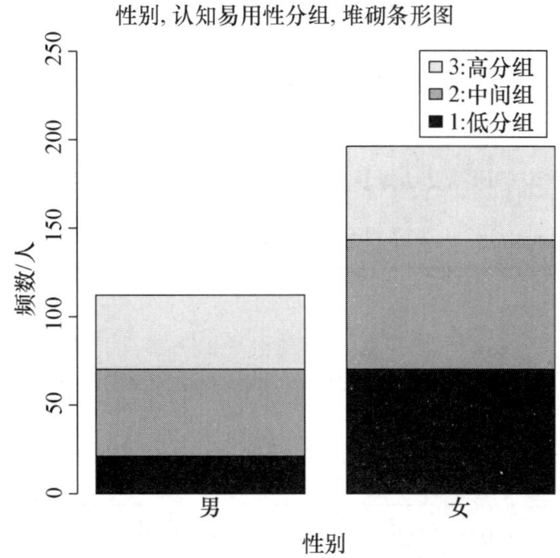

图 2—11　堆砌条形图——以性别为第一层变量

由图 2—11 可看出：女性受访者人数较多（196 人），男性较少（112 人）。其中女性在低分组及中间组的人数相差不大，男性则在高分组及中间组的人数约略相等.

文本框 2—8 与文本框 2—4 相似，同样省略“beside=TRUE”，改绘堆砌条形图（见图 2—12）.

文本框 2—8　　堆砌条形图（性别为第一层变量的百分比）

```
> barplot(pmytable2_1, xlab = "性别", ylab = "频数", ylim = c(0,130), legend = rownames(pmytable2_1), args.legend = list(x = 2.4), main = "性别，认知易用性分组，堆砌条形图")
                                                    # 绘制堆砌条形图,并设定各标题
```

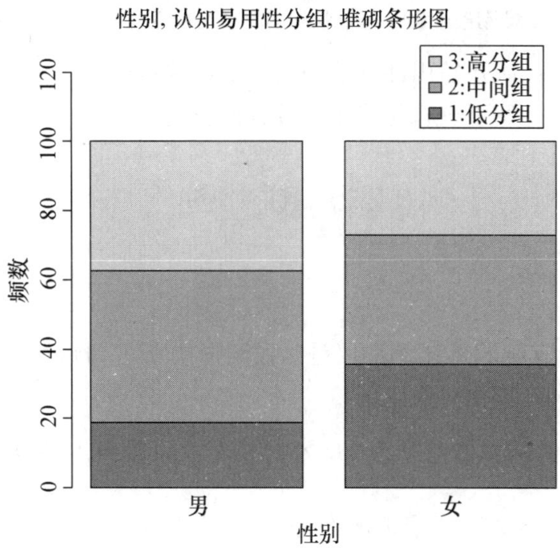

图 2—12　堆砌条形图——以性别为第一层变量（百分比）

图 2—12 中分别以两性的人数为分母，各自计算三组的百分比. 由图中可看出：男性在高分组中人数的比例大于女性，女性则在低分组中人数的比例大于男性.

文本框 2—9 与文本框 2—6 相似，同样省略 “beside=TRUE”，改绘堆砌条形图（见图 2—13).

文本框 2—9　　　　堆砌条形图（认知易用性分组为第一层变量的百分比）

```
> barplot(pmytable2_2, xlab = "认知易用性分组", ylab = "百分比", ylim = c(0,130), legend = rownames (pmytable2_2), args.legend = list(x = 3.6), main = "认知易用性分组，性别，堆砌条形图")
                                                # 绘制堆砌条形图,并设定各标题
```

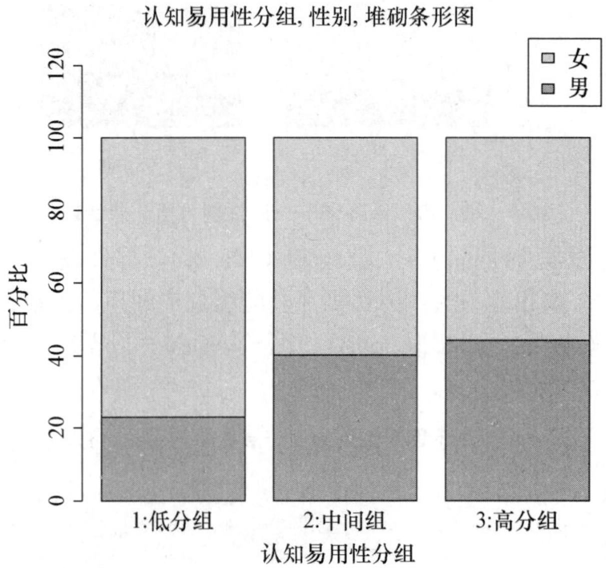

图 2—13　堆砌条形图——以认知易用性分组为第一层变量(百分比)

由图 2—13 可看出：认知易用性分数增大，女性的百分比随之减小，而男性的百分比增大，因此男性认为智能型手机容易使用的百分比较高.

2.5　饼　图

2.5.1　基本概念

饼图（pie chart）又称圆形比例图，是以在圆形中所占扇形面积的百分比来代表其数量，因此比较适合用来比较相对的比例.

在表 2—1 中，甲的语文读书时数为 5 小时，在总时数中占$\frac{5}{15}=\frac{1}{3}=0.333=33.33\%$.

圆形内角为 360°，所以语文这一扇形的圆心角为$\frac{1}{3}\times 360=120°$，其余算法则依此类推.所画饼图如图 2—14 所示.

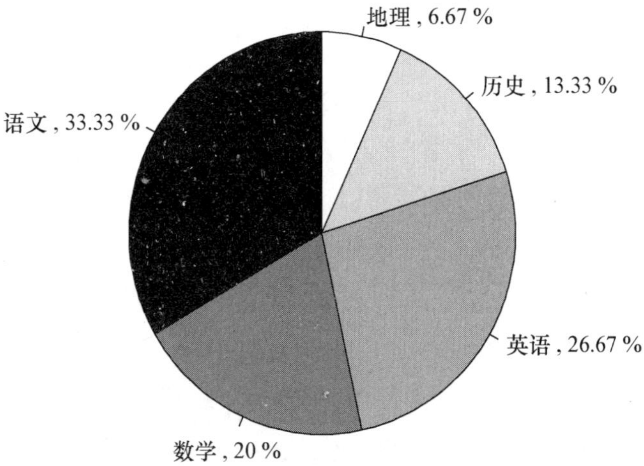

图 2—14　饼图

不过，饼图有一缺点，就是不能显示全体的量数．以表 2—1 为例，甲、乙两名学生每天读书的总时数并不相同，但是比例相等，如果使用饼图来表示两个人的读书情形，会得到相同的结果，这容易误导读者．此时，改用分组条形图或者堆砌条形图会比较恰当．

饼图较适用于名义变量，此类变量在分类时应留意互斥及完整两个原则．所谓“互斥”就是同一个观察体不可以既是甲类又是乙类，如：把学历分为自修、小学以下、中学、大学以上，就是不恰当的，因为会有受访者是自修取得中学学历．而“完整”就是类别要涵盖所有可能性，如把学历分成小学、中学、大学、研究生，则少了未接受教育的分类．如果不确定是否涵盖所有可能性，最好加上“其他”一项．

如果是复选题，例如请受访者勾选家中拥有的电器用品（电冰箱、电视机、洗衣机等），由于总百分比会超过 100%，就不应使用饼图．此外，如果类别太多，且某些类别所占比例又太小，最好也不要使用饼图，以避免显示不清．此时，改用条形图是比较好的选择．

2.5.2　分析步骤与统计结果解读

文本框 2—10 以“认知易用性分组”为变量，先计算各组人数及百分比，再加上标签，最后绘出饼图（见图 2—15）．

文本框 2—10　　饼图（认知易用性分组）

```
> load("C:/mydata/chap02/table2_1.RData")        # 加载 table2_1 数据
> count<-table(table2_1[,3])                     # 计算 table2_1 中第 3 个变量(分组)的频数
> name<-names(count)                             # 以分组的类别为名称
> percent<-round(prop.table(count) * 100,2)      # 计算各分组的百分比,取小数 2 位
> label<-paste("\n", name,"\n", count, "\n", percent," %", sep = "")
                                                 # 设定标签,每个名称间换行(\n)
> par(mai = c(0.2, 0.0, 0.2,0.0))                # 设定边界
> pie(count, labels = label, main = "认知易用性分组饼图", init.angle = 90, col = c("gray10",
"gray50","gray90"))                              # 从 12 点钟方向开始,绘制饼图,并加标签,颜色为灰色
```

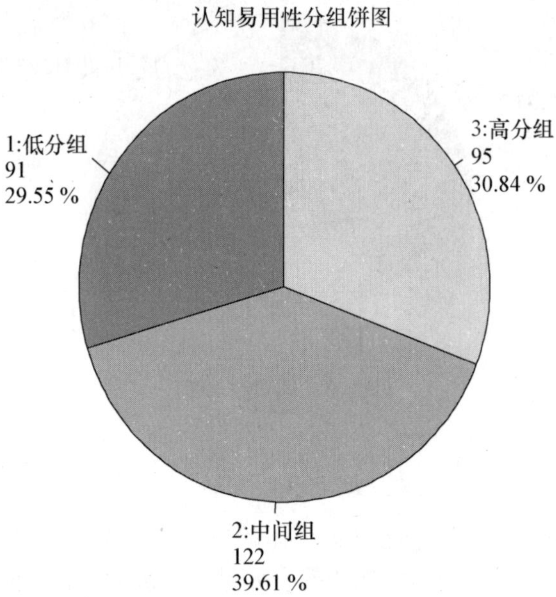

图 2—15 饼图——认知易用性分组

图 2—15 中，低、中、高三组人数分别为 91 人、122 人及 95 人，百分比分别为 29.55%，39.61%及 30.84%. 由于分组时就设定中间组人数最多，因此该组所占比例最高.

2.6 直方图

2.6.1 基本概念

直方图（histogram）与条形图相似，也是以条形的高度（或长度）来表示数据的大小，其差别在于条形图比较适用于定性变量，直方图则适用于定量变量. 由于直方图是由定量变量加以分组而来，因此在绘制时条形之间应相连接.

由直方图可以看出至少三种信息：整体形态、偏度，及是否有离群值.

图 2—16 中左图为 410 名大学生的身高直方图（为假设性数据），右图另加上核密度估计曲线（kernel density estimate curve），由图可看出身高在 160～162 厘米者最多，其次是 170～172 厘米者，紧接着为 166～168 厘米者，因此大略呈现双众数的形态（见图 2—16 右图）. 会有这样的现象，主要是因为未将男女分开绘制. 由图中也可以看出，身高在 190 厘米以上的受访者有 2 人，为离群值. 偏度 0.408 6，为正偏度.

文本框 2—11 以 table2 _ 2 的数据绘制直方图，分为 25 组，如果省略“freq＝FALSE”指令，则以频数表示，反之，则以密度表示.

文本框 2—11　　　　未分群直方图

```
> load("C:/mydata/chap02/table2_2.RData")            # 加载 table2_2 数据
```

```
> par(mfrow = c(1, 2), mai = c(0.85, 0.85, 0.1,0.1))  # 设置图的排列方式为 1 行 2 列,并设定边界
> hist(table2_2[,2], breaks = 25, col = 8, xlab = "身高/cm", ylab = "频数/人", main = " ")
                                                       # 绘制分为 25 组的直方图,以频数表示,填上
                                                         灰色
> hist(table2_2[,2], breaks = 25, col = 8, xlab = "身高/cm", ylab = "密度", main = " ", freq =
FALSE)
                                                       # 绘制分为 25 组的直方图,以密度表示
> lines(density(table2_2[,2]), col = 1, lwd = 1.5)    # 加上黑色核密度估计曲线,线宽 1.5
```

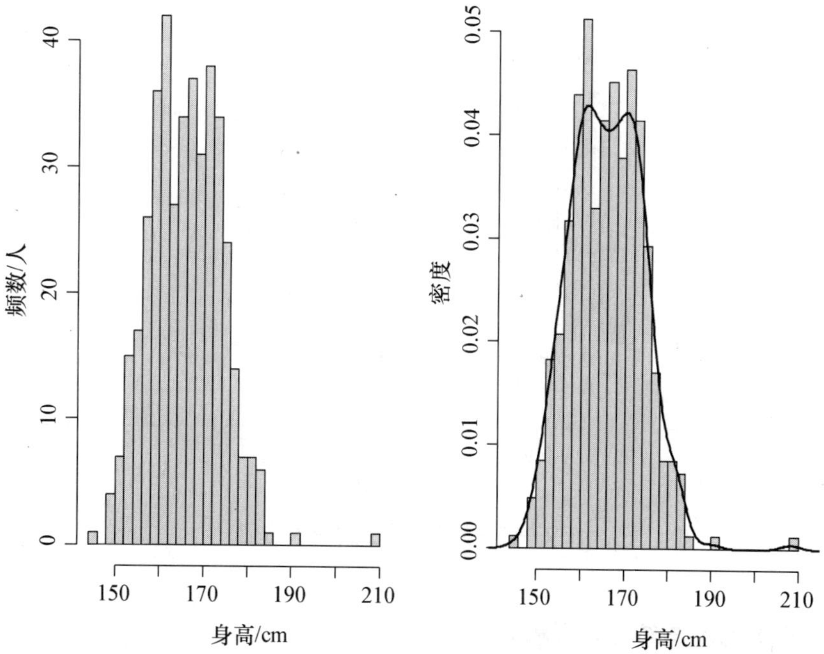

图 2—16　大学生身高直方图

```
> library(e1071)                                   # 载入 e1071 包
> skewness(table2_2[,2])                           # 计算偏度
[1] 0.4086166
```

如果将男女生分开，则可以发现多数女性的身高集中于 160～162 厘米之间，其次为 158～160 厘米之间，大略呈对称分布．多数男性身高在 170～172 厘米之间，其次为 172～174 厘米及 168～170 厘米．在 190～192 厘米及 208～210 厘米各有一个观察体，为离群值，使得分布形态为正偏度分布．如果剔除右侧两个离群值，则分布形态大致为对称分布（见文本框 2—12 及图 2—17）．

文本框 2—12　　分群直方图

```
> library(lattice)                                 # 载入 lattice 包
> histogram(～身高|性别, data = table2_2, breaks = 20, type = c("count"), col = 8, ylab = "频数/
人")
                                                   # 以性别为分组变量,绘制身高直方图
```

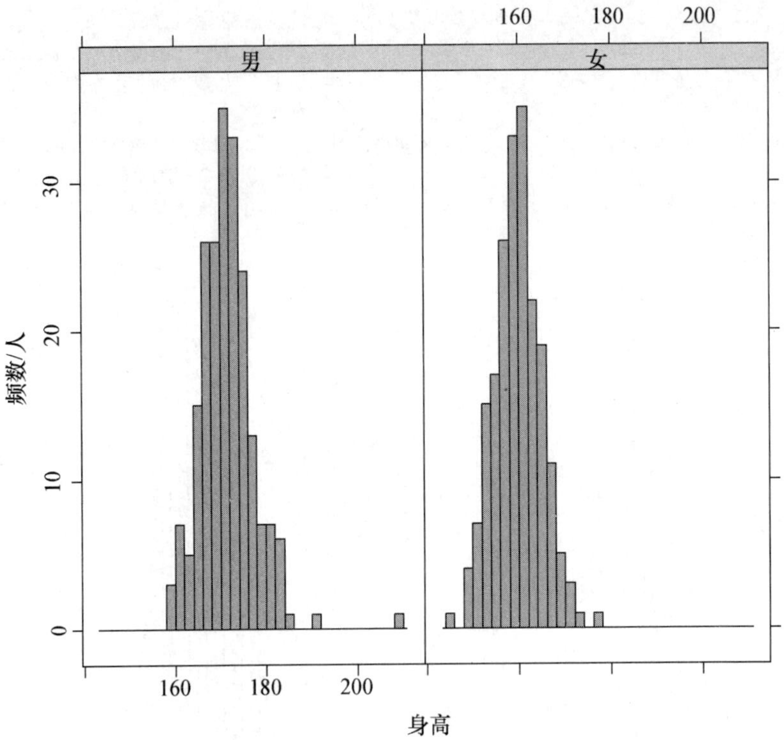

图 2—17　男女大学生身高直方图

2.6.2　分析步骤与统计结果解读

文本框 2—13 以 table2 _ 1 数据绘制直方图（见图 2—18），分别设定为 15 组及 4 组.

图 2—18 为智能型手机易用性认知之直方图，由图可看出：受访者在“智能型手机易用性认知量表”中得分的众数在 29 及 30 分这组（共 60 人），分布形态大略呈负偏度（偏度为－0.317 8).

直方图与条形图的不同之处在于：直方图是由数值数据分组后画成，因此组与组之间的长条应连在一起. 直方图的组距或组数可以由研究者自行设定，分组越少，浪费的数据就越多. 例如：如果等分为 4 组（见图 2—18 右图），浪费的信息就比分成 15 组（见图 2—18 左图）多得多.

文本框 2—13　　**直方图（认知易用性）**

```
> load("C:/mydata/chap02/table2_1.RData")            # 加载 table2_1 数据
> par(mfrow = c(1, 2), mai = c(0.85, 0.85, 0.5,0.1))
                                                     # 设置图的排列方式为 1 行 2 列,并设定边界
> hist(table2_1[,2], col = 8, xlab = "认知易用性", ylab = "频数/人", main = "认知易用性直方
图",breaks = 15)                                     # 以第 2 个变量绘制直方图,分为 15 组
> hist(table2_1[,2], col = 8, xlab = "认知易用性", ylab = "频数/人", main = "认知易用性直方
图", breaks = 4)                                     # 以第 2 个变量绘制直方图,分为 4 组
```

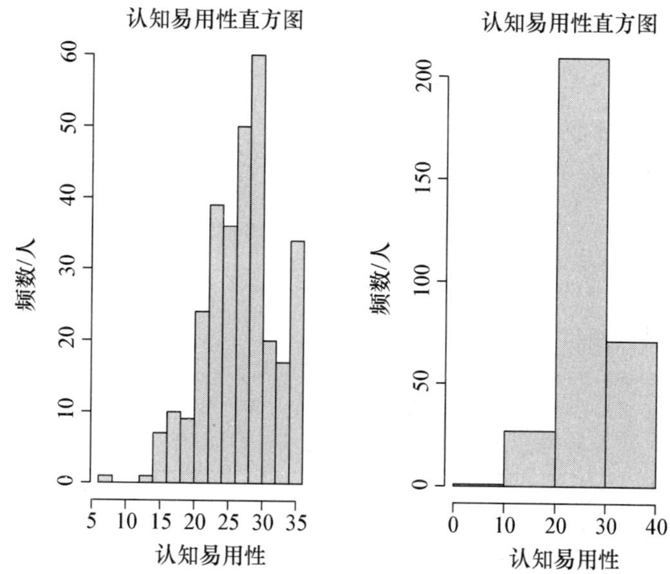

图 2—18　直方图——认知易用性

2.7　箱形图

2.7.1　基本概念

箱形图（box plot 或 box-and-whisker plot）由美国统计学家 Tukey 设计，可以用来了解变量的分布情形及是否有离群值，它包含盒子及胡须两部分. 在图 2—19（为了节省篇幅，改为横式）的盒子部分共有三条横线，中间部分为中位数（也等于第 2 个四分位数 Q_2），左侧为第 1 个四分位数 Q_1，右侧为第 3 个四分位数 Q_3. $Q_3-Q_1=\text{IQR}$（即四分位距），中间 50% 的数值会在盒子中. $Q_3+1.5\times\text{IQR}$ 及 $Q_1-1.5\times\text{IQR}$ 称为上下内围（inner fence）. 须最上端为非离群值的最大值（称为上临界值），须最下端则为非离群值的最小值（称为下临界值）. 在上下内围之外的观察体称为离群值（outlier）或极端值（extreme），用“○”代表. 图中的上下内围只是假想的线，并不会显示，而 R 图中显示的两条短线分别代表上下临界值.

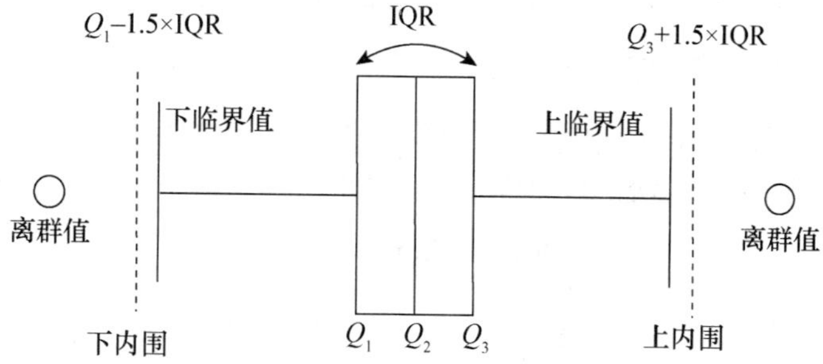

图 2—19　箱形图示意

以文本框 2—14 与图 2—20 所示的大学生身高数据为例（假设性数据），中位数为 165.7 厘米，Q_1 及 Q_3 分别为 159.9 厘米及 171.6 厘米，因此 IQR（也就是盒子的高度）为 11.7 厘米（=171.6−159.9）．上内围为 171.6+1.5×11.7=189.15，下内围为 159.9−1.5×11.7=142.35．如果低于 142.35 厘米或高于 189.15 厘米则称为离群值（或极端值）．（注意：上下内围并不会标示在图中．）

文本框 2—14　　　　箱形图

```
> load("C:/mydata/chap02/table2_2.RData")         # 加载 table2_2 数据
> summary(table2_2[,2])                           # 列出四分位数、最小值、最大值
   Min.  1st Qu.  Median   Mean  3rd Qu.   Max.
  145.9   159.9    165.7  165.9   171.6   208.2
> par(mai = c(0.1, 0.85, 0.1,0.1), lwd = 1.5)     # 设定边界及线粗
> boxplot(table2_2[,2], ylab = "身高/cm")          # 绘制箱形图
```

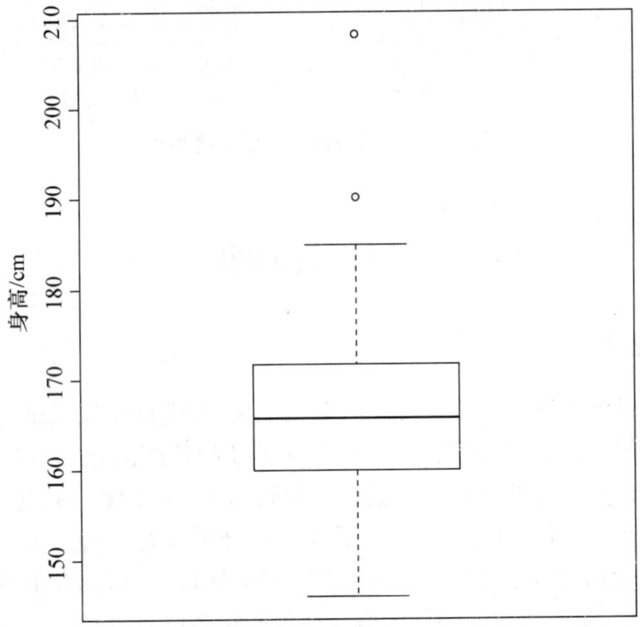

图 2—20　大学生身高箱形图

排除两个离群值（208.2 及 190.1）之后，最大值是 184.9，最小值是 145.9，因此图中两短横线就是 184.9 及 145.9（分别为上临界值与下临界值）．

2.7.2　分析步骤与统计结果解读

文本框 2—15 先以“认知易用性”绘制箱形图，再依“性别”分组，绘出两性在“认知易用性”方面的箱形图（见图 2—21）．

文本框 2—15　　　　箱形图（认知易用性）

```
> load("C:/mydata/chap02/table2_1.RData")         # 加载 table2_1 数据
```

```
> par(mfrow = c(1,2), cex = 1.2, mai = c(0.7,1.0,1.0,0.1))
                                              # 设定图为 1 行 2 列,字级为 1.2 倍,及边界
> boxplot(table2_1 $ 认知易用性, ylab = "认知易用性", col = "gray")
                                              # 以"认知易用性"绘制箱形图
> boxplot(认知易用性～性别, data = table2_1[,1:2], ylab = "认知易用性", col = "gray")
                                              # 以"性别"为分组,绘制"认知易用性"箱形图
```

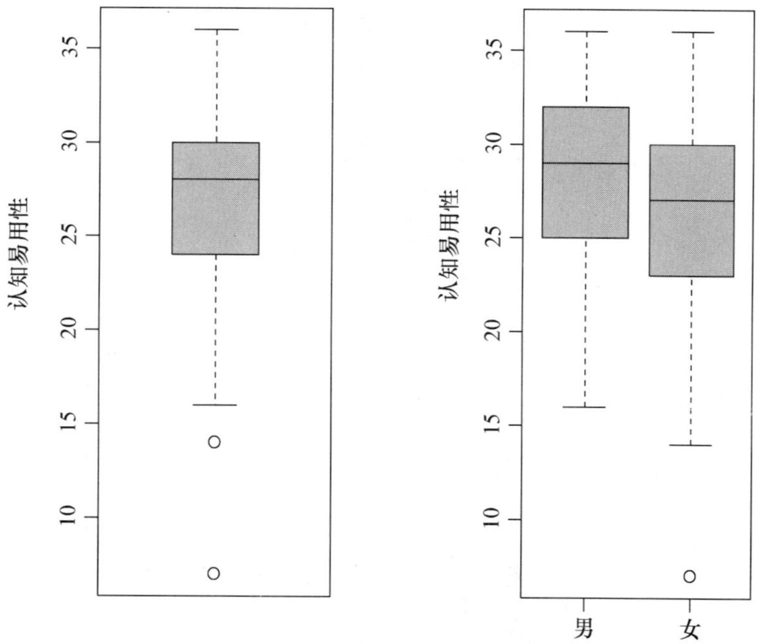

图 2—21　箱形图(认知易用性)

如图 2—21 中的左图所示，所有受访者在“智能型手机认知易用性量表”中得分的中位数为 28 分，Q_3 及 Q_1 分别为 30 分及 24 分，因此四分位距 IQR 为 6 分. 上内围为 39 分（=30+1.5×6），但是最大值为 36 分（也是量表的总分），因此画到 36 分（上临界值）为止；下内围为 15 分（=24−1.5×6），排除两个离群值后，最小值为 16 分，因此下临界值为 16 分.

图 2—21 中的右图将两性分开计算，可以发现女性的中位数较男性小（女性为 27 分，男性为 29 分），IQR 则都是 7 分，有一个女性受访者为离群值.

2.8　茎叶图

2.8.1　基本概念

茎叶图（stem-and-leaf plots）可以显示数据的分布及离散情形，它也是由 Tukey 设计的，除了保留原始数据，还具有直方图的功能. 茎叶图的制作顺序为：(1) 先将原始数据排序. (2) 将最后一位数当叶片，其他部分当茎. (3) 依次将最后一位数填入叶片部分.

由图 2—22 可看出：介于 50～59 的频数最多，其中 50 分有 1 人，51 分有 2 人，52

分有 1 人，53 分有 3 人，54 分、55 分、56 分各有 2 人，57 分有 3 人，58 及 59 分各有 2 人，共有 20 人.

```
0. 9
1. 58
2. 223467779
3. 1111334467778899
4. 02222344466777889
5. 0112333445566777889
6. 02445566688899
7. 112234455689
8. 00112458899
9. 24668
```

图 2—22　茎叶图（10 分一组）

将茎叶图逆时针旋转 90°，就类似直方图（图 2—23）.

```
0. 9
1. 58
2. 223467779
3. 1111334467778899
4. 02222344466777889
5. 0112333445566777889
6. 02445566688899
7. 112234455689
8. 00112458899
9. 24668
```

图 2—23　逆时针旋转后的茎叶图

有时茎的部分太少，可以将它分成 2 分或 5 分一组. 如图 2—24 即以 5 分为一组，最后一位数（此处为个位数）是 0～4 为一组，5～9 为另一组，亦即茎的部分在倒数第二位数（此处为十分位）分为两组.

```
2.
2. 5
3. 2344
3. 577788
4. 000011334
4. 555666777789
5. 00011111123333
5. 778
6. 011122344
6. 5
7. 4
```

图 2—24　茎叶图（5 分一组）

2.8.2　分析步骤与统计结果解读

文本框 2—16 显示的是 R 茎叶图指令，经尝试后，设定 scale=0.5.

文本框 2—16　　　　　　**茎叶图（1）（认知易用性）**

```
> load("C:/mydata/chap02/table2_1.RData")          # 加载 table2_1 数据
> stem(table2_1[,2], scale = 0.5)                  # 绘制茎叶图,设定图长为 0.5
  The decimal point is 1 digit(s) to the right of the |

  0 | 7
  1 | 4
  1 | 66666667777888888999
  2 | 000000111111111111222222222222333333333333333333444444444444444444444
  2 | 55555555555555555555666666666666666677777777777777777778888888888888 + 42
  3 | 000000000000000000000000111111111111222222223333333344444444
  3 | 5555555555666666666666666666666666
```

文本框中的茎叶图可分成两部分：

1. 竖线左边的数字为茎，代表十位数，其中 1，2，3 都出现两次，代表每 5 分为一组（10/2=5).

2. 竖线右边的数字是叶子，每个叶片代表 1 个受访者，频数最多者为 25～29 分组，其中+42 表示还有 42 个叶片未显示.

由分布的形态来看，大致为左偏的分布. 另外进行描述统计分析，得到偏度为 −0.317 8.

除了默认的 stem 函数外，也可以使用包 aplpack（Another Plot PACKage），它的 stem. leaf 函数提供了较多样的茎叶图，命令如文本框 2—17 所示.

文本框 2—17　　　　　　**茎叶图（2）（认知易用性）**

```
> install.packages("aplpack")              # 安装 aplpack 包
> library(aplpack)                         # 载入 aplpack 包
> stem.leaf(table2_1[,2], 2)               # 绘制茎叶图,2 分一组
1 | 2: represents 12
leaf unit: 1
            n: 308
LO:7
   2     f | 4
  13     s | 66666667777
  22    1. | 888888999
  40    2* | 000000111111111111
  70     t | 222222222222333333333333333333
 111     f | 44444444444444444444455555555555555555555
 (35)    s | 66666666666666667777777777777777777
 162    2. | 8888888888888888888888888888888888888999999999999999999999999999999
  95    3* | 000000000000000000000000111111111111
  59     t | 2222222233333333
  43     f | 4444444445555555555
  24     s | 666666666666666666666666
```

文本框中的茎叶图可分成三部分：

1. 中间的数字为茎，代表十位数. 以 20 分组为例，2 * 代表 20 与 21 分组，t 代表 22 与 23 分组（two 与 three），f 代表 24 与 25 分组（four 与 five），s 代表 26 与 27 分组（six 与 seven），2. 代表 28 与 29 分组.

2. 右边的数字是叶子，每个叶片代表 1 个受访者，频数最多者为 28 分（31 人）及 29 分（36 人）组，共有 67 人.

3. 左边的数字又可分为三个小部分：其中（35）代表均值（27.25）所在 26 及 27 分组共有 35 人；（35）之上的数字是由低分往均值累加的频数，例如 111，表示 25 分以下共有 111 人；（35）之下的数字是由高分往均值累加的频数，例如 95，表示 30 分以上共有 95 人.

文本框中也显示，最小值为 7 分.

2.9 时间序列图

2.9.1 基本概念

时间序列图（time series plot，或称时间数列图）的 X 轴上是不同的时间点，Y 轴则是变量的数值，它常用于政府统计与经济学.

由以台湾地区各学年小学生人数绘制的时间序列图（见文本框 2—18 中图 2—25）可看出：1950 学年开始，小学生人数呈现逐年递增的趋势（一方面是由于出生人口增加，另一方面是由于入学率提高），一直到 1972 学年达到最多（学生数接近 246 万人）. 其后，可能是由于实施了计划生育，小学生人数逐年下降，到 1981 学年为 221 万人. 1982 学年，由于龙年出生学生入学，使得人数再度增加，此后学生数持续增加，至 1988 学年达到约 241 万人. 1989 学年开始，学生数再度减少，至 1995 学年已少于 200 万人（与 1961 学年相近），1999 学年虽然微幅增加，但 2000 学年之后又再度下降，2013 学年约为 125.3 万人，已经与 1955 学年的 124.4 万人相差不多了.（注意：Y 轴由 90 万人开始。）

使用时间序列，可以进行未来数据的推估，其中最常使用的是自我回归整合移动平均（autoregressive integrated moving average，ARIMA）模式，相关内容可参见《行为及社会科学统计学》（陈正昌，2004).《统计学——基于 R》（贾俊平，2014）也有专章说明时间序列的分析方法.

文本框 2—18　　小学生时间序列图

```
> load("C:/mydata/chap02/table2_3.RData")          # 加载 table2_3 数据
> table2_3<-ts(table2_3, start=1950)               # 将数据改为时间序列,起始年度为 1950
> par(mai=c(0.85, 0.85, 0.5,0.1))                  # 设定边界
> plot(table2_3[,2], xlab="学年", ylab="人数/万", main="台湾历年小学生数", lwd=2)
                                                   # 绘制时间序列图,线粗 2,并设定各标题
```

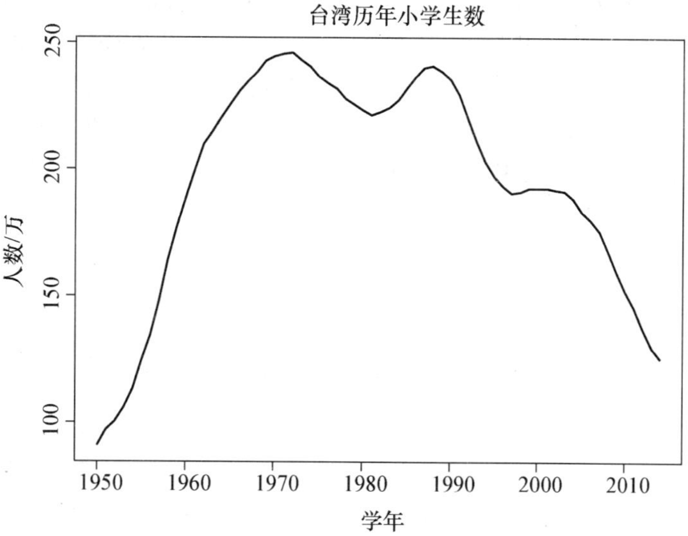

图 2—25　时间序列图——小学生数

2.9.2　分析步骤与统计结果解读

文本框 2—19 使用台湾历年的大学本科在学总人数，绘制时间序列图（见图 2—26）. 绘图时以 par 设定下左上右四个边界的大小（单位：英寸）.

文本框 2—19　　**时间序列图（大学生）**

```
> load("C:/mydata/chap02/table2_4.RData")                    # 加载 table2_4 数据
> table2_4<-ts(table2_4, start=1950)                         # 将数据改为时间序列,起始年度为 1950
> par(mai=c(0.85, 0.85, 0.5,0.1))                            # 设定边界
> plot(table2_4[,2], xlab="学年", ylab="人数/万", main="台湾历年大学生数", lwd=2)
                                                             # 绘制时间序列图,线粗 2,并设定各标题
```

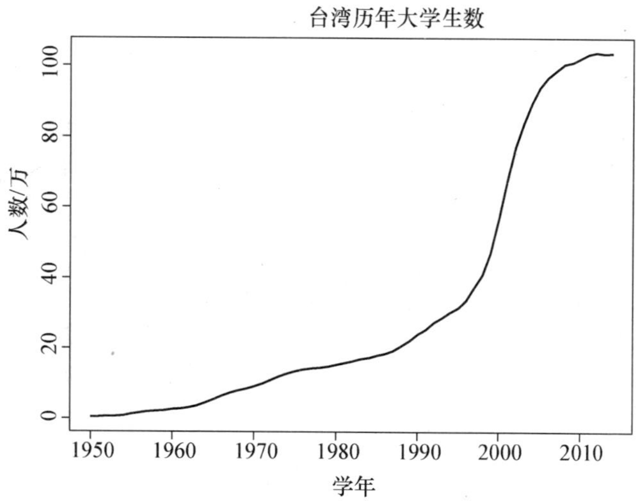

图 2—26　时间序列图——大学生数

由图 2—26 可大略看出：1950—1987 学年为第一个人数稳定增加的时期，1988—1995 学年为第二个人数稳定增加的时期，1996 学年之后，大学生在学人数快速增加，2009 学年之后，增加的趋势已减缓. 未来，随着小学生人数逐年减少，大学招生人数亦将受到冲击，预计 2016 学年入学新生将大幅减少. （注：出生人口在 18 年后会影响大学生人数，小学生入学人数则在 12 年后会影响大学新生数.）

第3章 描述统计

本章旨在说明常用的描述统计（含集中量数及变异量数），并使用 R 进行分析. 分析过程中使用不同的包和函数，得到多种描述统计量，读者可依个人需要选用.

3.1 基本概念

3.1.1 集中量数

集中量数是使用一个量数来代表一组观察体集中的情形，常用的集中量数有众数、中位数（中数），及算术均值（简称均值）.

3.1.1.1 众数

名义变量的集中量数一般使用众数（mode），其定义是最多的类别. 例如，某大学学生来自华北、华中、中南、东北、西北、西南等地区的学生人数分别为 2 000 人、1 000 人、2 400 人、700 人、500 人、400 人，则该校学生居住地的众数为“中南地区”（但众数并非 2 400人）.

不过，众数的使用有其限制. 例如，某班学生考试的分数分别为：

65　70　80　85　95

则这个班考试的分数就没有众数（也可以说每个都是众数）. 又如，另一个班学生的成绩分别为：

60　60　70　90　90

则该班的分数就有两个众数（60 分及 90 分）.

3.1.1.2 中位数

次序变量的集中量数一般使用中位数（median），中位数是将观察体依大小排列后最中间那个观察体的数值，中位数的所在位置（称为深，depth）为：

$$中位数的位置=\frac{n+1}{2}$$

中位数等于第 2 个四分位数 Q_2，即百分等级（percentile rank，PR）等于第 50 之百分位数（percentile）.

例如，某次考试，甲班学生的得分是：

10　30　100　60　80

依大小排序后为：

10　30　60　80　100

中位数的位置为：

$$\frac{5+1}{2}=3$$

第 3 个学生的得分为 60 分，因此中位数为 60. 又如，乙班学生的得分是：

20　60　40　80　70　100

排序后为：

20　40　60　70　80　100

中位数的位置为：

$$\frac{6+1}{2}=3.5$$

由于不是整数，因此取 60（排序后第 3 个数值）及 70（排序后第 4 个数值）的均值，所以中位数为 65（$\frac{60+70}{2}=65$）. 乙班的中位数是 65，但是 6 个学生都没有正好考 65 分者，所以，中位数不一定会存在于原始的数据中.

3.1.1.3　算术均值

等距及比率变量的集中量数一般使用算术均值（arithmetic median，mean），总体（population）的均值公式是：

$$\mu=\frac{\sum_{i=1}^{N}X_i}{N}\quad 简写为\quad \mu=\frac{\sum X}{N} \tag{3.1}$$

样本的均值公式是：

$$M=\frac{\sum_{i=1}^{n}X_i}{n}\quad 简写为\quad M=\frac{\sum X}{n} \tag{3.2}$$

由于比率变量也是等距、次序及名义变量，因此也可以使用众数、中位数来当集中量数．如果没有极端值，等距及比率变量的集中量数还是使用算术均值较佳，因为它考虑每个样本的数值，使用所有的信息量，所以比较有代表性．反之，如果有极端值出现，则算术均值就可能不足以代表大多数观察体性质，此时最好改用中位数或是截尾均值（trimmed mean）．

例如，某班学生的考试成绩分别为：

10　80　85　95　100

其算术均值为：

$$\frac{10+80+85+95+100}{5}=74$$

不过，由于有一极端值 10 分，因此可以发现有 4 个学生的分数高于算术均值（74 分），仅有 1 个学生的分数低于 74 分，可见用 74 分来代表这 5 个学生得分的集中情形并不恰当．此时，如果改用中位数 85，应能较好代表整体的集中趋势．

截尾均值则是指删除一定比例的最大值及最小值（通常各取 5%，总计 10%）后，所计算的算术均值．前述例子中，最小值为 10，最大值为 100，删去这两个数值之后的均值为：

$$\frac{80+85+95}{3}=86.67$$

3.1.1.4　集中量数适用情形

综合前面所述各种集中量数的说明，可以整理成表 3—1．如果是名义变量，则只能计算众数，不可以求中位数或是均值．次序变量不仅可以计算众数，而且可以求中位数，但是不能计算均值．如果是等距及比率变量，则可以使用各种集中量数．

表 3—1　　集中量数适用情形

	众数	中位数	算术均值
名义变量	✓		
次序变量	✓	✓	
等距变量	✓	✓	✓
比率变量	✓	✓	✓

3.1.2　变异量数

变异量数是对一组数据分散情形的描述，分散情形越大，则变异程度越大．常用的变异量数有：极差、四分位距（又称四分位极差）、标准差及方差．

3.1.2.1　极差

名义变量的变异量数可以使用极差（range），公式为最大值减最小值：

$$\omega=X_H-X_L \tag{3.3}$$

极差的优点是计算容易；缺点则是只考虑两个极端值，因此不太具有代表性，且容易受到极端值的影响.

3.1.2.2 四分位距

次序变量的变异量数通常使用四分位距（interquartile range，IQR）表示，公式是：

$$IQR=Q_3-Q_1 \tag{3.4}$$

IQR代表涵盖50%观察体的一段距离，这段距离越大，表示分散程度越大.

第1个四分位数Q_1（百分等级为25之百分位数）的位置有两种常用的表示方法：第一种方法是加权均值法（在R中为type=6），Q_1的位置是：

$$\frac{n+1}{4}$$

假设有16个排序后的数值：

17　29　36　41　45　50　57　59　60　62　66　69　71　73　80　99

Q_1的位置是：

$$\frac{16+1}{4}=4.25$$

由于第4个数值为41，第5个数值为45，因此第4.25个数值为：

$$41+0.25\times(45-41)=42$$

Q_3的位置是：

$$\frac{n+1}{4}\times3$$

在16个数值中，Q_3的位置在：

$$\frac{16+1}{4}\times3=12.75$$

由于第12个数值为69，第13个数值为71，因此第12.75个数值为：

$$69+0.75\times(71-69)=70.5$$

所以，四分位距为：

$$IQR=70.5-42=28.5$$

第二种方法是Tukey法（在R中为type=2），Q_1的位置是：

$$\frac{n}{4}=j+g$$

而Q_3的位置是：

$$\frac{n}{4}\times3=j+g$$

式中，j 是商的整数部分；g 是商的小数部分. g 如果等于 0（可以整除），则位置介于第 j 及第 $j+1$ 个数据中间；如果 $g>0$（无法整除），则位置为 $j+1$.

以前述 16 个数值计算，Q_1 的位置是：

$$\frac{16}{4}=4=4+0$$

由于可以整除，因此 Q_1 的数值即是：

$$\frac{41+45}{2}=43$$

Q_3 的位置是：

$$\frac{16}{4}\times 3=12=12+0$$

同样可以整除，因此 Q_3 的数值即是：

$$\frac{69+71}{2}=70$$

所以，四分位距为：

$$\text{IQR}=70-43=27$$

由四分位数也可以判断变量的分布是否对称. 因为 Q_1 到 Q_2，或 Q_2 到 Q_3 都包含 25% 的观察体，如果 $Q_2-Q_1>Q_3-Q_2$，则呈负偏度分布，表示 Q_2 到 Q_3 之间的观察体比较集中；反之，如果 $Q_2-Q_1<Q_3-Q_2$，则呈正偏度分布.

3.1.2.3　方差与标准差

等距及比率变量的变异量数使用方差（variance）或是标准差（standard deviation，等于$\sqrt{方差}$）表示，数值越大，代表分散程度越大. 总体的方差及标准差公式分别为：

$$\sigma^2=\frac{\sum_{i=1}^{N}(X_i-\mu)^2}{N}\quad 简写为\quad \sigma^2=\frac{\sum(X-\mu)^2}{N} \tag{3.5}$$

$$\sigma=\sqrt{\sigma^2}=\sqrt{\frac{\sum_{i=1}^{N}(X_i-\mu)^2}{N}} \tag{3.6}$$

样本的方差及标准差公式分别为：

$$S^2=\frac{\sum_{i=1}^{n}(X_i-\bar{X})^2}{n}\quad 简写为\quad S^2=\frac{\sum(X-\bar{X})^2}{n} \tag{3.7}$$

$$S=\sqrt{S^2}=\sqrt{\frac{\sum_{i=1}^{n}(X_i-\bar{X})^2}{n}} \tag{3.8}$$

不过，S^2是有偏误的估计值，当应用于推断统计时，分母部分会改为 $n-1$（自由度），如此才是无偏估计值，所以方差及标准差公式分别为：

$$s^2=\frac{\sum_{i=1}^{n}(X_i-\overline{X})^2}{n-1} \quad \text{简写为} \quad s^2=\frac{\sum(X-\overline{X})^2}{n-1} \tag{3.9}$$

$$s=\sqrt{s^2}=\sqrt{\frac{\sum_{i=1}^{n}(X_i-\overline{X})^2}{n-1}} \tag{3.10}$$

R 只能计算分母为 $n-1$ 的方差及标准差.

3.1.2.4　变异系数

由于标准差会受到测量单位的影响，如果要比较相对的变异，可用变异系数（coefficient of variation，CV）表示，公式为：

$$CV=\frac{S}{M} \tag{3.11}$$

假设男女大学生体重的标准差分别为 12 千克及 10 千克，我们不能武断地说男大学生体重的变异较大，因为两性体重的均值分别为 66 千克及 52 千克，两者的 CV 分别为$\frac{12}{66}=0.181\,8$ 及$\frac{10}{52}=0.192\,3$，所以女大学生体重的变异反而较大.

3.1.2.5　变异量数适用情形

综合前面所述各种变异量数的说明，可以整理成表 3—2. 名义变量只能计算极差. 次序变量不仅可以计算极差，而且可以求四分位距，但是不能计算方差及标准差. 如果是比率变量，则可以使用各种变异量数，不过，标准差仍是使用最广的变异量数.

表 3—2　　**变异量数适用情形**

	极差	四分位距	标准差、方差	变异系数
名义变量	✓			
次序变量	✓	✓		
等距变量	✓	✓	✓	
比率变量	✓	✓	✓	✓

3.2　范　例

某小学测量了 36 名六年级男生的身高，得到表 3—3 的数据，请对该数据进行描述统计分析.（单位：厘米，取整数.）

表 3—3　　　　某小学 36 名六年级男生身高

学生	身高	学生	身高	学生	身高
1	151	13	150	25	154
2	140	14	151	26	148
3	139	15	144	27	147
4	150	16	142	28	156
5	145	17	160	29	147
6	163	18	156	30	150
7	150	19	150	31	155
8	145	20	161	32	145
9	161	21	148	33	157
10	155	22	144	34	146
11	145	23	148	35	154
12	147	24	154	36	152

3.3　使用 R 进行分析

3.3.1　数据文件

使用 R 进行分析时，可以先使用 Excel 输入数据，存为 csv 或 xlsx 文档，再利用 R 转存为 RData 数据文件，详细步骤请见第 1 章．本范例中，只要输入“身高”这一变量即可，不需要输入学生代号．文本框 3—1 说明了读入与展示数据的方法．

文本框 3—1　　　　范例分析数据文件

```
> load("C:/mydata/chap03/example3.RData")          # 加载本例数据
> example3                                         # 展示本例数据
   身高
1   151
2   140
3   139
4   150
5   145
6   163
7   150
8   145
9   161
10  155
11  145
12  147
13  150
14  151
15  144
```

```
16  142
17  160
18  156
19  150
20  161
21  148
22  144
23  148
24  154
25  154
26  148
27  147
28  156
29  147
30  150
31  155
32  145
33  157
34  146
35  154
36  152
```

3.3.2 描述统计量（1）

R 软件中，常用的描述统计函数有：mean（算术均值）、median（中位数）、var（方差）、sd（标准差）、max（最大值/极大值）、min（最小值/极小值）等，输入这些函数就可以立即计算所需要的统计量，用法如文本框 3—2 所示. example3 是一个“列表”(list)，分析时取第 1 列的数值进行运算.

文本框 3—2　　　　计算描述统计量（1）

```
> load("C:/mydata/chap03/example3.RData")        # 加载本例数据
> h<-example3[,1]                                # 取第 1 列数值
> mean(h)                                        # 计算均值
[1] 150.2778
> mean(h, trim=.1)                               # 计算截去 10% 观察体后的均值
[1] 150.1333
> median(h)                                      # 计算中位数
[1] 150
> sd(h)                                          # 计算标准差
[1] 5.964711
> var(h)                                         # 计算方差
[1] 35.57778
> max(h)                                         # 计算极大值
[1] 163
> min(h)                                         # 计算极小值
[1] 139
```

文本框 3—2 中分析结果显示，均值为 150.277 8，中位数为 150，标准差为 5.964 711，

方差为 35.577 78，最大值及最小值分别为 163 和 139.

3.3.3　描述统计量（2）

如果要将统计量汇总输出，而不单独显示，可以使用文本框 3—3 所示的方法. 分析时可以视个人需要加入不同的统计量.

文本框 3—3　　　　计算描述统计量（2）

```
> load("C:/mydata/chap03/example3.RData")                    # 加载本例数据
> mean<-apply(example3, 2, mean)                              # 计算均值,2 表示行向量
> sd<-apply(example3, 2, sd)                                  # 计算标准差
> myvar<-var(example3[,1])                                    # 计算方差
> mycv<-sd/mean                                               # 计算变异系数
> n<-length(example3[,1])                                     # 计算样本数
> mymax<-max(example3)                                        # 计算极大值
> mymin<-min(example3)                                        # 计算极小值
> R<-max(example3)-min(example3)                              # 计算极差
> mysummary<-data.frame("N"=n, "极差"=R, "极小值"=mymin," 极大值"=mymax," 均值"=mean,
"标准差"=sd, "方差"=myvar, "变异系数"=mycv)                   # 以数据框形式汇总输出结果
> mysummary
      N  极差 极小值 X.极大值   X.均值     标准差      方差   变异系数
身高 36    24    139       163 150.2778  5.964711 35.57778 0.03969124
```

文本框 3—3 中分析结果显示，极差为：

$$163-139=24$$

变异系数为：

$$\frac{5.964\ 711}{150.277\ 8}=0.039\ 691\ 24$$ [①]

3.3.4　使用 pastecs 包

此外，pastecs 包提供常用的描述统计量，可以连网下载. 使用 stat.desc 函数进行分析时，默认输出结果为科学符号，可依需要转换为一般的数值. 请见文本框 3—4.

文本框 3—4　　　　使用 pastecs 包计算描述统计量

```
> library(pastecs)                        # 载入包 pastecs
> round(stat.desc(example3), 4)           # 使用 stat.desc 计算各统计量,并将结果保留 4 位小数
                身高
nbr.val      36.0000
nbr.null      0.0000
nbr.na        0.0000
min         139.0000
```

① 代入数据计算的结果与 R 输出有一定误差(因四舍五入所致)，为保持结果的一致性，将公式计算结果修正为与 R 结果相同。全书同。

```
max              163.0000
range             24.0000
sum             5410.0000
median           150.0000
mean             150.2778
SE.mean            0.9941
CI.mean.0.95       2.0182
var               35.5778
std.dev            5.9647
coef.var           0.0397
```

文本框 3—4 中显示样本数（nbr. val）为 36，没有缺失值（nbr. na）. 其中均值标准误（SE. mean）为：

$$\frac{5.9647}{\sqrt{36}}=0.9941$$

均值 95%置信区间的误差界限（CI. mean. 0. 95）为：

$$0.9941\times2.0301=2.0182$$

此部分请见第 5 章的详细说明.

3.3.5 使用 psych 包

如果要计算偏度及峰度值，则需改用 psych 包，方法如文本框 3—5 所示.

文本框 3—5　　使用 psych 包计算描述统计量

```
> library(psych)                          # 载入包 psych
> describe(example3)                      # 计算各统计量
     vars  n   mean   sd median trimmed  mad min max range skew kurtosis   se
身高    1 36 150.28 5.96    150  150.13 6.67 139 163    24 0.28    -0.67 0.99
```

分析后得到偏度值（skew）为 0.28，峰度值（kurtosis）为−0.67，删除上下各 5%极端值后的截尾均值（trimmed）为 150.13.

3.3.6 使用 summary 函数

文本框 3—6 显示的是使用 summary 函数分析的结果，包含最小值、最大值、均值，及 3 个四分位数，其中 Q_2 就是中位数.

文本框 3—6　　使用 summary 计算描述统计量

```
> summary(example3)                # 由 summary 函数输出的描述统计量
身高
Min.    :139.0
1st Qu. :145.8
Median  :150.0
```

```
Mean    :150.3
3rd Qu. :154.2
Max.    :163.0
```

3.3.7 使用 quantile 及 IQR 函数

如果要另外计算其他的百分位数，可以使用 quantile 函数，summary 默认列出 0%（最小值），25%，50%，75%，100%（最大值）等 5 个百分位数. 在文本框 3—7 中，另外增加 5%，10%，90%等 3 个百分位数.

quantile 提供 9 种计算百分位数的方法，R 默认为第 7 种方法，SPSS 及 Minitab 使用第 6 种方法，SAS 则使用第 2 种方法.

文本框 3—7 另外使用 IQR 函数（要大写）计算四分位距，结果为 9.5.

文本框 3—7　　使用 quantile 计算百分位数

```
> quantile(example3[,1], probs = c(0.05, 0.10, 0.25, 0.50, 0.75, 0.90, 0.95), type = 6)
                                                                    # 计算各百分数
    5%     10%     25%     50%     75%     90%     95%
139.85  143.40  145.25  150.00  154.75  160.30  161.30
> IQR(example3[,1], type = 6)                                       # 计算四分位距
[1] 9.5
```

3.3.8 自行设计 Mode 函数计算众数

由于 R 没有计算众数的函数，因此需要自行撰写函数. 文本框 3—8 是自行设计的 Mode 函数（M 为大写），分析后得到众数为 50. 如果存在多个众数，Mode 函数可以列出所有的众数.

文本框 3—8　　使用 Mode 计算众数

```
> load("C:/mydata/chap03/example3.RData")     # 加载本例数据
> Mode <- function(x)                         # 函数名称为 Mode
{
ux <- sort(unique(x))                         # 列出单一的数值并排序,再存入 ux
tab <- tabulate(match(x, ux))                 # 比较 x 与 ux 中相同的数值,列出它们
                                                在 ux 中的位置,再计算每个位置的
                                                频数放入对象 tab 中
ux[tab == max(tab)]                           # 找出 ux 对象中频数最多的元素
}
> h<- example3 $ 身高                          # 将身高存入对象 h
> Mode(h)                                     # 使用 Mode 计算对象 h 的众数
[1] 150
```

3.3.9 摘要表

综合以上文本框，可以得到以下摘要表（见表 3—4）.

表 3—4 各项集中量数与变异量数

集中量数	众数	中位数	均值
数值	150	150	150.28
变异量数	极差	四分位极差	标准差
数值	24	9.50	5.96

第4章 随机变量的概率分布

本章介绍随机变量概率分布的有关知识，它们是本书后续章节的基础. 首先介绍概率、随机变量和概率分布的概念，然后介绍几种常用的概率分布.

4.1 基本概念

4.1.1 概率

概率是对随机事件发生的可能性大小的一种数值度量. 比如天气预报说，明天降水的概率是 80%，这里的 80%就是对降水这一事件发生的可能性大小的一种数值度量.

概率是介于 0 和 1 之间的一个值. 获得一个事件发生的概率有几种途径. 如果事件是等可能发生的，可以经由重复试验来获得. 当试验的频数很多时，事件 A 发生的概率 $P(A)$可以由所观察到的事件 A 发生的频率 p 来逼近. 假定在相同条件下，重复进行 n 次试验，事件 A 发生了 m 次，则事件 A 发生的概率可表示为：

$$P(A)=\frac{\text{事件}A\text{发生的次数}}{\text{重复试验次数}}=\frac{m}{n}=p \tag{4.1}$$

比值 m/n 越大表示事件 A 发生得越频繁，也就意味着在一次试验中事件 A 发生的可能性（即概率）越大. 事实上，随着试验频数 n 的增大，比值 m/n 将围绕某一频率 p 上下波动，并且其波动的幅度将随着试验频数 n 的增大而减小，进而趋于稳定，这个稳定的频率 p 就是事件 A 的概率. 比如，抛一枚硬币，观察其出现的是正面还是反面，如果定义事件 A=出现正面，这一事件发生的概率 $P(A)=1/2$. 这里的 $P(A)=1/2$ 并不意味着抛多次硬币恰好有一半结果正面朝上，而是指在连续多次的抛掷中，可以认为出现正面的频数接近一半. 比值 1/2 是对抛一次硬币观察到正面朝上的可能性的度量. 注意：抛掷完成后，其结果就是一个数据，要么一定是正面，要么一定是反面，这就不是概率问题了.

尽管可以将事件的概率设想成大量重复试验中该事件出现频数的比例，但有些试验是不能重复的. 比如，投资500万元开设一家餐馆，那么这家餐馆将生存5年的概率就是个未知的值，而且不可能重复试验把这个概率估计出来，这个事件发生的概率是一个常数，却不知道. 不过，可以用已经生存了5年的类似餐馆所占的比例作为所求概率的一个近似值. 在现实生活中，有很多事情都是依据它发生的可能性大小做出决策的. 比如，根据自己的判断，明天这只股票上涨的可能性为60%，这就是一个主观概率. 主观概率往往是基于你个人所掌握的信息、所具有的某种知识等得出的.

4.1.2 随机变量

在很多领域，研究工作主要依赖于某个样本数据，而这些样本数据通常是由某个变量的一个或多个观测值所组成的. 比如，调查500个消费者，询问他们对饮料的偏好，并记录下喜欢某一特定品牌饮料的人数 X；调查一栋办公大楼，记录下每平方米的出租价格 X，等等. 这样的一些观察也就是统计上所说的试验. 由于记录某次试验结果时事先并不知道 X 取哪一个值，因此称 X 为随机变量.

随机变量是用数值来描述特定试验一切可能出现的结果，它的取值事先不能确定，具有随机性. 例如抛一枚硬币，其结果就是一个随机变量 X，因为在抛掷之前并不知道出现的是正面还是反面，若用数值1表示正面朝上，0表示反面朝上，则 X 可能取0，也可能取1.

有些随机变量只能取有限个值，称为离散型随机变量. 有些则可以取一个或多个区间中的任何值，称为连续型随机变量. 将随机变量的取值设想为数轴上的点，每次试验结果对应一个点. 如果一个随机变量仅限于取数轴上有限个孤立的点，那么它就是离散型的；如果一个随机变量是在数轴上的一个或多个区间内取任意值，那么它就是连续型的. 比如，在由500个消费者组成的样本中，喜欢某一特定品牌饮料的人数 X 只能取0，1，2，…，500这些数值之一；检查100件产品，合格品数 X 的取值可能为0，1，2，3，…，100；一家餐馆营业一天，顾客人数 X 的取值可能为0，1，2，3，…. 这里的 X 只能取有限的数值，所以称 X 为离散型随机变量. 相反，办公大楼每平方米的出租价格 X，在理论上可以取大于0到无穷多个数值中的任何一个；检测某产品的使用寿命，产品使用的时间长度 X 的取值可以为 $X\geqslant 0$；某电话用户每次通话时间长度 X 的取值可以为 $X>0$，这些都是连续型随机变量.

4.1.3 随机变量的概率分布

现实生活中，有时需要研究一项试验结果的某些取值. 比如，抽查100个产品，观察其中的不合格品数 X；统计一个旅游景点的游客人数 X，等等. 这里，X 取哪些值以及 X 取这些值的概率是多少，事先都是不知道的. 但是，如果知道了一个随机变量的概率分布模型，就能很容易地确定一系列事件发生的概率.

随机变量的概率分布是随机变量的取值及其相应的概率形成的分布. 就离散型随机变量 X 而言，X 只取有限个可能的值 x_1，x_2，…，而且是以确定的概率取这些值，即

$P(X=x_i)=p_i(i=1, 2, \cdots)$. 因此，可以列出 X 的所有可能取值 x_1，x_2，…，以及取每个值的概率 p_1，p_2，…，这就是离散型随机变量的概率分布．离散型概率分布具有以下性质：

1. $p_i \geqslant 0$

2. $\sum_i p_i = 1$，　$i=1,2,\cdots$

假定知道一个离散型随机变量的概率分布，并能用一定的公式表达出来，就能根据这一分布计算出随机变量任意一个取值的概率.

对于连续型随机变量 X，取任何单一值的概率均为 0，因此，通常只研究它取某一区间值的概率．若 $f(x)$ 是取非负值的函数，对于每一对常数 $a<b$ 满足 $P(a \leqslant X \leqslant b) = \int_a^b f(x)\mathrm{d}x$，则称 $f(x)$ 是连续型随机变量 X 的概率密度函数，亦即 $P(a \leqslant X \leqslant b)$ 是概率密度函数下的面积.

常用的离散型概率分布有二项分布（binomial distribution）、泊松分布（Poisson distribution，也译为卜瓦松分布）和超几何分布（hyper-geometric distribution）等；连续型概率分布有正态分布（normal distribution）、均匀分布（uniform distribution）和指数分布（exponential distribution）等．本章主要介绍二项分布和正态分布.

4.2　二项分布

二项分布建立在 Bernoulli 试验的基础上．n 重 Bernoulli 试验满足下列条件：

1. 一次试验只有两个可能结果，即“成功”和“失败”．这里的“成功”是指感兴趣的某种特征．比如，产品分为“合格品”与“不合格品”，如果对“合格品”感兴趣，则“成功”就表示“合格品”.

2. 一次试验“成功”的概率为 p，“失败”的概率为 $q=1-p$，而且每次试验成功的概率 p 都相同.

3. 试验是相互独立的，且可以重复进行 n 次.

在 n 次试验中，“成功”的频数对应一个离散型随机变量 X．这样，在 n 次 Bernoulli 试验中，出现“成功”的频数的概率分布就是二项分布，记为 $X \sim B(n, p)$．n 次试验中成功频数为 x 的概率可表示为：

$$P(X=x)=C_n^x p^x q^{n-x}, \quad x=0,1,2,\cdots,n \tag{4.2}$$

例如，已知一批产品的不良率为 6%，从其中有放回地抽取 5 个．求 5 个产品中：(1) 没有不合格品的概率；(2) 恰好有 1 个不合格品的概率；(3) 有 3 个及 3 个以下不合格品的概率.

抽取一个产品相当于一次试验，因此 $n=5$．由于是有放回地抽取，因此每次试验是独立的，每次抽取的不良率都是 6%．设 X 为抽取的不合格品数，显然 $X \sim B(n, p)$．二项分布概率的计算如文本框 4—1 所示，结果分别为 0.733 904，0.234 224 7，0.999 938 3.

文本框 4—1　　二项分布概率的计算

```
# 没有不合格品的概率
> dbinom(0,5, 0.06)          # 用函数 dbinom(x,size,prob)计算二项分布 x = 0 的概率
[1] 0.733904
# 恰好有 1 个不合格品的概率
> dbinom(1,5, 0.06)          # 用函数 dbinom(x,size,prob)计算二项分布 x = 1 某一值
[1] 0.2342247
# 3 个及 3 个以下不合格品的概率
> pbinom(3,5, 0.06)          # 用函数 pbinom(x,size,prob) 计算 x<= 3 的累积概率
[1] 0.9999383
```

4.3　正态分布

正态分布最初是由高斯（C. F. Gauss，1777—1855）为描述误差相对频数分布的模型而提出的，因此又叫高斯分布. 在现实生活中，有许多现象都可以由正态分布来描述，甚至当未知一个连续总体的分布时，我们总尝试假设该总体服从正态分布来进行分析. 其他一些分布（如二项分布）可以利用正态分布作近似计算，而且由正态分布也可以导出其他一些重要的统计分布，如 t 分布、χ^2 分布、F 分布等.

如果随机变量 X 的概率密度函数为：

$$f(x)=\frac{1}{\sqrt{2\pi\sigma^2}}e^{-\frac{1}{2\sigma^2}(x-\mu)^2},\quad -\infty<x<\infty \tag{4.3}$$

则称 X 为正态随机变量，或称 X 服从参数为 μ，σ^2 的正态分布，记作 $X\sim N(\mu,\sigma^2)$.

式（4.3）中，μ 是正态随机变量 X 的均值，它可为任意实数，σ^2 是正态随机变量 X 的方差，σ 为标准偏差，且 $\sigma>0$，$\pi=3.141\,592\,6$，$e=2.718\,28$.

由正态分布的定义可以看出，不同的 μ 值和不同的 σ 值对应于不同的正态分布，其概率密度函数所对应的曲线如图 4—1 和图 4—2 所示. 可以看出不同的 μ 和 σ 值对正态曲线的影响. 文本框 4—2 及图 4—1 所示是均值不同、方差相同的正态曲线.

文本框 4—2　　对应于均值不同、方差相同的正态曲线

```
> par(cex = 0.7)                                  # 设置文字与符号大小为默认的 0.7 倍
> curve(dnorm(x,-2,1), from = -6, to = 2, xlim = c(-6,6), ylab = "f(x)", lty = 1)
                                                  # 绘制正态曲线
> abline(v =-2)                                   # 在-2 处增加垂直线
> curve(dnorm(x,2,1), from = -2, to = 6, add = TRUE, lty = 2, col = "blue")
                                                  # 在原图上另外绘制正态曲线
> abline(v = 2, lty = 2,col = "blue")             # 增加垂直线,设定线型为虚线和颜色
                                                    为蓝色
> abline(h = 0)                                   # 在 0 处增加水平线
> legend(x = "topright", legend = c("N(-2,1)", "N(2,1)"), lty = 1:2, inset = 0.04)
                                                  # 增加图例
```

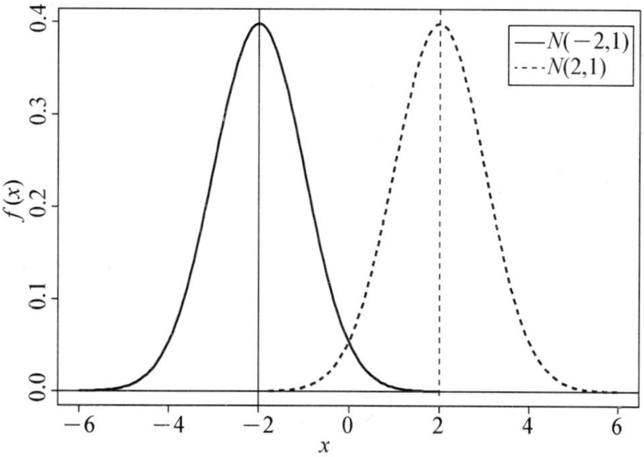

图 4—1 均值不同、方差相同的正态曲线

文本框 4—3 及图 4—2 所示是均值相同、方差不同的正态曲线.

文本框 4—3　　对应于均值相同、方差不同的正态曲线

```
> par(cex = 0.7)                                  # 设置文字与符号大小为默认的 0.7 倍
> curve(dnorm(x,0,sqrt(1/2)),from = -3,to = 3,xlim = c(-4,4),ylab = "f(x)",lty = 1)
                                                  # 绘制正态曲线
> abline(v = 0, h = 0)                            # 在 0 处增加垂直线及水平线
> curve(dnorm(x,0,1), from = -4, to = 4, add = TRUE, lty = 2)
                                                  # 在原图上另外绘制正态曲线
> curve(dnorm(x,0,sqrt(2)), from = -4,to = 4, add = TRUE, lty = 3)
                                                  # 在原图上另外绘制正态曲线
> legend(x = "topright", legend = c("N(0,0.5)", "N(0,1)", "N(0,2)"), lty = 1:3, inset = 0.04)
                                                  # 增加图例
```

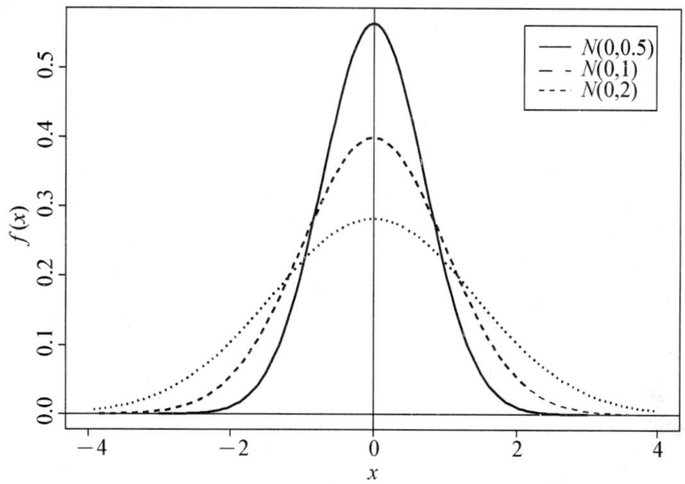

图 4—2 均值相同、方差不同的正态曲线

从图 4—1 和图 4—2 可以看出，正态曲线的图形是关于 $x=\mu$ 对称的钟形曲线，且峰值

在 $x=\mu$ 处. 正态分布的两个参数 μ 和 σ 一旦确定，正态分布的具体形式也就唯一确定，不同参数取值的正态分布构成一个完整的“正态分布族”. 其中均值 μ 可以是实数轴上的任意数值，它决定正态曲线的具体位置. 标准偏差 σ 相同而均值不同的正态曲线，在坐标轴上的表现为水平位移. 标准偏差 σ 为大于零的实数，它决定正态曲线的“陡峭”或“扁平”程度. σ 越大，正态曲线越扁平；σ 越小，正态曲线越陡峭. 当 X 的取值向横轴左右两个方向无限延伸时，正态曲线的左右两个侧端也无限渐近横轴，但理论上永远不会与之相交. 正态曲线下的总面积等于 1. 正态随机变量在特定区间上取值的概率由正态曲线下的面积求得.

由于正态分布是一个分布族，对于任一服从正态分布的随机变量，经由 $Z=(X-\mu)/\sigma$ 进行标准化后的新随机变量都将服从均值为 0、标准偏差为 1（方差为 $1^2=1$）的标准正态分布（standard normal distribution），记为 $Z\sim N(0,1)$.

标准正态分布的概率密度函数用 $\varphi(x)$ 表示，有

$$\varphi(x)=\frac{1}{\sqrt{2\pi}}\mathrm{e}^{-\frac{1}{2}x^2}, \quad -\infty<x<\infty \tag{4.4}$$

标准正态分布的概率和给予侧部概率时所对应的分位点如图 4—3 所示，其中阴影的面积就是概率值.

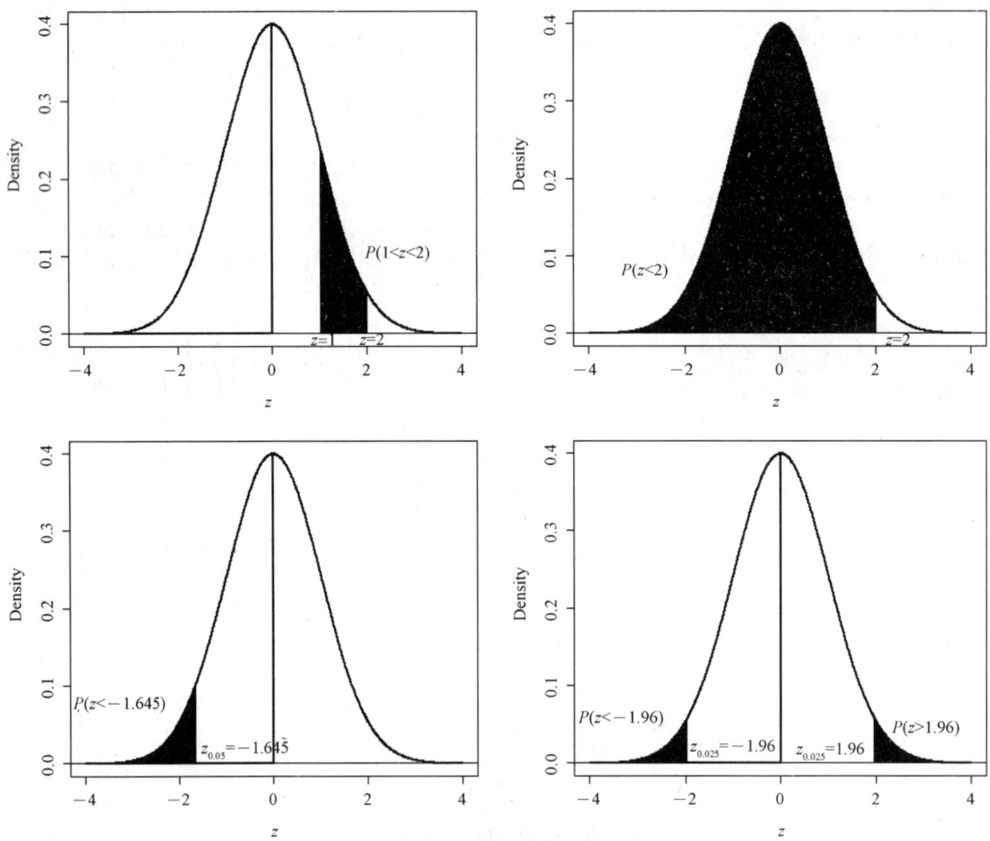

图 4—3　标准正态分布的概率与分位点

经由正态分布，可以计算正态分布的概率，或是给予累积概率时函数的分位点，例如：

1. $X \sim N(50, 10^2)$，求 $P(X \leqslant 40)$ 和 $P(30 \leqslant X \leqslant 40)$，结果分别为 0.158 655 3 和 0.135 905 1.

2. $Z \sim N(0, 1)$，求 $P(Z \leqslant 2.5)$ 和 $P(-1.5 \leqslant Z \leqslant 2)$，结果分别为 0.993 790 3 和 0.910 442 7.

3. 计算标准正态分布累积概率为 0.025 时的反函数值 z，结果为 $-1.959\,964$.

正态分布累积概率和给予累积概率时分位点的计算如文本框 4—4 所示.

文本框 4—4　　正态分布累积概率和给予累积概率时分位点的计算

```
# 在均值为 50,方差为 100(10²)的正态分布中,计算 P(X ≤40)和 P(30 ≤X ≤40)
> pnorm(40, mean = 50, sd = 10)                        # 计算 P(X ≤ 40)
[1] 0.1586553
> pnorm(40, mean = 50, sd = 10) - pnorm(30, mean = 50, sd = 10)
                                                       # 计算 P(30 ≤ X ≤ 40)
[1] 0.1359051

# 计算 P(Z ≤2.5)和 P(-1.5 ≤Z ≤2)
> pnorm(2.5, mean = 0, sd = 1)                         # 计算 P(Z ≤ 2.5)
[1] 0.9937903
> pnorm(2, mean = 0, sd = 1) - pnorm(-1.5, mean = 0, sd = 1)  # 计算 P(-1.5 ≤ Z ≤ 2)
[1] 0.9104427

# 计算标准正态分布累积概率为 0.025 时的反函数值 z
> qnorm(0.025, mean = 0, sd = 1)
[1] -1.959964
```

经验法则（68-95-99.7 法则）总结了正态分布在一些常用区间上的概率，计算方法如文本框 4—5 所示，其图形如图 4—4 所示.

文本框 4—5　　经验法则的计算

```
> pnorm(3) - pnorm(-3)                 # 计算 P(-3 ≤ Z ≤ 3)
[1] 0.9973002

> pnorm(2) - pnorm(-2)                 # 计算 P(-2 ≤ Z ≤ 2)
[1] 0.9544997
> pnorm(1) - pnorm(-1)                 # 计算 P(-1 ≤ Z ≤ 1)
[1] 0.6826895
```

图 4—4 显示，正态随机变量落入其均值左右各 1 个标准偏差内的概率是 68.27%，落入其均值左右各 2 个标准偏差内的概率是 95.45%，落入其均值左右各 3 个标准偏差内的概率是 99.73%.

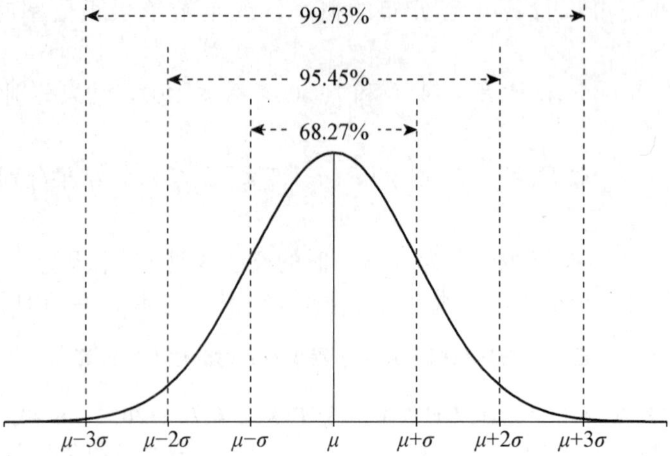

图 4—4　常用区间的正态概率值

4.4　其他几个常用的概率分布

有些随机变量是统计学家为了分析的需要而建构的. 比如，把样本均值标准化后形成一个新的随机变量 t，样本方差除以总体方差得到一个随机变量 χ^2，两个样本方差比形成一个随机变量 F，等等. 这些随机变量用 t，χ^2 和 F 来命名是因为它们分别服从统计中的 t 分布、χ^2 分布和 F 分布. 这些分布都是由正态分布推导而来，它们在推断统计中具有独特的地位和作用.

4.4.1　*t* 分布

t 分布（*t*-distribution）的提出者是 W. S. Gosset（1876—1937），由于他经常用笔名"student"发表文章，用 t 表示样本均值经标准化后的新随机变量，因此 t 分布也称为学生 t 分布（student's *t*）.

t 分布是类似正态分布的一种对称分布，它通常要比正态分布平坦和分散. 一个特定的 t 分布依赖于称为自由度的参数. 随着自由度的增大，t 分布也逐渐趋于正态分布.

对应于不同自由度的 t 分布与标准正态分布曲线的比较如文本框 4—6 及图 4—5 所示.

文本框 4—6　　　不同自由度的 *t* 分布与标准正态分布曲线的比较

```
# 绘制不同自由度的 t 分布曲线
> par(cex = 0.7)                                          # 设置文字与符号大小为默认的 0.7 倍
> curve(dnorm(x,0,1), from = - 4, to = 4, xlim = c( - 4,4), ylab = "f(x)", lty = 1)
                                                          # 绘制标准正态曲线
> abline(v = 0, h = 0)                                    # 增加垂直线及水平线
> curve(dt(x,5), from = - 4, to = 4, add = TRUE, lty = 2) # 在原来的图上增加 t 分布曲线,样式为
                                                            虚线,自由度为 5
> curve(dt(x,2), from = - 4, to = 4, add = TRUE, lty = 3) # 在原来的图上增加 t 分布曲线,样式为
                                                            虚线,自由度为 2
```

```
> legend(x = "topright", legend = c("N(0,1)", "t(5)", "t(2)"), lty = 1:3, inset = 0.04)
                                                              # 增加图例
```

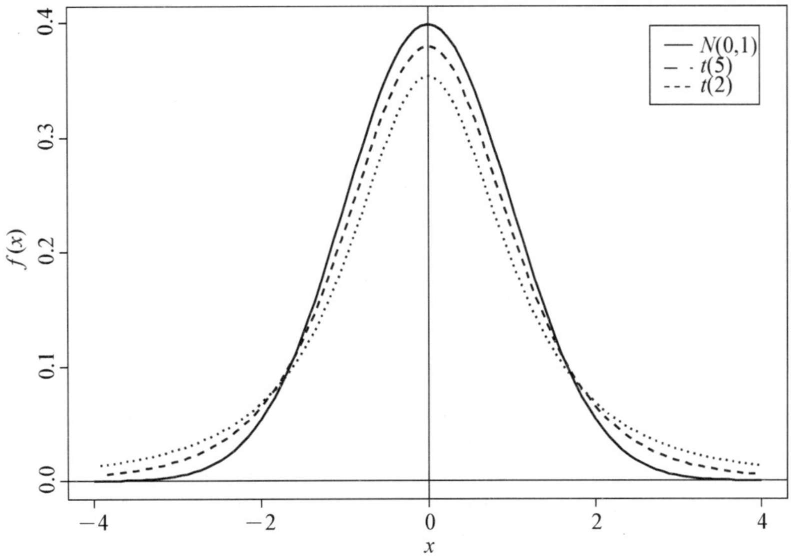

图 4—5　不同自由度的 t 分布与标准正态分布的比较

根据 t 分布，可以计算类似以下的概率或分位点：

1. 计算自由度为 10，t 值小于等于−2 的概率，结果为 0.036 694 02.
2. 计算自由度为 15，t 值大于等于 3 的概率，结果为 0.005 119 449.
3. 计算自由度为 25，t 分布累积概率为 0.025 时的 t 值，结果为−2.059 539.

t 分布累积概率和给予累积概率时分位点的计算如文本框 4—7 所示.

文本框 4—7　　t 分布累积概率和给予累积概率时分位点的计算

```
# 计算 t 分布的概率
> pt( - 2, df = 10)                    # 计算 t 分布 x<= - 2 的累积概率
[1] 0.03669402
> 1 - pt(3, df = 13)                   # 计算 t 分布 x>= 3 的累积概率
[1] 0.005119449

# 计算 t 分布的分位点
> qt(0.025,df = 25)                    # 计算 t 分布累积概率为 0.025 时的 t 值
[1] - 2.059539
```

4.4.2　χ^2分布

χ^2分布是由 E. C. Abbe（1840—1905）于 1863 年首先提出的，后来由 F. R. Helmert（1843—1917）和 K. Pearson（1857—1936）分别于 1875 年和 1900 年推导出来.

n 个独立标准正态变量的平方和的分布称为具有 n 个自由度的 χ^2分布，记为 $\chi^2(n)$. 假设总体服从一般正态分布，则 $Z=\dfrac{X-\mu}{\sigma}\sim N(0,\ 1)$. 令 $Y=Z^2$，则 Y 服从自由度为 1 的

χ^2分布，即$Y\sim\chi^2(1)$．一般地，对于n个独立标准正态变量Y_1，Y_2，…，Y_n，随机变量$\chi=\sum_{i=1}^{n}Y_i^2$的分布为具有n个自由度的χ^2分布，记为$\chi\sim\chi^2(n)$．

$\chi^2(n)$分布的形状取决于其自由度n的大小，通常为不对称的右偏分布，但随着自由度的增大逐渐趋于对称.

对应于不同自由度的χ^2分布曲线如文本框 4—8 及图 4—6 所示.

文本框 4—8　　对应于不同自由度的χ^2分布曲线

```
# 绘制不同自由度的 χ² 分布曲线
> par(cex = 0.7)                                  # 设置文字与符号大小为默认的 0.7 倍
> curve(dchisq(x,3), from = 0, to = 20, xlim = c(0,20), ylab = "f(x)", lty = 1)
                                                  # 绘制自由度为 3 的 χ² 分布曲线
> curve(dchisq(x,5), from = 0, to = 20, add = TRUE, lty = 2)
                                                  # 在原图增加自由度为 5 的 χ² 分布曲线
> curve(dchisq(x,10), from = 0, to = 20, add = TRUE, lty = 3)
                                                  # 增加自由度为 10 的 χ² 分布曲线
> abline(h = 0)                                   # 增加水平线
> legend(x = "topright", legend = c("chi^2(3)", "chi^2(5)", "chi^2(10)"), lty = 1:3, inset = 0.04)
                                                  # 增加图例
```

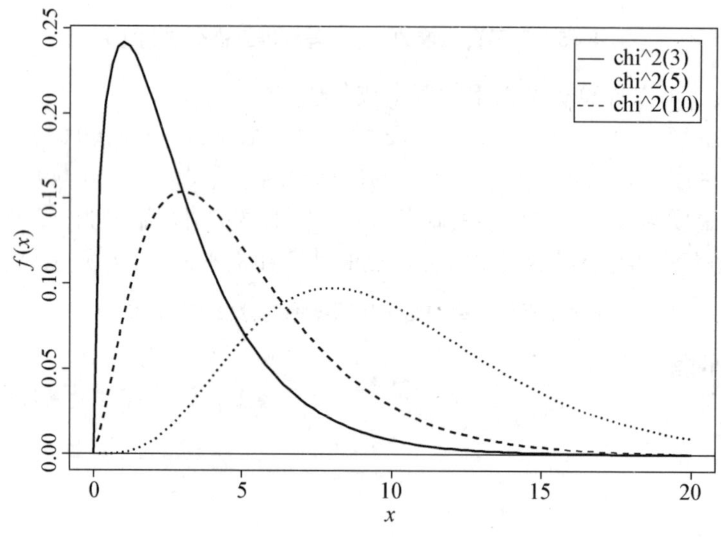

图 4—6　不同自由度的χ^2分布

在总体方差的估计和非参数检验中会用到χ^2分布．χ^2分布的概率即为曲线下面积．利用 R 函数，可以计算给予χ^2值和自由度df时χ^2分布的累积概率，或是给予累积概率和自由度df时相应的χ^2值．例如：

1．计算自由度为 15，χ^2值小于等于 10 的概率，结果为 0.180 260 1.

2．计算自由度为 18，χ^2值大于等于 20 的概率，结果为 0.332 819 7.

3．计算自由度为 20，χ^2分布右侧概率为 0.05 时的反函数值（在估计和检验中称为临界值），结果为 31.410 43.

χ^2分布累积概率和给予累积概率时分位点的计算如文本框 4—9 所示.

文本框 4—9　　　　　　**χ^2 分布累积概率和给予累积概率时分位点的计算**

```
# 计算 χ² 分布的概率
> pchisq(10, df = 15)                    # 计算 χ² 分布的概率
[1] 0.1802601
> 1 - pchisq(20, df = 18)                # 计算 χ² 分布的右侧概率
[1] 0.3328197
# 计算 χ² 分布的分位点
> qchisq(0.95, df = 20)                  # 计算 χ² 分布的分位点
[1] 31.41043
```

4.4.3　*F* 分布

F 分布（F-distribution）是为纪念著名统计学 R. A. Fisher（1891—1962）以其姓氏的第一个字母而命名的．它是两个 χ^2 分布的比．设 $U\sim\chi^2(n_1)$，$V\sim\chi^2(n_2)$，且 U 和 V 相互独立，则 $F=\dfrac{U/n_1}{V/n_2}$ 服从自由度 n_1 和 n_2 的 F 分布，记为 $F\sim F(n_1,n_2)$．F 分布的图形与 χ^2 分布类似，其形状取决于两个自由度．

对应于不同自由度的 F 分布曲线如文本框 4—10 及图 4—7 所示．

文本框 4—10　　　　　　**对应于不同自由度的 F 分布曲线**

```
# 绘制不同自由度的 F 分布曲线
> curve(df(x,10,20), from = 0, to = 5,xlim = c(0,5), ylab = "f(x)", lty = 1)
                                                   # 绘制自由度为 10,20 的 F 分布曲线
> curve(df(x,5,10), from = 0, to = 5, add = TRUE, lty = 2)  # 增加自由度为 5,10 的 F 分布曲线
> curve(df(x,3,5), from = 0, to = 5, add = TRUE, lty = 3)   # 自由度为 3,5 的 F 分布曲线
> abline(h = 0)                                              # 增加水平线
> legend(x = "topright", legend = c("F(10,20)", "F(5,10)", "F(3,5)"), lty = 1:3, inset = 0.04)
                                                   # 增加图例
```

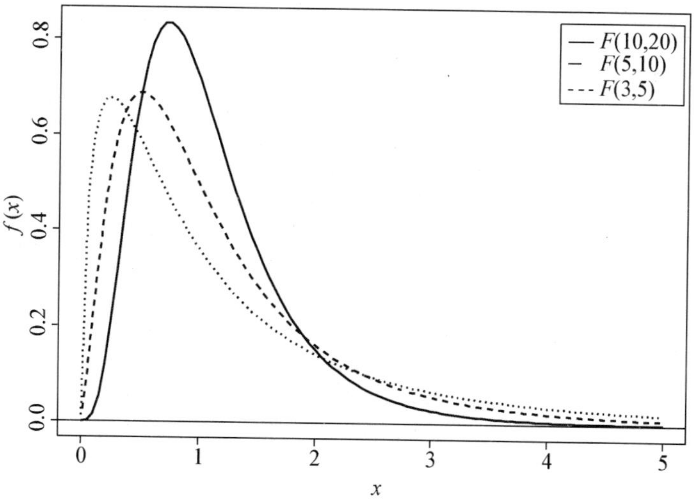

图 4—7　不同自由度的 *F* 分布

F 分布通常用于比较不同总体的方差是否有显著差异. F 分布的概率即为曲线下面积. 利用 R 函数，可以计算给予 F 值和自由度 df_1，df_2 时 F 分布的累积概率，以及给予累积概率和自由度 df_1，df_2 时的相应 F 值. 例如：

1. 计算分子自由度为 10，分母自由度为 8，F 值小于 3 的概率，结果为 0.933 549 1.
2. 计算分子自由度为 15，分母自由度为 10，F 值大于 2.5 的概率，结果为 0.073 708 39.
3. 计算分子自由度为 20，分母自由度为 15，F 分布累积概率为 0.95 时的 F 值，结果为 2.327 535.

F 分布累积概率和给予累积概率时分位点的计算如文本框 4—11 所示.

文本框 4—11　　F 分布累积概率和给予累积概率时分位点的计算

```
# 计算 F 分布的概率
> pf(3,df1 = 10, df2 = 8)                    # 计算 F 分布的概率
[1] 0.9335491
> 1 - pf(2.5,df1 = 15, df2 = 10)             # 计算 F 分布的右侧概率
[1] 0.07370839

# 计算 F 分布的分位点
> qf(0.95,df1 = 20, df2 = 15)                # 计算 F 分布的分位点
[1] 2.327535
```

第 5 章 均值置信区间估计

在推断统计中，最主要的领域是估计（estimate）及检验（test），然而以往的研究多半重检验而轻估计. 美国心理学会（American Psychological Association，APA）在发行新的出版手册之前，曾针对投稿该学会期刊所使用的统计方法给予建议，工作小组主张在检验之外应兼重估计（Wilkinson，1999）.

估计有点估计（point estimation）及区间估计（interval estimation）两种. 点估计是以样本（sample）的统计量（statistic）估计总体（population）的参数（parameter），样本的算术均值 M（如果是 X 变量，也可以用 $\overline{X}$ 表示）最常用来作为总体均值 μ 的不偏估计值. 区间估计则是以样本算术均值加减某一段误差界限（margin of error），希望经由反复抽样所得的这个区间，在 100 次中包含总体均值 μ 的可能性为 95%或 99%.

5.1 基本统计概念

5.1.1 标准正态分布概率值

在标准正态分布（称为 Z 分布，均值 μ 为 0，方差 σ^2 为 1）中，Z 在 $0\pm1\sigma$，$0\pm2\sigma$ 及 $0\pm3\sigma$ 这三段范围的概率值分别为 0.682 7，0.954 5 及 0.997 3（见图 5—1）. 此称“68-95-99.7 法则”或“经验法则”（the empirical rule）.

如果要精确计算，则 Z 在 $0\pm1.960\sigma$ 及 $0\pm2.576\sigma$ 这两段范围的概率分别为 0.950 0 及 0.990 0（见图 5—2），这是在进行均值区间估计时应了解的第一个概念.

在 R 软件中，可以使用文本框 5—1 计算两个 Z 值之间的概率.

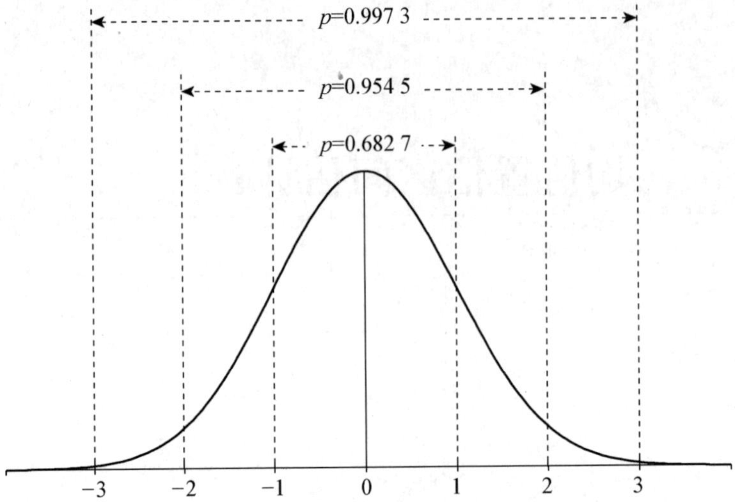

图 5—1　0±1σ，0±2σ，0±3σ 的概率值

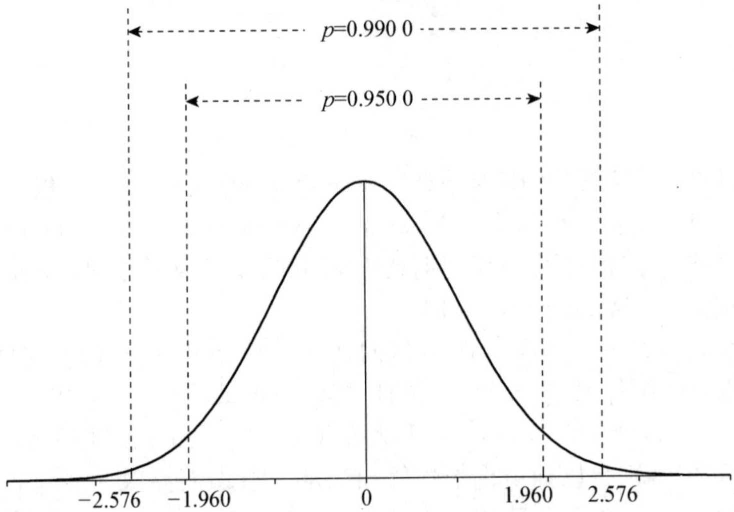

图 5—2　0±1.960σ，0±2.576σ 的概率值

文本框 5—1　　计算给予概率值时的 Z 值

```
> pnorm(1) - pnorm(-1)              # 计算 Z 为 ±1 之间的概率
[1] 0.6826895
> pnorm(2) - pnorm(-2)              # 计算 Z 为 ±2 之间的概率
[1] 0.9544997
> pnorm(3) - pnorm(-3)              # 计算 Z 为 ±3 之间的概率
[1] 0.9973002
```

如果要由概率值计算双侧的 Z 值，则如文本框 5—2 所示.

文本框 5—2　　计算两数间的概率值

```
> qnorm(1 - 0.05/2); qnorm(0.05/2)          # 分别计算 p = 0.975 及 p = 0.025 时的 Z 值
```

```
[1] 1.959964
[1] - 1.959964
> qnorm(1 - 0.01/2); qnorm(0.01/2)                  # 分别计算 p = 0.995 及 p = 0.005 时的 Z 值
[1] 2.575829
[1] - 2.575829
```

5.1.2 中心极限定理

其次，应了解中心极限定理（central limit theorem）. 此定理宣称：反复从均值为 μ，方差为 σ^2 的总体抽取样本大小为 n（$n \geqslant 30$）的样本，并且计算每一次的样本均值 $\overline{X}$，不管总体是何种分布，这些抽样而得的均值都会服从正态分布. 而且样本均值的均值 $\mu_{\overline{X}}$ 会等于 μ，样本均值的方差 $\sigma_{\overline{X}}^2$ 为 $\frac{\sigma^2}{n}$，因此其标准差 $\sigma_{\overline{X}}$ 会等于 $\frac{\sigma}{\sqrt{n}}$，此称为均值的标准误（standard error，SE）. 综言之，在中心极限定理中：

$$\mu_{\overline{X}} = \mu \tag{5.1}$$

$$\sigma_{\overline{X}} = \frac{\sigma}{\sqrt{n}} \tag{5.2}$$

假定总体服从均值为 100、方差为 100（标准差 10）的正态分布，当样本为 1，反复抽样 10 000 次时，其均值分布会相当接近标准正态分布，此时均值的均值 $\mu_{\overline{X}}$ 为 100，均值的标准差 $\sigma_{\overline{X}}$ 为 10（$\frac{10}{\sqrt{1}}=10$）（见图 5—3）. 当样本为 25 时，均值的均值 $\mu_{\overline{X}}$ 仍为 100，均值

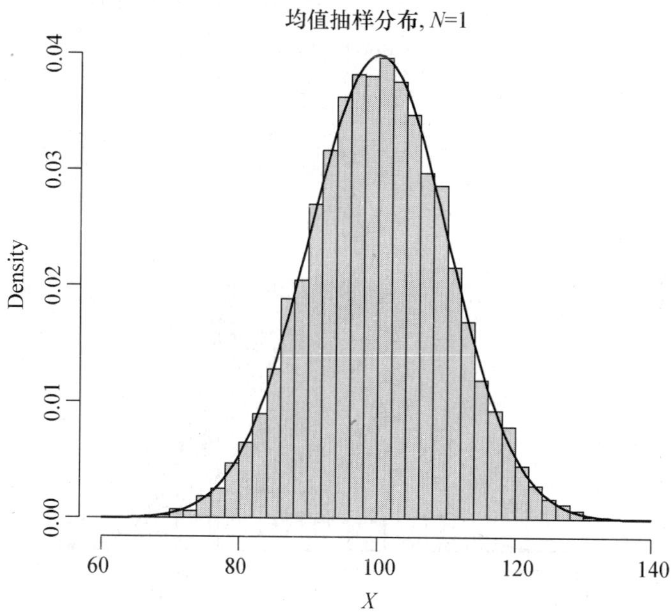

图 5—3　总体服从正态分布（$X \sim N(100, 10^2)$），$N=1$ 抽样的均值分布

的标准差 $\sigma_{\overline{X}}$ 则减为 2（$\frac{10}{\sqrt{25}}=2$）（见图 5—4）．当样本增为 100 时，均值的均值 $\mu_{\overline{X}}$ 仍为 100，均值的标准差 $\sigma_{\overline{X}}$ 则减为 1（$\frac{10}{\sqrt{100}}=1$）（见图 5—5）．随着抽取的样本数越多，均值的标准误就会越来越小（见图 5—6）．

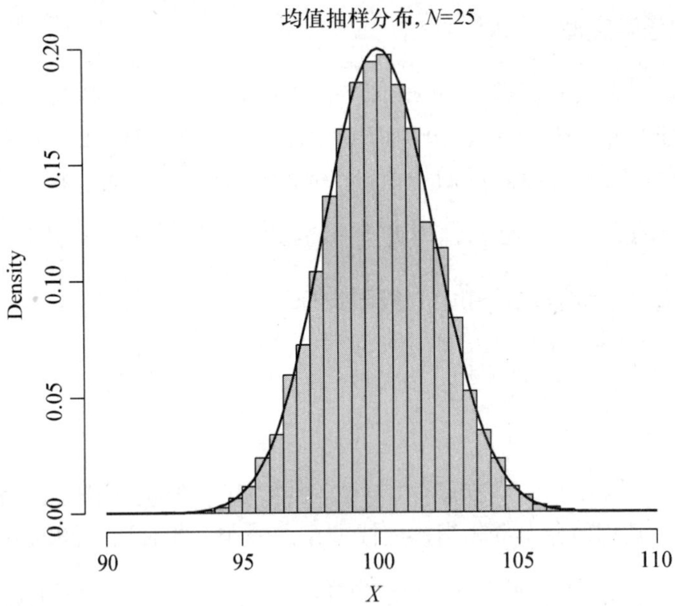

图 5—4　总体服从正态分布（$X \sim N(100,\ 10^2)$），$N=25$ 抽样的均值分布

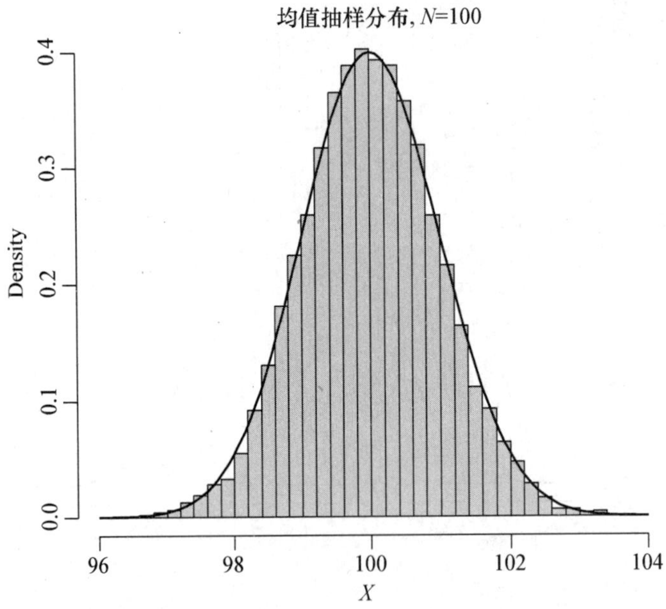

图 5—5　总体服从正态分布（$X \sim N(100,\ 10^2)$），$N=100$ 抽样的均值分布

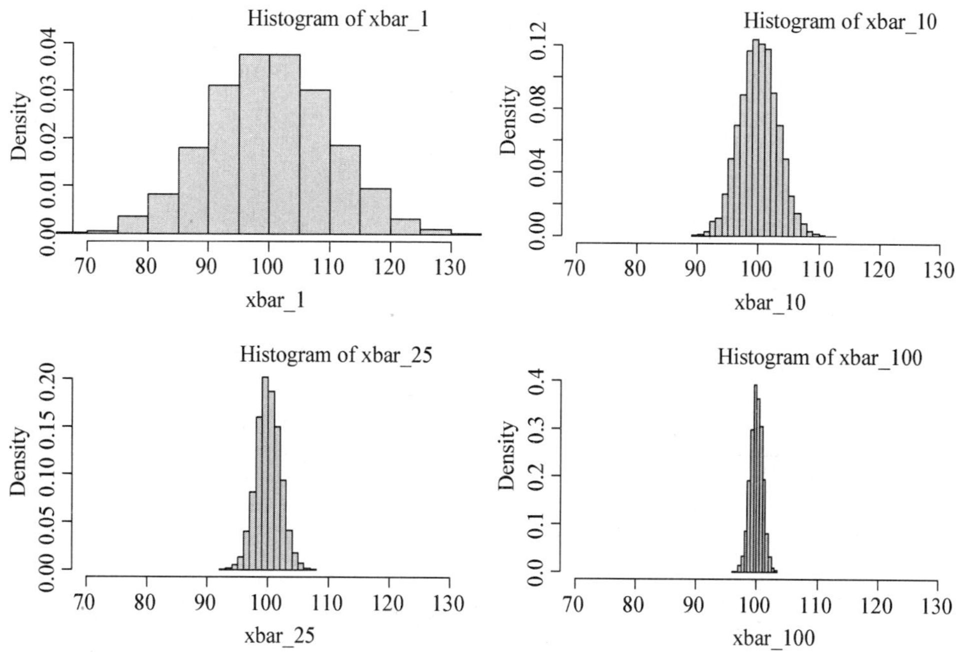

图 5—6　不同样本数的均值抽样分布

假设中国成年女性身高的均值为 160 厘米，标准差为 5 厘米，如果每次抽取 1 个样本，则她的身高在 162.5 厘米以上的概率为 0.308 5，不算少见. 如果每次抽取 9 个样本，并计算她们身高的均值，这 9 个人的平均身高在 162.5 厘米以上的概率就变成 0.066 8，已经接近 0.05，算是不太容易出现了. 如果样本数增加为 100 人，则她们身高的均值在 162.5 厘米以上的概率已经非常接近 0（精确值为 0.000 000 3），几乎不会出现. 换言之，抽样的人数越多，计算均值时，极端身高者（极高或极矮）就会被抵消，因此每次计算所得的均值会相差不大，均值的标准差（也就是标准误）就会变小（见图 5—7）.

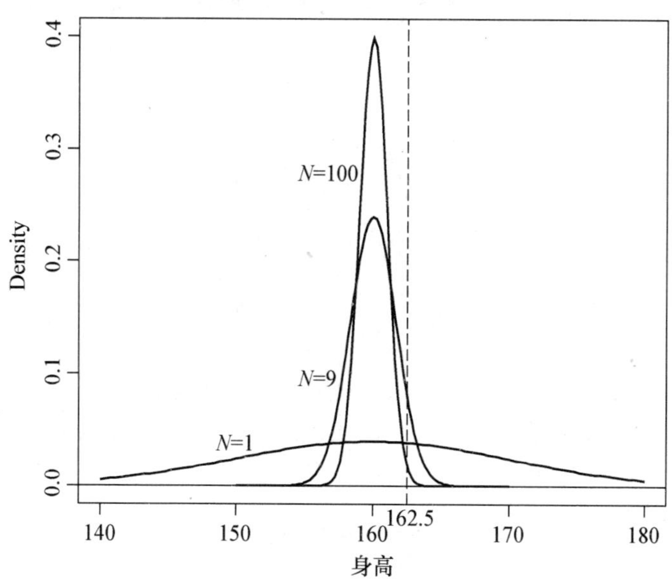

图 5—7　不同样本数的均值分布

在R软件中要计算上述3个概率值，命令如文本框5—3所示. 命令中先计算在均值为160，标准差分别为5，$5/\sqrt{9}$，$5/\sqrt{100}$的正态分布下，小于162.5的概率（左侧），再以1减去该概率值，得到右侧概率.

文本框5—3　　在不同正态分布下，$X>162.5$ 的 p 值

```
> 1 - pnorm(162.5, mean = 160, sd = 5)                # 标准差为5
[1] 0.3085375
> 1 - pnorm(162.5, mean = 160, sd = 5/sqrt(9))        # 标准差为5/3
[1] 0.0668072
> 1 - pnorm(162.5, mean = 160, sd = 5/sqrt(100))      # 标准差为5/10
[1] 2.866516e-07
```

5.1.3 均值区间估计

结合以上两个概念，我们可以知道在上述抽样中，$\mu\pm1.960\frac{\sigma}{\sqrt{n}}$（见图5—8）及 $\mu\pm2.576\frac{\sigma}{\sqrt{n}}$（见图5—9）这两段范围分别会包含95%及99%的样本均值$\overline{X}$. 上述公式可以写成：

$$\mu\pm\ 临界值\times标准误 \tag{5.3}$$

式中，临界值×标准误=误差界限。

不过，应用于均值的区间估计时，由于总体的均值μ是未知的，因此每次抽样得到样本均值$\overline{X}$后，再加减$1.960\times\frac{\sigma}{\sqrt{n}}$，在反复进行100次后，会有95次（也就是95%）包含μ. 以图5—10为例，抽样得到样本均值$\overline{X}$，由于抽样误差，此时$\overline{X}$不一定刚好等于总体均值μ. $\overline{X}\pm1.960\times\frac{\sigma}{\sqrt{n}}$可得到95% 置信区间（confidence interval）的下界及上界，如果就一次抽样得到的置信区间而言，能否包含总体μ的情形只有两种：(1) 包含总体均值μ（见图5—10）；(2) 未包含总体均值μ（见图5—11).

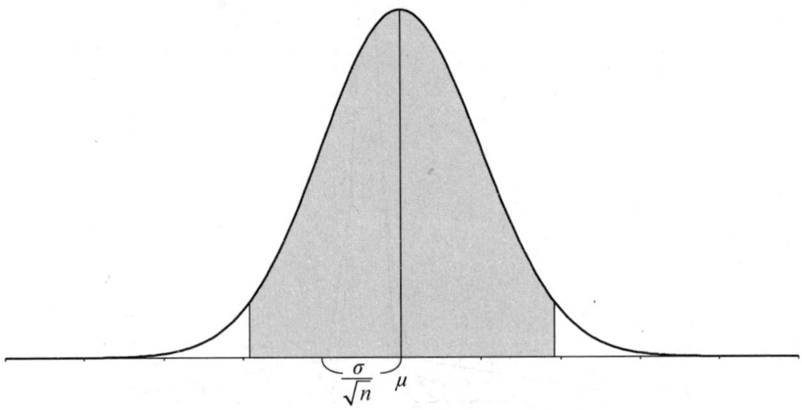

图5—8　$\mu\pm1.960\frac{\sigma}{\sqrt{n}}$

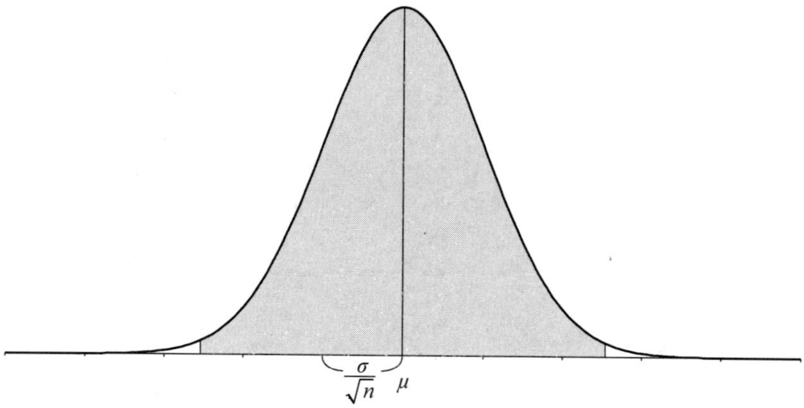

图 5—9　$\mu \pm 2.576\frac{\sigma}{\sqrt{n}}$

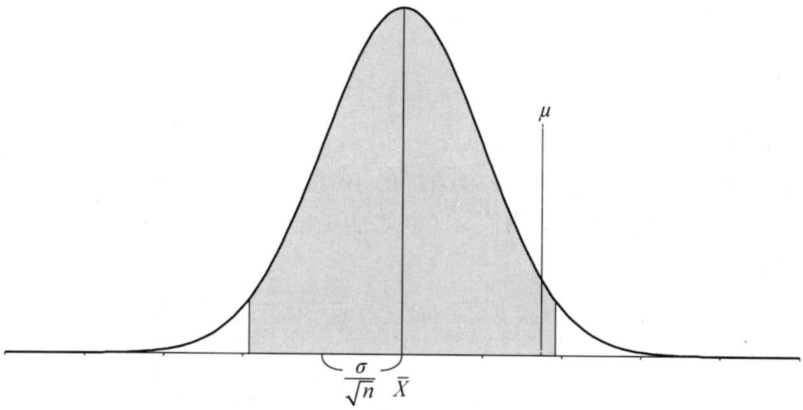

图 5—10　$\bar{X} \pm 1.960\frac{\sigma}{\sqrt{n}}$涵盖总体均值$\mu$

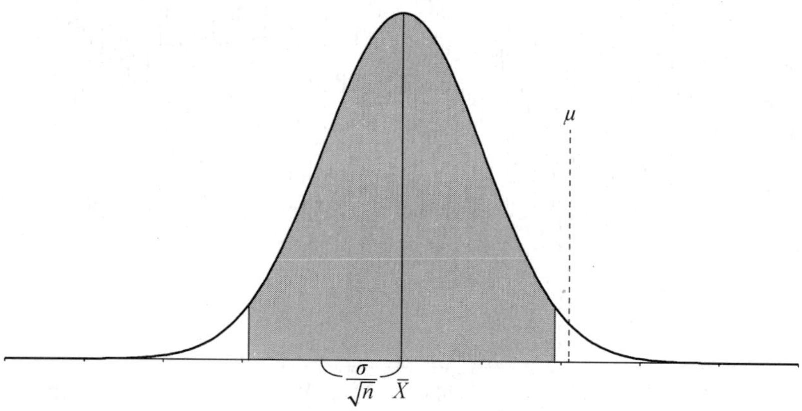

图 5—11　$\bar{X} \pm 1.960\frac{\sigma}{\sqrt{n}}$未涵盖总体均值$\mu$

如果是图 5—11 所示的情形，想要在区间中涵盖总体均值，可行的方法是扩大区间范围，进行 99% 的置信区间估计（见图 5—12）．不过，由于总体均值 μ 是未知的（所以才要进行估计），因此即使扩大了置信区间，一次抽样得到的区间估计是否确实涵盖 μ 也是不可知的.

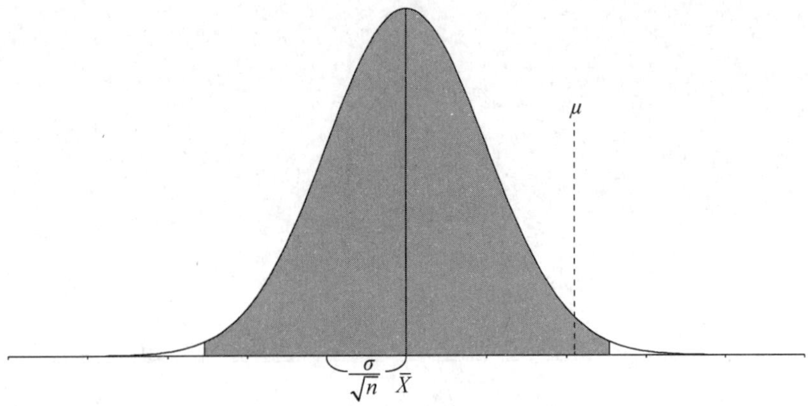

图 5—12　$\bar{X} \pm 2.576\frac{\sigma}{\sqrt{n}}$涵盖总体均值$\mu$

一次抽样得到的区间估计涵盖总体均值μ的结果不是 1 就是 0，不过由中心极限定理可知，如果反复进行 100 次的抽样并计算 $\bar{X} \pm 1.960 \times \frac{\sigma}{\sqrt{n}}$，其中会有 95 次包含总体均值$\mu$，只有 5 次未包含$\mu$（中间直线所在位置）. 以图 5—13 的模拟情形为例，假定总体的均值为 100，标准差为 10，每次抽取样本数为 30，在反复进行 100 次抽样后求得样本均值及 95% 置信区间，有 95 次涵盖总体均值μ（也就是μ介于下界及上界之间），只有 5 次（粗虚线所示）未涵盖μ.

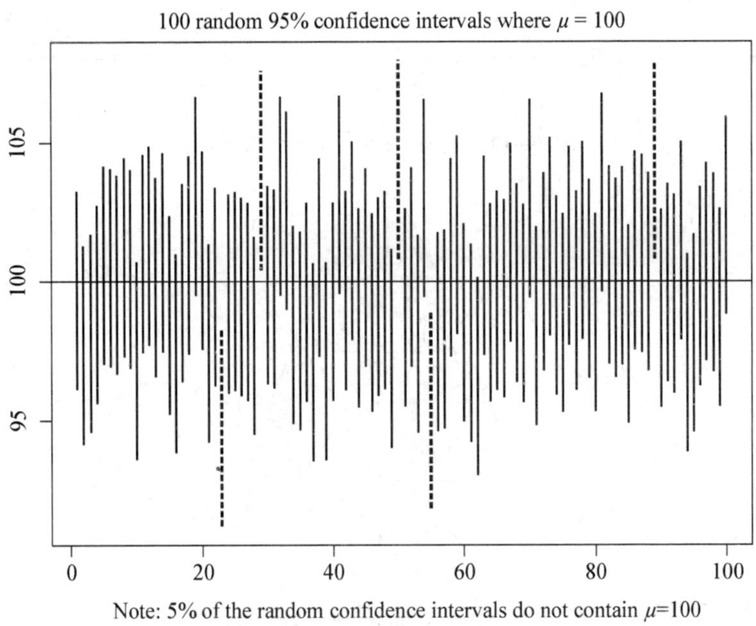

图 5—13　均值置信区间示意图

研究者如果希望增加涵盖的频数，那么使用 $\bar{X} \pm 2.576 \times \frac{\sigma}{\sqrt{n}}$反复进行 100 次抽样后，会有 99 次（也就是 99%）包含μ. 所以当总体σ（或σ^2）已知时，μ的 $100 \times (1-\alpha)\%$ 置

信区间为 $\overline{X}\pm Z_{\alpha/2}\times\frac{\sigma}{\sqrt{n}}$，其中 α 是研究者所定犯第一类型错误的概率，如果定为 0.05，则置信区间为 95%.

根据公式可知，乘上 2.576 倍当然会比乘上 1.960 倍得到的区间大. 如果要减小置信区间，而又维持同样的概率，可以减小总体标准差 σ（不过，这不可行）或是增加抽样人数 n. 当抽样人数增加时，标准误就会变小，相应地，置信区间也可以缩小.

当总体均值 μ 未知时，总体方差 σ^2 通常也是未知的. 如果总体服从正态分布，而 σ^2 未知，我们会使用样本的方差 s^2 估计 σ^2，因此均值的方差为 $s_{\overline{X}}^2=\frac{s^2}{\sqrt{n}}$，均值的标准差 $s_{\overline{X}}=\frac{s}{\sqrt{n}}$. 此时样本均值标准化后为自由度 $n-1$ 的 t 分布，μ 的 $100\times(1-\alpha)\%$ 置信区间为 $\overline{X}\pm t_{\alpha/2,n-1}\times\frac{s}{\sqrt{n}}$.

t 分布是一个族系，当自由度（$\nu=n-1$）不同时，t 分布也不同，图 5—14 中由下而上的曲线分别是自由度为 1，9，29 的 t 分布，及标准正态分布（最上面的粗线）. 当 ν 等于 29 时，t 分布就非常接近 Z 分布，因此，如果总体服从正态分布，而 σ^2 未知，但为大样本，虽然也会使用样本的方差 s^2 估计 σ^2，μ 的 $100\times(1-\alpha)\%$ 置信区间可改为 $\overline{X}\pm Z_{\alpha/2}\times\frac{s}{\sqrt{n}}$.

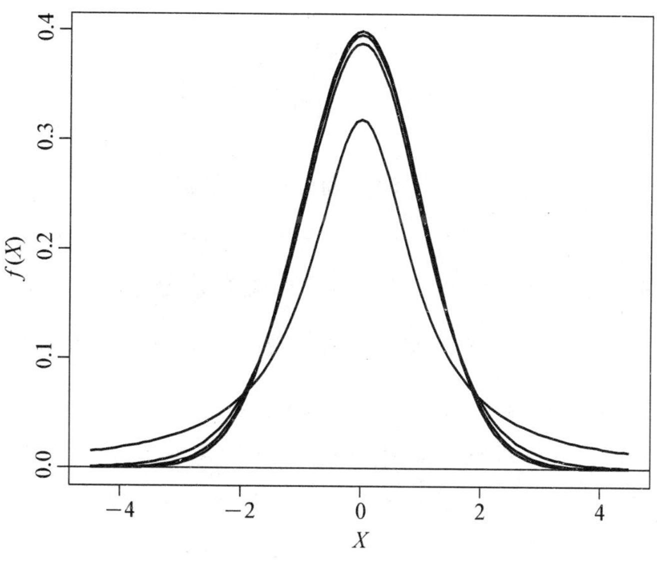

图 5—14　Z 分布与不同自由度的 t 分布

在总体不服从正态分布，但样本数大于 30 的情况下：

1. 如果 σ^2 已知，则样本均值近似正态分布，μ 的 $100\times(1-\alpha)\%$ 置信区间大约为 $\overline{X}\pm Z_{\alpha/2}\times\frac{\sigma}{\sqrt{n}}$.

2. 如果 σ^2 未知，则样本均值也近似正态分布，μ 的 $100\times(1-\alpha)\%$ 置信区间大约为 $\overline{X}\pm Z_{\alpha/2}\times\frac{s}{\sqrt{n}}$.

但是如果总体不服从正态分布，而样本数又不到30，此时就应改用非参数统计方法，或是设法将样本数增加到30.

5.1.4 均值区间估计流程

综上所述，均值区间估计流程可用图5—15表示.

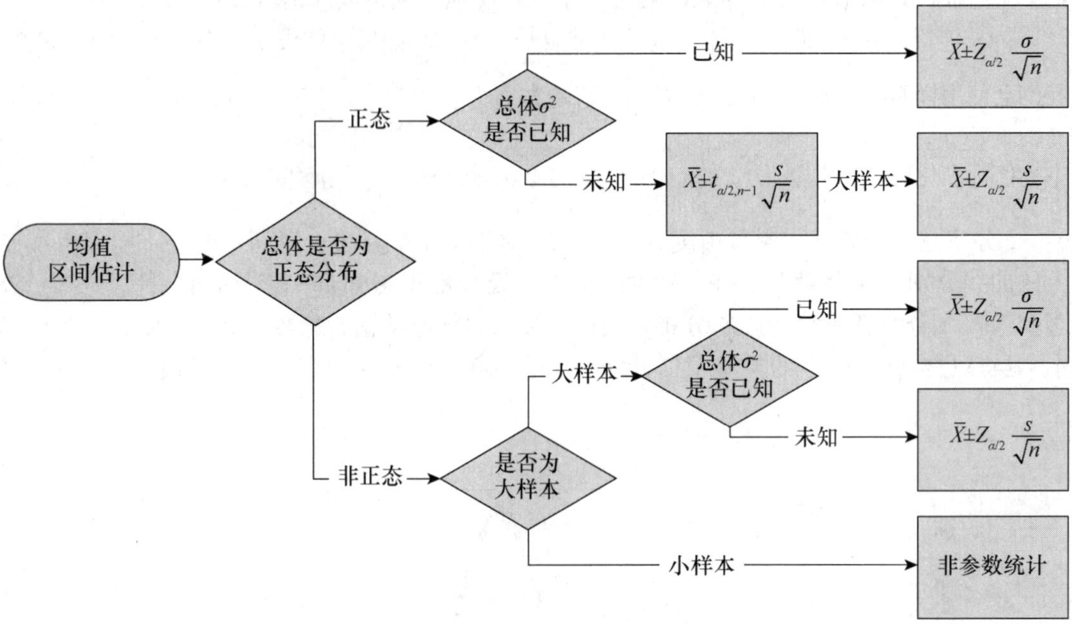

图5—15　均值区间估计流程

综言之：

1. 如果总体服从正态分布且σ^2已知，样本均值为Z分布，其均值的置信区间为$\bar{X}\pm Z_{\alpha/2}\times\frac{\sigma}{\sqrt{n}}$. 不过，$\sigma^2$已知的情形较少见，主要适用于曾经进行大量研究已获得总体方差，或是使用标准化测验进行的研究（如韦氏智力测验的方差为15^2）.

2. 如果总体服从正态分布而σ^2未知但为大样本（$N\geqslant 30$），样本均值为Z分布，其均值的置信区间为$\bar{X}\pm Z_{\alpha/2}\times\frac{s}{\sqrt{n}}$.

3. 如果总体服从正态分布而σ^2未知但为小样本（$N<30$），样本均值为t分布，其均值的置信区间为$\bar{X}\pm t_{\alpha/2,n-1}\times\frac{s}{\sqrt{n}}$. 由于大样本时$Z$的临界值与$t$的临界值相当接近，因此某些统计软件（如SPSS）只提供此种均值区间估计方法.

4. 如果总体不服从正态分布，样本数最好在30以上，此时仍可使用基于Z分布的区间估计.

一般情形下，置信区间都是双侧的，如果要计算单侧的置信区间，则公式中α值不除以2即可，相关内容请参见第7章的说明.

5.2　范　例

某研究者想了解消费者在某个超市单次的平均消费额，于是在门口随机选取 30 名顾客，调查他们该次的消费额，得到表 5—1 的数据. 求该超市单次平均消费额的 95% 置信区间.

表 5—1　　某超市 30 名顾客单次消费额　　单位：元

受访者	消费金额	受访者	消费金额	受访者	消费金额
1	137	11	136	21	118
2	144	12	152	22	111
3	70	13	135	23	21
4	44	14	86	24	122
5	166	15	123	25	75
6	122	16	171	26	108
7	106	17	112	27	81
8	95	18	88	28	133
9	67	19	109	29	118
10	126	20	86	30	102

表 5—1 中虽然有两个变量，但是受访者代号并不需要输入数据中，因此分析时只使用“消费金额”这一变量，它的定义是顾客单次在便利商店的消费金额. 数值越大，代表消费金额越高.

5.3　使用 R 进行分析

5.3.1　数据文件

完整的 R 数据文件如文本框 5—4 所示.

文本框 5—4　　范例分析数据文件

```
> load("C:/mydata/chap05/example5.RData")          # 加载本例数据
> example5                                          # 展示本例数据
消费金额
1      137
2      144
3       70
4       44
5      166
6      122
7      106
8       95
9       67
10     126
11     136
```

```
12      152
13      135
14       86
15      123
16      171
17      112
18       88
19      109
20       86
21      118
22      111
23       21
24      122
25       75
26      108
27       81
28      133
29      118
30      102
```

5.3.2 计算描述统计量

要计算均值的置信区间，需要使用样本数、均值、标准差等三个统计量，再由标准差及样本数计算均值的标准误.

文本框5—5中先分别以函数mean及sd求得样本均值及标准差，再以length计算数据长度（样本数），使用公式（标准差/$\sqrt{样本数}$）计算均值的标准误，并以数据框形式将之存入mysummary，最后再列出mysummary.

文本框5—5　　　　计算描述统计量

```
> load("C:/mydata/chap05/example5.RData")          # 加载本例数据
> mean<-apply(example5, 2, mean)                   # 计算均值,2是向量的列
> sd<-apply(example5, 2, sd)                       # 计算标准差
> n<-length(example5[,1])                          # 计算样本数
> se<-sd/sqrt(n)                                   # 计算均值的标准误
> mysummary<-data.frame("N" = n, "均值" = mean, "标准差" = sd, "均值的标准误" = se)
                                                   # 以数据框形式汇总输出结果
> mysummary
          N  均值     标准差  均值的标准误
消费金额 30 108.8 33.67021      6.14731
```

文本框5—5中显示抽样的人数为30人，样本均值为108.8元，标准差为33.670 21元. 将文本框5—5中的标准差及N代入公式，得到：

$$均值的标准误=\frac{33.670\ 21}{\sqrt{30}}=6.147\ 31$$

5.3.3 使用pastecs包

R软件另外有pastecs包，可以直接求得均值的标准误及误差界限，命令如文本框5—

6 所示.

文本框 5—6　　　　**计算描述统计量**

```
> library(pastecs)                        # 载入包 pastecs
> round(stat.desc(example5), 5)           # 使用 stat.desc 计算各统计量,并将结果保留 5 位小数

                 消费金额
nbr.val          30.00000
nbr.null          0.00000
nbr.na            0.00000
min              21.00000
max             171.00000
range           150.00000
sum            3264.00000
median          111.50000
mean            108.80000
SE.mean           6.14731
CI.mean.0.95     12.57266
var            1133.68276
std.dev          33.67021
coef.var          0.30947
```

分析结果显示，均值的标准误（SE. mean）为 6.147 31，95%的误差界限（CI. mean. 0.95）为 12.572 66. 误差界限的计算详见 5.3.4 小节的介绍. 平均的 95%置信区间为：

$$108.8 \pm 12.572\,66$$

5.3.4　计算均值置信区间

如果不需要其他描述统计量，只是单纯计算均值的置信区间，可以使用文本框 5—7 所示的 t. test 函数. 其中 mu=0 可以省略，直接写为 t. test(example5) 即可，如果要进行 99%的置信区间估计，则在括号中加入 conf. level=0. 99. 如果 example5 中不止一个变量，则应明确指定 t. test(example5[,1]) 或 t. test(example5 $ 消费金额).

文本框 5—7　　　　**计算均值置信区间**

```
> load("C:/mydata/chap05/example5.RData")          # 加载本例数据
> t.test(example5,mu = 0)                          # 求均值的置信区间

        One Sample t - test
data:   example5
t = 17.6988, df = 29, p - value<2.2e - 16
alternative hypothesis: true mean is not equal to 0
95 percent confidence interval:
  96.22734 121.37266
sample estimates:
mean of x
   108.8
```

输出结果虽然标题是“One Sample t-test”（一个样本的 t 检验），但由于检验值设

为 0，因此实际上进行的是均值的 95%置信区间估计.

总体均值置信区间为：

$$样本均值 \pm 临界值 \times \frac{样本标准差}{\sqrt{样本数}} = 样本均值 \pm 误差界限$$

当自由度为 29 的 t 分布中，置信水平设定为 0.95 时，临界值为±2.045 23（见 5.3.5 小节的介绍），代入文本框 5—6 中的数值后得到：

$$108.8 \pm 2.045\,23 \times \frac{33.670\,21}{\sqrt{30}} = 108.8 \pm 12.572\,66$$

计算得，下界为 96.227 34，上界为 121.372 66.

5.3.5 计算 t 的临界值

不同自由度 t 分布的临界值会有差异，在 R 中可以使用文本框 5—8 中的 qt() 函数加以计算. 当自由度为 29（=30−1）时，双侧的临界值为±2.045 23，如图 5—16 所示.

文本框 5—8　　计算 t 分布的临界值

```
> t1<-qt(0.025,29); t2<-qt(0.975,29)      # 计算左右两侧概率各为 0.025 时的 t 临界值
> tvalue<-c(t1,t2); tvalue                 # 以向量形式输出 t 临界值
[1]-2.04523  2.04523
```

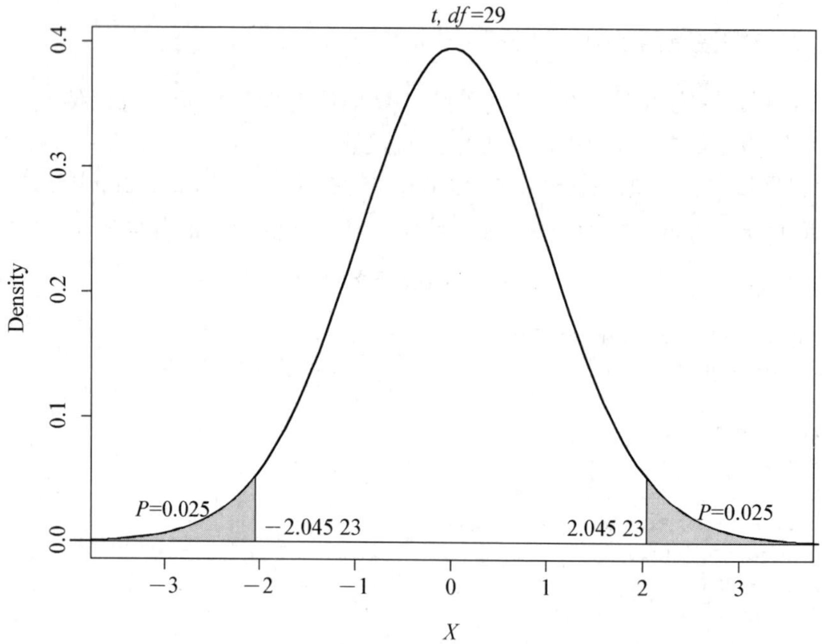

图 5—16　自由度为 29，α=0.05 时，t 的双侧临界值为±2.045 23

5.3.6 绘制均值置信区间图

在 R 中可以使用 gplots 包中的 barplot2 绘制均值置信区间图（见文本框 5—9），结果如图 5—17 所示. 图中长条顶端为均值（108.8），上面的短横线为上界（121.37），下面的短横线为下界（96.23）.

文本框 5—9　　　　绘制均值置信区间图

```
> library(gplots)                         # 载入 gplots 包
> barplot2(108.8, ci.l = 96.22734, ci.u = 121.37266, plot.ci = TRUE, ylab = "消费金额")
                                          # 给予均值及上下界,绘出置信区间图
> abline(h = 0)                           # 在 0 处加上水平线
```

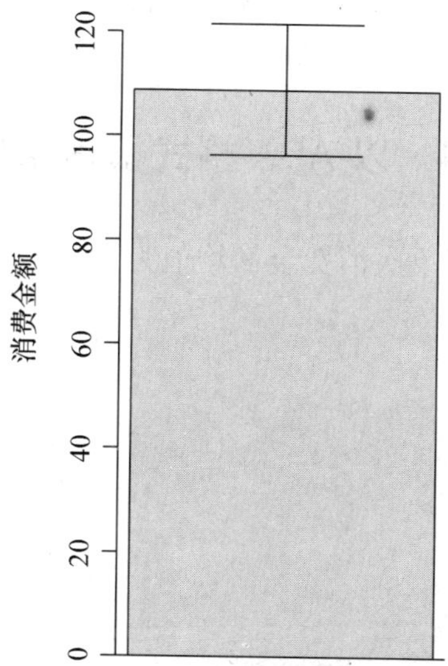

图 5—17　均值 95%置信区间

5.3.7 计算均值置信区间（大样本）

本例的样本为 30，可视为大样本，改以 Z 分布进行均值置信区间估计. 此时可以使用 BSDA 包中的 z.test 函数，方法与 t.test 类似，只是要另外给予样本标准差（由前面的分析可得），命令如文本框 5—10 所示.

文本框 5—10　　　　计算均值置信区间（大样本）

```
> load("C:/mydata/chap05/example5.RData")          # 加载本例数据
> library(BSDA)                                    # 载入 BSDA 包
> z.test(example5[,1], mu = 0, sigma.x = 33.67021) # 求第 1 列数值的均值置信区间,设定
                                                     样本标准差为 33.67021

        One - sample z - Test

data:  example5[,1]
z = 17.699, p - value<2.2e - 16
```

```
alternative hypothesis: true mean is not equal to 0
95 percent confidence interval:
  96.75149 120.84851
sample estimates:
mean of x
    108.8
```

计算过程为：

$$108.8 \pm 1.959964 \times \frac{33.67021}{\sqrt{30}} = 108.8 \pm 12.57266$$

结果为 [96.751 49，120.848 51]. 其中 Z 临界值可使用 qnorm(0.025) 及 qnorm(0.975) 求得.

5.4 以 APA 格式撰写结果

对 30 名消费者进行调查，单次消费金额均值为 108.80 元（$SD=33.67$），均值 95% 置信区间为 [96.23，121.37].

第6章 检验的基本概念

假设检验是推断统计的另一个重要内容，它与参数估计类似，但角度不同. 参数估计是利用样本的信息推断未知的总体参数，假设检验则是先对总体参数提出一个假设，然后利用样本信息判断这一假设是否成立. 如果关心的是总体的某个参数（如均值、方差、比例），并对参数的某个假设做检验，则称为参数检验（parameter test）；如果是对总体的其他特征（如分布的形式）做检验，或是样本数据不满足检验的条件，则所做的检验称为非参数检验（nonparameter test）（贾俊平，2014）.

进行参数检验时，主要有以下三个步骤.

1. 根据研究假设写出原假设（null hypothesis，H_0）及备择假设（alternative hypothesis，H_1或 H_a）.

2. 宣称愿意犯的第一类型错误之大小，并划定拒绝区.

3. 进行统计分析、做决策，并解释结果.

以下将针对相关概念加以说明.

6.1 原假设与备择假设

所谓假设（hypothesis），就是对总体的某种看法. 在参数检验中，假设就是对总体参数的具体值所做的陈述. 比如，我们虽然不知道某一批日光灯的平均使用寿命是多长，但是可以事先提出一个假设：这一批日光灯的平均使用寿命是 10 000 小时.

假设检验（hypothesis test）是在对总体参数提出假设的基础上，利用样本信息来判断假设是否成立的统计方法. 比如，某大学校长关心：全校学生每月生活费的均值是否与 1 500 元有差异？此时，先假设全校学生每月生活费的均值是 1 500 元，然后从全校学生中抽取一个样本，根据样本信息检验每月平均生活费是否为 1 500 元，这就是假设检验.

在假设检验中，首先需要提出两种假设：原假设与备择假设.

原假设（或称零假设、虚无假设）通常是研究者想要收集证据予以推翻的假设，用 H_0表示. 原假设最初是设定成立的，之后根据样本数据确定是否有足够的证据拒绝原假设. 原假设所表达的含义总是指参数没有变化，或是变量之间没有关系，或是总体的分布与某一个理论分布无差异，因此等号“=”总是放在原假设中. 以前述总体的均值为例，原假设是：

全校学生每月生活费的均值是 1 500 元

用统计符号表示为：

$$H_0: \mu = 1\,500$$

备择假设（或称对立假设）通常是指研究者想收集证据予以支持的假设，用 H_1或 H_a表示. 备择假设通常用于表达研究者倾向支持的看法，然后想办法收集证据拒绝原假设，以支持备择假设. 备择假设所表达的含义总是指参数发生了变化，或是变量之间有某种关系，或是总体的分布与某一个理论分布有差异. 以前述总体的均值为例，备择假设是：

全校学生每月生活费的均值不是 1 500 元

用统计符号表示为：

$$H_1: \mu \neq 1\,500$$

在司法上，我们通常持“无罪推定原则”，因此人们不必证明自己无罪. 如果检察官怀疑某个人犯了某项罪，就需要拿出人证、物证等证据，以支持“某人犯罪”的假设. 法官如果相信了检察官的证据，做出有罪的判决，就类似拒绝原假设，因此在牢里服刑的犯人，通常被认为是有罪的（当然，也可能误判）. 反之，如果法官认为证据不足，“不能拒绝”原假设，释放了嫌犯，此时只能说“目前的证据不足，无法使嫌犯被判刑”，却不能因此就证明“嫌犯是清白的”（也就是“接受”原假设），所以，未被判刑的嫌犯，不一定未犯罪（也就是可能被误放）.

6.2　双侧检验与单侧检验

在前述检验中，研究者只关心：

全校学生每月生活费的均值是否与 1 500 元有差异?

而不关心究竟是“高于 1 500 元”还是“低于 1 500 元”，此检验形式称为双侧检验（two tailed test，或称双尾检验），它的拒绝区在两侧（见图 6—1).

如果研究者关心：

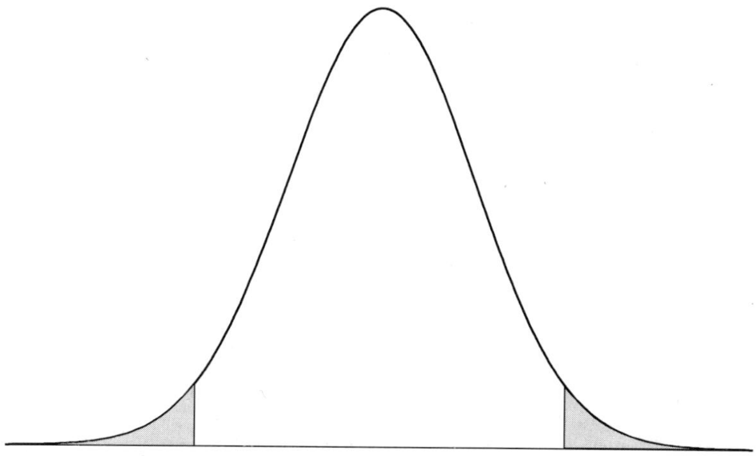

图 6—1　双侧检验，拒绝区在两侧

全校学生每月生活费的均值是否高于 1 500 元？

其研究假设为：

全校学生每月生活费的均值高于 1 500 元.

化成备择假设则为：

$H_1: \mu > 1\,500$　或　$H_1: \mu - 1\,500 > 0$

原假设便为：

$H_0: \mu \leqslant 1\,500$　或　$H_0: \mu - 15\,00 \leqslant 0$

在有些教科书中原假设都只用等号表示，即

$H_0: \mu = 1\,500$　或　$H_0: \mu - 1\,500 = 0$

此时，研究者只关心总体均值是否“高于 1 500 元”，这是单侧检验（one tailed test），它的拒绝区在右侧，是右侧检验（right tailed test），如图 6—2 所示（由备择假设判断，“大于”是右侧，“小于”是左侧）.

相反，如果研究者关心：

全校学生每月生活费的均值是否低于 1 500 元？

其备择假设为：

$H_1: \mu < 1\,500$　或　$H_1: \mu - 1\,500 < 0$

原假设为：

$H_0: \mu \geqslant 1\,500$　或　$H_0: \mu - 1\,500 \geqslant 0$

或是：

$H_0: \mu = 1\,500$　或　$H_0: \mu - 1\,500 = 0$

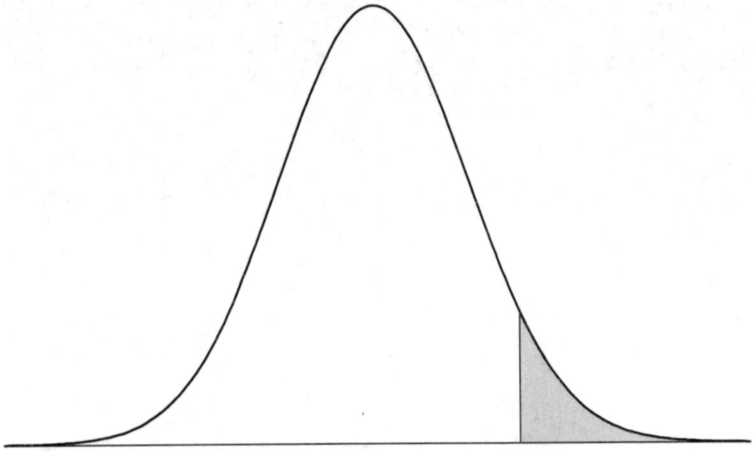

图 6—2　右侧检验，拒绝区在右侧

这也是单侧检验，但是其拒绝区在左侧，是**左侧检验**（left tailed test），如图 6—3 所示.

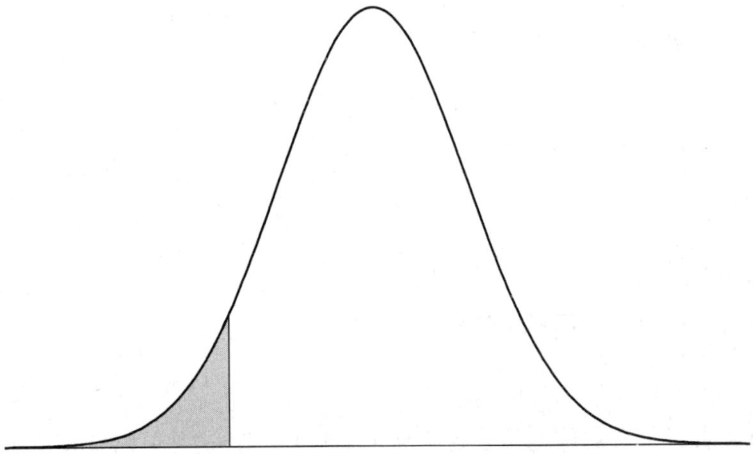

图 6—3　左侧检验，拒绝区在左侧

6.3　第一类型错误与第二类型错误

检验之后，须进行决策，在图 6—4 中可以看出决策后的四种可能结果.

1. 拒绝 H_0，但事实上 H_0 是真的，那么研究者就犯了第一类型错误（type Ⅰ error，又称Ⅰ型错误），其概率用 α 表示，通常是研究者于分析前确定的. 一般惯例，α 最常定为 0.05 或者 0.01.

2. 不能拒绝 H_0（不说成"接受 H_0"），但事实上 H_0 是假的，那么研究者就犯了第二类型错误（type Ⅱ error，又称Ⅱ型错误），其概率用 β 表示.

3. 不能拒绝 H_0，事实上 H_0 也是真的，那么研究者的决策就是正确的，其概率以 $1-\alpha$ 表示.

总体的真正性质

		H_0为真	H_0为假
决策	拒绝H_0	第一类型错误 α	决策正确 $1-\beta$ 统计检验力
	不拒绝H_0	决策正确 $1-\alpha$	第二类型错误 β

图 6—4　决策的四种可能结果

4. 拒绝 H_0，事实上 H_0 也是假的，那么研究者的决策就是正确的，此称为统计检验力（statistical power），其概率以 $1-\beta$ 表示. 统计检验力是研究者正确拒绝原假设，接受备择假设的概率，因此应特别留意.

举例而言，某药厂研究发明某种新药，期望完全治愈艾滋病（AIDS），在进行人体试验前，该药厂研究人员提出的备择假设是：

H_1：新药可以治愈艾滋病

那么其原假设是：

H_0：新药不能治愈艾滋病

经实验及统计分析后，如果拒绝 H_0，结论便是“新药可以治愈艾滋病”，因此药物就得以上市. 但是，如果事实上 H_0才是真的，就表示“新药不能治愈艾滋病”，此时会导致许多人因为使用此种新的药物，而延误了接受其他适当治疗的机会，严重些则可能危害患者的生命. 此种错误在统计学上称为第一类型错误.

反之，如果研究的结果是不能拒绝 H_0，结论便是“新药不能治愈艾滋病”，因此药物便无法上市. 但是，如果事实上 H_0是假的，也就表示“新药可以治愈艾滋病”. 由于决策错误，使得有疗效的药物无法上市，因此也就无法嘉惠患者. 此种错误在统计学上称为第二类型错误.

一般而言，犯第一类型错误会比犯第二类型错误来得严重. 由上面的例子可看出，犯第二类型错误是少救了许多人，犯第一类型错误则是多危害了一些人. 两相权衡之下，研究者可能宁愿犯第二类型错误，而不愿犯第一类型错误. 然而，是否把第一类型错误定得低一点就比较好呢？事实也不尽然.

再举一例，医师会根据许多检验结果来判断就诊者是否罹患某种疾病（如肝癌）. 此时，备择假设是：

H_1：就诊者罹患某种疾病

原假设就是：

H_0:就诊者并未罹患该种疾病

假使医师看了各种检验的数据后，拒绝 H_0，做出“就诊者罹患该种疾病”的诊断（也就是接受 H_1，诊断为阳性），因此要就诊者接受某种治疗或手术. 如果事实上就诊者并未罹患该种疾病（也就是 H_0 才是真的），就是误诊，在医学上称为假阳性（false positive），就诊者便要接受许多不必要的治疗，此为第一类型错误.

反之，如果医师不拒绝 H_0，做出“就诊者并未罹患该种疾病”的诊断（也就是阴性），但是事实上就诊者确实罹患该种疾病（也就是 H_0是假的），就是漏诊，在医学上称为假阴性（false negative），就诊者便错失了及时治疗的机会，这就是第二类型错误.

假使医师为了避免因误诊而犯第一类型错误，因此非到不得已不做出“就诊者罹患该种疾病”的诊断，绝大多数就诊者就会被诊断为阴性，此时，被漏诊（假阴性）的概率反而增大. 因此，第一类型错误的概率定得太低，犯第二类型错误的概率反而会随之提高，这两者呈现彼此消长的关系. 如果要同时减少这两种错误，就须再进行更多的检查，或是再请教其他医师. 当然，医师本身的经验及细心也有助于减少这两种错误.

另两种情形是：如果医师不拒绝 H_0，做出“就诊者并未罹患该种疾病”的诊断，而就诊者实际上也未罹患该种疾病（真阴性，true negative），此时医师做了正确的决策，$\frac{\text{真阴性}}{\text{真阴性}+\text{假阳性}}$在医学上称为特异性（specificity）或真阴性率. 如果医师拒绝 H_0，做出“就诊者罹患该种疾病”的诊断，而就诊者实际上也真的罹患该种疾病（真阳性，true positive），此时医师也做了正确的决策，$\frac{\text{真阳性}}{\text{真阳性}+\text{假阴性}}$在医学上称为敏感性（sensitivity）或真阳性率. 另外，$\frac{\text{真阴性}}{\text{真阴性}+\text{假阴性}}$称为阴性检测率，$\frac{\text{真阳性}}{\text{真阳性}+\text{假阳性}}$称为阳性检测率.

6.4 决策的方法

假设某生产线品管部门想要了解该工厂生产的 T5 日光灯管的平均使用寿命是否与 10 000小时有差异，从生产线随机选取了 20 个灯管进行测试，得到均值为 10 500 小时，标准差为 1 200 小时. 请问该公司是否可以宣称：

本公司生产的日光灯管平均使用寿命显著不同于 10 000 小时?

在此范例中，统计假设为：

$$\begin{cases} H_0:\mu=10\,000 \\ H_1:\mu\neq 10\,000 \end{cases}$$

由于总体标准差未知，又是小样本，因此使用一个样本 t 检验（详见第 7 章），计算结果为：

$$t=\frac{10\,500-10\,000}{\frac{1\,200}{\sqrt{20}}}=\frac{500}{268.328\,2}=1.863\,4$$

文本框 6—1 是使用 R 分析的结果.

文本框 6—1　　　　　　　　　　**单一样本 *t* 检验（双侧）**

```
> load("C:/mydata/chap06/example6.RData")          # 加载本例数据
> t.test(example6[,1], mu = 10000)                 # 取 example6 第 1 行的数值向量进行单一样
                                                     本 t 检验，μ = 10 000

        One Sample t - test

data:  example6[, 1]
t = 1.8634, df = 19, p - value = 0.07794
alternative hypothesis: true mean is not equal to 10 000

95 percent confidence interval:
  9938.383 11061.617
sample estimates:
mean of x
    10 500
```

在文本框 6—1 中有几个数值，$M=10\ 500$，均值的 95% 置信区间为 [9 938.383，11 061.617]，$t=1.863\ 4$，$p=0.077\ 94$.

检验之后，应依据什么方法及规准做出决策？在统计学中常用的方法有三种.

6.4.1　*p* 值法

第一种是 p 值法，是目前统计中通用的方法，也是研究者最常采用的规准. 在使用 R 时需注意：R 默认使用双侧检验，读者应留意所做检验是双侧检验还是单侧检验，若是单侧检验，还应留意是右侧检验还是左侧检验，以正确设定备择假设，否则得到的 p 值会有错.

所谓 p 值，是在原假设为真的情形下，大于检验所得值（可以是 Z 值、t 值、F 值或 χ^2值）的概率（probability）. p 值是拒绝原假设的证据，是原假设为真但拒绝它所犯的真实错误，如果 $p\leqslant\alpha$，则应拒绝 H_0；反之，如果 $p>\alpha$，则不能拒绝 H_0. α 是研究者设定的第一类型错误概率，通常为 0.05.

在文本框 6—1 中可看到 “alternative hypothesis: true mean is not equal to 10000” ($H_1:\mu\neq10\ 000$)，所以它采用的是双侧检验. 样本数为 20，在自由度为 19（样本数减 1）的 t 分布下，R 中显示的双侧 p 值为 0.077 94，并未小于 0.05，不能拒绝原假设，所以该公司不能宣称灯管的平均使用寿命与 10 000 小时有显著差异.

概率值 p 可以用图 6—5 表示，在图中 $t>1.863\ 4$ 的 $p=0.038\ 97$，$t<-1.863\ 4$ 的 $p=0.038\ 97$，因此双侧 p 值为 0.077 94. 在自由度为 19 的 t 分布中，$|t|$ 要大于 1.863 4 的概率为 0.077 94，未小于或等于 0.05，因此不能拒绝原假设.

然而，站在委托生产公司的立场，他们关心的重点是：该工厂生产的日光灯管平均使用寿命是否长于 10 000 小时？此时统计假设便为：

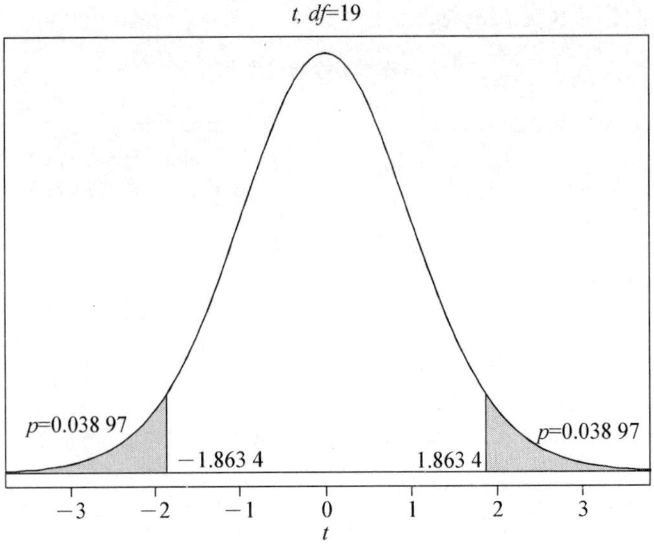

图 6—5　双侧检验的 $p=0.077\,94$

$$\begin{cases}H_0: \mu \leqslant 10\,000 \\ H_1: \mu > 10\,000\end{cases} \quad 或 \quad \begin{cases}H_0: \mu = 10\,000 \\ H_1: \mu > 10\,000\end{cases}$$

此时拒绝区在右侧，在R中应设定"alternative="greater""（总体均值大于假设的均值，也就是 $H_1: \mu > 10\,000$）. 命令如文本框 6—2 所示.

文本框 6—2　　　　单一样本 t 检验（右侧）

```
> load("C:/mydata/chap06/example6.RData")         # 加载本例数据
> t.test(example6[,1], alternative = "greater",mu = 10000)
                                                  # 取 example6 第 1 行的数值向量进行单一样
                                                    本 t 检验,μ> 10000

        One Sample t - test

data:  example6[, 1]
t = 1.8634, df = 19, p - value = 0.03897
alternative hypothesis: true mean is greater than 10000
95 percent confidence interval:
  10036.02       Inf
sample estimates:
mean of x
    10500
```

分析后得到 $p=0.038\,97$，小于 0.05，拒绝原假设，因此该工厂可以宣称：本工厂生产的日光灯管平均使用寿命显著长于 10 000 小时，符合合同规定. 图示见图 6—6.

当设定为右侧检验时，R只计算均值 95% 置信区间的下界（为 10 036.02），相关内容请见 6.4.3 小节的介绍.

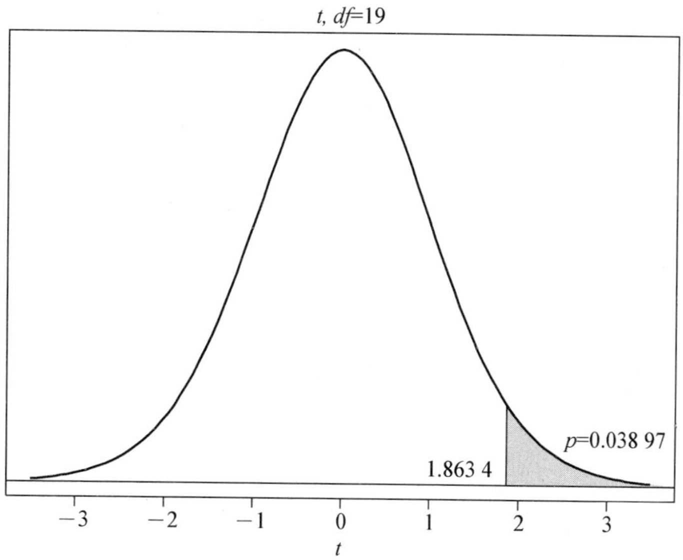

图 6—6　右侧检验的 $p=0.038\,97$

站在消费者的立场，他们关心的焦点是：该工厂生产的日光灯管平均使用寿命是否短于 10 000 小时？此时统计假设便为：

$$\begin{cases}H_0:\mu\geqslant 10\,000\\H_1:\mu<10\,000\end{cases}\quad 或\quad \begin{cases}H_0:\mu=10\,000\\H_1:\mu<10\,000\end{cases}$$

此时拒绝区在左侧，在 R 中应设定“alternative="less"”（总体均值小于假设的均值，也就是 $H_1:\mu<10\,000$）．命令如文本框 6—3 所示．

文本框 6—3　　单一样本 t 检验（左侧）

```
> load("C:/mydata/chap06/example6.RData")              # 加载本例数据
> t.test(example6[,1], alternative = "less", mu = 10000)
                                                       # 取 example6 第 1 行的数值向量进行单一样
                                                         本 t 检验，μ< 10000，显著水平设为 0.95

        One Sample t - test

data:  example6[, 1]
t = 1.8634, df = 19, p - value = 0.961
alternative hypothesis: true mean is less than 10000
95 percent confidence interval:
      - Inf 10963.98
sample estimates:
mean of x
    10500
```

此时 t 值仍为 1.863 4，但因为是左侧检验，所以 $p=0.961$（比较精确的值为 $1-0.038\,97=0.961\,03$），并未小于 0.05，不能拒绝原假设，因此该工厂可以宣称：本工厂生产的日光灯管平均使用寿命未短于 10 000 小时，也就是可能等于或长于 10 000 小时，所以并未欺骗消费者. 图示见图 6—7.

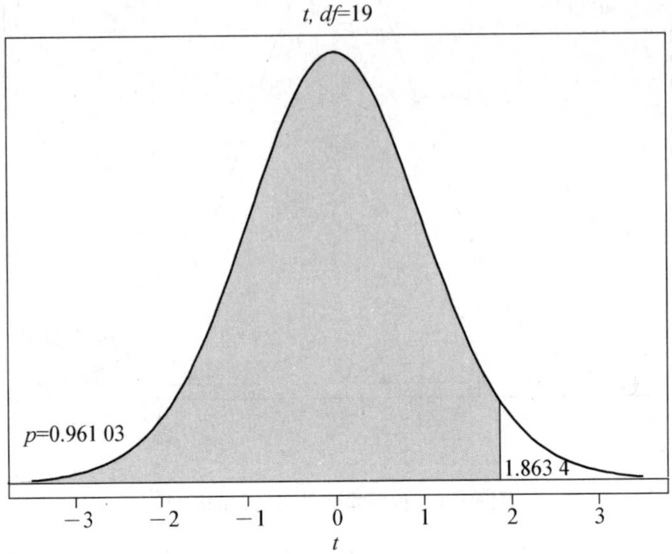

图 6—7　左侧检验的 $p=0.961\,03$

当设定为左侧检验时，R 只计算均值 95% 置信区间的上界（为 100 963.98），相关内容请见 6.4.3 小节的介绍.

综合上述分析，检验后得到 $t=1.863\,4$，决策如下：

1. 如果采用双侧检验，$p=0.077\,94$，大于 0.05，因此不能拒绝原假设.
2. 如果采用右侧检验，$p=0.038\,97$，小于 0.05，因此应拒绝原假设.
3. 如果采用左侧检验，$p=0.961\,03$，大于 0.05，因此不能拒绝原假设.

6.4.2　标准临界值法

第二种是标准临界值法，为较传统的做法. 它是在某种分布下（在此以 t 分布为例），比较检验之后所得的值与临界值（critical value）的大小.

1. 双侧检验中，计算所得 t 的绝对值是否大于临界值. 如果大于或等于临界值，则拒绝原假设；如果小于临界值，则不能拒绝原假设.

2. 右侧检验中，计算所得 t 值是否大于右侧临界值. 如果大于或等于右侧临界值，则拒绝原假设；如果小于右侧临界值，则不能拒绝原假设.

3. 左侧检验中，计算所得 t 值是否小于左侧临界值. 如果小于或等于左侧临界值，则拒绝原假设；如果大于左侧临界值，则不能拒绝原假设.

前述例子中，计算所得的 t 值为 1.863 4，如果是双侧检验，在自由度为 19 的 t 分布中，$\alpha=0.05$ 时的临界值为 $\pm 2.093\,024$，$|1.863\,4|$ 未大于 2.093 024，并未落入拒绝区（图 6—8 中灰色区域），因此不能拒绝原假设.

在此例中，双侧临界值的函数如文本框 6—4 所示.

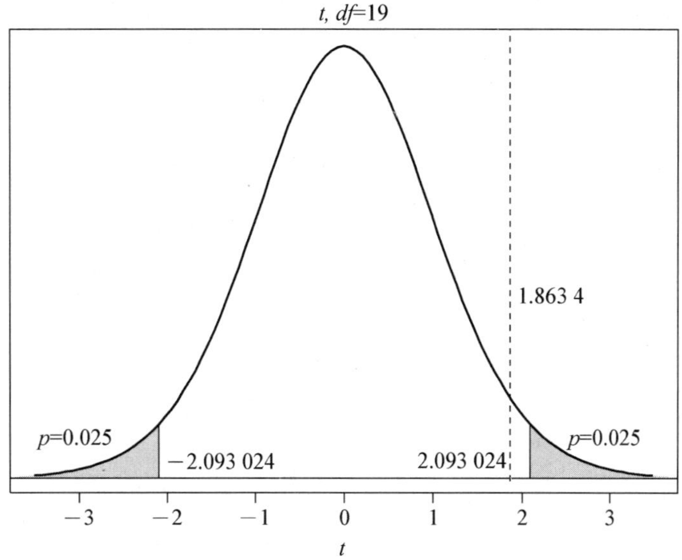

图 6—8　自由度为 19，α=0.05 时，双侧检验的临界值为 ±2.093 024

文本框 6—4　　计算双侧临界值

```
> qt(0.025,19)                        # 计算左侧概率 0.025 时的 t 值
[1] -2.093024
> qt(0.975,19)                        # 计算左侧概率 0.975 时的 t 值
[1] 2.093024
```

同样的范例，如果使用右侧检验，右侧临界值为 1.729 133，计算所得 t 值 1.863 4 已落入拒绝区，因此应拒绝原假设（见图 6—9）.

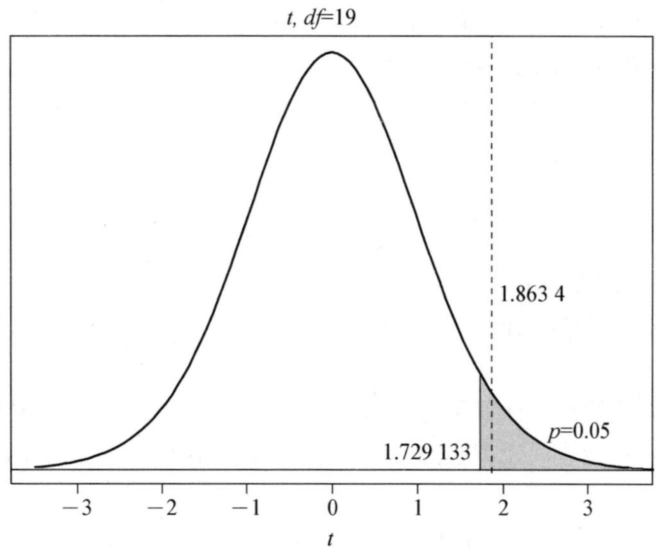

图 6—9　自由度为 19，α= 0.05 时，右侧检验的临界值为 1.729 133

在此例中，右侧临界值的函数如文本框 6—5 所示．其中左侧概率为 0.95，因此右侧概率即为 0.05.

文本框 6—5　　计算右侧临界值

```
> qt(0.95,19)                          # 计算左侧概率 0.95 时的 t 值
[1] 1.729133
```

反之，如果采用左侧检验，左侧临界值为−1.729133，计算所得 t 值 1.863 4 并未落入拒绝区，因此不能拒绝原假设（见图 6—10）.

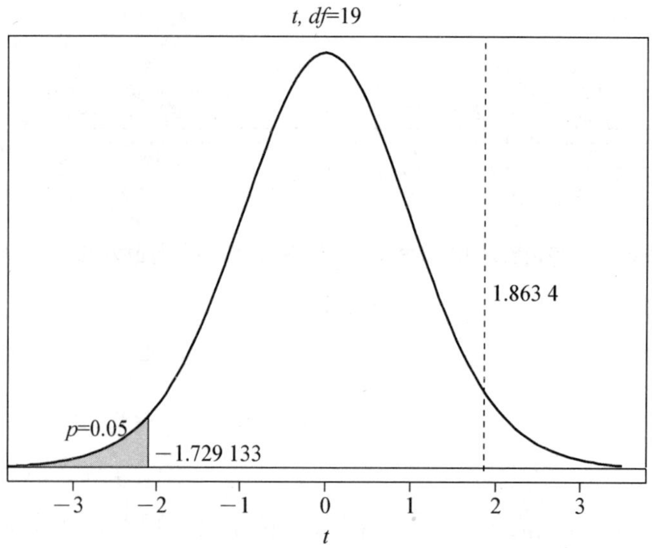

图 6—10　自由度为 19，α= 0.05 时，左侧检验的临界值为−1.729 133

在此例中，左侧临界值的函数如文本框 6—6 所示.

文本框 6—6　　计算左侧临界值

```
> qt(0.05,19)                          # 计算左侧概率 0.05 时的 t 值
[1] -1.729133
```

综合上述分析，决策如下：

1. 如果采用双侧检验，计算所得 t=1.863 4，$|t|$ 小于 2.093 024，因此不能拒绝原假设.

2. 如果采用右侧检验，计算所得 t=1.863 4，t 大于 1.729 133，因此应拒绝原假设.

3. 如果采用左侧检验，计算所得 t=1.863 4，t 未小于−1.729 133，因此不能拒绝原假设.

标准临界值法是计算机及统计软件未普遍应用时使用的方法，由于需要查阅统计书籍的附表，使用较不方便．虽然目前在 R 软件中很容易使用函数求出临界值，但已很少采用此种方法了.

6.4.3 原始置信区间法

第三种是原始置信区间法. 双侧置信区间的计算方法已在第 5 章说明，它与双侧检验也可以同时并用. 如果原始置信区间“不包含”检验值，表示总体均值与检验值相等的概率很小，此时就要拒绝原假设. 反之，如果原始置信区间“包含”检验值，表示总体均值与检验值相等的概率很大，此时就不能拒绝原假设.

上述例子中如果 α 定为 0.05，则原始置信区间为 $1-\alpha=0.95=95\%$. 20 个样本的均值为 10 500，其 95% 置信区间的计算公式为：

$$10\,500\pm2.093\,024\times\frac{1\,200}{\sqrt{20}}=10\,500\pm561.617$$

计算得，下界为 9 938.383，上界为 11 061.617（见文本框 6—1)，在 [9 938.383, 11 061.617] 这一区间中包含 10 000（要检验的值)，因此总体的均值极有可能等于 10 000，应接受 H_0，所以 $\mu=10\,000$. 图示见图 6—11.

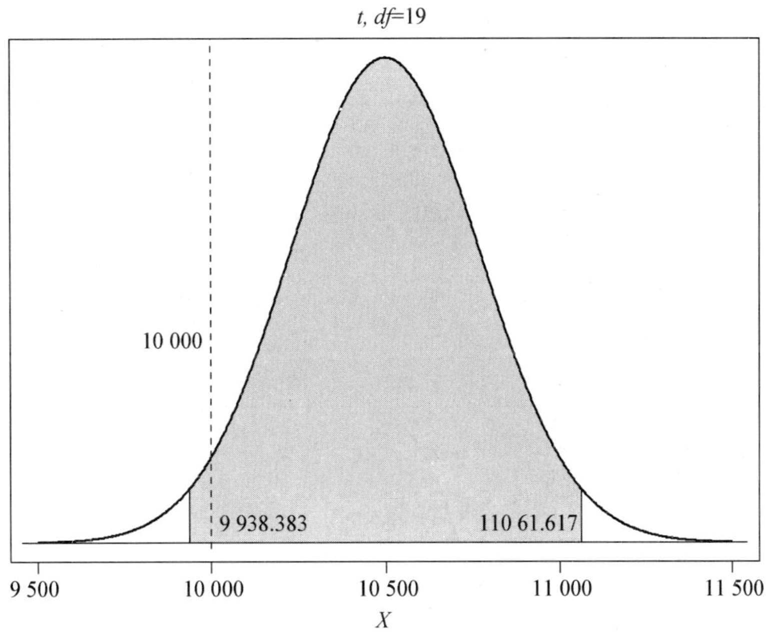

图 6—11　双侧检验，均值 95%置信区间上下界包含检验值 10 000

如果此时采用右侧检验，H_1 是 $\mu>10\,000$，则 H_0 是 $\mu\leqslant10\,000$，需要计算单侧置信区间的下界（见文本框 6—2)，公式是：

$$10\,500-1.729\,133\times\frac{1\,200}{\sqrt{20}}=10\,036.02$$

在 95%下界 10 036.02 以上这段范围（图 6—12 中灰色部分)，不包含 10 000，应拒绝 H_0，因此 $\mu>10\,000$.

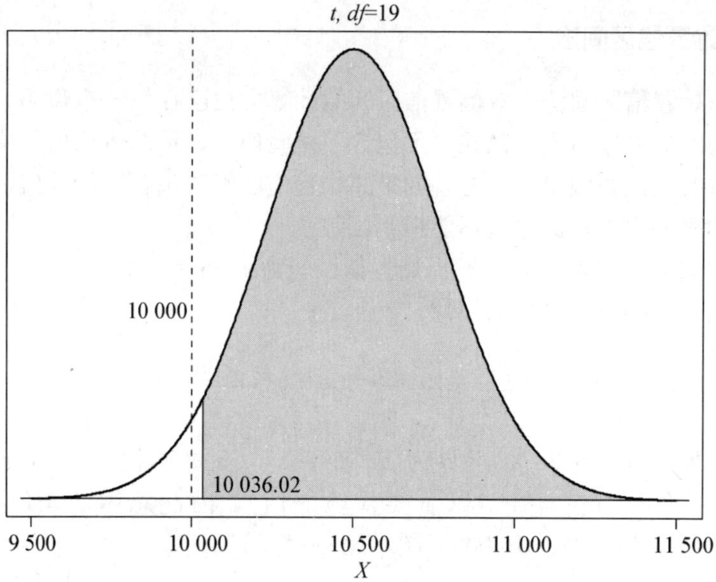

图 6—12 右侧检验，均值 95%置信区间下界未包含检验值 10 000

假如改为采用左侧检验，H_1 是 $\mu<10\,000$，则 H_0 是 $\mu\geqslant 10\,000$，此时要反过来计算单侧置信区间的上界（见文本框 6—3），公式是：

$$10\,500+1.729\,133\times\frac{1\,200}{\sqrt{20}}=10\,963.98$$

在 95%上界 10 963.98 以下这段范围（图 6—13 中灰色部分），包含 10 000，应接受 H_0，因此 $\mu\geqslant 10\,000$.

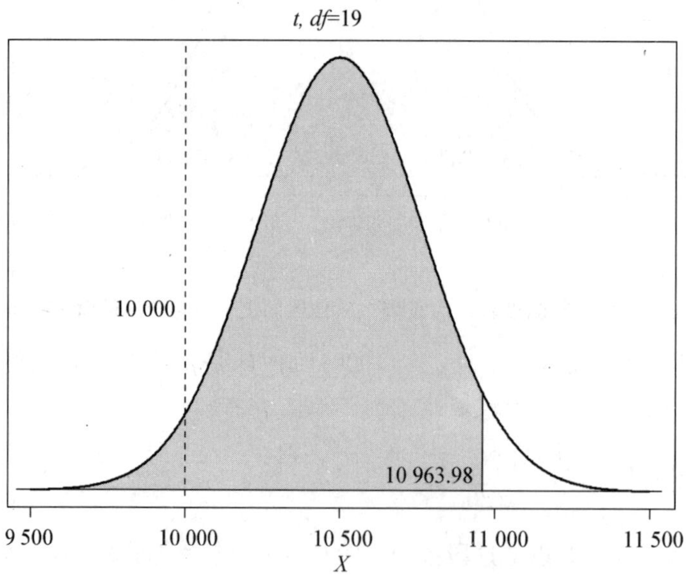

图 6—13 左侧检验，均值 95%置信区间上界包含检验值 10 000

总之，使用 R 进行 t. test，除了将假设均值设定为 10 000(mu=10 000)，还应注意：

1. 如果是双侧检验，默认为 alternative="two. sided"（可以简写为 a="t"），得到的结果如文本框 6—1 所示，此时要查看均值置信区间的上下界.

2. 如果是右侧检验，要设定 alternative="greater"（可以简写为 a="g"），得到的结果如文本框 6—2 所示，此时只看置信区间的下界.

3. 如果是左侧检验，要设定 alternative="less"（可以简写为 a="l"），得到的结果如文本框 6—3 所示，此时只看置信区间的上界.

综合上述分析，决策如下：

1. 如果采用双侧检验，均值 95% 置信区间上下界为 [9 938，11 062]，中间包含 10 000，因此不能拒绝原假设.

2. 如果采用右侧检验，均值 95% 置信区间下界为 10 036.02，高于 10 000，因此应拒绝原假设.

3. 如果采用左侧检验，均值 95% 置信区间上界为 10 963.98，未低于 10 000，因此不能拒绝原假设.

6.4.4 最后的决策

由以上三种决策方法可得到一致的结果：如果一开始采用的是双侧或左侧检验，分析后都应接受 H_0，但是如果采用右侧检验，则应拒绝 H_0.

但是，究竟应采用单侧检验还是双侧检验，统计学家的意见并不一致. 有一部分学者认为如果对研究主题已有充分的了解或是预期的方向，应该使用单侧检验，但是也有部分学者认为双侧检验比较不容易显著（临界值要更大些），因此如果双侧检验显著，就比较具有说服力（Aron，Coups，& Aron，2013）. B. H. Cohen（2013）也指出，采用双侧检验是心理学研究的惯例.

第 7 章 单一样本 t 检验

单一样本 t 检验用于比较样本中某个定量变量的均值与一个常数是否有差异，此常数在 R 中称为 mu（μ，总体真正的均值）. 虽然此种统计方法在实务上相当少用，但是了解单一样本 t 检验的统计概念，对掌握相依样本 t 检验会有帮助，因此仍应认识此统计方法.

7.1 基本统计概念

7.1.1 目的

单一样本 t 检验旨在检验一个均值与特定的常数（检验值）是否有差异，这个研究者关心的常数可以是以下几种数值：

1. 量表或测验的中位数或均值. 如，受访者在 7 点量表中的回答是否与均值 4 有显著差异.

2. 以往相关研究发现的均值. 如，检验某所大学的学生平均睡眠时数与 8 小时是否有显著差异.

3. 已知的总体均值. 如，检验某校学生在韦氏智力测验中的平均得分与 100 是否有显著差异.

4. 由概率获得的某个数值. 如，受试学生在有 4 个选项的选择题测验中，平均得分是否高于 25 分（随机猜测的分数）.

7.1.2 单一样本的定义

单一样本，指的是研究者从关心的总体中抽样而得的一组具代表性的样本，它们可以是：

1. 学校中的某些学生.
2. 生产线的某些产品.
3. 罹患某种疾病的部分患者.
4. 某地区的部分地下水.
5. 市场或商店中的某些货品.

抽取样本之后，研究者会针对这些样本的某种属性或特性加以测量，而测量所得的值须为定量变量（quantitative variable，含等距及比率尺度），例如：

1. 某测验的得分.
2. 使用寿命或存活时间.
3. 某种化学物质（如砷、防腐剂或瘦肉精）的含量.

7.1.3　分析示例

依据上述说明，以下研究问题都可以使用单一样本 t 检验：

1. 某所学校全体学生阅读理解测验的平均得分与全国平均分 450 分是否有差异？
2. 某工厂的产品的平均使用寿命与竞争对手的 5 000 小时是否有差异？
3. 某地区地下水的砷含量是否低于 0.01mg/L？（此为左侧检验）
4. 某类产品的防腐剂含量是否超过 30 ppm？（此为右侧检验）

7.1.4　统计公式

一个均值的假设检验，是通过计算样本均值的 Z 分数进行的. 在此要说明两个相关的概念. 首先，在总体中个别数值的 Z 分数的计算公式为：

$$Z_i=\frac{X_i-\mu}{\sigma} \tag{7.1}$$

$|Z|$ 越大，代表"个别数值与均值的距离"和"标准差"的比率越大，如果超过某个界限，我们就说这个比率已经非常大了.

而中心极限定理也指出，样本均值的均值为：

$$\mu_{\overline{X}}=\mu \tag{7.2}$$

样本均值的标准差（即均值标准误）为：

$$\sigma_{\overline{X}}=\frac{\sigma}{\sqrt{n}} \tag{7.3}$$

如果应用在总体服从正态分布且方差 σ^2 已知的抽样分布中，将式（7.1）中的 X 改为样本均值 $\overline{X}$ 之后，再将式（7.2）及式（7.3）代入式（7.1），则为：

$$Z=\frac{\overline{X}-\mu_{\overline{X}}}{\sigma_{\overline{X}}}=\frac{\overline{X}-\mu}{\frac{\sigma}{\sqrt{n}}} \tag{7.4}$$

此即为 σ^2 已知的 Z 检验，它可以写成：

$$Z\text{ 检验}=\frac{\text{样本均值与检验的差异}}{\text{均值的标准误}} \tag{7.5}$$

然而，多数情形下，研究者并不知道总体的方差 σ^2，此时，便以样本方差 s^2 估计 σ^2，样本均值的标准差为：

$$s_{\overline{X}}=\frac{s}{\sqrt{n}} \tag{7.6}$$

当总体服从正态分布，而样本数小于 30 时，抽样的均值会呈自由度为 $n-1$ 的 t 分布，以此分布为基础所做的检验便称为 t 检验，公式为：

$$t=\frac{\overline{X}-\mu}{\frac{s}{\sqrt{n}}} \tag{7.7}$$

当样本数在 30 以上时，抽样的均值会服从正态分布，此时可以采用 Z 检验，公式为：

$$Z=\frac{\overline{X}-\mu}{\frac{s}{\sqrt{n}}} \tag{7.8}$$

图 7—1 显示，当样本数等于 30 时（自由度为 29），t 分布（虚线）已经非常接近标准化正态分布（实线为 Z 分布），因此实际分析时可以用 t 检验代替 Z 检验.

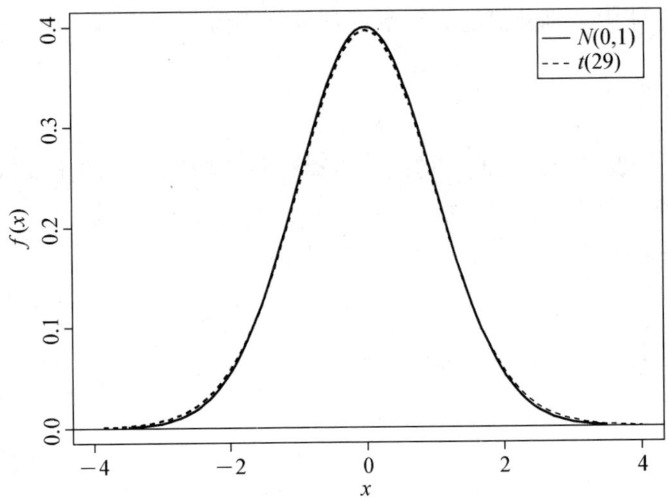

图 7—1　Z 分布与自由度为 29 的 t 分布

当总体不服从正态分布，而样本数大于 30 时，根据中心极限定理，样本的均值还是会接近正态分布. 总体方差 σ^2 有两种情况：

1. 如果总体方差 σ^2 已知，仍然可以使用式（7.4）的 Z 检验.

2. 如果总体方差 σ^2 未知，改用样本方差 s^2 估计 σ^2，仍可使用式（7.8）的 Z 检验. 但是，如果总体不服从正态分布，而且样本数不到 30，则建议改用非参数统计方法.

7.1.5　分析流程

综上所述，单一样本均值检验的流程如图 7—2 所示.

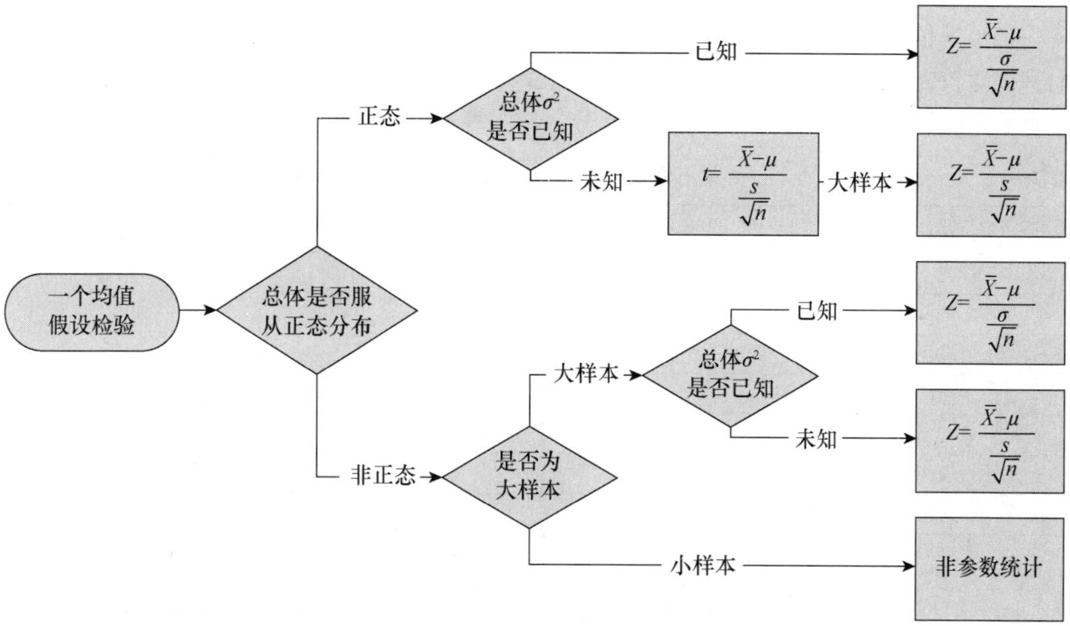

图 7—2　单一样本均值检验流程

7.1.6　效应量

单一样本 t 检验的效应量常用 Cohen 的 d 值，公式为：

$$d=\frac{|\text{样本均值与检验值的差异}|}{\text{标准差}}=\frac{|\text{平均差异}|}{\text{标准差}}=\frac{|\bar{X}-\mu_0|}{\sigma}$$

在样本中，公式为：

$$d=\frac{|\bar{X}-\mu_0|}{s} \tag{7.9}$$

Cohen 的 d 值也可以使用另一个公式求得：

$$d=\frac{t\text{ 值}}{\sqrt{\text{样本数}}} \tag{7.10}$$

根据 J. Cohen（1988）的经验法则，d 值的小、中、大效应量分别为 0.20，0.50，0.80. 依此准则可以归纳如下原则：

1. $d<0.20$，效应量非常小，几乎等于 0.
2. $0.20\leqslant d<0.50$，为小的效应量.
3. $0.50\leqslant d<0.80$，为中度的效应量.
4. $d\geqslant 0.80$，为大的效应量.

7.2 范 例

某小学校长想了解该校六年级学生的阅读理解能力，于是随机选取 20 名学生，让他们完成学校自编的阅读理解测验试题（40 题），测验得分如表 7—1 所示. 请问：该小学六年级学生阅读理解测验的平均得分与 20 分（50%答对率）是否有差异？

表 7—1　　某小学 20 名学生阅读理解测验得分

学生	测验得分	学生	测验得分
1	29	11	5
2	24	12	11
3	18	13	35
4	40	14	28
5	34	15	30
6	9	16	23
7	22	17	24
8	26	18	25
9	25	19	39
10	26	20	31

7.2.1 变量与数据

表 7—1 中，虽然有两个变量，但是学生的代号并不需要输入 R 中，因此分析时只使用“测验得分”这一变量，它的定义是学生完成学校自编的阅读理解测验试题的得分，介于 0～40 之间，属于定量变量. 分数越高，代表学生的阅读理解能力越佳.

7.2.2 研究问题

在本范例中，研究者想要了解的问题可以陈述如下：

该小学六年级学生阅读理解测验的平均得分与 20 分是否有差异？

7.2.3 统计假设

根据研究问题，原假设为“该小学六年级学生阅读理解测验的平均得分等于 20 分”，以统计符号表示为：

$$H_0: \mu=20$$

备择假设则为“该小学六年级学生阅读理解测验的平均得分不等于 20 分”，以统计符号表示为：

$$H_1: \mu \neq 20$$

总之，统计假设写为：

$$\begin{cases} H_0: \mu = 20 \\ H_1: \mu \neq 20 \end{cases}$$

7.3　使用 R 进行分析

7.3.1　数据文件

完整的 R 数据文件如文本框 7—1 所示.

文本框 7—1　　范例分析数据文件

```
> load("C:/mydata/chap07/example7.RData")     # 加载本例数据
> example7                                    # 展示本例数据
   测验得分
1        29
2        24
3        18
4        40
5        34
6         9
7        22
8        26
9        25
10       26
11        5
12       11
13       35
14       28
15       30
16       23
17       24
18       25
19       39
20       31
```

7.3.2　描述统计量

文本框 7—2 显示了描述统计分析，依序计算样本数、均值、标准差及均值的标准误.

文本框 7—2　　计算描述统计量

```
> load("C:/mydata/chap07/example7.RData")          # 加载本例数据
> x<-example7[,1]                                   # 将数据框 example7[,1]赋值给 x 向量
> n<-length(x)                                      # 计算样本数
> mymean<-mean(x)                                   # 计算均值
> mysd<-sd(x)                                       # 计算标准差
> se<-sd(x)/sqrt(length(x))                         # 计算均值的标准误
> summary<-c(n, mymean, mysd, se); summary          # 汇总输出结果
[1] 20.000000 25.200000  9.191529  2.055288
```

分析后得到样本数、均值、标准差及均值的标准误的数值分别为 20，25.2，9.191 529，2.055 288.

文本框中均值的标准误公式为：

$$均值的标准误=\frac{s}{\sqrt{n}}=\frac{标准差}{\sqrt{样本数}}$$

将文本框中的标准差及个数代入公式，得到：

$$均值的标准误=\frac{9.191\,529}{\sqrt{20}}=2.055\,288$$

7.3.3　单一样本 t 检验

文本框 7—3 使用 t.test 函数进行一个样本均值 t 检验，检验值为 20，因此设定"mu=20". 如果 example7 不止一个变量，则最好指定 example7 [，1]，取特定列（本例为第 1 列）的数值进行分析，或是直接指定 example7 $ 测验得分，对"测验得分"变量进行分析.

文本框 7—3　　进行单一样本 t 检验

```
> load("C:/mydata/chap07/example7.RData")          # 加载本例数据
> t.test(example7, mu = 20)                         # 进行 t 检验,μ = 20
        One Sample t - test

data:  example7
t = 2.5301, df = 19, p - value = 0.0204
alternative hypothesis: true mean is not equal to 20
95 percent confidence interval:
20.89823 29.50177
sample estimates:
mean of x
     25.2
```

检验所得 t 值的公式是：

$$t=\frac{样本均值与检验值的差异}{均值的标准误}=\frac{平均差异}{均值的标准误}$$

代入适当的数值，可得到：

$$t=\frac{25.2-20}{2.055\ 288}=\frac{5.2}{2.055\ 288}=2.530\ 1$$

至于检验结果如何，有三种判断方式.

首先，可以由文本框 7—3 中的 p 值来判断. 在自由度为 19（样本数 20 减 1）的 t 分布中，t 的绝对值（因为是双侧检验，所以要取绝对值）大于 2.530 1 的概率（p）为 0.020 4，该值小于研究者设定的 α 值（通常设为 0.05），因此应拒绝原假设.

图 7—3 显示，在自由度为 19 的 t 分布中，$|t|>2.530\ 1$ 的 p 值为 $0.010\ 2+0.010\ 2=0.020\ 4$（双侧），由于该值小于研究者设定的 $\alpha=0.05$，因此应拒绝原假设.

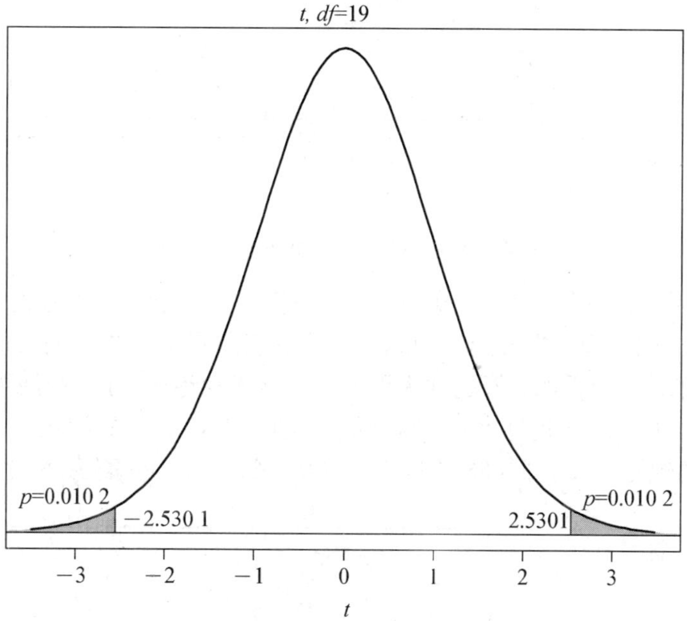

图 7—3　自由度为 19 时，$|t|>2.530\ 1$ 的 $p=0.020\ 4$

其次，查看均值 95%置信区间是否“不包含”检验值（此例为 20）. 均值 95%置信区间的下界与上界的公式分别为：

下界＝样本均值－临界值×均值的标准误

上界＝样本均值＋临界值×均值的标准误

在自由度为 19 时，临界 t 值为 ±2.093 024（使用 qt(0.025，19) 及qt(0.975，19) 函数求得)，代入数值后得到：

下界＝25.2－2.093 024×2.055 288＝20.898 23

上界＝25.2＋2.093 024×2.055 288＝29.501 77

由于均值的 95%置信区间不包含 20（图 7—4 中的虚线），因此推断总体均值与检验值 20 不同，应拒绝原假设.

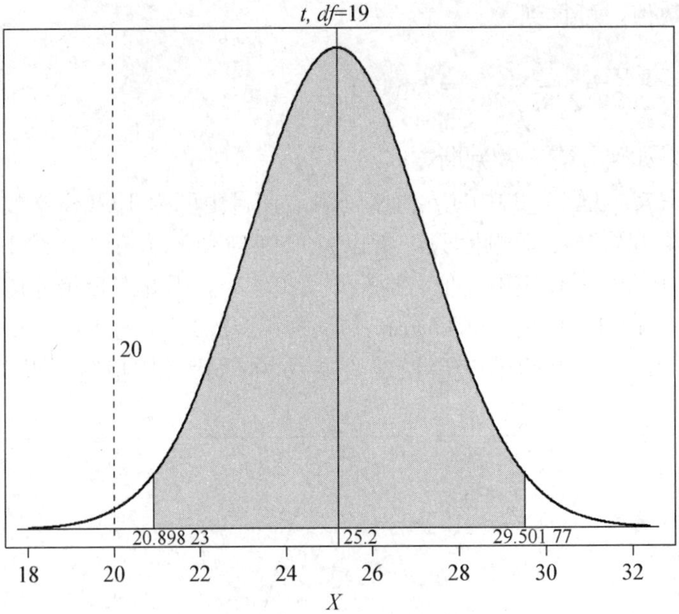

图 7—4　均值 95%置信区间不包含检验值 20

最后，另外补充说明临界值（critical value，CV）的概念．在本范例自由度为 19 的 t 分布中，如果是双侧检验，当设定 $\alpha=0.05$ 时，查表所得的临界值是±2.093 024（如图 7—5 所示）．如果计算所得的 t 值超过临界值，就落入拒绝区，此时就要拒绝原假设；反之，如果计算所得的 t 值未超过此值，就不能拒绝原假设．在本范例中，计算所得的 t 值是 2.530 1，它的绝对值大于 2.093 024，落入拒绝区，因此应拒绝原假设．

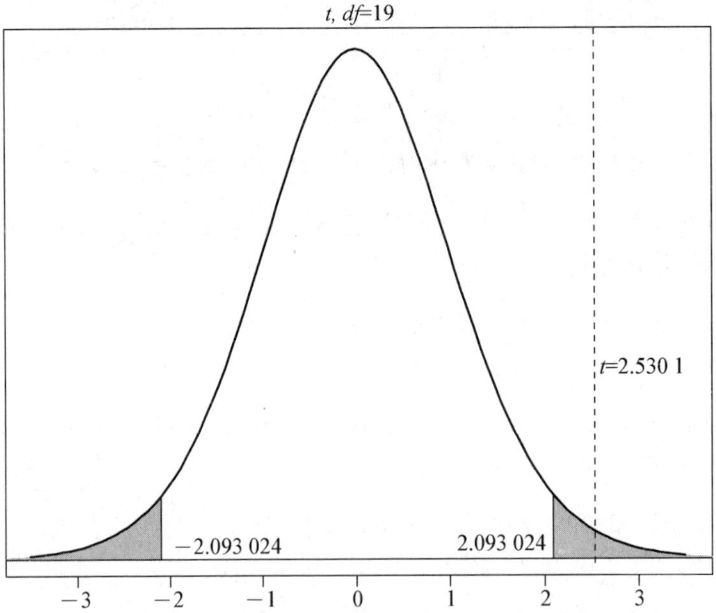

图 7—5　自由度为 19，$\alpha=0.05$ 时的临界 t 值为±2.093 024

7.3.4　分析的结论

总之，要判断检验结果是否显著，有三种方法，它们的结论是一致的.

1. 最简单的方式是看文本框 7—3 中的 p 值是否“小于或等于”研究者设定的 α 值（通常都设为 0.05），如果 $p \leqslant \alpha$，则应拒绝原假设. 这是目前使用统计软件分析的做法.

2. 看均值的 95%置信区间，如果上下界“不包含”要检验的值，表示样本均值与检验值有显著差异. 这是 APA 较建议的做法，多数统计软件也提供相应文本框.

3. 判断文本框 7—3 中 t 的绝对值是否“大于或等于”临界值，如果是，则应拒绝原假设. 不过，由于临界值需要另外计算或查统计表，因此使用起来并不方便. 这是过去计算机不发达时代的做法，目前已较少采用.

7.4　计算效应量

目前许多学术刊物都要求列出效应量（effect size），这是实质上的显著性，代表差异的强度.

在此例中，可以计算 Cohen 的 d 值，它的公式是：

$$d=\frac{|\text{样本均值与检验值的差异}|}{\text{标准差}}=\frac{|\text{平均差异}|}{\text{标准差}}$$

分别从文本框 7—2 及文本框 7—3 中找到对应的数值，代入之后得到：

$$d=\frac{|25.2-20|}{9.191\,529}=0.565\,7$$

它代表该小学六年级学生的平均得分 25.2 与 20 分（50%答对率）的差异 5.2，是标准差的 0.57 倍. 依据 J. Cohen（1988）的经验法则，d 值的小、中、大效应量分别是 0.20，0.50，0.80，因此，本范例为中度的效应量.

Cohen 的 d 值也可以使用另一个公式求得：

$$d=\frac{t\text{ 值}}{\sqrt{\text{样本数}}}$$

代入文本框 7—3 中的数值，得到：

$$d=\frac{2.530\,1}{\sqrt{20}}=0.565\,7$$

两种公式的计算结果相同.

在 R 中可以使用 lsr 包中的 cohensD 计算效应量. 文本框 7—4 中先加载 lsr 包，接着使用 example7 中的“测验得分”计算效应量，此时，须设定 mu=20.

文本框 7—4 **计算效应量**

```
> library(lsr)                                # 载入 lsr 包
> cohensD(example7$测验得分, mu = 20)          # 设定 μ = 20,计算 Cohen's d
[1] 0.5657383
```

7.5 以 APA 格式撰写结果[①]

研究者对某小学 20 名六年级学生实施自编阅读理解测验，并进行单一样本 t 检验，样本的平均得分为 25.20（SD=9.19），95%置信区间为［20.90，29.50］，与 20 分有显著差异，而且比 20 分高，$t(19)=2.53$，$p=0.02$，效应量 $d=0.57$.

7.6 单一样本 t 检验的假定

单一样本 t 检验应符合以下两个假定.

7.6.1 观察体要能代表总体，且彼此间独立

观察体独立是指各个样本不会相互影响. 如果学生互相参考彼此的答案，或是一个学生完成两份以上的测验试题，则观察体间就不独立. 另外，如果使用群组抽样，使得所有样本都来自同一个班级，由于他们都接受相同老师的教导，平时也会互相影响，就可能违背观察体独立的假定.

观察体间不独立，计算所得的 p 值就不准确，如果有证据支持违背了这项假定，就不应使用单一样本 t 检验.

7.6.2 因变量在总体中须服从正态分布

此项假定是指该校六年级全体学生阅读理解测验的得分服从正态分布. 如果因变量不服从正态分布，会降低检验的统计检验力. 不过，当样本数在 30 以上时，即使违背了这项假定，对于单一样本 t 检验的影响也不大.

---

① 结果中应写出样本数、均值、标准差等描述统计、检验的统计量（如 t，F，χ^2），及自由度、精确的 p 值、效应量. 详细规定请参考 APA 出版格式.

第 8 章

相依样本 t 检验

相依样本 t 检验旨在比较两个相依样本在某个定量变量上的均值是否有差异，适用的情境如下：

自变量：两个有关联的组别，为定性变量.

因变量：定量变量.

相依样本 t 检验也可以使用本书第 12 章介绍的单因素相依样本方差分析，此时 $F=t^2$，分析的结论是一致的.

8.1 基本统计概念

8.1.1 目的

相依样本（以下或称成对样本、配对样本）t 检验用于比较：

1. 一组样本于两个时间点或情境中，在某个变量上的均值是否有差异.

2. 两组有关联的样本在某个变量上的均值是否有差异.

在概念上，它与单一样本 t 检验有相同之处. 分析时，样本要有成对的数据，不可以有遗漏值.

8.1.2 相依样本的定义

相依样本 t 检验旨在检验两个相关联群组在某一变量上的均值是否有差异. 而相依样本可以是：

1. 一群样本，接受两次相同或类似的观测，这是重复测量（repeated measures）或者受试者内（within-subjects）的设计. 例如，运动员在训练前后的成绩，受访者对两个不同议题的关心程度.

2. 两群有自然关系的样本（血亲或者姻亲），接受一次同样的观测，这是成对样本(paired samples). 例如，同卵双胞胎的智力，夫妻每个月各自的收入.

3. 实验配对的样本，接受一次同样的观测，这是配对样本（matched sample）. 例如，经由相同智力的配对及随机分派后，接受不同教学法的两组学生在数学推理能力测验中的得分. 在医学研究中，将类似身体状况的受试者加以配对，再以随机分派的方式服用两种药物（通常一组服用新药，另一组服用安慰剂），最后检测其效果（如血糖值）.

8.1.3 分析示例

除了上述例子外，以下研究问题都可以使用相依样本 t 检验：

1. 制度变革前后，员工对公司的忠诚度.
2. 教学前后，学生的数学错误概念.
3. 选民对两位候选人的满意度（以分数表示）.
4. 长子与非长子的冒险性格.
5. 经由配对及随机分派，各自服用两种不同药物（或是一组服用药物，另一组服用安慰剂）一星期后的收缩压.

8.1.4 统计公式

在相依样本中，可以先计算两个定量变量的差异 d：

$$d=X_1-X_2 \tag{8.1}$$

此时，差异值 d 的均值 $\bar{d}$ 为：

$$\bar{d}=\bar{X}_1-\bar{X}_2 \tag{8.2}$$

差异值 d 的方差 σ_d^2 为：

$$\sigma_d^2=\sigma_1^2+\sigma_2^2-2\rho\sigma_1\sigma_2 \tag{8.3}$$

标准差即为：

$$\sigma_d=\sqrt{\sigma_d^2}=\sqrt{\sigma_1^2+\sigma_2^2-2\rho\sigma_1\sigma_2} \tag{8.4}$$

如果 d 服从正态分布，则抽样所得的均值 $\bar{d}$ 也会服从正态分布，其均值 $\mu_{\bar{d}}$ 为 $\mu_1-\mu_2$，标准差 $\sigma_{\bar{d}}$（也就是平均差异的标准误）为：

$$\sigma_{\bar{d}}=\sqrt{\frac{\sigma_1^2+\sigma_2^2-2\rho\sigma_1\sigma_2}{n}} \tag{8.5}$$

将 $\bar{d}$ 标准化为 Z 值，公式为：

$$Z=\frac{\bar{d}-(\mu_1-\mu_2)}{\sqrt{\frac{\sigma_1^2+\sigma_2^2-2\rho\sigma_1\sigma_2}{n}}}=\frac{(\bar{X}_1-\bar{X}_2)-(\mu_1-\mu_2)}{\sqrt{\frac{\sigma_1^2+\sigma_2^2-2\rho\sigma_1\sigma_2}{n}}} \tag{8.6}$$

在实际计算时，较少直接使用式（8.6），而是将式（8.3）代入式（8.6），得到：

$$Z=\frac{(\overline{X}_1-\overline{X}_2)-(\mu_1-\mu_2)}{\sqrt{\frac{\sigma_d^2}{n}}}=\frac{\bar{d}-\mu_d}{\frac{\sigma_d}{\sqrt{n}}} \tag{8.7}$$

因此，如果要检验两个相依样本的均值差异，通用的公式为：

$$Z=\frac{(\text{两样本的平均差异})-(\text{两总体的平均差异})}{\text{两样本均值之差的标准误}}=\frac{(\text{两样本的平均差异})-(\text{两总体的平均差异})}{\sqrt{\frac{\text{两样本均值之差的方差}}{\text{样本数}}}}$$

总体差异均值 $\mu_1-\mu_2$ 的 $100\times(1-\alpha)\%$ 置信区间为：

$$\bar{d}\pm Z_{\alpha/2}\times\frac{\sigma_d}{\sqrt{n}}=(\overline{X}_1-\overline{X}_2)\pm Z_{\alpha/2}\times\frac{\sigma_d}{\sqrt{n}} \tag{8.8}$$

如果差异服从正态分布，但是总体 σ_d^2 未知，则以 s_d^2 估计 σ_d^2，此时样本的差异均值 $\bar{d}$ 为 t 分布，因此使用 t 检验进行分析，式（8.7）改为：

$$t=\frac{\bar{d}-\mu_d}{\frac{s_d}{\sqrt{n}}} \tag{8.9}$$

t 为自由度 $n-1$ 之分布.

此时，总体差异均值 μ_d 的 $100\times(1-\alpha)\%$ 置信区间为：

$$\bar{d}\pm t_{\alpha/2,n-1}\times\frac{s_d}{\sqrt{n}} \tag{8.10}$$

如果 σ_d^2 未知但为大样本，仍以 s_d^2 估计 σ_d^2，此时样本的差异均值 $\bar{d}$ 服从正态分布，因此可以改用 Z 检验进行分析，式（8.8）即为：

$$Z=\frac{\bar{d}-\mu_d}{\frac{s_d}{\sqrt{n}}} \tag{8.11}$$

此时，总体差异均值 μ_d 的 $100\times(1-\alpha)\%$ 置信区间为：

$$\bar{d}\pm Z_{\alpha/2}\times\frac{s_d}{\sqrt{n}} \tag{8.12}$$

当总体的差异值不服从正态分布，而样本数大于 30 时，根据中心极限定理，样本的差异均值还是会接近正态分布. 总体差异的方差 σ_d^2 有两种情况：

1. 如果总体差异的方差 σ_d^2 已知，仍然可以使用式（8.7）的 Z 检验.
2. 如果总体差异的方差 σ_d^2 未知，以 s_d^2 估计 σ_d^2，仍可使用式（8.11）的 Z 检验.

但是，如果总体差异值不服从正态分布，而且样本数不到 30，则建议改用非参数统计方法.

8.1.5 分析流程

综上所述，分析流程可用图 8—1 表示：

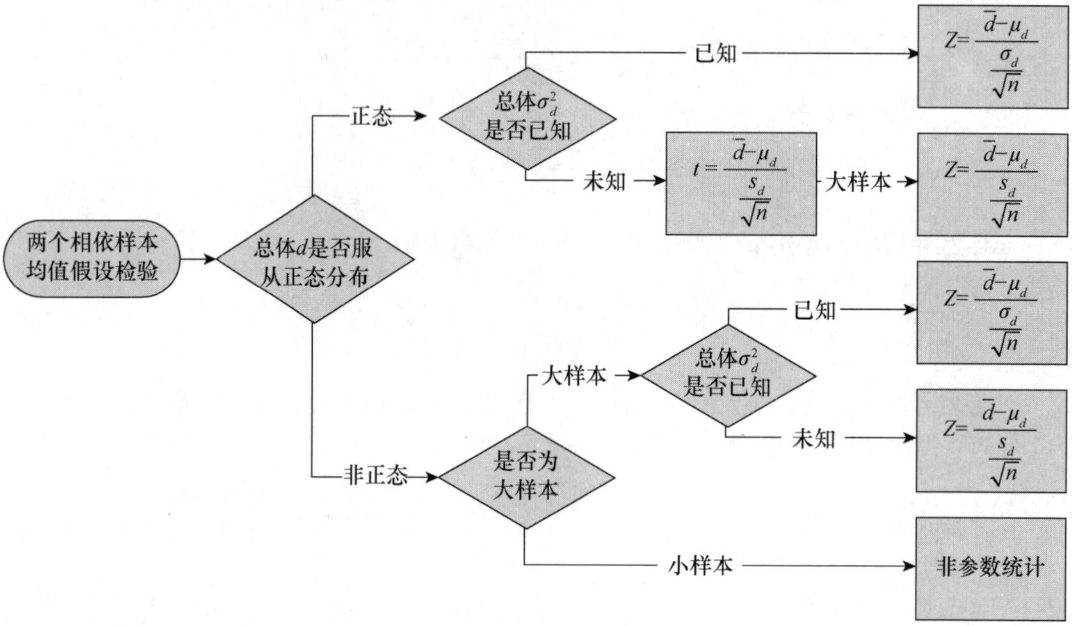

图 8—1 两个相依样本均值检验的分析流程

8.1.6 效应量

相依样本 t 检验的效应量公式为：

$$d=\frac{|成对变量差异的均值|}{成对变量差异的标准差}$$

在推断统计中，可使用式（8.13）估计：

$$d=\frac{|M_d|}{s_d} \tag{8.13}$$

根据 J. Cohen（1988）的经验法则，d 值的小、中、大效应量分别为 0.20，0.50，0.80. 依此准则可以归纳如下原则：

1. $d<0.20$，效应量非常小，几乎等于 0 .
2. $0.20\leqslant d<0.50$，为小的效应量.
3. $0.50\leqslant d<0.80$，为中度的效应量.
4. $d\geqslant 0.80$，为大的效应量.

8.2　范　例

某医师想要研究患者服用降血压药物后的血压变化，于是征集 30 位自愿参与的受试者，在服药前及服药后 1 小时，分别测得舒张压，得到表 8—1 的数据. 请问：服药前后，高血压患者的舒张压值是否有差异？

表 8—1　　30 名受试者服药前后的舒张压值

受试者	前测	后测	受试者	前测	后测
1	119	114	16	107	110
2	114	103	17	111	106
3	125	131	18	93	98
4	113	105	19	90	88
5	119	121	20	125	112
6	113	105	21	96	102
7	105	99	22	117	124
8	92	96	23	90	85
9	104	100	24	122	114
10	111	105	25	97	101
11	111	107	26	104	99
12	125	113	27	113	104
13	112	105	28	117	122
14	111	108	29	122	114
15	103	100	30	119	122

8.2.1　变量与数据

表 8—1 中有三个变量，但是受试者的代号并不需要输入 R 中，因此分析时只使用“前测”及“后测”两个变量，它们的定义是受试者在服用药前后的舒张压，数值越大，代表血压越高.

由于受试者的舒张压是成对的，输入时务必保持在同一行（同一受试者）. 要留意的是，本范例属于“单组前后测”设计，在研究上有许多限制，读者应尽量避免采用此种实验设计.

8.2.2　研究问题

在本范例中，研究者想要了解的问题可以陈述如下：

高血压患者在服药前后的舒张压值是否有差异？

8.2.3 统计假设

根据研究问题，原假设为“高血压患者在服药前后的舒张压值没有差异”：

$$H_0: \mu_{前测} = \mu_{后测}$$

移项后可写成：

$$H_0: \mu_{前测} - \mu_{后测} = 0$$

备择假设则为“高血压患者在服药前后的舒张压值有差异”：

$$H_1: \mu_{前测} \neq \mu_{后测}$$

移项后可写成：

$$H_1: \mu_{前测} - \mu_{后测} \neq 0$$

总之，统计假设写为：

$$\begin{cases} H_0: \mu_{前测} = \mu_{后测} \\ H_1: \mu_{前测} \neq \mu_{后测} \end{cases}$$

移项之后写为：

$$\begin{cases} H_0: \mu_{前测} - \mu_{后测} = 0 \\ H_1: \mu_{前测} - \mu_{后测} \neq 0 \end{cases}$$

8.3 使用 R 进行分析

以下展示是比较完整的各项分析，适用于不同情境，如果读者只需要单纯的相依样本 t 检验，参考 8.3.4 小节即可.

8.3.1 数据文件

完整的 R 数据文件如文本框 8—1 所示.

文本框 8—1　　范例分析数据文件

```
> load("C:/mydata/chap08/example8.RData")        # 加载本例数据
> example8                                       # 展示本例数据
  前测 后测
1  119  114
2  114  103
3  125  131
4  113  105
```

```
5    119   121
6    113   105
7    105    99
8     92    96
9    104   100
10   111   105
11   111   107
12   125   113
13   112   105
14   111   108
15   103   100
16   107   110
17   111   106
18    93    98
19    90    88
20   125   112
21    96   102
22   117   124
23    90    85
24   122   114
25    97   101
26   104    99
27   113   104
28   117   122
29   122   114
30   119   122
```

8.3.2　成对样本统计量

文本框 8—2 显示了两个变量的描述统计分析，依序计算样本数、均值、标准差及均值的标准误.

文本框 8—2　　**成对样本统计量**

```
> load("C:/mydata/chap08/example8.RData")             # 加载本例数据
> n<-length(example8[,1])                              # 计算样本数
> mean<-apply(example8, 2, mean)                       # 计算各行的均值
> sd<-apply(example8, 2, sd)                           # 计算各行的标准差
> se<-sd/sqrt(n)                                       # 计算均值的标准误
> mysummary<-data.frame("N" = n, "均值" = mean, "标准差" = sd, "均值的标准误" = se)
                                                       # 以数据框形式汇总输出结果
> mysummary                                            # 汇总输出

      N   均值    标准差   均值的标准误
前测 30  110.0 10.64797       1.944045
后测 30  107.1 10.34691       1.889079
```

文本框 8—2 中显示受试者有 30 人，服药前后的舒张压均值分别为 110.0 及 107.1，标准差分别为 10.647 97 及 10.346 91，均值的标准误分别为 1.944 045 及1.889 079，公式为：

$$\text{均值的标准误}=\frac{\text{标准差}}{\sqrt{\text{样本数}}}$$

8.3.3 成对样本检验

文本框 8—3 使用数据框 example8 中的“前测”与“后测”两变量，进行成对样本 t 检验．在 t.test 中，记得设定“paired＝TRUE”或“p＝T”，否则会被视为独立样本 t 检验．

文本框 8—3　　成对样本检验

```
> load("C:/mydata/chap08/example8.RData")          # 加载本例数据
> t.test(example8$前测, example8$后测, paired = TRUE)
                                                   # 相依样本 t 检验
        Paired t - test

data:  example8$前测 and example8$后测
t = 2.68, df = 29, p - value = 0.01201
alternative hypothesis: true difference in means is not equal to 0
95 percent confidence interval:
0.6868767 5.1131233
sample estimates:
mean of the differences
                    2.9
```

t 值的公式是：

$$t=\frac{\text{成对变量差异的均值}}{\text{成对变量差异均值的标准误}}$$

从文本框 8—2 及文本框 8—5 中找到数值代入，可得到：

$$t=\frac{110.0-107.1}{1.082\,09}=\frac{2.9}{1.082\,09}=2.68$$

成对变量差异的均值的 95% 置信区间为 [0.686 876 7，5.113 123 3]，公式为：

下界＝样本均值差异－临界值×均值差异的标准误

上界＝样本均值差异＋临界值×均值差异的标准误

在自由度为 29（即 30－1），α＝0.05 时，临界 t 值为 ±2.045 23（在后面说明），代入数值后得到：

下界＝2.9－2.045 23×1.082 09＝0.686 876 7

上界＝2.9＋2.045 23×1.082 09＝5.113 123 3

至于检验结果如何，可以由三个数值来判断.

一是在自由度为 29（样本数 30 减 1）的 t 分布中，t 的绝对值大于 2.68 的概率（p）为 0.012 01（如图 8—2 所示，双侧的 p 值相加），小于 0.05，因此应拒绝原假设.

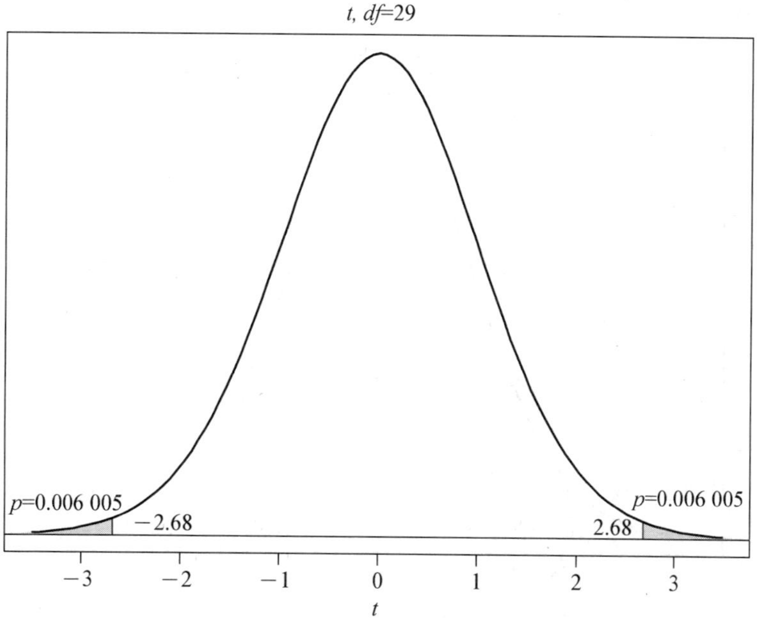

图 8—2　$|t|$ 大于 2.68 的 $p=0.012\ 01$

二是由差异均值的 95%置信区间来判断，文本框 8—3 中的结果显示，下界为 0.686 876 7，上界为 5.113 123 3，中间不包含 0，因此差异的均值 2.9 显著不等于 0（见图 8—3）.

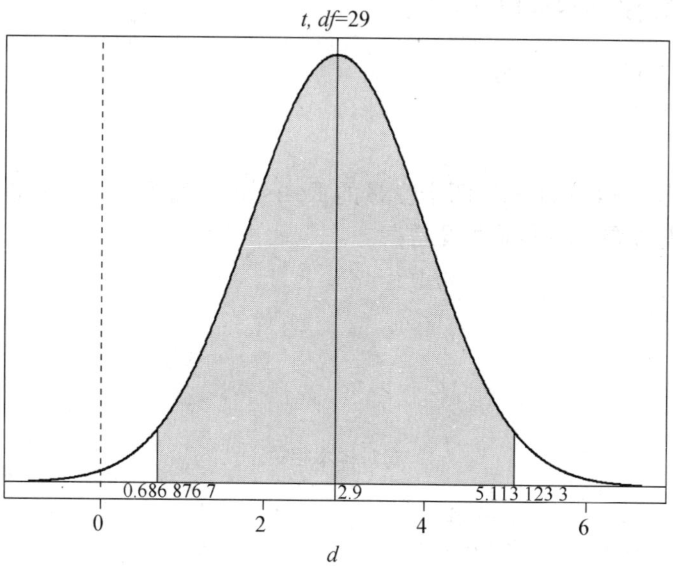

图 8—3　差异均值 95%置信区间，不含 0

三是以传统取向的临界值来看，在自由度为 29 的 t 分布中，$\alpha=0.05$ 时的双侧临界值为$\pm 2.045\,23$（见图 8—4，分别使用 qt(0.025，29) 及 qt(0.975，29) 计算而得），而计算所得 $t=2.68$，绝对值（因为是双侧检验）大于临界值，因此应拒绝原假设.（注：此方法目前较少使用.）

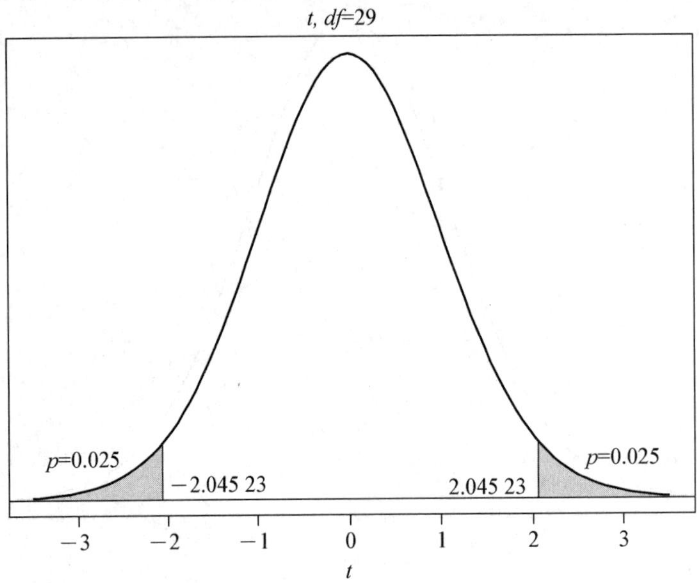

图 8—4　$\alpha=0.05$，$df=29$ 时，t 分布的双侧临界值为$\pm 2.045\,23$

综合而言，本例应拒绝原假设（$H_0: \mu_1=\mu_2$），所以前后测的均值有显著差异.

8.3.4　成对样本相关

相依样本 t 检验也可以使用以下公式：

$$t=\frac{(\overline{X}_1-\overline{X}_2)-(\mu_1-\mu_2)}{\sqrt{\frac{s_1^2+s_2^2-2rs_1s_2}{n}}}$$

因此，文本框 8—4 额外分析两个变量的 Pearson 相关系数，主要是检验两个变量是否有显著关联. 此处要检验的原假设是：

$H_0: \rho=0$

备择假设是：

$H_1: \rho\neq 0$

文本框 8—4　　成对样本相关

```
> load("C:/mydata/chap08/example8.RData")          # 加载本例数据
> cor.test(example8$前测, example8$后测)           # 计算并检验相关系数
```

```
        Pearson's product - moment correlation

data:  example8 $ 前测 and example8 $ 后测
t = 8.225, df = 28, p - value = 5.949e - 09
alternative hypothesis: true correlation is not equal to 0
95 percent confidence interval:
0.6896867 0.9219313
sample estimates:
      cor
0.8409921
```

文本框 8—4 中的 Pearson $r=0.840\ 992\ 1$，$p=5.949\times10^{-9}$，因此应拒绝原假设，表示治疗前后的血压存在正相关关系. 由于相依样本的假定就是两个变量间有关联，因此这个发现并不令人意外. 关于 Pearson 相关系数的概念，请见本书第 16 章.

将此处所得的 r 值及文本框 8—2 中两个变量的标准差代入，得到：

$$t=\frac{(110.0-107.1)-0}{\sqrt{\frac{10.647\ 97^2+10.346\ 91^2-2\times0.840\ 992\ 1\times10.647\ 97\times10.346\ 91}{30}}}$$
$$=\frac{2.9}{1.082\ 09}$$
$$=2.68$$

计算结果与文本框 8—3 中的 t 值相同.

8.3.5　单一样本统计量

相依样本 t 检验也可以先将两个变量相减，得到差异值 d，再针对此差异值进行单一样本 t 检验. 如文本框 8—5 所示，先计算差异值 d，再计算 d 的各项描述统计.

文本框 8—5　　　　单一样本统计量（平均差异）

```
> load("C:/mydata/chap08/example8.RData")             # 加载本例数据
> d<- example8 $ 前测 - example8 $ 后测                # 计算样本对的差值 d
> n<- length(d)                                        # 计算样本数
> mean<- mean(d)                                       # 计算均值
> sd<- sd(d)                                           # 计算标准差
> se<- sd/sqrt(n)                                      # 计算均值的标准误
> mysummary<- data.frame("N" = n,"均值" = mean,"标准差" = sd,"均值的标准误" = se)
                                                       # 以数据框形式汇总输出结果
> mysummary
   N 均值    标准差 均值的标准误
1 30  2.9 5.926853      1.08209
```

分析后得到前后测的差异均值为 2.9，标准差为 5.926 853，均值的标准误为1.082 09，代入公式即可算得 t 值：

$$t=\frac{2.9}{\frac{5.926\,853}{\sqrt{30}}}=\frac{2.9}{1.082\,09}=2.68$$

8.3.6 单一样本 t 检验

文本框 8—6 显示了使用差异值 d 进行的单一样本 t 检验，备择假设为：

$$H_1: \mu_{前测}-\mu_{后测}\neq 0 \quad 或 \quad H_1: \mu_d\neq 0$$

文本框 8—6 **单一样本 t 检验**

```
> load("C:/mydata/chap08/example8.RData")          # 加载本例数据
> d<-example8$前测-example8$后测                    # 计算样本对的差异值 d
> t.test(d, mu=0)                                   # 对差异值 d 做 t 检验
        One Sample t-test

data:  d
t = 2.68, df = 29, p-value = 0.01201
alternative hypothesis: true mean is not equal to 0
95 percent confidence interval:
0.6868767 5.1131233
sample estimates:
mean of x
      2.9
```

分析结果与文本框 8—3 所示相同，$t(29)=2.68$，$p=0.012\,01$，差异均值为 2.9，95％置信区间为［0.686 876 7，5.113 123 3］，应拒绝原假设.

8.4 计算效应量

由于检验后达到统计上的显著，在此计算 Cohen 的 d 值，它的公式是：

$$d=\frac{成对变量差异的均值}{成对变量差异的标准差}$$

从文本框 8—5 中可以找到对应的数值，代入之后得到：

$$d=\frac{2.90}{5.926\,853}=0.49$$

它表示高血压患者在服药前后的舒张压均值是差异标准差的 0.49 倍. 依据 J. Cohen (1988) 的经验法则，d 值的小、中、大的效应量分别是 0.20，0.50，0.80. 而 Lipsey (1990) 进行元分析 (meta analysis) 发现，0.00～0.32，0.33～0.55，0.56～1.20 分别是小、中、大的效应量. 因此，本范例为中度的效应量.

Cohen 的 d 值也可以使用另一个公式求得：

$$d=\frac{t\,值}{\sqrt{样本数}}$$

代入文本框 8—2 及文本框 8—3 中的数值，得到：

$$d=\frac{2.68}{\sqrt{30}}=0.4893$$

在 R 中，可以使用 lsr 包中的 cohensD 函数计算 Cohen D. 文本框 8—7 中先加载 lsr 包，并使用 example8 中的“前测”与“后测”计算 Cohen 的 d，“ method="paired" ”表示使用配对样本.

文本框 8—7　　　　计算效应量

```
> load("C:/mydata/chap08/example8.RData")          # 加载本例数据
> library(lsr)                                     # 载入 lsr 包
> cohensD(example8$前测, example8$后测,
   method = "paired")
                                                   # 计算配对样本的 Cohen D
[1] 0.4892985
```

8.5　以 APA 格式撰写结果

对 30 名受试者测量服药前后的血压，舒张压的均值分别为 110.00（$SD=10.65$）及 107.10（$SD=10.35$），前后测的平均差异为 2.90（$SD=5.93$），95%置信区间为 [0.69, 5.11]，有显著差异，而且服药后的舒张压比服药前低，$t(29)=2.68$，$p=0.012$，效应量 $d=0.49$.

8.6　相依样本 t 检验的假定

相依样本 t 检验应符合以下两个假定.

8.6.1　观察体要能代表总体，且彼此间独立

观察体独立是指组内的各个样本间（受试者间，between subjects）不会相互影响. 由于是相依样本，因此组间是不独立的，也就是同一受试者会接受两次不同的测验，或是在不同的时间接受同一种测验. 不过，如果受试者在同一时间接受两次相同的测验，则违背组内独立的假定.

观察体间不独立，计算所得的 p 值就不准确，如果有证据支持违背了这项假定，就不应使用相依样本 t 检验.

8.6.2　因变量的差异在总体中须服从正态分布

此项假定是指服药前后的舒张压值差异服从正态分布. 如果差异不服从正态分布，会降低检验的统计检验力. 不过，当样本数在 30 以上时，即使违背了这项假定，对于相依样本 t 检验的影响也不大.

第 9 章 独立样本 t 检验

独立样本 t 检验旨在比较两组没有关联的样本在某个变量上的均值是否有差异，适用的情境如下：

自变量：两个独立而没有关联的组别，为定性变量.

因变量：定量变量.

独立样本 t 检验也可以使用本书第 10 章介绍的单因素独立样本方差分析，当自变量（因素）是两个类别（水平）时，$F=t^2$，分析的结论是一致的.

9.1 基本统计概念

9.1.1 目的

独立样本 t 检验旨在检验两组独立样本（没有关联）在某一变量上的均值是否有差异. 两个独立的组别可以是：

1. 是否接受某种处理. 如，实验设计中的实验组与控制组.

2. 是否具有某种特质或经验. 如，是否为留守儿童，是否有国外留学经验.

3. 变量中的两个类别. 如，高中与高职的学生，公立大学与私立大学的学生，女性与男性.

4. 某种倾向的高低. 如，创造力的高低，外控型与内控型.

9.1.2 分析示例

以下研究问题都可以使用独立样本 t 检验：

1. 两家公司员工对所属公司的忠诚度.

2. 使用不同教学法之后，两班学生的数学错误概念.

3. 不同运动程度者（分为多与少）每年感冒的频数.

4. 随机分派后的高血压患者，各自服用两种不同药物（或是一组服用药物，另一组服用安慰剂）一星期后的血压值.

9.1.3 统计公式

当两个独立样本的总体都服从正态分布时，它们的均值差值（$\overline{X}_1-\overline{X}_2$）的抽样分布为以下正态分布：

$$\overline{X}_1-\overline{X}_2 \sim N\left(\mu_1-\mu_2,\frac{\sigma_1^2}{n_1}+\frac{\sigma_1^2}{n_2}\right) \tag{9.1}$$

将差值化为 Z 分数后为：

$$Z=\frac{\overline{X}_1-\overline{X}_2-(\mu_1-\mu_2)}{\sqrt{\dfrac{\sigma_1^2}{n_1}+\dfrac{\sigma_1^2}{n_2}}} \tag{9.2}$$

此时，总体均值差值（$\mu_1-\mu_2$）的 $100\times(1-\alpha)\%$ 置信区间为：

$$(\overline{X}_1-\overline{X}_2)\pm Z_{\alpha/2}\times\sqrt{\frac{\sigma_1^2}{n_1}+\frac{\sigma_2^2}{n_2}} \tag{9.3}$$

如果两个总体的方差相等（$\sigma_1^2=\sigma_2^2$），则公式可简化为：

$$Z=\frac{\overline{X}_1-\overline{X}_2-(\mu_1-\mu_2)}{\sqrt{\sigma^2\left(\dfrac{1}{n_1}+\dfrac{1}{n_2}\right)}} \tag{9.4}$$

当两个总体的方差都未知但假设相等时，均值差值的抽样分布为 t 分布，且将两总体的方差合并计算，式（9.4）转化为：

$$t=\frac{\overline{X}_1-\overline{X}_2-(\mu_1-\mu_2)}{\sqrt{s_p^2\left(\dfrac{1}{n_1}+\dfrac{1}{n_2}\right)}} \tag{9.5}$$

式中，s_p^2 是两组样本的合并方差，公式为：

$$s_p^2=\frac{SS_1+SS_2}{(n_1-1)+(n_2-1)}=\frac{s_1^2(n_1-1)+s_2^2(n_2-1)}{n_1+n_2-2} \tag{9.6}$$

此时，总体均值差值（$\mu_1-\mu_2$）的 $100\times(1-\alpha)\%$ 置信区间为：

$$(\overline{X}_1-\overline{X}_2)\pm t_{\alpha/2,\nu}\times\sqrt{s_p^2\left(\frac{1}{n_1}+\frac{1}{n_2}\right)} \tag{9.7}$$

其中，自由度 ν 为：

$$\nu=(n_1-1)+(n_2-1)=n_1+n_2-2$$

当两个总体的方差都未知但假设不相等时，均值差值的抽样分布为 t 分布，且将两总体的方差分开计算，式（9.5）转化为：

$$t=\frac{(\overline{X}_1-\overline{X}_2)-(\mu_1-\mu_2)}{\sqrt{\dfrac{s_1^2}{n_1}+\dfrac{s_2^2}{n_2}}} \tag{9.8}$$

自由度 ν 采用 Welch-Satterthwaite 的公式：

$$\nu=\frac{(s_1^2/n_1+s_2^2/n_2)^2}{\dfrac{(s_1^2/n_1)^2}{n_1-1}+\dfrac{(s_2^2/n_2)^2}{n_2-1}} \tag{9.9}$$

此时总体均值差值（$\mu_1-\mu_2$）的 $100\times(1-\alpha)\%$置信区间为：

$$(\overline{X}_1-\overline{X}_2)\pm t_{\alpha/2,\nu}\times\sqrt{\frac{s_1^2}{n_1}+\frac{s_2^2}{n_2}} \tag{9.10}$$

如果两个样本数都大于 30，上述公式中的 t 值可改为 Z 值.

如果两个总体不服从正态分布，而两个样本的样本量都大于 30，根据中心极限定理，样本的均值差值还是会近似服从正态分布. 总体方差 σ^2 有三种情况：

1. 如果总体方差 σ^2 已知，仍然可以使用式（9.2）的 Z 检验.
2. 如果总体方差 σ^2 未知但相等，将式（9.5）改成 Z 检验，公式为：

$$Z=\frac{\overline{X}_1-\overline{X}_2-(\mu_1-\mu_2)}{\sqrt{s_p^2\left(\dfrac{1}{n_1}+\dfrac{1}{n_2}\right)}} \tag{9.11}$$

3. 如果总体方差 σ^2 未知且不相等，将式（9.8）改成 Z 检验，公式为：

$$Z=\frac{(\overline{X}_1-\overline{X}_2)-(\mu_1-\mu_2)}{\sqrt{\dfrac{s_1^2}{n_1}+\dfrac{s_2^2}{n_2}}} \tag{9.12}$$

但是，如果两个总体不服从正态分布，而且样本数不到 30，则建议改用非参数统计方法.

至于两个总体的方差是否相等，必须另外进行检验. 在进行方差齐性检验时，如果各总体服从正态分布，采用 Bartlett 检验；如果各总体服从非正态分布，采用 Levene 检验. 本章只采用方差比率计算 F 值并进行检验，暂不介绍 Bartlett 检验和 Levene 检验，这些检验将在第 10 章再介绍.

9.1.4 分析流程

两个独立样本均值检验的分析流程可用图 9—1 表示. 在进行分析时，要留意以下四点，以决定使用的公式.

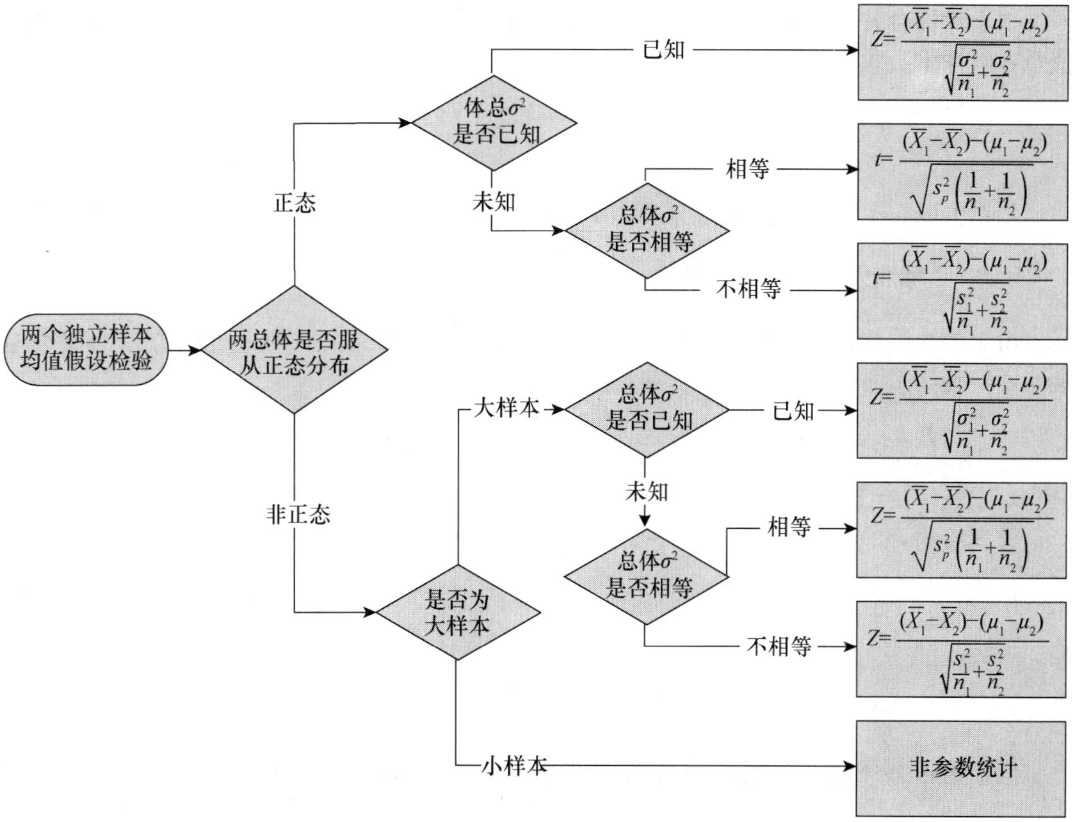

图 9—1　两个独立样本均值检验的分析流程

1. 两个总体是否服从正态分布. 独立样本均值检验假设两个总体都服从正态分布，如果不服从正态分布，但为大样本（$n\geqslant 30$），仍可采用本章的检验方法.

2. 两个总体的方差是否已知. 如果总体服从正态分布且方差已知，使用 Z 检验. 总体服从正态分布但方差未知，则使用样本方差估计总体方差，并使用 t 检验，如果为大样本，则使用 Z 检验.

3. 两个总体的方差是否相等. 如果方差相等，则使用合并方差；如果方差不相等，则使用个别的方差.

4. 样本大小. 无论总体服从什么分布，如果是大样本，都使用 Z 检验. 如果是小样本，但两个总体都服从正态分布，可以使用 t 检验. 如果总体不服从正态分布，又是小样本，则建议改用非参数统计分析.

由于方差已知的情形相当少见，而 R 也未区分大样本及小样本（大样本时，t 值非常接近 Z 值)，因此一般只使用图 9—1 中的第 2 个及第 3 个公式即可.

9.1.5　效应量

独立样本 t 检验的效应量通常使用 Cohen 的 d 值，公式为：

$$d=\frac{\mu_1-\mu_2}{\sigma_p} \tag{9.13}$$

由于计算合并的标准差 σ_p（如果是样本，则计算 s_p）较为麻烦，因此可以直接使用 t 值及各组样本数求得 d 值，公式为：

$$d=t\sqrt{\frac{n_1+n_2}{n_1n_2}} \tag{9.14}$$

依据 J. Cohen（1988）的经验法则，d 值的小、中、大效应量分别为 0.20，0.50，0.80.

9.1.6 标准差及方差齐性检验

由于两个独立样本 t 检验需要符合方差齐性假定，因此在此附带说明方差的比率检验．要检验两个方差是否相等（具有齐性），统计假设为：

$$\begin{cases} H_0: \sigma_1^2=\sigma_2^2 \\ H_1: \sigma_1^2\neq\sigma_2^2 \end{cases}$$

移项后为：

$$\begin{cases} H_0: \dfrac{\sigma_1^2}{\sigma_2^2}=1 \\ H_1: \dfrac{\sigma_1^2}{\sigma_2^2}\neq 1 \end{cases}$$

假定为正态分布，检验的公式如下（即计算两组样本方差的比率）：

$$F=\frac{s_1^2}{s_2^2}$$

在后面的文本框 9—3 中，“两组的标准差分别是 4.800 097 及 8.390 734”，代入公式得到：

$$F=\frac{4.800\,097^2}{8.390\,734^2}=\frac{23.040\,94}{70.404\,41}=0.327\,27$$

在分子及分母自由度分别是 18 及 16 的 F 分布中，计算所得 F 值的双侧概率为 0.024 9（见图 9—2 中 0.012 44+0.012 44），小于 0.05，应拒绝原假设，因此两群的方差并不相等.（注：此时分子及分母自由度分别为第 1 组及第 2 组样本数各减 1.）

要计算两群方差比率的置信区间，可将 F 值分别除以自由度是 18 及 16 的 F 临界值．当 $\alpha=0.05$ 时，临界值分别为 0.378 737 5 及 2.717 003（使用 qf(0.025，18，16) 及 qf(0.975，18，16)计算，见图 9—3），将方差比率除以两个临界值，就可以得到置信区间的上下界，它们分别为：

下界：0.327 27÷2.717 003=0.120 450 9

上界：0.327 27÷0.378 737 5=0.864 095 9

由于方差比率的 95%置信区间 [0.120 450 9，0.864 095 9] 不包含 1（检验值），因此应拒绝 $\sigma_1^2/\sigma_2^2=1$ 的原假设，所以 $\sigma_1^2/\sigma_2^2\neq 1$，换言之，$\sigma_1^2\neq\sigma_2^2$.

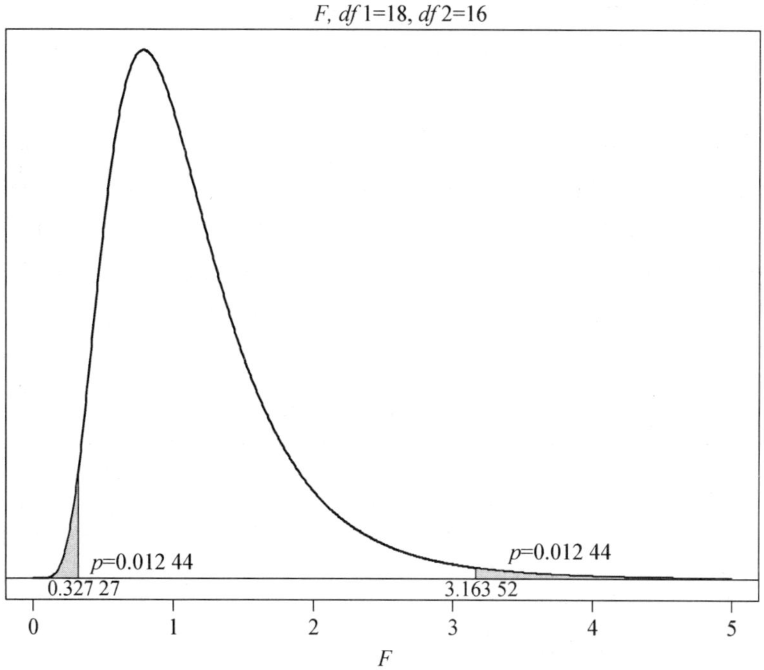

图 9—2　自由度为 18，16 时，F=0.327 27 的双侧 p 值为 0.024 9

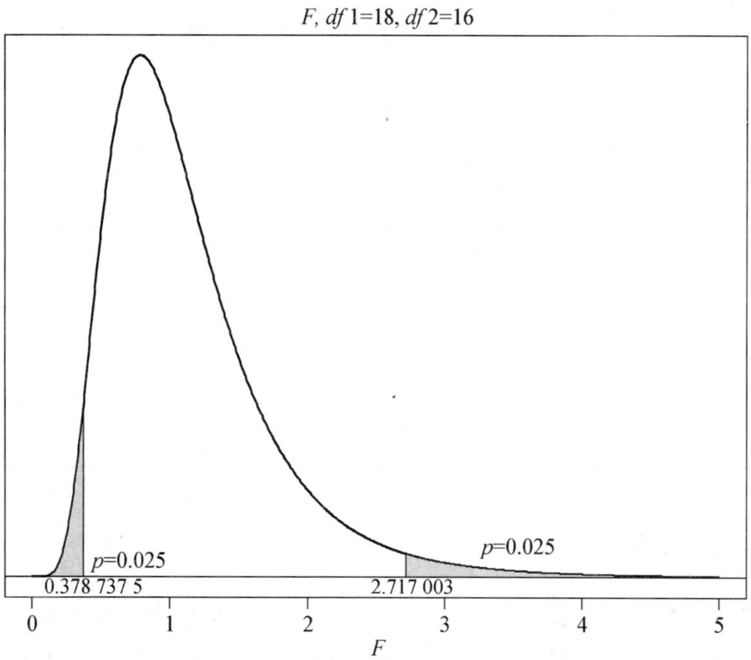

图 9—3　自由度为 18，16，α=0.05 时的双侧临界值为 0.378 737 5 及 2.717 003

上述说明将在 9.3.5 小节使用 R 软件进行分析．方差置信区间的公式，请参考《统计学——基于 R》（贾俊平，2014）．

9.2 范 例

某研究者想要了解信息科技融入英语教学是否可以提高学生的学习成绩，于是在某初中找到两个随机正态编班后的一年级班级，其中一个班接受电子白板融入英语教学（实验组，代码为1，有19名学生），另一个班则接受一般英语教学（控制组，代码为2，有17名学生）. 经过一学期的教学后，所有学生参加由研究者自编试题的英语测验，得到表9—1的数据. 请问：接受信息科技融入英语教学与接受一般英语教学的学生的平均英文能力是否有差异？

表9—1　　36名学生英语测验的得分

学生	组别	英文能力	学生	组别	英文能力
1	1	86	19	1	85
2	1	90	20	2	87
3	1	91	21	2	83
4	1	89	22	2	86
5	1	88	23	2	67
6	1	81	24	2	76
7	1	77	25	2	80
8	1	85	26	2	85
9	1	84	27	2	81
10	1	81	28	2	82
11	1	76	29	2	79
12	1	83	30	2	81
13	1	78	31	2	67
14	1	81	32	2	56
15	1	85	33	2	88
16	1	77	34	2	78
17	1	90	35	2	85
18	1	79	36	2	79

9.2.1 变量与数据

表9—1中有三个变量，但是学生的代号并不需要输入R中. 在R中使用独立样本t检验，可以有两种录入数据的方式. 一是将自变量及因变量分别输入不同列（栏）（见文本框9—1）. 因变量“英文能力”是学生在由研究者自编试题的英文成绩测验中的得分，分数越高，代表学生英文能力越佳. 而自变量（组别）中，实验组录入为1，控制组录入为2. 由于组别是名义变量，数值仅代表不同的类别，因此可以输入任意的两个数值.

二是将两组的因变量数值输入不同列，其中，第 1 列是第 1 组（实验组）19 个受试者的英语成绩，第 2 列是第 2 组（控制组）17 个受试者的英语成绩，自变量的因素则由列的名称（变量名）表示（见文本框 9—2）.

9.2.2　研究问题

在本范例中，研究者想要了解的问题可以陈述如下：

接受信息科技融入英语教学与接受一般英语教学的学生的平均英文能力是否有差异？

9.2.3　统计假设

根据研究问题，原假设为“接受信息科技融入英语教学与接受一般英语教学的学生的平均英文能力没有差异”：

$$H_0: \mu_{信息科技} = \mu_{一般教学}$$

备择假设则为“接受信息科技融入英语教学与接受一般英语教学的学生的平均英文能力有差异”：

$$H_1: \mu_{信息科技} \neq \mu_{一般教学}$$

总之，统计假设写为：

$$\begin{cases} H_0: \mu_{信息科技} = \mu_{一般教学} \\ H_1: \mu_{信息科技} \neq \mu_{一般教学} \end{cases}$$

9.3　使用 R 进行分析

9.3.1　数据文件

完整的 R 数据文件如文本框 9—1 及文本框 9—2 所示. 文本框 9—2 中，由于两组受试者不相等（不平衡设计），因此第 2 组会有两个缺失值（NA），不过并不影响分析. 后续的分析以文本框 9—2 的数据为主.

文本框 9—1　　　　**第一种输入方式**

```
> load("C:/mydata/chap09/example9_1.RData")      # 加载本例数据
> example9_1                                      # 展示本例数据
   组别  英文能力
1    1        86
2    1        90
3    1        91
4    1        89
```

```
5    1    88
6    1    81
7    1    77
8    1    85
9    1    84
10   1    81
11   1    76
12   1    83
13   1    78
14   1    81
15   1    85
16   1    77
17   1    90
18   1    79
19   1    85
20   2    87
21   2    83
22   2    86
23   2    67
24   2    76
25   2    80
26   2    85
27   2    81
28   2    82
29   2    79
30   2    81
31   2    67
32   2    56
33   2    88
34   2    78
35   2    85
36   2    79
```

文本框 9—2 **第二种输入方式**

```
> load("C:/mydata/chap09/example9_2.RData")        # 加载本例数据
> example9_2                                       # 展示本例数据
   实验组 控制组
1     86     87
2     90     83
3     91     86
4     89     67
5     88     76
6     81     80
7     77     85
8     85     81
```

```
9       84      82
10      81      79
11      76      81
12      83      67
13      78      56
14      81      88
15      85      78
16      77      85
17      90      79
18      79      NA
19      85      NA
```

9.3.2 两个样本统计量

文本框 9—3 显示了使用文本框 9—2 的数据，进行两个样本的描述统计分析，依序计算样本数、均值、标准差及均值的标准误. 由于控制组有缺失值，因此要加入"na.rm=TRUE"命令，排除缺失值.

文本框 9—3　　计算两个样本统计量（使用文本框 9—2 中数据）

```
> load("C:/mydata/chap09/example9_2.RData")          # 加载文本框 9-2 数据
> mean<-apply(example9_2, 2, mean, na.rm=TRUE)       # 计算均值
> sd<-apply(example9_2, 2, sd, na.rm=TRUE)           # 计算标准差
> n1<-length(na.omit(example9_2[,1]));               # 排除缺失值后,计算第 1 变量的样本数
> n2<-length(na.omit(example9_2[,2]));               # 排除缺失值后,计算第 2 变量的样本数
> n<-c(n1,n2)                                        # 将样本数放入 n 对象中
> se<-sd/sqrt(n)                                     # 计算均值的标准误
> mysummary<-data.frame("N"=n, "均值"=mean, "标准差"=sd, "均值的标准误"=se)
                                                     # 以数据框形式汇总输出结果
> mysummary                                          # 列出 mysummary 的数据
        N     均值       标准差    均值的标准误
实验组  19  83.47368   4.800097    1.101218
控制组  17  78.82353   8.390734    2.035052
```

文本框 9—3 中显示两组受试者分别有 19 人及 17 人，英语测验的平均得分为 83.473 68 及 78.823 53，标准差分别为 4.800 097 及 8.390 734，均值的标准误分别为 1.101 218 及 2.035 052，公式为：

$$均值的标准误=\frac{标准差}{\sqrt{样本数}}$$

如果使用文本框 9—1 中的数据，可以使用文本框 9—4 中的 subset 或 tapply 函数进行分组描述统计分析（经常使用的有 length，mean，sd).

文本框 9—4　　计算两个样本统计量（使用文本框 9—1 中数据）

```
> load("C:/mydata/chap09/example9_1.RData")            # 加载文本框 9-1 数据
> y1<- subset(example9_1[,2], example9_1[,1] = = 1)  # 将第 1 组的因变量存入 y1
> y2<- subset(example9_1[,2], example9_1[,1] = = 2)  # 将第 2 组的因变量存入 y2
> mean(y1); mean(y2)                                  # 分别计算 y1 及 y2 的均值
[1] 83.47368
[1] 78.82353
> tapply(example9_1[,2], example9_1[,1], sd)          # 以第1个变量分组,计算第2个变量的标准差
       1        2
4.800097 8.390734
```

9.3.3　独立样本 t 检验（假定方差相等）

文本框 9—5 显示了假定两组的总体方差相等的条件下所进行的均值 t 检验，此时应加上“var. equal=TRUE”命令.

文本框 9—5　　独立样本 t 检验（方差相等）

```
> load("C:/mydata/chap09/example9_2.RData")            # 加载文本框 9-2 数据
> t.test(example9_2$实验组, example9_2$控制组,
    var.equal = TRUE)                                  # 假设方差相等的 t 检验
        Two Sample t-test

data:  example9_2$实验组 and example9_2$控制组
t = 2.0688, df = 34, p-value = 0.04623
alternative hypothesis: true difference in means is not equal to 0
95 percent confidence interval:
0.08225008 9.21805952
sample estimates:
mean of x  mean of y
83.47368   78.82353
>load("C:/mydata/chap09/example9_1.RData")             # 加载文本框 9-1 数据
> t.test(example9_1$英文能力~example9_1$组别, var.equal = TRUE)
                                                       #“英文能力”为因变量,“组别”为自变量

        Two Sample t-test

data:  example9_1$英文能力 by example9_1$组别
t = 2.0688, df = 34, p-value = 0.04623
alternative hypothesis: true difference in means is not equal to 0
95 percent confidence interval:
0.08225008 9.21805952
sample estimates:
mean in group 1  mean in group 2
       83.47368         78.82353
```

第 1 个分析使用文本框 9—2 中的数据，第 1 个变量取 example9 _ 2 中的“实验组”

数据，第 2 个变量则取 example9 _ 2 中的"控制组"数据，变量名称前要加"$"．命令也可以写为：t. test(example9_2 [,1],example9_2 [,2],var. equal=T).

第 2 个分析使用文本框 9—1 中的数据，以 example9 _ 1 中的"英文能力"为因变量（～号前），"组别"为自变量（～号后），假设方差相等．命令也可以写为：t. test(example9_1[,2]～example9_1[,1],var. equal=T).

两种分析方法的结果一致.

分析后可以使用两种方法进行决策．第一种方法是 p 值法．文本框 9—5 显示，计算所得 t 值为 2.068 8，$p=0.046\ 23$．在自由度为 34（即总人数减 2）的 t 分布中，$|t|\geqslant 2.068\ 8$ 的 p 值为 0.046 23，小于 0.05，应拒绝原假设，因此两组的均值有显著差异.

第二种方法是均值差异的 95%置信区间法．两组均值的差异为 4.650 15（由83.473 68减 78.823 53 而得），95%置信区间为 [0.082 250 08，9.218 059 52]，由于上下界不包含 0，应拒绝原假设，因此两组的均值有显著差异.

使用两种决策方法的结论是一致的.

如果使用传统的临界值法，在自由度为 34，$\alpha=0.05$ 时的双侧临界 t 值为 ±2.032 245，计算所得 t 值 2.068 8 大于 2.032 245，因此应拒绝原假设，这一结果与前两种方法一致．双侧临界值可以使用 qt(0.025，34) 及 qt(0.975，34) 命令计算.

9.3.4　独立样本 t 检验（假定方差不相等）

文本框 9—6 显示了假定两组的总体方差不相等的条件下所进行的均值 t 检验，此时省略"var. equal=TRUE"命令．如果使用文本框 9—1 中的数据，命令改为：t. test(example9_1 $ 英文能力～example9 _ 1 $ 组别) 或 t. test(example9_1[,2]～example9_1 [,1]).

文本框 9—6　　**独立样本 t 检验（方差不相等）**

```
> load("C:/mydata/chap09/example9_2.RData")          # 加载本例数据
> t.test(example9_2 $ 实验组, example9_2 $ 控制组)   # 假设方差不相等的 t 检验
        Welch Two Sample t - test

data:  example9_2 $ 实验组 and example9_2 $ 控制组
t = 2.0097, df = 24.848, p - value = 0.05544
alternative hypothesis: true difference in means is not equal to 0
95 percent confidence interval:
 - 0.1168808   9.4171904
sample estimates:
mean of x mean of y
83.47368   78.82353
```

决策方法同样有两种．第一种方法是 p 值法．在自由度为 24.848 的 t 分布中，$|t|\geqslant 2.009\ 7$ 的 p 值为 0.055 44，大于 0.05，不能拒绝原假设，因此两组的均值没有显著差异.

第二种方法是均值差异的 95%置信区间法．两组均值的差异为 4.650 15，95% 置信区间为 [−0.116 880 8，9.417 190 4]，包含 0，不能拒绝原假设，因此两组的均值没有显

著差异.

9.3.5 两个样本方差检验

由于两个独立样本 t 检验需要先检验两组方差是否相等，因此在此处简要说明两个方差的检验，命令如文本框 9—7 所示. 注意：方差比率通常为双侧检验，因此应加上"alternative="two. sided" "命令. 如果使用文本框 9—1 中的数据，命令改为：var. test(example9_1[,2]～example9_1[,1], alternative="two. sided").

文本框 9—7 **两个方差检验（方差比率检验）**

```
> load("C:/mydata/chap09/example9_2.RData")          # 加载本例数据
> var.test(example9_2[,1], example9_2 [,2], alternative = "two.sided")
                                                     # 方差齐性检验


        F test to compare two variances

data:  example9_2[, 1] and example9_2[, 2]
F = 0.32727, num df = 18, denom df = 16, p - value = 0.02487
alternative hypothesis: true ratio of variances is not equal to 1
95 percent confidence interval:
0.1204509 0.8640959
sample estimates:
ratio of variances
         0.3272655
```

文本框 9—7 中的结果说明备择假设是"两个方差的真正比率不等于 1"，以统计符号表示为：

$$H_1: \frac{\sigma_1^2}{\sigma_2^2} \neq 1$$

因此原假设为：

$$H_0: \frac{\sigma_1^2}{\sigma_2^2} = 1$$

代入文本框 9—3 中的两组标准差，得到：

$$F = \frac{4.800\,097^2}{8.390\,734^2} = 0.327\,265\,5$$

在分子及分母自由度为 18，16 的 F 分布中，$p=0.024\,87$. 基于两种决策方法可知：一是 p 小于 0.05；二是方差比率的 95%置信区间为 [0.120 450 9　0.864 095 9]，不包含检验值 1. 因此应拒绝原假设，也就是说两组的总体方差不相等.

9.3.6 整体分析结果

进行两个独立样本均值 t 检验之前，应先检验两个方差是否相等（齐）. R 使用方差

比率的 F 检验，进行方差齐性检验，这也是 SAS，Stata，Systat 等统计软件使用的方法，检验后拒绝 H_0：$\frac{\sigma_1^2}{\sigma_2^2}=1$ 的原假设，因此两组方差有显著差异.

由于方差不齐，因此以两组各自的方差计算均值标准误，以进行均值差异 t 检验，得到 $t(24.848)=2.009\,7$，$p=0.055\,44$，两组的均值差异 4.65 并未显著不等于 0.

在本范例中，使用不同的 t 检验公式会得到相反的结论，读者务必留意.

9.4　计算效应量

在此计算 Cohen 的 d 值，它的公式是：

$$d=t\sqrt{\frac{n_1+n_2}{n_1n_2}}$$

从文本框 9—3 及文本框 9—6 中找到对应的数值，代入之后得到：

$$d=2.009\,7\times\sqrt{\frac{19+17}{19\times17}}=0.670\,9$$

依据 J. Cohen（1988）的经验法则，本范例为中度的效应量，但是因为 t 检验未达到统计上的显著性，所以不能只强调 d 值.

在 R 中，可以使用 lsr 包中的 cohensD 函数计算 Cohen D. 文本框 9—8 中先加载 lsr 包，并使用 example9_1 中的“组别”与“英文能力”计算 Cohen 的 d，“method="unequal"”表示使用独立样本且两组方差不相等. 分析结果 $d=0.680\,304\,8$，与自行计算有些微差异.

如果改用 compute. es 包的 tes(t-test effect size)，则输入 t 值及两组样本数，结果为 0.670 9，与自行计算结果一致.

文本框 9—8　　计算效应量

```
> load("C:/mydata/chap09/example9_1.RData")                # 加载本例数据
> library(lsr)                                             # 载入 lsr 包
< cohensD(英文能力～组别, data = example9_1, method = "unequal")
                                                           # 计算变异不相等之 Cohen's d
[1] 0.6803048
> library(compute.es)                                      # 载入 compute.es 包
> tes(2.0097, 19, 17, dig = 4)                             # 输入 t 值及两组样本数,计算效应量 d
Mean Differences ES:

d [ 95 %CI] = 0.6709 [ -0.0263 , 1.3682 ]
  var(d) = 0.1177
  p - value(d) = 0.0588
  U3(d) = 74.8869 %
  CLES(d) = 68.2401 %
  Cliff's Delta = 0.3648
```

9.5 以APA格式撰写结果

研究者以初中一年级两个班的学生为受试者，其中接受信息科技融入英语教学者的英文能力（$M=83.47$，$SD=4.80$，$N=19$）并未显著不同于接受一般英语教学的学生（$M=78.82$，$SD=8.39$，$N=17$），两组的平均得分差异为 4.65，95%置信区间为[−0.12，9.42]，$t(25)=2.01$，$p=0.055$，效应量 $d=0.68$.

9.6 独立样本 t 检验的假定

独立样本 t 检验应符合以下三个假定.

9.6.1 观察体要能代表总体，且彼此间独立

观察体独立是指各个样本不会相互影响，假如观察体间不独立，计算所得的 p 值就不准确．如果有证据支持违背了这项假定，就不应使用独立样本 t 检验.

9.6.2 因变量在两个总体中须服从正态分布

此项假定是指两组的英语测验得分都要服从正态分布，如果不服从正态分布，会降低检验的统计检验力．不过，当每一组的样本数在 30 以上时，即使违背了这项假定，对于独立样本 t 检验的影响也不大.

9.6.3 因变量的方差在两个总体中须相等

此项假定是指两组的英语测验得分的方差要相等，如果不相等，则计算所得的 t 值及 p 值就不可靠．当违背此项假定时，应采用 Welch 的公式计算 t 值，分析时要注意选择.

当两组样本数相等时，方差是否相等不会影响 t 值的计算（但 p 值会有不同），因此在进行实验时，最好采用平衡设计.

第10章 单因素独立样本方差分析

单因素独立样本方差分析（analysis of variance，ANOVA）旨在比较两组以上没有关联的样本，在某个变量上的均值是否有差异，适用的情境如下：

自变量：两个以上独立而没有关联的组别，为定性变量. 自变量又称因素（或称因子），而单因素就是指只有一个自变量.

因变量：定量变量.

本章先介绍单因素独立样本方差分析的整体检验，接着说明所有成对的事后比较（post hoc comparison）.

10.1 基本统计概念

10.1.1 目的

单因素独立样本方差分析旨在检验两组以上没有关联的样本，在某一变量上的均值是否有差异. 当只有两组样本时，研究者通常会使用独立样本 t 检验，而不使用单因素独立样本方差分析，由于此时 $F=t^2$，因此两种分析的结果是一致的.

然而，如果是三组以上的样本，仍使用 t 检验，则会使得 α 膨胀. 例如，当自变量有四个群组时，如果两两之间都要比较均值差异，则要进行 6 次 t 检验：

$$C_2^4=\frac{4\times3}{2}=6$$

如果每次 t 检验都设定 $\alpha=0.05$，则 6 次检验所犯错误的概率是：

$$1-(1-0.05)^6=0.265$$

这个值大约等于：

0.05×6=0.30

方差分析的主要目的即能同时进行多组均值差异比较，又能控制 α.

10.1.2 分析示例

以下研究问题都可以使用单因素独立样本方差分析：

1. 三家公司员工对所属公司的满意度（以分数表示）.
2. 不同职务等级（厅局级、县处级、乡科级）公务员的公民素养.
3. 四种品牌日光灯的使用寿命.
4. 不同学业成绩（分为低、中、高）学生的自我效能感.
5. 随机分派后的幼鱼，各自接受四种喂食量，一星期后的换肉率.

10.1.3 整体检验（F 检验）

第 3 章的式（3.9）提到总体方差的不偏估计值为：

$$s^2=\frac{\sum(X-\overline{X})^2}{n-1}$$

式中，分子部分 $\sum(X-\overline{X})^2$ 称为离均差平方和（sum of squares，SS）；$n-1$ 是自由度.

进行单因素方差分析，先计算组间（between groups）及组内（within groups）的离均差平方和，然后除以适当的自由度，以得到均方（mean square，MS）——*MS* 就是总体方差的不偏估计值 s^2（林清山，1992），接着将组间的方差（s_b^2）除以组内方差（s_w^2）以得到 F 值.

$$F=\frac{s_b^2}{s_w^2} \tag{10.1}$$

检验 F 值是否达到显著水平．由此可见，方差分析使用的是 F 检验.

下面举例说明．研究者随机抽取 9 名学生，再以随机分派方式将他们分成三组，分别以不同的方法进行教学，经过一学期后，测得他们的数学成绩（见表 10—1）．试问：三种教学法的效果是否有差异?

表 10—1　　三组学生的数学成绩

组别	第 1 组	第 2 组	第 3 组
受试者 1	2	3	6
受试者 2	3	5	7
受试者 3	4	7	8
组均值	3	5	7
总均值		5	

本例只有教学法一个自变量（又称因素或因子），因此称为单因素方差分析（one-way ANOVA)．自变量有三个类别（或称水平，level)，三组受试者为不同的样本，因此称为单因素独立样本方差分析.

10.1.3.1　原假设与备择假设

在此例中，待答问题是：

数学成绩是否因使用的教学法而有不同？

原假设是“假定总体中三种教学法下学生数学平均成绩相同”：

$$H_0:\mu_{第1组}=\mu_{第2组}=\mu_{第3组}$$

或写成：

$$H_0:\mu_i=\mu_j，\quad 存在于所有的\ i\ 及\ j$$

然而，备择假设却不能写成：

$$H_1:\mu_{第1组}\neq\mu_{第2组}\neq\mu_{第3组}$$

这是因为要拒绝原假设并不一定需要三组的均值都不相等，而只要至少两组的均值不相等即可（即 $\mu_{第1组}\neq\mu_{第2组}$，$\mu_{第1组}\neq\mu_{第3组}$，$\mu_{第2组}\neq\mu_{第3组}$，或者是 $\mu_{第1组}\neq\mu_{第2组}\neq\mu_{第3组}$）．所以，备择假设可以写成：

H_1：至少一组的总体均值与其他组不同

或是：

$$H_1:\mu_i\neq\mu_j，\quad 存在于部分的\ i\ 及\ j$$

或者简单写成：

H_1：H_0 为假

10.1.3.2　*SS* 及自由度的计算

要进行整体检验，需要计算三种 SS，分别是：

全体 SS_t＝[（各个数值－总均值）^{2}]之总和　(10.2)

组间 SS_b＝[（各组均值－总均值）^{2}×各组样本数]之总和　(10.3)

组内 SS_w＝[（各个数值－各组均值）^{2}]之总和　(10.4)

全体 SS_t 等于 36，计算过程如下：

$$\begin{aligned}&(2-5)^2+(3-5)^2+(4-5)^2+(3-5)^2+(5-5)^2+(7-5)^2\\&\quad+(6-5)^2+(7-5)^2+(8-5)^2\\&=9+4+1+4+0+4+1+4+9\\&=36\end{aligned}$$

组间 SS_b 等于 24，计算过程如下：

$$(3-5)^2\times3+(5-5)^2\times3+(7-5)^2\times3=12+0+12=24$$

组内 SS_w 等于 12，需要分别计算三组的组内 SS．其中，第 1 组组内 SS_w 等于 2，计算过程如下：

$(2-3)^2+(3-3)^2+(4-3)^2=1+0+1=2$

第 2 组组内 SS_w 等于 8，计算过程如下：

$(3-5)^2+(5-5)^2+(7-5)^2=4+0+4=8$

第 3 组组内 SS_w 等于 2，计算过程如下：

$(6-7)^2+(7-7)^2+(8-7)^2=1+0+1=2$

将三个组内 SS_w 加总之后得到联合组内 SS_w，为 12.

$2+8+2=12$

由计算结果可看出：

$$全体\ SS_t=组间\ SS_b+组内\ SS_w \tag{10.5}$$

因此，全体 SS_t 可拆解成组间 SS_b 及组内 SS_w 两部分，如图 10—1 所示.

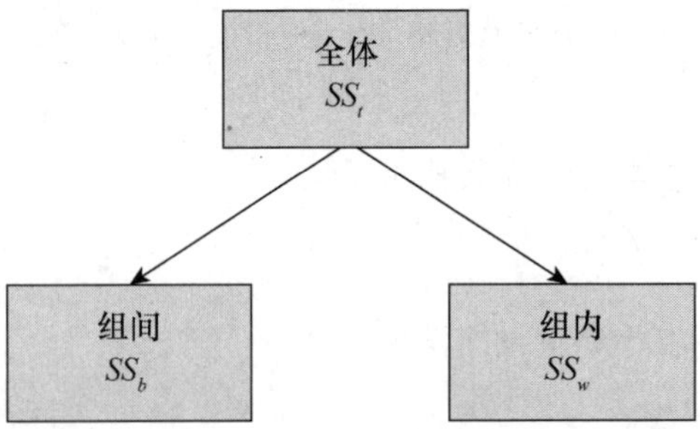

图 10—1 单因素独立样本方差分析的 *SS* 拆解

上述三个变异来源的自由度公式分别为：

全体的自由度=总样本数−1
组间的自由度=组数−1
组内的自由度=总样本数−组数

计算后得到：

全体的自由度=9−1=8
组间的自由度=3−1=2
组内的自由度=9−3=6

自由度同样具有可加性，所以

全体的自由度=组间的自由度+组内的自由度

10.1.3.3 方差分析摘要表

求得 SS 及自由度后，就可以整理成方差分析摘要表. 表 10—2 中，均方是由平方和除以自由度而得，因此

组间均方=组间平方和/组间自由度=24/2=12

组内均方＝组内平方和/组内自由度＝12/6＝2

F 值的公式为：

F＝组间均方/组内均方＝12/2＝6

表 10—2　　　　**方差分析摘要表**

变异来源	平方和 SS	自由度 df	均方 MS	F 值	p 值
组间	24	2	12	6	0.037
组内	12	6	2		
全体	36	8			

计算所得的 F 值是否显著，有两种判断方法．第一种是传统取向的做法，找出 α=0.05时的临界值（注意：方差分析是单侧检验）．在 R 中，使用反密度函数 qf(0.95，2，6) 求得临界值 5.143 253．计算所得的 F 值为 6，大于 5.143 253，因此应拒绝原假设．

第二种是现代取向的做法，直接算出在自由度为 2，6 的 F 分布中，F 值要大于 6 的 p 值．在 R 中，使用累积密度函数 1－pf(6，2，6) 或 pf(6，2，6，low=F) 求得大于 6 的 p 值 0.037 037 04，$F(2,6)>6$ 的 p 值小于 0.05，因此应拒绝原假设．

文本框 10—1 显示的是使用 R 分析上述数据．首先以 aov 函数建立模型 model，再以 anova 函数输出方差分析摘要表，分析结果与前述计算过程一致．oneway.test 函数也可以进行单因素方差分析，如果省略"var.equal＝TRUE"，也就是假定各组方差不齐，改以 Welch-Satterthwaite 法对 F 值加以校正．

文本框 10—1　　　　**单因素独立样本方差分析**

```
> load("C:/mydata/chap10/table10.RData")          # 加载本例数据
> table10                                         # 展示本例数据
   教学法   数学成绩
1  第 1 组      2
2  第 1 组      3
3  第 1 组      4
4  第 2 组      3
5  第 2 组      5
6  第 2 组      7
7  第 3 组      6
8  第 3 组      7
9  第 3 组      8
> model<-aov(数学成绩~教学法，data=table10)    # 以 aov 建立模型，放入 model 对象中
> anova(model)                                    # 输出方差分析摘要表
Analysis of Variance Table

Response：数学成绩
          Df Sum Sq Mean  Sq F value  Pr(>F)
教学法     2    24      12      6    0.03704 *
Residuals  6    12       2
---
```

```
Signif. codes:  0 '***' 0.001 '**' 0.01 '*' 0.05 '.' 0.1 ' ' 1
> oneway.test(数学成绩~教学法,  data = table10, var.equal = TRUE)
                                                    # 单因素方差分析,假定方差齐性

        One - way analysis of means

data:  数学成绩 and 教学法
F = 6, num df = 2, denom df = 6, p - value = 0.03704
```

分析后得到 $F(2,6)=9$，$p=0.037\,04$，小于 0.05，应拒绝原假设，因此各组间的均值不完全相等.

10.1.4 方差齐性检验

方差分析要符合的统计假定之一是方差齐性（与独立样本 t 检验相同），它是指不同组之间因变量的方差要相等，原假设是：

$$H_0:\sigma^2_{第1组}=\sigma^2_{第2组}=\sigma^2_{第3组} \quad 或 \quad H_0:\sigma_i^2=\sigma_j^2\ \forall i,j$$

备择假设则是：

$$H_1:\sigma_i^2\neq\sigma_j^2\ \exists i,j$$

如果数据符合正态分布，在 R 中可以使用 Levene 的方差齐检验，它同时采用 Brown 及 Forsythe 的修正方法，计算步骤为：

1. 计算各组的中位数（也可以设定为均值，此为 Levene 的原方法）；
2. 将每组中各观察体的数值减去该组的中位数，再对该差异取绝对值；
3. 以这些差异的绝对值进行单因素方差分析，分析所得的 F 值及 p 值就是用来判断方差是否齐的依据.

以表 10—3 为例.

表 10—3　　三组原始数值及差异的绝对值

组别	第 1 组		第 2 组		第 3 组	
受试者	原始数值	差异之绝对值	原始数值	差异之绝对值	原始数值	差异之绝对值
受试者 1	2	1	3	2	6	1
受试者 2	3	0	5	0	7	0
受试者 3	4	1	7	2	8	1
组中位数	3		5		7	

将表 10—3 中“差异之绝对值”进行 ANOVA，可以得到文本框 10—2，$F(2,6)=0.666\,7$，$p=0.547\,7$，不能拒绝原假设，因此三组的方差没有显著差异.

文本框 10—2　　以差异绝对值进行单因素方差分析

```
> x = factor(c(1,1,1,2,2,2,3,3,3))          # 设定 x 为因素,有 1,2,3 三个水平
> y = c(1,0,1,2,0,2,1,0,1)                  # 输入 y 变量的数值
> anova(aov(y~x))                           # 建立模型并输出方差分析摘要表
Analysis of Variance Table

Response: y
          Df Sum Sq  Mean Sq  F value  Pr(>F)
x          2 0.8889 0.44444   0.6667   0.5477
Residuals  6 4.0000 0.66667
```

此结果与 R 的方差齐性检验结果（见文本框 10—3）中 Levene 的 F 值相同. R 中的 car 及 DescTools 包都提供了方差齐性检验，前者为 leveneTest 函数，后者为 LeveneTest 函数（字母大小写有差异），默认以各组中位数平移（Brown-Forsythe 法），也可以加“mean”指定以各组均值平移（Levene 法）.

文本框 10—3　　方差齐性 Levene 检验

```
> load("C:/mydata/chap10/table10.RData")             # 加载本例数据
> library(DescTools)                                 # 载入 DescTools 包
> LeveneTest(数学成绩~教学法, data = table10)         # 进行方差齐性 Levene 检验
Levene's Test for Homogeneity of Variance(center = median)
      Df  F value  Pr(>F)
group  2  0.6667   0.5477
       6
```

如果不符合方差齐的假定，可以采用三种替代方法：

1. 将 ANOVA 中的 F 值加以校正，R 中可以使用的方法有 Alexander-Govern, Brown-Forsythe，Welch-Satterthwaite 等.

2. 采用非参数统计，如 Kruskal-Wallis 检验.

3. 将因变量以对数、倒数等方式转换，再进行方差分析.

10.1.5 事后比较

Kirk（2013，p. 169）发现在行为科学、卫生科学、教育等领域，与方差分析有关的常用假设检验有五种：

1. 组数减 1 次的事前正交比较.
2. 组数减 1 次的事前非正交比较（均以控制组作为比较的参照组）.
3. C 次的事前非正交比较.
4. 所有组两两之间的成对比较.
5. 所有的对比，包含查看数据后发现的有趣的非成对比较.

前三种检验为事前对比，即使整体的方差分析不显著也可以进行. 后两种检验为事后对比，是在整体的方差分析显著之后才进行的. 其中第四种假设检验又是研究者最常使用

的方法.

在进行对比时，需要考虑所犯的第一类型错误率. 第 1 种检验方式是以单次比较为单位，因此不需要对 α 加以校正. 第 3 种检验是以整个方差分析为单位进行所有成对比较，也不需要对 α 加以校正. 第 2、第 4、第 5 种检验则是以所有的对比为单位，因此需要考虑对比频数，再针对 α 加以校正.

Wilkinson (1999) 提醒，使用所有组两两之间成对的事后比较方法时应注意：

1. 像 Tukey 之类的成对比较方式考虑整体方差分析（实验）的第一类型错误率，因而会较保守，使得统计检验力降低.

2. 研究者很少需要进行所有的成对比较.

3. 进行所有可能的成对比较，反而使研究者陷入无趣的假设中，进而忽略了更重要的问题.

以下仅说明常用的事后比较方法，事前比较法参见《SPSS 与统计分析》（陈正昌，2013）一书.

10.1.5.1 Fisher 的 LSD 法

Fisher 的 LSD (least significant difference) 法采用 t 检验法，公式为：

$$t=\frac{\overline{Y}_i-\overline{Y}_j}{\sqrt{MS_w\left(\frac{1}{n_i}+\frac{1}{n_j}\right)}}=\frac{\text{均值差异}}{\text{标准误}} \tag{10.6}$$

以第 3 组及第 1 组的比较为例，代入对应的数值后得到：

$$t=\frac{7-3}{\sqrt{2\left(\frac{1}{3}+\frac{1}{3}\right)}}=\frac{4}{1.1547}=3.464$$

成对比较通常是双侧检验，因此得到的 t 值须取绝对值. 在自由度是 6（F 的分母自由度）的 t 分布中，$|t|>3.464$ 的 p 值为 0.013 401 63. 在 R 中输入 (1－pt(3.464, 6)) * 2 即可得到 p 值.

使用同样的方法，对第 2 组与第 1 组的均值成对比较，得到 t 值为 1.732.

$$t=\frac{5-3}{\sqrt{2\left(\frac{1}{3}+\frac{1}{3}\right)}}=\frac{2}{1.1547}=1.732$$

在自由度是 6 的 t 分布中，$|t|>1.732$ 的 p 值为 0.133 984（使用 (1－pt(1.732, 6)) * 2 求得)，因此第 2 组与第 1 组的均值没有显著差异. 第 3 组与第 2 组均值的成对比较结果也相同.

如果要计算均值差异的置信区间，在自由度为 6，$\alpha=0.05$ 的情形下，临界值为2.446 912（使用 qt(1－0.05/2, 6) 求得). 因此第 3 组与第 1 组均值差异的 95%置信区间为：

$$4\pm 2.446912\times 1.1547$$

下界为 1.174 55，上界为 6.825 45，中间不含 0，因此两组之间的均值有显著差异.

第 2 组与第 1 组均值差异的 95%置信区间为：

2±2.446 912×1.154 7

下界为−0.825 450 4，上界为 4.825 45，中间包含 0，因此两组之间的均值没有显著差异.

以 R 进行 LSD 法事后比较，结果如文本框 10—4 所示. 在此分析中，需要分别安装加载 agricolaeDescTools，如果先前已经加载，就不需要重复执行 library 命令.

文本框 10—4　　多重比较——LSD 法

```
> load("C:/mydata/chap10/table10.RData")        # 加载本例数据
> library(agricolae)                            # 载入 agricolae 包
> model<-aov(数学成绩~教学法, data=table10)     # 建立模型
> LSD<-LSD.test(model, "教学法")                # LSD 多重比较,存在 LSD 对象
> LSD                                           # 列出 LSD 内容
$statistics
  Mean       CV MSerror      LSD
     5 28.28427       2 2.82545

$parameters
  Df ntr  t.value alpha       test name.t
   6   3 2.446912  0.05 Fisher-LSD 教学法

$means
       数学成绩 std r      LCL      UCL Min Max
第 1 组       3   1 3 1.002105 4.997895   2   4
第 2 组       5   2 3 3.002105 6.997895   3   7
第 3 组       7   1 3 5.002105 8.997895   6   8

$comparison
NULL
$groups
     trt  means  M
1 第 3 组     7   a
2 第 2 组     5  ab
3 第 1 组     3   b
> library(DescTools)                            # 载入 DescTools 包
> PostHocTest(model, method="lsd")              # 以 LSD 法进行多重比较

    Posthoc multiple comparisons of means : Fisher LSD
   95% family-wise confidence level

$'教学法'
                 diff     lwr.ci  upr.ci   pval
第 2 组-第 1 组     2 -0.8254504 4.82545 0.1340
第 3 组-第 1 组     4  1.1745496 6.82545 0.0134 *
```

```
第3组-第2组     2 -0.8254504 4.82545 0.1340
---
Signif. codes:  0 '***' 0.001 '**' 0.01 '*' 0.05 '.' 0.1 '' 1
```

文本框 10—4 前半部是以 agricolae 包的 LSD. test 函数分析的结果. $ statistics 显示，三组总平均为 5，误差 MS 为 2（标准差为$\sqrt{2}$），变异系数 CV 值为 $5/\sqrt{2}\times100=28.28427$.

$ parameters 中显示自由度为 6 的 t 分布中，临界值为 2.446 912，如果两组之间均值的差异大于 2.825 45（LSD），就达到 0.05 显著水平的差异. 2.825 45 的计算方法为：

$$\sqrt{2\left(\frac{1}{3}+\frac{1}{3}\right)}\times2.446912=2.82545$$

在 $ groups 中，如果两组中包含同一个字母，就表示它们的均值没有显著差异. 第 3 组与第 2 组同时有字母"a"，因此两组的均值差异（7—5）与 0 没有显著差异（均值差异 2 也未大于 2.825 45）. 第 2 组与第 1 组同时有字母"b"，因此两组的均值差异（5—3）与 0 也没有显著差异. 第 3 组与第 1 组中不包含同一个字母，因此两组的均值差异（7—3=4，大于 2.825 45）与 0 有显著差异.

后半部是以 DescTools 包的 PostHocTest 函数分析的结果，提供了各组之间检验的 p 值及均值差异的置信区间，只有第 3 组与第 1 组之间均值比较的 p 值（0.013 4）小于 0.05，而且置信区间也不包含 0.

Fisher 的 LSD 法虽然采取了保护 α 的措施（分母使用组内 MS），但是仍会因为对比频数的增加使得第一类型错误概率膨胀，所以是比较宽松的方法，其统计检验力也较大. 为了控制所有事后比较的 α，可以采用 Bonferroni 或 Šidák 法加以校正，将 α 值设定为 α/k 或是 $1-(1-\alpha)^{1/k}$（k 是对比的频数）.

10.1.5.2 Bonferroni 法

Bonferroni 法是比较简单但不精确的校正方法，直接将 α 除以对比数 n，公式为：

$$\frac{\alpha}{n} \tag{10.7}$$

进行 Bonferroni 校正有两种方式：如果是求计算所得 t 值的 p 值，要将 p 值乘上对比数 n；如果是计算临界 t 值，则将设定的 α 值除以对比数 n.

在 LSD 法中，第 1 组与第 3 组均值的成对比较，$p=0.0134$，乘上对比数 3 之后为 $p=0.0402$，仍然小于 0.05，因此使用 Bonferroni 校正，结果也达到显著.

如果要计算平均差异的置信区间，则在自由度为 6，$\alpha=0.05/3=0.1667$ 的 t 分布中，可得临界值是 3.287 455（在 R 中输入 qt(1—0.05/(2 * 3), 6) 求得）. 因此第 3 组与第 1 组均值差异的 95%置信区间为：

$$4\pm3.287455\times1.1547$$

下界为 0.203 973 8，上界为 7.796 026，中间不含 0，因此两组之间的均值有显著差异.

第 2 组与第 1 组以及第 3 组与第 2 组的均值差异都为 2，95%置信区间为：

$$2 \pm 3.287\,455 \times 1.154\,7$$

下界为－1.796 026，上界为 5.796 026，中间包含 0，因此两组之间的均值没有显著差异.

以 R 进行 Bonferroni 法事后比较，结果如文本框 10—5 所示，与自行计算之数值一致.

文本框 10—5　　　　多重比较——Bonferroni 法

```
> load("C:/mydata/chap10/table10.RData")          # 加载本例数据
> library(agricolae)                               # 加载包
> model<- aov(数学成绩~教学法, data = table10)     # 建立模型
> bonferroni<- LSD.test(model,"教学法", p.adj = "bonferroni")
                                                   # LSD 多重比较,以 Bonferroni 法调整 p 值
> bonferroni                                       # 列出 bonferroni 内容
 $ statistics
  Mean        CV MSerror       LSD
     5 28.28427       2 3.796026

 $ parameters
  Df ntr bonferroni alpha        test name.t
   6   3   3.287455  0.05 bonferroni 教学法

 $ means
         数学成绩 std  r      LCL      UCL Min Max
第 1 组         3   1  3 1.002105 4.997895   2   4
第 2 组         5   2  3 3.002105 6.997895   3   7
第 3 组         7   1  3 5.002105 8.997895   6   8

 $ comparison
NULL

 $ groups
     trt  means  M
1 第 3 组     7  a
2 第 2 组     5  ab
3 第 1 组     3  Hb
> library(DescTools)                               # 载入 DescTools 包
> PostHocTest(model, method = "bonferroni")        # 以 Bonferroni 法进行多重比较

  Posthoc multiple comparisons of means : Bonferroni
    95 % family-wise confidence level

$'教学法'
                diff      lwr.ci   upr.ci   pval
第 2 组-第 1 组    2 -1.7960262 5.796026 0.4019
```

```
第3组-第1组      4   0.2039738 7.796026 0.0402 *
第3组-第2组      2  -1.7960262 5.796026 0.4019

---
Signif. codes:  0'***'0.001'**'0.01'*'0.05'.'0.1''1
```

使用Bonferroni法校正，它的t临界值为3.287 455，均值最小差异（LSD）为3.796 026，只有第1组与第3组的均值差异4达到此标准.

文本框10—5第二部分的p值，是文本框10—4中的p值乘上3，如$0.013\,4\times3=0.040\,2$.

Bonferroni法虽然较简单，但进行多次事后比较时，它的α会变得过小，反而降低统计检验力. 例如，要进行10次事后比较，而整体检验的α设为0.05，Bonferroni校正为$0.05/10=0.005$，此时，它的整体犯错率会变成$1-(1-0.005)^{10}=0.048\,9$，低于0.05，所以会变得过于保守. 而且，Bonferroni法是在假定所有的成对比较都会显著的条件下设定的α值，然而，此种情形并不常见，过度校正反而减小了α值，增大了β值，连带使得统计检验力$(1-\beta)$降低.

10.1.5.3 Holm法

R也提供了Holm的校正方法，它先将LSD检验所得的p值由大到小排序，最大的第1个p值乘上1（相当于未校正），其次的第2个p值乘上2，后面则依此类推乘上3，4，…. 如果p值相同，则乘上较大的序号. Holm法会比Bonferroni法更具统计检验力.

在文本框10—6中，2对1与3对2比较的p值原都为0.134 0（见文本框10—4），分别乘上2后，得到0.27，而3对1的p值原为0.013 4，乘上3后得到0.04. 因此第1组与第3组的均值差异不为0，也就是说两组的均值有显著差异.

文本框10—6　　多重比较——Holm法

```
> load("C:/mydata/chap10/table10.RData")           # 加载本例数据
> library(agricolae)                                # 载入agricolae包
> model<-aov(数学成绩~教学法,data=table10)          # 建立模型
> holm<-LSD.test(model,"教学法",p.adj="holm")
                                                    # LSD多重比较,以Holm法调整p值
> holm                                              # 列出holm内容
$statistics
  Mean        CV MSerror      LSD
     5 28.28427         2 3.796026

$parameters
  Df ntr      holm alpha test name.t
   6   3 3.287455   0.05 holm 教学法

$means
       数学成绩 std r      LCL      UCL Min Max
第1组        3   1 3 1.002105 4.997895   2   4
第2组        5   2 3 3.002105 6.997895   3   7
第3组        7   1 3 5.002105 8.997895   6   8
```

```
 $ comparison
NULL


 $ groups
     trt  means  M
1 第 3 组     7  a
2 第 2 组     5  ab
3 第 1 组     3  b

> with(table10, pairwise.t.test(数学成绩, 教学法, p.adj = "holm"))
                                                    # 以 table10 数据,进行 Holm 法多重比较


        Pairwise comparisons using t tests with pooled SD

data:  数学成绩 and 教学法

       第 1 组 第 2 组
第 2 组 0.27    -
第 3 组 0.04    0.27

P value adjustment method: holm
```

10.1.5.4　Tukey 的 HSD 法

Tukey 的 HSD（honestly significant difference）是基于 Student 化极差（Studentized range）的成对比较，采用 q 检验法，公式为：

$$q=\frac{\overline{Y}_i-\overline{Y}_j}{\sqrt{\frac{MS_w}{n}}} \tag{10.8}$$

如果各组样本数不相等，则改用 Tukey-Kramer 公式：

$$q=\frac{\overline{Y}_i-\overline{Y}_j}{\sqrt{\frac{MS_w}{2}\left(\frac{1}{n_i}+\frac{1}{n_j}\right)}} \tag{10.9}$$

以第 3 组与第 1 组的比较为例，代入对应的数值后得到：

$$q=\frac{7-3}{\sqrt{\frac{2}{2}\left(\frac{1}{3}+\frac{1}{3}\right)}}=\frac{4}{0.8165}=4.8990$$

而第 2 组与第 1 组比较，q 值则为：

$$q=\frac{5-3}{\sqrt{\frac{2}{2}\left(\frac{1}{3}+\frac{1}{3}\right)}}=\frac{2}{0.8165}=2.4495$$

在组数为 3，组内自由度为 6 的 q 分布中，$\alpha=0.05$ 的临界值为 4.339 195（在 R 中使

用 qtukey(0.95，3，6）命令即可得到）．第 1 个成对比较的 $q=4.8990$，大于 4.339 195，因此第 3 组与第 1 组的均值有显著差异；第 2 组与第 1 组、第 3 组与第 2 组的均值则没有显著差异.

以 R 进行 Tukey 法事后比较，结果如文本框 10—7 所示．在文本框 10—7 中，若 p adj小于 0.05，95% 置信区间（lwr 与 upr）不含 0，则表示两个均值之间的差异显著．因此，第 3 组与第 1 组的均值差异显著，由文本框 10—7 中的图 10—2 可以更具体地看出此结果．其他文本框中内容的解读方法与前面所述相同.

文本框 10—7　　　　多重比较——Tukey 的 HSD 法

```
> TukeyHSD(model)                                   # 以 Tukey 法进行多重比较
  Tukey multiple comparisons of means
    95 % family-wise confidence level

Fit: aov(formula = 数学成绩～教学法, data = table10)

$'教学法'
              diff        lwr      upr     p adj
第 2 组 - 第 1 组    2 -1.5429381 5.542938 0.2693505
第 3 组 - 第 1 组    4  0.4570619 7.542938 0.0309888
第 3 组 - 第 2 组    2 -1.5429381 5.542938 0.2693505
> plot(TukeyHSD(model, "教学法"))                     # 绘出 Tukey 多重比较置信区间图
```

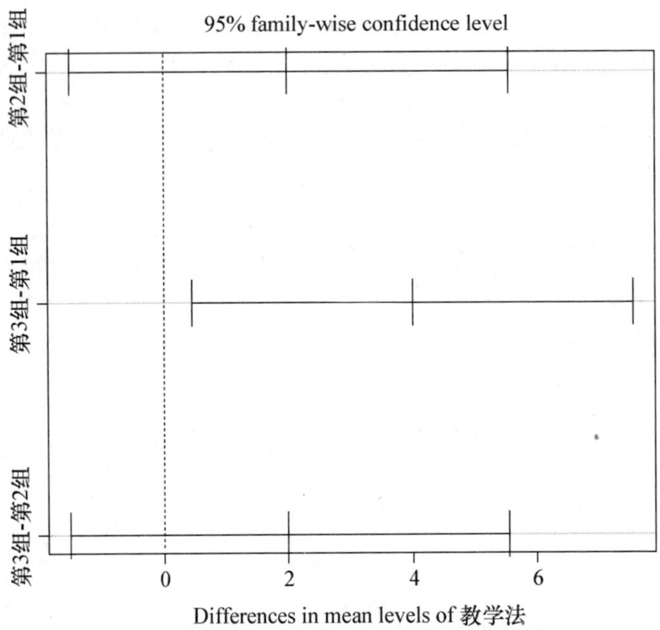

图 10—2　Tukey 多重比较置信区间图

```
> library(agricolae)                          # 载入 agricolae 包
> HSD = HSD.test(model, "教学法")              # 以 Tukey HSD 法进行多重比较
> HSD                                         # 列出 HSD 内容
$statistics
  Mean        CV MSerror        HSD
     5 28.28427        2 3.542938
$parameters
  Df ntr StudentizedRange alpha  test name.t
   6   3         4.339195  0.05 Tukey 教学法


$means
         数学成绩 std r Min Max
第 1 组         3   1 3   2   4
第 2 组         5   2 3   3   7
第 3 组         7   1 3   6   8

$comparison
NULL

$groups
     trt  means  M
1 第 3 组      7  a
2 第 2 组      5 ab
3 第 1 组      3  b
```

在其他条件相同的情况下，Tukey 的 HSD 法会比 Fisher 的 LSD 法保守，因此统计检验力也较低.

10.1.5.5 Scheffé 法

Scheffé 法采用 F 检验法，公式为：

$$F=\frac{(\overline{Y}_i-\overline{Y}_j)^2}{MS_w\times\left(\frac{1}{n_i}+\frac{1}{n_j}\right)} \tag{10.10}$$

以第 3 组与第 1 组的比较为例，代入对应的数值后得到：

$$F=\frac{(7-3)^2}{2\times\left(\frac{1}{3}+\frac{1}{3}\right)}=\frac{16}{1.333}=12$$

而第 2 组与第 1 组比较，F 值则为：

$$F=\frac{(5-3)^2}{2\times\left(\frac{1}{3}+\frac{1}{3}\right)}=\frac{4}{1.333}=3$$

在自由度为 2，6 的 F 分布中，$\alpha=0.05$ 的临界值为 5.143 253，不过此临界值还要乘以组间自由度 2，因此为 10.286 51（在 R 中输入 qf(0.95，2，6) * 2 求得）. 第 1 个成对比

较的$F=12$，大于10.286 51，因此第3组与第1组的均值有显著差异；第2个成对比较的$F=3$，未大于10.286 51，因此第2组与第1组的均值没有显著差异；第3组与第2组的均值同样没有显著差异.

如果要采用现代取向求计算所得F值的p值，则要先将F值除以组间自由度，再求p值.

第1个成对的F为$12/2=6$，在自由度为2，6的F分布中，p值为0.037 037 04（在R中输入1－pf(12/2，2，6）求得)，小于0.05，因此第3组与第1组的均值差异显著. 而第2个成对的F为$3/2=1.5$，在自由度为2，6的F分布中，p值为0.296 296 3，大于0.05（在R中输入1－pf(3/2，2，6）求得)，因此第2组与第1组的均值差异不显著. 第3组与第1组的均值差异同样不显著.

如果要计算均值差异的置信区间，要先计算t临界值，公式是：

$$t\text{临界值}=\sqrt{\text{组内自由度}\times F\text{临界值}}$$

代入前述数值，得到：

$$t=\sqrt{2\times 5.143\,253}=3.207\,258$$

因此第3组与第1组均值差异的95%置信区间为：

$$4\pm 3.207\,258\times 1.154\,7$$

下界为0.296 577 1，上界为7.703 423，中间不含0，因此两组之间的均值有显著差异.

第2组与第1组及第3组与第2组均值差异的95%置信区间为：

$$2\pm 3.207\,258\times 1.154\,7$$

下界为－1.703 422 9，上界为5.703 423，中间包含0，因此均值没有显著差异.

以R进行分析，同样可以使用agricolae包与DescTools包，前者可以得到齐子集，后者可以得到均值差异的置信区间及p值（见文本框10—8).

文本框10—8　　多重比较——Scheffé法

```
> library(agricolae)                        # 载入 agricolae 包
> scheffe<- scheffe.test(model,"教学法")     # 以 Scheffé 法进行多重比较
> scheffe                                   # 列出 scheffé 内容
$statistics
  Mean       CV MSerror CriticalDifference
     5 28.28427       2           3.703423

$parameters
  Df ntr        F  Scheffe alpha    test name.t
   6   3 5.143253 3.207258  0.05 Scheffe 教学法

$means
```

```
       数学成绩 std r Min  Max
第 1 组       3   1 3   2    4
第 2 组       5   2 3   3    7
第 3 组       7   1 3   6    8

$ comparison
NULL



$ groups
    trt  means    M
1 第 3 组      7    a
2 第 2 组      5   ab
3 第 1 组      3    b
> library(DescTools)                          # 载入 DescTools 包
> ScheffeTest(model)                          # 以 Scheffé 法进行多重比较(二择一)
> PostHocTest(model, method = "scheffe")      # 以 Scheffé 法进行多重比较

  Posthoc multiple comparisons of means : Scheffe Test
    95 % family - wise confidence level

$ '教学法'
                diff      lwr.ci   upr.ci   pval
第 2 组 - 第 1 组    2 - 1.7034229 5.703423 0.2963
第 3 组 - 第 1 组    4   0.2965771 7.703423 0.0370 *
第 3 组 - 第 2 组    2 - 1.7034229 5.703423 0.2963

- - -
Signif. codes:  0 '***' 0.001 '**' 0.01 '*' 0.05 '.' 0.1 '' 1
```

如文本框 10—8 前半部所示，自由度为 2，6 的 F 分布中，$\alpha=0.05$ 时的临界值为 5.143 253（在 R 中使用 qf(0.95，2，6）即可求得)，最小的均值显著差异值（minimum significant difference）为 3.703 423，计算方法如下：

$$\sqrt{MS_w\times\left(\frac{1}{n_i}+\frac{1}{n_j}\right)\times df_{\text{between}}\times F_{(0.05,2,6)}}=\sqrt{2\times\left(\frac{1}{3}+\frac{1}{3}\right)\times2\times5.143\,253}=3.703\,423$$

文本框中的 Scheffé 值 3.207 258 就是公式中的$\sqrt{df_{\text{between}}\times F_{(0.05,2,6)}}$，等于$\sqrt{2\times5.143\,253}$. 经比较后，仍是第 3 组与第 1 组的均值有显著差异.

10.1.5.6　方差不齐时的事后比较方法

如果方差不齐，则不应以组内 MS（亦即合并的方差）为分母，而要考虑每个组的方差，因此公式的基本形式为：

$$\frac{\overline{Y}_i-\overline{Y}_j}{\sqrt{\frac{s_i^2}{n_i}+\frac{s_j^2}{n_j}}}$$

Tamhane（1979）的 T2 法是基于 t 检验的保守成对比较，公式为：

$$t=\frac{\overline{Y}_i-\overline{Y}_j}{\sqrt{\frac{s_i^2}{n_i}+\frac{s_j^2}{n_j}}} \tag{10.11}$$

计算所得 t 值再与临界 t 值（公式不在此说明）比较，如果大于临界值，则表示两组间的均值有显著差异.

Dunnett 的 T3 法则是基于 Student 化最大模数（Studentized maximum modulus）的成对比较，公式为：

$$m=\frac{\overline{Y}_i-\overline{Y}_j}{\sqrt{\frac{s_i^2}{n_i}+\frac{s_j^2}{n_j}}} \tag{10.12}$$

计算所得 m 值再与临界 m 值（公式不在此说明）比较，如果大于临界值，则表示两组间的均值有显著差异.

Dunnett 的 C 法及 Games-Howell 法都使用 q 检验，公式为：

$$q=\frac{\overline{Y}_i-\overline{Y}_j}{\sqrt{\left(\frac{s_i^2}{n_i}+\frac{s_j^2}{n_j}\right)/2}} \tag{10.13}$$

计算所得 q 值再与临界 q 值比较（两种方法的临界值不同），如果大于临界值，则表示两组间的均值有显著差异. C 法比 Games-Howell 法保守，因此统计检验力较低. 若要控制整体的 α 值，T3 法及 C 法都会比 Games-Howell 法好（Kirk，2013）.

在 R 中，可以使用 DTK（Dunnett-Tukey-Kramer）包中的 DTK. test 函数分析. 经分析三对比较的均值 95%置信区间都包含 0，因此两两之间的均值都没有显著差异. 然而，这样的结论又与整体分析相矛盾，由此可知，Dunnett 的 C 法过于保守，使得多重比较不容易显著.

另外，userfriendlyscience 包的 posthocTGH 函数也提供了 Games-Howell 法多重比较，可揭示第 1 组与第 3 组的均值有显著差异. 命令与输出结果如文本框 10—9 所示.

文本框 10—9　　多重比较——Dunnett C 法及 Games-Howell 法

```
> library(DTK)                              # 载入 DTK 包
> DTK<- with(table10, DTK.test(数学成绩, 教学法))
                                            # 进行 Dunnett C 多重比较,存入 DTK 对象
> DTK                                       # 列出 DTK 内容
[[1]]
[1] 0.05
```

```
[[2]]
                Diff   Lower CI   Upper CI
第 2 组 - 第 1 组   2 -5.6049292  9.604929
第 3 组 - 第 1 组   4 -0.8097795  8.809780
第 3 组 - 第 2 组   2 -5.6049292  9.604929
> DTK.plot(DTK)                          # 绘制均值差异置信区间图
> abline(v = 0)                          # 在 0 处加上垂直线
```

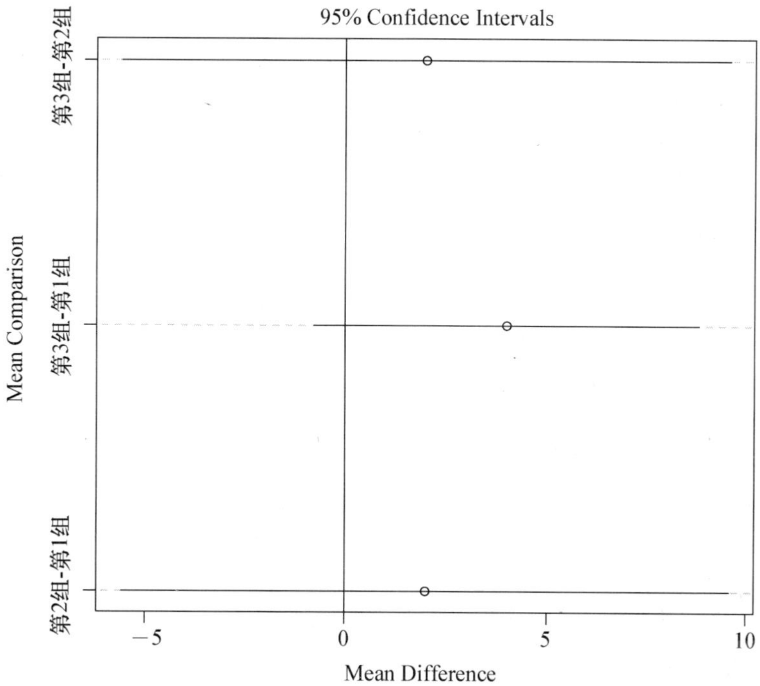

图 10—3　均值差异置信区间图

```
> library(userfriendlyscience)            # 载入 userfriendlyscience 包
> attach(table10)                         # 绑定数据，不需要反复设定
> posthocTGH(数学成绩, 教学法, method = c("games - howell"),digits = 4)
                                          # 以 Games-Howell 法进行多重比较，设定数
                                            字为 4 位

      n means  variances
第 1 组 3    3          1
第 2 组 3    5          4
第 3 组 3    7          1


                  t    df       p
第 1 组:第 2 组 1.549 2.941 0.39035
第 1 组:第 3 组 4.899 4.000 0.01752
第 2 组:第 3 组 1.549 2.941 0.39035
```

10.1.6 效应量

如果整体检验后达到统计上显著，应计算效应量. 在单因素独立样本方差分析中，全体的平方和可以拆解为组间平方和及组内平方和（见图 10—1），计算组间（因素）*SS* 所占比例即可计算效应量.

方差分析中，最常使用的是 η^2 值，它代表因变量的变异可用自变量解释的比例，公式是：

$$\eta^2=\frac{\text{组间平方和}}{\text{组间平方和}+\text{组内平方和}}=\frac{\text{组间平方和}}{\text{全体平方和}}$$

代入数值之后得到：

$$\eta^2=\frac{24}{24+12}=\frac{24}{36}=0.666\,7=66.67\%$$

虽然 η^2 是目前最常使用的效应量，但是它会高估总体中因变量与自变量间的关联（Pierce，Block，& Aguinis，2004），因此有些学者（Levine & Hullett，2002；Pierce，Block，& Aguinis，2004）偏好使用 ω^2 或者 ε^2，它们的公式分别是：

$$\omega^2=\frac{\text{组间平方和}-\text{组间自由度}\times\text{组内平均平方和}}{\text{全体平方和}+\text{组内平均平方和}} \tag{10.14}$$

$$\varepsilon^2=\frac{\text{组间平方和}-\text{组间自由度}\times\text{组内平均平方和}}{\text{全体平方和}} \tag{10.15}$$

分别代入数值后得到：

$$\omega^2=\frac{24-2\times2}{36+2}=0.526\,3=52.63\%$$

$$\varepsilon^2=\frac{24-2\times2}{36}=0.555\,6=55.56\%$$

在 R 中，可以使用 DescTools 包中的 EtaSql 函数，或是 lsr 包中的 etaSquared 函数计算效应量，命令如文本框 10—10 所示. 得到 η^2 为 0.666 666 7.

文本框 10—10　　计算效应量

```
> model<- aov(数学成绩~教学法, data = table10)          # 建立模型,不需要反复设定
> library(DescTools)                                    # 载入 DescTools 包
> EtaSq(model, anova = TRUE)                            # 列出 ANOVA 摘要表并计算效应量
             eta.sq eta.sq.part SS  df MS  F          p
教学法      0.6666667   0.6666667 24   2 12  6 0.03703704
Residuals  0.3333333          NA 12   6  2 NA         NA
```

依据 J. Cohen（1988）的经验法则，η^2 或 ω^2 值的小、中、大的效应量分别是 0.01，0.06，0.14. 因此，本范例为大的效应量.

以上效应量也可以转换成 Cohen 的 f 值，公式是：

$$f=\sqrt{\frac{\eta^2}{1-\eta^2}} \tag{10.16}$$

代入 0.666 7 后，得到：

$$f=\sqrt{\frac{0.6667}{1-0.6667}}=1.4142$$

依据 J. Cohen（1988）的经验法则，f 值的小、中、大的效应量分别是 0.10，0.25，0.40. 因此，本范例为大的效应量.

10.2　范　例

某研究者想要了解睡眠剥夺对手部稳定性的影响，于是将 32 名志愿者随机分派为四组，分别经过四种不同时间的睡眠剥夺后，接受手部稳定性测试，得到表 10—4 的数据. 请问：手部稳定性是否因不同睡眠剥夺时间而有差异？

表 10—4　　四组受试者的手部稳定性

受试者	组别	稳定性	受试者	组别	稳定性	受试者	组别	稳定性	受试者	组别	稳定性
1	1	4	9	2	4	17	3	5	25	4	3
2	1	6	10	2	5	18	3	6	26	4	5
3	1	3	11	2	4	19	3	5	27	4	6
4	1	3	12	2	3	20	3	4	28	4	5
5	1	1	13	2	2	21	3	3	29	4	6
6	1	3	14	2	3	22	3	4	30	4	7
7	1	2	15	2	4	23	3	3	31	4	8
8	1	2	16	2	3	24	3	4	32	4	10

资料来源：*Experimental design：Procedures for the behavioral sciences*（p. 171），by R. E. Kirk，1995，Pacific Grove，CA：Brooks/Cole.

10.2.1　变量与数据

表 10—4 中有三个变量，但是受试者的代号并不需要输入 R 中，因此分析时只使用组别及手部稳定性两个变量. 因变量（手部稳定性）是受试者将 1mm 的笔尖放在 1.27mm 的孔中，2 分钟内碰触到测试器的频数，频数越大，代表受试者的手部稳定性越差. 自变量（组别）中，睡眠剥夺时间分别为 12 小时、18 小时、24 小时及 30 小时，属于次序变量，依序录为 1～4.

10.2.2　研究问题

在本范例中，研究者想要了解的问题可以陈述如下：

手部稳定性是否因不同睡眠剥夺时间而有差异？

10.2.3 统计假设

根据研究问题，原假设为“在总体中四组剥夺睡眠时间的人，手部稳定性没有差异”：

$$H_0: \mu_{12}=\mu_{18}=\mu_{24}=\mu_{30} \quad 或 \quad H_0: \mu_i=\mu_j, \quad 存在于所有的\ i\ 及\ j$$

备择假设则为“在总体中至少两组睡眠剥夺时间的人，手部稳定性有差异”：

$$H_1: \mu_i \neq \mu_j, \quad 存在于部分的\ i\ 及\ j$$

10.3 使用R进行分析

10.3.1 数据文件

部分R数据文件如文本框10—11所示.

文本框10—11 **单因素独立样本方差分析数据文件**

```
> load("C:/mydata/chap10/example10.RData")          # 加载本例数据
> example10                                          # 展示本例数据
    睡眠剥夺 稳定性
1     12小时      4
2     12小时      6
        :
9     18小时      4
10    18小时      5
        :
17    24小时      5
18    24小时      6
        :
25    30小时      3
26    30小时      5
        :
31    30小时      8
32    30小时     10
注:为节省篇幅,只保留部分数据.
```

10.3.2 描述性统计量

文本框10—12显示了以Rmisc包中的summarySE函数进行的描述统计分析.

文本框10—12 **描述性统计量**

```
> load("C:/mydata/chap10/example10.RData")          # 加载本例数据
> library(Rmisc)                                     # 载入Rmisc包
> summarySE(m = "稳定性", g = "睡眠剥夺", data = example10)
                                                     # 因变量在前,自变量在后
```

```
  睡眠剥夺 N 稳定性        sd        se        ci
1   12 小时 8   3.00 1.5118579 0.5345225 1.2639448
2   18 小时 8   3.50 0.9258201 0.3273268 0.7740050
3   24 小时 8   4.25 1.0350983 0.3659625 0.8653639
4   30 小时 8   6.25 2.1213203 0.7500000 1.7734682
```

由均值（“稳定性”标题下）来看，四个组的均值分别为 3.00，3.50，4.25，6.25，大略可发现，随着睡眠剥夺时间增加，受试者的手部稳定性越差，至于四个组的均值是否有显著差异，要看文本框 10—14 中的检验结果.

此处的均值标准误是根据各组的标准差来计算的，如果要求比较精确，应根据联合标准差计算，结果为：

$$\sqrt{MS_w}=\sqrt{\frac{SS_w}{df_w}}=\sqrt{\frac{61}{28}}=1.475\,998$$

10.3.3　方差齐性检验

文本框 10—13 显示了方差齐性检验（test for homogeneity of variances），如果因变量符合正态分布假定，可以使用 Levene 检验，如果不符合正态分布假定，则建议使用 Bartlett 检验.

文本框 10—13　　方差齐性检验

```
> library(car)                                      # 载入 car 包
> leveneTest(稳定性～睡眠剥夺, data = example10)    # 进行 Levene 方差齐性检验
Levene's Test for Homogeneity of Variance(center = median)
      Df F value Pr(> F)
group  3   1.037 0.3914
      28
> bartlett.test(稳定性～睡眠剥夺,data = example10)  # 进行 Bartlett 方差齐性检验
        Bartlett test of homogeneity of variances

data:  稳定性 by 睡眠剥夺
Bartlett's K - squared = 5.7418, df = 3, p - value = 0.1249
```

文本框 10—13 显示的是方差齐性检验，主要检验四组的方差（文本框 10—12 中标准差的平方）是否有显著差异.

单因素独立样本方差分析的其中一个假定是，各个总体中因变量的方差要相等. 此处要检验的原假设是：

$$H_0:\sigma_{12}^2=\sigma_{18}^2=\sigma_{24}^2=\sigma_{30}^2 \quad \text{或} \quad H_1:\sigma_i^2=\sigma_j^2,\ \text{存在于所有的 } i \text{ 及 } j$$

备择假设是：

$$H_1:\sigma_i^2\neq\sigma_j^2,\ \text{存在于部分的 } i \text{ 及 } j$$

R可以使用方差相等的 Levene 检验来分析此项假定. 如文本框 10—13 所示，$F(3,28)=1.037$，$p=0.3914$，因此不能拒绝方差相等的原假设，表示四组的方差没有显著差异，也就符合方差相等（齐）的假定. 使用 Bartlett 检验得到 $\chi^2(3)=5.7418$，$p=0.1249$，同样不能拒绝原假设.

如果此处的 $p\leqslant 0.05$，就违背了方差齐性假定，那么文本框 10—14 中的 F 检验就不精确，此时就要再使用 10.3.8 小节的 Alexander-Govern，Brown-Forsythe 或者 Welch-Satterthwaite 检验.

在违背了方差齐性假定时，如果要进行事后多重比较，可以改用 Dunnett 的 C 检验或是 Games-Howell 多重比较.

10.3.4 均值齐性检验（方差分析摘要表）

文本框 10—14 中，先使用 aov 函数建立模型，再使用 anova 或 summary 函数列出方差分析摘要表.

文本框 10—14 **单因素方差分析**

```
> model<-aov(稳定性~睡眠剥夺, data = example10)          # 建立模型
> anova(model)                                         # 列出 ANOVA 摘要表
Analysis of Variance Table

Response: 稳定性
          Df Sum Sq  Mean Sq  F value    Pr(> F)
睡眠剥夺    3     49  16.3333   7.4973  0.0007824 ***
Residuals 28     61   2.1786
---
Signif. codes:  0 '***' 0.001 '**' 0.01 '*' 0.05 '.' 0.1 ' ' 1
```

此处在进行均值齐性检验. 文本框 10—14 中，平均平方和（mean square，MS）等于组间或组内的方差，公式为：

$$MS=\frac{SS}{df}$$

式中，组间的 MS 等于：

$$MS_{组间}=\frac{49}{3}=16.3333$$

而组内的 MS 等于：

$$MS_{组内}=\frac{61}{28}=2.1786$$

F 值等于：

$$F=\frac{MS_{组间}}{MS_{组内}}=\frac{16.3333}{2.179}=7.4973$$

在自由度是 3，28 的 F 分布中，F 值大于 7.497 的概率（p）等于 0.000 782 4，因此应拒绝各组均值相等的原假设，所以四个组的均值有显著差异.（注：在 R 中可以输入 1－pf(7.497 3，3，28)得到 p 值.）

10.3.5　多重比较

当整体检验显著后，研究者通常会进行事后多重比较，以了解此差异是存在于哪两组间. 由于自变量共有四个组（水平），需要进行 $C_2^4=4\times3/2=6$ 次的两两比较. 文本框 10—15 中使用 Tukey 的 HSD 法进行事后多重比较，并绘制均值差异置信区间图（见图 10—4).

文本框 10—15　　多重比较

```
> TukeyHSD(model)                                # 进行 Tukey HSD 法多重比较
  Tukey multiple comparisons of means
    95 % family - wise confidence level

Fit: aov(formula = 稳定性～睡眠剥夺, data = example10)

$'睡眠剥夺'
                  diff          lwr      upr     p adj
18 小时 - 12 小时 0.50  - 1.51496783 2.514968 0.9047399
24 小时 - 12 小时 1.25  - 0.76496783 3.264968 0.3457435
30 小时 - 12 小时 3.25    1.23503217 5.264968 0.0007719
24 小时 - 18 小时 0.75  - 1.26496783 2.764968 0.7413880
30 小时 - 18 小时 2.75    0.73503217 4.764968 0.0045625
30 小时 - 24 小时 2.00  - 0.01496783 4.014968 0.0522754
> attach(example10)                              # 绑定数据,不需要重复设定
> par(mai = c(.7, .3, .4 ,.1), cex = 0.7, cex.lab = 1.5, cex.main = 1.5, lwd = 1.4)
                                                 # 设定边界、文字与标题大小、线粗
> plot(TukeyHSD(model, which = "睡眠剥夺"))       # 绘制 HSD 多重比较之均值差异置信区间图
```

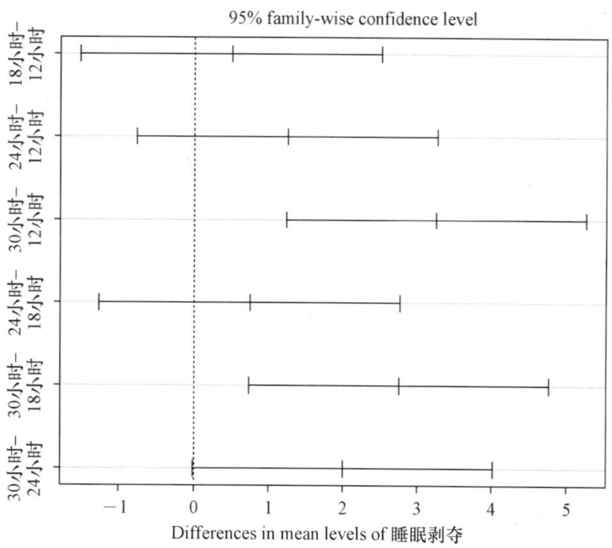

图 10—4　HSD 多重比较均值差异置信区间图

以 30 小时对 12 小时的比较为例. 从文本框 10—12 可知两组的均值分别为 6.25 及 3.00，均值差异为文本框 10—15 中 diff 的 3.25，至于这个差异是否显著不等于 0，可以由两个信息来判断.

一是显著性（p adj）小于或等于 0.05. "30 小时－12 小时"这一行的 p 值为 0.000 771 9，均值差异 3.25 显著不等于 0.

二是 95%置信区间不包含 0. "30 小时－12 小时"这一行的区间为 1.235 032 17～5.264 968，不包含 0，因此均值差异 3.25 显著不等于 0.

文本框 10—15 中的图 10—4 是 6 个成对均值差异的 95%置信区间，如果区间不包含 0（以虚线表示），表示两组的均值差异显著不等于 0，也就是两组之间的均值有显著差异. 由图中可看出："30 小时－12 小时"及"30 小时－18 小时"这两个均值差异显著不等于 0，睡眠剥夺 30 小时的手部不稳定性比 12 小时及 18 小时高.

汇总上述内容可知，睡眠剥夺达 30 小时，其手部稳定性会比 12 小时或 18 小时差，12 小时、18 小时及 24 小时两两之间，或是 24 小时与 30 小时间，则没有显著差异. 汇总如表 10—5 所示（V 号表示两组间的均值有显著差异).

表 10—5　　Tukey HSD 多重比较摘要表

	12 小时	18 小时	24 小时	30 小时
12 小时	—			
18 小时		—		
24 小时			—	
30 小时	V	V		—

10.3.6　同质子集合

当各组样本数不相等，而且方差相差较大时，如果采用多重比较，有时会发生均值 $a>b$，$b>c$，但是 $a=c$ 的矛盾现象，此时，可以改用文本框 10—16 所示同质子集合的方式表示.

文本框 10—16　　同质子集合

```
> library(agricolae)
> HSD = HSD.test(model, "睡眠剥夺")
> HSD
 $ statistics
   Mean        CV  MSerror      HSD
   4.25 34.72938 2.178571 2.014968

 $ parameters
   Df ntr StudentizedRange alpha  test   name.t
   28   4          3.861244  0.05 Tukey 睡眠剥夺
```

```
$ means
         稳定性       std r Min Max
12 小时   3.00 1.5118579 8   1   6
18 小时   3.50 0.9258201 8   2   5
24 小时   4.25 1.0350983 8   3   6
30 小时   6.25 2.1213203 8   3  10
$ comparison
NULL


$ groups
     trt   means  M
1 30 小时   6.25   a
2 24 小时   4.25  ab
3 18 小时   3.50   b
4 12 小时   3.00   b
```

文本框 10—16 中 $groups 解读的要诀是，均值出现同一字母，则两两之间没有显著差异. 以 M 这栏来看，30 小时与 24 小时的均值分别为 6.25 及 4.25，都出现字母 a，因此两组的均值没有显著差异. 24 小时、18 小时及 12 小时的均值（分别为 4.25，3.50 及 3.00），同时出现字母 b，因此这三组的均值两两之间没有显著差异. 汇总如表 10—6（X 号表示两组间的均值没有显著差异)，与文本框 10—15 的结果一致.

表 10—6　　　　　　　　　　**齐子集摘要表**

	12 小时	18 小时	24 小时	30 小时
12 小时	—			
18 小时	X	—		
24 小时	X	X	—	
30 小时			X	—

10.3.7　均值轮廓图

文本框 10—17 显示了使用 gplots 包中的 plotmeans 函数绘制均值轮廓图（见图 10—5).

文本框 10—17　　　　　　　　　　**均值轮廓图**

```
> library(gplots)                                        # 载入 gplots 包
> par(mai = c(1, 1, .1 ,.1),cex = 1.2, cex.lab = 1.2, cex.main = 1.2, lwd = 1.5)
                                                         # 设定边界、文字大小、线粗
> plotmeans(稳定性～睡眠剥夺, data = example10, ylim = c(0,8))
                                                         # 绘制均值轮廓图
```

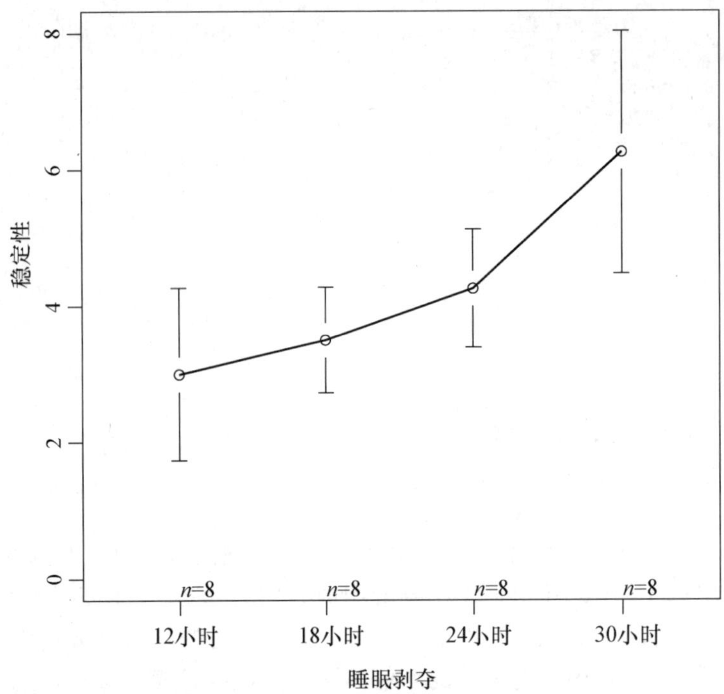

图 10—5　均值轮廓图

由图 10—5 可看出，12～24 小时之间大致为直线增加趋势，24～30 小时增加幅度变大. 至于整体趋势是线性还是二次曲线，则需要另外进行分析，本书在此不探讨.

图中第 4 组的均值下限比第 1、第 2 组均值的上限都大，因此进行事后比较时应会发现第 4 组的均值显著高于第 1 组及第 2 组. 不过，此处所用的标准误是根据各组的标准差得到，而不是合并标准差 $\sqrt{MS_w}$，因此不太精确.

10.3.8　方差不齐的方差分析

如果文本框 10—13 中 $p \leqslant 0.05$，就是违背了方差齐性假定，此时可以使用 Alexander-Govern，Brown-Forsythe 或是 Welch-Satterthwaite 等调整方法. R 的 onewaytests 包提供了上述方法的替代方法，相当实用（见文本框 10—18）.

文本框 10—18　　方差不齐的方差分析

```
> library(onewaytests)                    # 载入 onewaytests 包
> attach(example10)                       # 绑定数据
> ag.test(稳定性，睡眠剥夺)                 # 以 Alexander - Govern 法进行校正
        Alexander - Govern Test

data:  y vs group
X - squared = 10.02, df = 3, p - value = 0.01839
```

```
> bf.test(稳定性, 睡眠剥夺)# 以 Brown-Forsythe 进行校正

        Brown-Forshyte Test

data:   y vs group
F = 7.4973, num df = 3.000, denom df = 19.431, p-value = 0.001582
> oneway.test(稳定性~睡眠剥夺, data = example10)  # 以Welch-Satterthwaite 法进行校正(二择一)
> welch.test(稳定性, 睡眠剥夺)                    # 以 Welch-Satterthwaite 法进行校正

        Welch's Heteroscedastic F Test

data:   y vs group
F = 4.6117, num df = 3.000, denom df = 15.056, p-value = 0.01763
```

三种校正的分子自由度 3 都与文本框 10—14 所示相同，但是分母自由度有所不同. 检验后所得 p 值都小于 0.05，因此四组的均值仍有显著差异.

10.4 计算效应量

文本框 10—19 显示了计算效应量的方法，得到 η^2 为 0.445 5，图示见图 10—6.

$$\eta^2=\frac{49}{49+61}=\frac{49}{110}=0.445\,5$$

文本框 10—19　　计算效应量

```
> library(DescTools)                       # 载入 DescTools 包
> EtaSq(model, anova = TRUE)               # 列出 ANOVA 摘要表并计算效应量
             eta.sq eta.sq.part SS  df        MS        F            p
睡眠剥夺   0.4454545   0.4454545 49   3 16.333333 7.497268 0.0007824413
Residuals  0.5545455          NA 61  28  2.178571       NA           NA
```

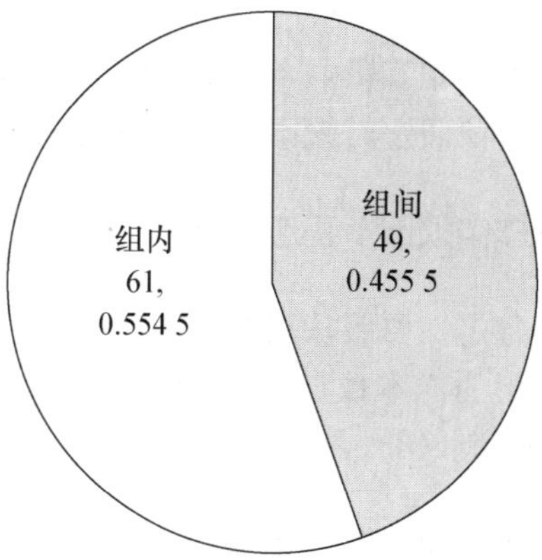

图 10—6　单因素独立样本方差分析效应量

自行计算 ε^2 及 ω^2，分别为 0.386 0 及 0.378 5.

$$\varepsilon^2=\frac{49-3\times2.178\,6}{110}=0.386\,0$$

$$\omega^2=\frac{49-3\times2.178\,6}{110+2.178\,6}=0.378\,5$$

依据 J. Cohen（1988）的经验法则，η^2 或 ε^2 值的小、中、大的效应量分别是 0.01，0.06，0.14. 因此，本范例为大的效应量.

以上效应量也可以转换成 Cohen 的 f 值，代入 0.445 5 后得到：

$$f=\sqrt{\frac{0.445\,5}{1-0.445\,5}}=0.896\,3$$

依据 J. Cohen(1988) 的经验法则，f 值的小、中、大的效应量分别是 0.10，0.25，0.40. 因此，本范例为大的效应量.

10.5 以 APA 格式撰写结果

手部稳定性会因睡眠剥夺时间而有差异，$F(3,28)=7.50$，$p=0.001$，效应量 $\eta^2=0.445\,5$. 使用 Tukey 法进行事后检验，30 小时未睡者（$M=6.25$，$SD=2.12$）显著比 12 小时未睡者（$M=3.00$，$SD=1.51$）及 18 小时未睡者（$M=3.50$，$SD=0.93$）更不稳定，其他组之间没有显著差异.

10.6 单因素独立样本方差分析的假定

单因素独立样本方差分析应符合以下三个假定.

10.6.1 观察体要能代表总体，且彼此间独立

观察体独立是指各个样本不会相互影响，假如观察体间不独立，计算所得的 p 值就不准确. 如果有证据支持违背了这项假定，就不应使用单因素独立样本方差分析.

10.6.2 因变量在各个总体中须服从正态分布

此项假定是指四组的手部稳定性要服从正态分布，如果不服从正态分布，会降低检验的统计检验力. 不过，当每一组的样本数在 15 以上时，即使违背了这项假定，对于单因素独立样本方差分析的影响也不大（Green & Salkind，2014).

10.6.3 因变量的方差在各个总体中须相等

此项假定是指四组的手部稳定性的总体方差要相等（齐），如果不相等，则计算所得

的 F 值及 p 值就不可靠．如果各组样本数相等，则违背此项假定，对于单因素独立样本方差分析的影响也不大．

在 R 中可以先使用 Levene 法检验各组的方差是否齐，再进行方差分析．如果违背假定，则可以采用 Games-Howell 法或 Dunnett C 法事后比较．

第11章 单因素相依样本方差分析

单因素相依样本方差分析旨在比较两组以上相依（有关联）样本，在某个变量上的均值是否有差异，适用的情境如下：

自变量：两个以上有关联的组别，为定性变量.

因变量：定量变量.

本章先介绍单因素相依样本方差分析的整体检验，接着说明所有成对的事后比较.

11.1 基本统计概念

11.1.1 目的

单因素相依样本方差分析旨在检验两组以上相依样本，在某一变量上的均值是否有差异，它可用于比较：

1. 两组以上有关联的样本在某个变量上的均值是否有差异，此为配对样本.
2. 一组样本在两个以上时间点或情境中的均值是否有差异，此为重复测量.

当只有两组样本时，研究者通常会使用相依样本 t 检验，而不使用单因素相依样本方差分析，由于此时 $F=t^2$，因此两种分析的结果是一致的（等价）. 然而，如果有三组以上样本，则不应再采用 t 检验，而应使用方差分析.

11.1.1.1 重复测量设计的优点

使用重复测量设计的主要优点有三：

1. 减少受试者，在第 10 章表 10—1 所示独立样本设计中，要征集的受试者有 9 人，如果使用重复测量设计，则只要 3 人.

2. 可以减少因样本不同而造成的差异. 虽然独立样本设计都会采用随机分派的方式，以确保开始实验时各组在因变量上的均值相等，如果每一组都采用同样的受试者，则起始点相等的要求更能达成.

3. 可以排除受试者之间的差异，使检验更容易显著. 单因素独立样本方差分析的组间 SS 等于相依样本的因素 SS，而独立样本的组内 SS 在相依样本中会拆解为受试者间 SS 及误差 SS，由于误差的 SS 变小，因此会使 F 值变大（F=因素 SS/误差 SS），检验也比较容易显著.

11.1.1.2　重复测量设计的缺点

重复测量设计的主要缺点有二：

1. 增加实验时间. 表 11—1 的例子如果使用独立样本，则实验时间是 1 个月，但是如果使用重复测量设计，则要延长为 3 个月，因此时间上很不经济.

2. 对于“能不能”的问题并不适用. 许多学会以后就不容易遗忘的技能（如骑自行车）并不适合重复施测，因此重复测量设计比较适合“愿不愿”，或是“没有学习保留（记忆）”之类的研究问题.

11.1.2　分析示例

以下研究问题可以使用单因素相依样本方差分析：

1. 学生三次体适能测试的结果.
2. 受访者在不同学习阶段（小学、初中、高中、大学）的幸福感.
3. 受试者对三种颜色标志的反应时间.
4. 消费者对四种智能型手机的喜爱度.
5. 使用随机化交叉（cross-over）实验设计，轮流服用三种不同药物十天后的血压值.

医学上随机化交叉实验设计是将受试者随机分成几组（以 3 组为例），第 1、第 2、第 3 组分别接受 A，B，C 三种药物（其中 C 可以是安慰剂），经过一段时间（如，两星期）后，检查研究者关心的变量（如，检查血液中的病毒量或血糖值，或测量血压值，等等），接着，经过一段洗涤时间（washout period），让残存药效排除，再更换药物为 B，C，A，经过两星期的服药及洗涤时间后，再更换药物为 C，A，B，如表 11—1 所示.

表 11—1　　实验设计一

		顺序		
		1	2	3
受试者	1	A	B	C
	2	B	C	A
	3	C	A	B

然而，在此设计中，B 药物都是在 A 药物之后服用，C 药物则在 B 药物之后服用，可能会有残存的效应. 如果把受试者随机分为 6 组（第 2、第 4、第 6 组为新增组别），改为采用以下顺序，就可以避免顺序效应（sequence effects）. 如表 11—2 所示.

表 11—2　　实验设计二

		顺序 1	顺序 2	顺序 3
受试者	1	A	B	C
	2	A	C	B
	3	B	C	A
	4	B	A	C
	5	C	A	B
	6	C	B	A

在此实验中，要留意随机抽样、随机分组、随机顺序等随机化原则.

使用此设计的优点是减少受试者，可以使用受试者本身控制误差，使得检验容易显著；缺点则是每位受试者要接受多种处理，费时较久，且无法适用于一学就会的技能（如骑自行车），或是短期可以康复的疾病（如感冒）.

11.1.3　整体检验

下面举例说明. 研究者随机抽取 3 名受试者，对他们施以体能训练，并在每个月末进行体适能检测（数值越大，表示体适能越佳），得到表 11—3 的数据. 试问：3 个月的效果是否有差异？

表 11—3　　3 名受试者的体适能成绩

组别	第 1 个月	第 2 个月	第 3 个月	受试者平均
受试者 1	2	3	6	3.667
受试者 2	3	5	7	5.000
受试者 3	4	7	8	6.333
月均值	3	5	7	
总平均	5			

表 11—3 的数值与表 10—1 相同，不同之处则是表 10—1 是 9 名受试者的数据，而表 11—3 只有 3 名受试者的数据，此处，我们主要关心的是受试者在 3 个月内的均值（3，5，7）是否有差异，这是因素效果，也是本章强调的组间效果. 从横列来看，可以发现这 3 个月间的差异，同时也是受试者各自在 3 个月的变化，所以称为受试者内效果（within subjects effect）；3 名受试者之间的均值差异（3.667，5.000，6.333），称为受试者间效果（between subjects effect），也是变异的来源，不过，这通常不是研究者关注的重点.

表 11—3 的数据可以绘成图 11—1 所示的交互作用图. 相依样本方差分析是把受试者当成另一个因素（S），并分析受试者与自变量（A）的交互作用，两者交互作用的 SS_{as} 就是误差 SS_{error}. 图 11—1 中三条线交叉越大，表示受试者与自变量的交互作用越大，误差 SS_{error} 也越大；如果三条线完全平行，则误差 SS_{error} 就等于 0.

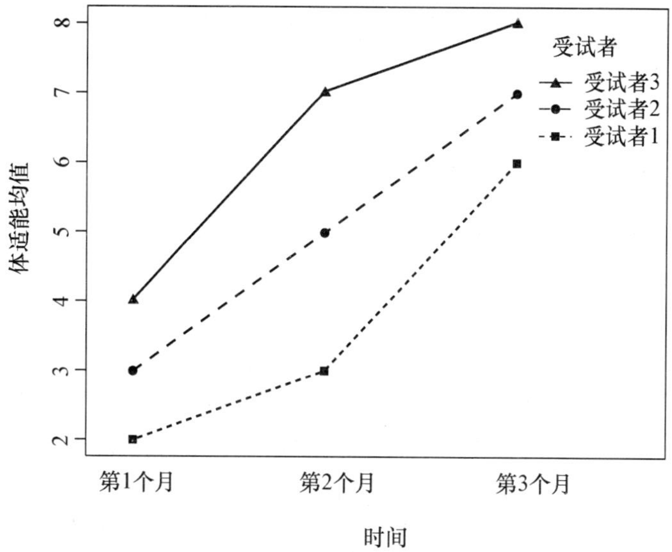

图 11—1　受试者与时间的交互作用

11.1.3.1　原假设与备择假设

在此例中，待答问题是：

受试者在 3 个月内的体适能平均成绩是否不同？

原假设是“假定总体中三个时间点的体适能平均成绩相同”：

$$H_0: \mu_{第1月} = \mu_{第2月} = \mu_{第3月}$$

或写成：

$$H_0: \mu_i = \mu_j，\quad 存在于所有的\ i\ 及\ j$$

备择假设写成：

$$H_1: \mu_i \neq \mu_j，\quad 存在于部分的\ i\ 及\ j$$

11.1.3.2　*SS* 及自由度的计算

在计算前，先以图 11—2 呈现单因素相依样本方差分析的 *SS* 拆解，以利读者掌握公式.

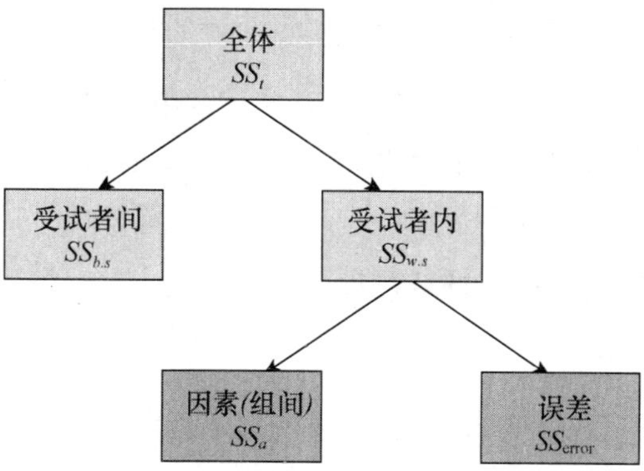

图 11—2　单因素相依样本方差分析的 *SS* 拆解（1）

同样的总和 SS，也可以拆解为图 11—3，在两个图中，深灰底的 SS 是相同的，只是排列位置不同.

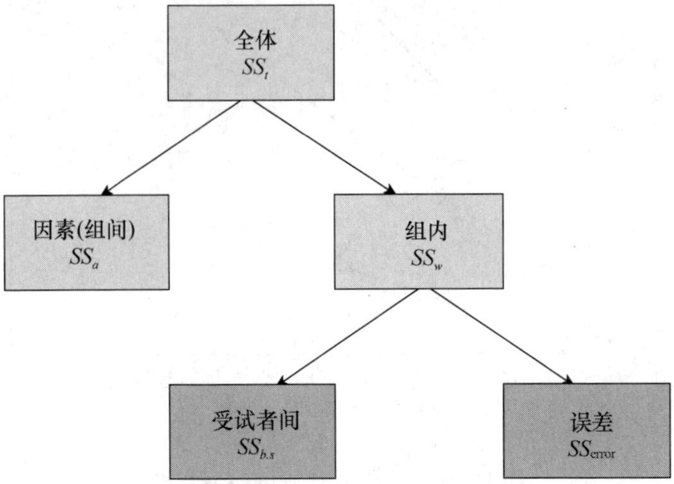

图 11—3　单因素相依样本方差分析的 SS 拆解（2）

在图 11—2 中，要进行整体检验，需要计算五种 SS，分别是：

全体 SS_t＝[(各个数值－总均值)^2]的总和　　(11.1)

受试者间 $SS_{b.s}$＝[(各受试者均值－总均值)^2×受试次数]的总和　　(11.2)

受试者内 $SS_{w.s}$＝[(各个数值－受试者均值)^2]的总和　　(11.3)

因素 SS_a＝[(各月均值－总均值)^2×各月受试者数]的总和　　(11.4)

误差 SS_{error}＝受试者内 $SS_{w.s}$－因素 SS_a　　(11.5)

全体 SS_t 等于 36，计算过程如下（与第 10 章的算法相同）：

$$(2-5)^2+(3-5)^2+(4-5)^2+(3-5)^2+(5-5)^2+(7-5)^2+(6-5)^2+(7-5)^2+(8-5)^2$$
$$=9+4+1+4+0+4+1+4+9$$
$$=36$$

受试者间 $SS_{b.s}$ 等于 10.667，计算过程如下（结果会有舍入误差，下同）：

$$(3.667-5)^2\times3+(5.000-5)^2\times3+(6.333-5)^2\times3=5.333+0+5.333=10.667$$

受试者内 $SS_{w.s}$ 等于 25.333，需要分别计算 3 个受试者内的 $SS_{w.s}$. 其中，第 1 个受试者内 $SS_{w.s}$ 等于 8.667，计算过程如下：

$$(2-3.667)^2+(3-3.667)^2+(6-3.667)^2=2.778+0.444+5.444=8.667$$

第 2 个受试者内 $SS_{w.s}$ 等于 8，计算过程如下：

$$(3-5)^2+(5-5)^2+(7-5)^2=4+0+4=8$$

第 3 个受试者内 $SS_{w.s}$ 等于 8.667，计算过程如下：

$$(4-6.333)^2+(7-6.333)^2+(8-6.333)^2=5.444+0.444+2.778=8.667$$

将 3 个受试者内 $SS_{w.s}$ 加总之后得到联合受试者内 $SS_{w.s}$，为 25.333.

8.667＋8＋8.667＝25.333

由计算结果可看出：

$$全体\ SS_t = 受试者间\ SS_{b.s} + 受试者内\ SS_{w.s} \tag{11.6}$$

代入数值：

36＝10.667＋25.333

因此，全体 SS_t 可拆解成受试者间 $SS_{b.s}$ 及受试者内 $SS_{w.s}$ 两部分（见图 11—4）.

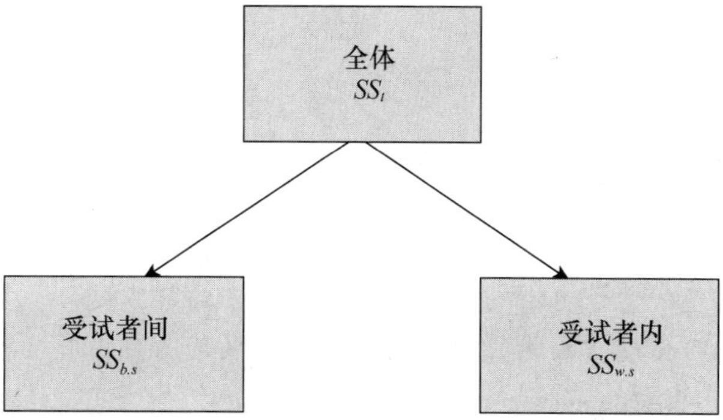

图 11—4　单因素相依样本方差分析的 *SS* 拆解（3）

因素 SS_a 就是第 10 章的组间 SS_b，等于 24，计算过程如下：

$(3-5)^2\times3+(5-5)^2\times3+(7-5)^2\times3=12+0+12=24$

受试者内 $SS_{w.s}$ 等于因素 SS_a 加误差 SS_{error}（见图 11—5），因此误差 SS_{error} 就等于受试者内 $SS_{w.s}$ 减去因素 SS_a，结果为 1.333，计算过程如下：

$SS_{error}=25.333-24=1.333$

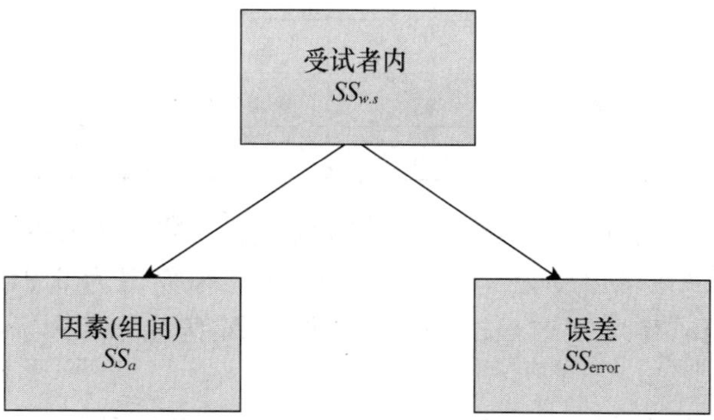

图 11—5　受试者内 *SS* 的拆解

误差 *SS* 实际上就是把观察体当成一个因素（*S*），计算 *S* 与自变量 *A* 的交互作用而得到的 $S*A$ 之 SS_{sa}. 有关交互作用的概念详见本书第 12 章.

上述五个变异来源的自由度公式分别为：

全体的自由度=受试者数×组数−1=所有数值数−1
受试者间的自由度=样本数−1
受试者内的自由度=受试者数×(组数−1)=受试者数×组数−受试者数
因素(组间)的自由度=组数−1
误差的自由度=(受试者数−1)×(组数−1)

计算后得到：

全体的自由度=9−1=8
受试者间的自由度=3−1=2
受试者内的自由度=9−3=6
因素(组间)的自由度=3−1=2
误差的自由度=(3−1)×(3−1)=4

自由度同样具有可加性，所以

全体的自由度=受试者间的自由度+受试者内的自由度
受试者内的自由度=因素(组间)的自由度+误差的自由度

11.1.3.3 方差分析摘要表

求得 *SS* 及自由度后，就可以整理成方差分析摘要表．表 11—4 中，均方是由平方和除以自由度而得，而 *F* 值的公式为：

F=因素均方/误差均方=12/0.333=36

表 11—4　　方差分析摘要表

变异来源	平方和 *SS*	自由度 *df*	均方 *MS*	*F* 值	*p* 值
受试者间	10.667	2	5.333		
受试者内	25.333	6			
因素（组间）	24.000	2	12.000	36	0.002 77
误差	1.333	4	0.333		
全体	36.000	8			

计算所得的 *F* 值是否显著，同样有两种判断方法．第一种是传统取向的做法，找出 $\alpha=0.05$ 时的临界值．在自由度为 2，4 的 *F* 分布中，临界值为 6.944 272（在 R 中输入 qf(0.95，2，4) 即可求得)．表 11—4 中计算所得的 *F* 值为 36，大于 6.944，因此应拒绝原假设．

第二种是现代取向的做法，直接算出在自由度为 2，4 的 *F* 分布中，*F* 值大于 36 的 *p* 值为 0.002 770 083（输入 1−pf(36，2，4) 求得)，小于 0.05，因此应拒绝原假设．

文本框 11—1 显示了范例数据．

文本框 11—1　　　　**数据文件**

```
> load("c:/mydata/chap11/table11.RData")        # 加载本例数据
> table11                                      # 展示本例数据
  s.受试者   a.时间   y.体适能
1 受试者 1 第 1 个月        2
2 受试者 2 第 1 个月        3
3 受试者 3 第 1 个月        4
4 受试者 1 第 2 个月        3
5 受试者 2 第 2 个月        5
6 受试者 3 第 2 个月        7
7 受试者 1 第 3 个月        6
8 受试者 2 第 3 个月        7
9 受试者 3 第 3 个月        8
```

文本框 11—2 中不设定 s＊a 的交互作用，以 aov 建立模型后，用 anova 或 summary 函数列出方差分析摘要表．其中 $SS_{b.s}$是 10.666 7，SS_a是 24，SS_{error}是 1.333 3.

文本框 11—2　　　　**不含交互作用的 ANOVA**

```
> anova(aov(y.体适能~s.受试者+a.时间, data=table11))  # 设定因素与受试者没有交互作用

Analysis of Variance Table

Response: y.体适能
          Df  Sum Sq Mean Sq F value   Pr(>F)
s.受试者   2 10.6667  5.3333      16  0.01235 *
a.时间     2 24.0000 12.0000      36  0.00277 **
Residuals  4  1.3333  0.3333
---
Signif. codes:  0 '***' 0.001 '**' 0.01 '*' 0.05 '.' 0.1 ' ' 1
```

文本框 11—3 中设定了 s＊a 的交互作用，以 aov 建立模型后，改用 summary 函数列出方差分析摘要表．文本框 11—3 中 s＊a 的 *SS* 等于文本框 11—2 中 Residuals 的 *SS*，其他的结果都相同，不过，此设定并不能进行 *F* 检验.

文本框 11—3　　　　**含交互作用的 ANOVA**

```
> summary(aov(y.体适能~s.受试者*a.时间, data=table11))  # 设定因素与受试者有交互作用
                 Df Sum Sq Mean Sq
s.受试者          2 10.667   5.333
a.时间            2 24.000  12.000
s.受试者:a.时间   4  1.333   0.333
```

文本框 11—4 中将"s. 受试者"或者"s. 受试者/a. 时间"因素设定为 Error，此时分析的结果就与表 11—4 一致.

文本框 11—4　　　　**单因素相依样本方差分析**

```
> summary(aov(y.体适能~a.时间+Error(s.受试者/a.时间), data=table11))
```

```
> summary(aov(y. 体适能~a. 时间 + Error(s. 受试者), data = table11))
                                        # 单因素相依样本方差分析(二择一)
Error: s. 受试者
          Df Sum Sq Mean Sq F value Pr(>F)
Residuals  2  10.67   5.333

Error: Within
           Df Sum Sq Mean Sq  F value  Pr(>F)
a. 时间     2 24.000 12.000       36   0.00277 **
Residuals   4  1.333  0.333
---
Signif. codes:  0 '***' 0.001 '**' 0.01 '*' 0.05 '.' 0.1 ' ' 1
```

由图 11—3 的右半部可看到，组内 SS_w 可拆解为受试者间 $SS_{b.s}$ 及误差 SS_{error}（见图 11—6），将表 11—4 中的 $SS_{b.s}$ 与 SS_{error} 相加（10.667＋1.333）即等于第 10 章文本框 10—1中的组内 SS（等于 12）. 由于文本框 11—4 中的误差减少为 1.333，虽然 F 的分母自由度变小（由 6 减为 4），使得临界值变大（由 5.143 增为 6.944），但是 F 值增大为 36，使得 p 值也减小为 0.002 77（文本框 10—1 中的 F 值为 6，p 值为 0.037 04）. 因此，在相同的条件下，使用相依样本设计会比独立样本设计容易拒绝原假设（在 t 检验中也相同）.

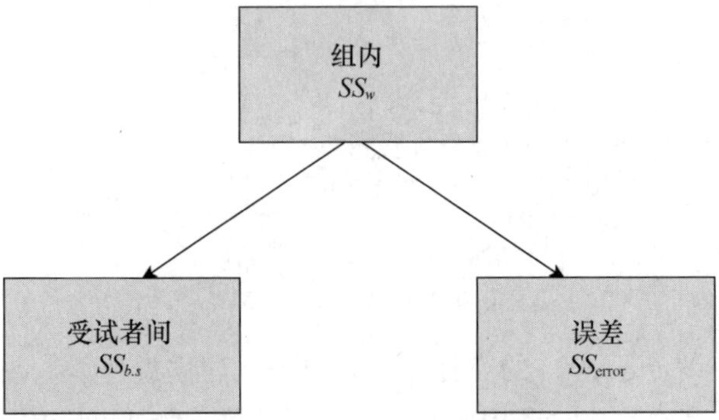

图 11—6　组内 *SS* 的拆解

11.1.4　事后比较

整体检验显著后，研究者通常会再进行事后比较. 此时可使用 Tukey 的 HSD 法进行成对比较. HSD 采用 q 检验，如果符合球形性（见 11.6.3 小节的介绍），公式为：

$$q=\frac{\overline{Y}_i-\overline{Y}_j}{\sqrt{\frac{MS_{\text{error}}}{n}}}$$

当各组样本不相等时，可先计算 t 值：

$$t=\frac{\overline{Y}_i-\overline{Y}_j}{\sqrt{MS_{\text{error}}\left(\frac{1}{n_i}+\frac{1}{n_j}\right)}}=\frac{\overline{Y}_i-\overline{Y}_j}{\sqrt{\frac{2\times MS_{\text{error}}}{n}}}=\frac{\text{均值差异}}{\text{标准误}} \tag{11.7}$$

而 $q=t\times\sqrt{2}$. 式（11.7）与第 10 章的式（10.6）相似，只是分母的部分以误差 MS_{error}取代组内 MS_w.

文本框 11—5 中使用 multcomp 的 glht（General linear hypotheses test）函数进行多重 Tukey 比较. 比较前，先设定模型只含“s. 受试者”及“a. 时间”两个主效应，不含两者的交互作用.

文本框 11—5　　Tukey HSD 多重比较

```
> library(multcomp)                                            # 载入 multcomp 包
> model2 = (aov(y. 体适能～s. 受试者 + a. 时间, data = table11))  # 模式不含交互作用
> summary(glht(model2, linfct = mcp(a. 时间 = "Tukey")))         # 列出 Tukey 的 HSD 检验结果
         Simultaneous Tests for General Linear Hypotheses

Multiple Comparisons of Means: Tukey Contrasts

Fit: aov(formula = y. 体适能～s. 受试者 + a. 时间, data = table11)

Linear Hypotheses:
                          Estimate Std. Error t value Pr(>|t|)
第 2 个月 - 第 1 个月 == 0   2.0000     0.4714   4.243  0.02847 *
第 3 个月 - 第 1 个月 == 0   4.0000     0.4714   8.485  0.00203 **
第 3 个月 - 第 2 个月 == 0   2.0000     0.4714   4.243  0.02863 *
---
Signif. codes:  0 '***' 0.001 '**' 0.01 '*' 0.05 '.' 0.1 ' ' 1
(Adjusted p values reported--single-step method)
```

以文本框 11—5 中第 3 个月与第 1 个月的比较为例，均值差异为 4，标准误为：

$$\sqrt{0.333\left(\frac{1}{3}+\frac{1}{3}\right)}=0.4714$$

因此 $t=4/0.4714=8.485$，$q=8.485\times\sqrt{2}=12$，$p=0.00203$，所以均值差异 4 显著不等于 0，也就是第 3 个月的均值 7 与第 1 个月的均值 3 有显著差异. 文本框 11—5 中每个成对比较的 p 值都小于 0.05，因此 3 个月的均值间都有显著差异.

11.1.5　效应量

如果整体检验后达到统计上的显著，应计算效应量. 在单因素相依样本方差分析中，全体的平方和可以拆解（见图 11—2），计算因素 SS 所占比例即可计算效应量.

目前研究者较多使用偏 η^2 值，它的公式是：

$$偏\ \eta^2=\frac{因素\ SS}{因素\ SS+误差\ SS}=\frac{因素\ SS}{受试者内\ SS}$$

将文本框 11—2 中数值代入之后得到：

$$偏\ \eta^2=\frac{24}{24+1.3333}=\frac{24}{25.3333}=0.947$$

然而，偏 η^2 值并不是真正代表因变量的总变异中可用自变量解释的比例，如果要自行计算 η^2 值，公式为：

$$\eta^2=\frac{\text{因素 }SS}{\text{总和 }SS}=\frac{\text{因素 }SS}{\text{受试者间 }SS+\text{因素 }SS+\text{误差 }SS}$$

从文本框 11—2 中再找到受试者间的 SS 代入公式，得到：

$$\eta^2=\frac{24}{10.6667+24+1.3333}=\frac{24}{36}=0.667$$

$\eta^2=0.667$ 与第 10 章 10.1.6 小节的结果相同. 由此可发现，使用相同的数据，相依样本方差分析比独立样本容易显著，效应量的偏 η^2 也比较大，但是 η^2 仍然相同.

然而，η^2 会高估总体中自变量与因变量的关联程度，因此可以改用不偏估计值 ε^2 或者 ω^2，公式分别为：

$$\varepsilon^2=\frac{\text{因素 }SS-\text{因素自由度}\times\text{误差 }MS}{\text{总和 }SS} \tag{11.8}$$

$$\omega^2=\frac{\text{因素 }SS-\text{因素自由度}\times\text{误差 }MS}{\text{总和 }SS+\text{组内 }MS} \tag{11.9}$$

代入数值后得到：

$$\varepsilon^2=\frac{24-2\times0.3333}{36}=\frac{23.3333}{36}=0.648$$

$$\omega^2=\frac{24-2\times0.333}{36+0.3333}=\frac{23.3333}{36.3333}=0.642$$

在 R 中（见文本框 11—6），可以先以“s. 受试者”及“a. 时间”两个因素建立模型（不含交互作用），再以 DescTools 包中的 EtaSq 函数计算效应量. 其中“a. 时间”因素的 η^2 为 0.666 666 67，偏 η^2 为 0.947 368 4，与自行计算的结果一致.

文本框 11—6　　计算效应量

```
> model2 = (aov(y. 体适能～s. 受试者 + a. 时间, data = table11))   # 以 s. 受试者及 a. 时间为
                                                                   自变量,建立模型
> library(DescTools)                                               # 载入 DescTools 包
> EtaSq(model2, anova = T)                                         # 计算效应量,并列出 ANOVA
                                                                   摘要表
               eta. sq eta. sq. part        SS df         MS  F           p
s. 受试者   0.29629630     0.8888889 10.666667  2  5.3333333 16 0.012345679
a. 时间     0.66666667     0.9473684 24.000000  2 12.0000000 36 0.002770083
Residuals   0.03703704            NA  1.333333  4  0.3333333 NA          NA
```

依据 J. Cohen（1988）的经验法则，η^2 值的小、中、大的效应量分别是 0.01，0.06，0.14. 因此，本范例为大的效应量.

以上三种效应量也可以转换成 Cohen 的 f 值，公式是：

$$f=\sqrt{\frac{\eta^2}{1-\eta^2}} \tag{11.10}$$

代入 0.667 后得到：

$$f=\sqrt{\frac{0.667}{1-0.667}}=1.414$$

依据 J. Cohen（1988）的经验法则，f 值的小、中、大的效应量分别是 0.10，0.25，0.40. 因此，本范例为大的效应量.

11.2　范　例

药物动力学的研究显示，某些药物会对另一种药物的清除率产生影响. 表 11—5 列出了 14 名接受茶碱静脉注射的慢性阻塞性肺病患者，在开放式、随机化、三个时期的交叉实验中，轮流服用两种药物（cimetidine 与 famotidine）及安慰剂（placebo）各三个疗程的情况. 请问：服用三种药物后茶碱的清除率是否有不同？

表 11—5　　14 名受试者服用三种药物之后的茶碱清除率

受试者	cimetidine	famotidine	placebo
1	3.69	5.13	5.88
2	3.61	7.04	5.89
3	1.15	1.46	1.46
4	4.02	4.44	4.05
5	1.00	1.15	1.09
6	1.75	2.11	2.59
7	1.45	2.12	1.69
8	2.59	3.25	3.16
9	1.57	2.11	2.06
10	2.34	5.20	4.59
11	1.31	1.98	2.08
12	2.43	2.38	2.61
13	2.33	3.53	3.42
14	2.34	2.33	2.54

资料来源：Bachmann，K. et al.，“Controlled study of the putative interaction between famotidine and theophylline in patients with chronic obstructive pulmonary disease，” *Journal of Clinical Pharmacology*，1995，35(5)：529-535.

11.2.1　变量与数据

表 11—5 中有四个变量，然而，如果只依表中的短格式输入 R 工作表，无法进行分析，需要再使用堆砌（stack）的方式转成文本框 11—7 的长格式.（注：堆砌方法请见本书第 13 章.）

在文本框 11—7 中，有两个自变量：一是受试者，给予不同的编号；二是药物，有三个类别，分为 cimetidine，famotidine，placebo. 因变量则是注射茶碱之后的清除率（单位为 L/h），数值越大表示清除率越高.

11.2.2 研究问题

在本范例中，研究者想要了解的问题可以陈述如下：

服用三种药物后茶碱的清除率是否有不同？

11.2.3 统计假设

根据研究问题，原假设为“服用三种药物后茶碱的清除率没有不同”：

$$H_0: \mu_{\text{cimetidine}} = \mu_{\text{famotidine}} = \mu_{placebo} \quad 或 \quad H_0: \mu_i = \mu_j，\quad 存在于所有的\ i\ 与\ j$$

备择假设则为“服用三种药物后茶碱的清除率不同”：

$$H_1: \mu_i \neq \mu_j，\quad 存在于部分的\ i\ 与\ j$$

11.3 使用R进行分析

11.3.1 数据文件

部分R数据文件如文本框 11—7 所示，数据文件中包含受试者代号、药物及茶碱清除率.

文本框 11—7　　单因素相依样本方差分析数据文件

```
> load("C:/mydata/chap11/example11.RData")
> example11
     受试者         药物 茶碱清除率
1   受试者 1 cimetidine       3.69
2   受试者 2 cimetidine       3.61
:
15  受试者 1 famotidine       5.13
16  受试者 2 famotidine       7.04
:
29  受试者 1     placebo       5.88
30  受试者 2     placebo       5.89
:
41  受试者 13    placebo       3.42
42  受试者 14    placebo       2.54
注:为节省篇幅,只展示部分数据.
```

11.3.2 描述性统计量

文本框 11—8 显示了使用 Rmisc 包中的 summarySE 函数进行描述统计分析，因变量为“茶碱清除率”，分组变量为“药物”.

文本框 11—8　　　　**描述性统计量**

```
> library(Rmisc)
> summarySE(m = "茶碱清除率", g = "药物", data = example11)
        药物  N 茶碱清除率        sd        se        ci
1 cimetidine 14   2.255714 0.9701206 0.2592756 0.5601310
2 famotidine 14   3.159286 1.7048955 0.4556525 0.9843774
3    placebo 14   3.079286 1.5289185 0.4086207 0.8827713
```

文本框 11—8 显示了接受三种药物实验的受试者人数（总计 14 人），及因变量（茶碱的清除率）的均值、标准差、均值标准误和误差界限．服用第 1 种药物（cimetidine）后茶碱的清除率最低（$M=2.256$，$SD=0.970$），第 2 种药物（famotidine）的清除率（$M=3.159$，$SD=1.705$）与安慰剂差不多（$M=3.079$，$SD=1.529$）．至于 3 个均值是否有显著差异，则要进行后续检验．

11.3.3　均值轮廓图

文本框 11—9 显示了使用 gplots 包中的 plotmeans 函数绘制均值轮廓图（见图 11—7），“～”之前为因变量，之后为自变量．

文本框 11—9　　　　**均值轮廓图**

```
> library(gplots)                                    # 载入 gplots 包
> par(mai = c(1, 1, .1 ,.1),cex = 1.2, cex.lab = 1.2, cex.main = 1.2, lwd = 1.5)
                                                     # 设定边界、文字大小、线粗
> plotmeans(茶碱清除率～药物,data = example11, ylim = c(1.5, 4.5))
                                                     # 绘制均值轮廓图,Y 轴设定从 1.5 到 4.5
```

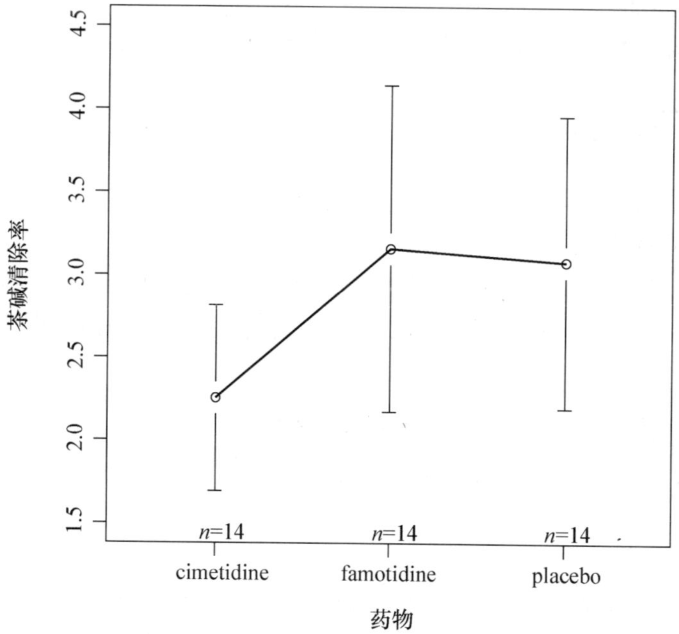

图 11—7　均值轮廓图

图 11—7 是根据本文框 11—8 中的均值及误差界限所绘制的轮廓图，各组的误差界限是依各自的标准差，而非合并的标准差计算的. 由图可看出，服用 cimetidine 后，茶碱的清除率最低.

11.3.4 单因素相依样本方差分析

文本框 11—10 中，先以 aov 建立模型，因变量为“茶碱清除率”，自变量为“药物”，误差项为“受试者”（也可以设定为“受试者/药物”），接着再以 summary 函数列出模型内容（注：无法使用 anova 函数列出）.

文本框 11—10　　单因素相依样本方差分析

```
> model<-aov(茶碱清除率~药物+Error(受试者),data=example11)      # 建立模型
> summary(model)                                                 # 列出模型摘要

Error:受试者
          Df Sum Sq Mean Sq F value   Pr(>F)
Residuals 13  71.81   5.524
Error: Within
          Df Sum Sq Mean Sq F value   Pr(>F)
药物       2  7.005   3.503   10.59 0.000432 ***
Residuals 26  8.599   0.331
---
Signif. codes: 0'***'0.001'**'0.01'*'0.05'.'0.1' '1
```

文本框 11—10 中药物的 F 值的计算公式为：

$$F=\frac{\text{药物}\ MS}{\text{误差}\ MS}$$

代入数值得到：

$$F=\frac{3.503}{0.331}=10.59$$

$F(2,\ 26)=10.59$，$p=0.000\,432$，拒绝原假设，所以至少有一种药物对茶碱的清除率的影响与其他药物不同.

受试者的 SS 为 71.81，如果要进行检验，可以使用文本框 11—11 中的命令. 分析后得到 $F(13,\ 26)=16.703$，$p<0.000\,1$，代表 14 名受试者的茶碱清除率不同，不过这通常不是研究的主要目的.

文本框 11—11　　受试者间效果检验

```
> anova(aov(茶碱清除率~药物+受试者,data=example11))  # 检验受试者间效果
Analysis of Variance Table

Response:茶碱清除率
          Df Sum Sq Mean Sq F value    Pr(> F)
```

```
药物          2  7.005 3.5026   10.591   0.0004321 ***
受试者       13 71.811 5.5240   16.703   2.082e-09 ***
Residuals   26  8.599 0.3307
---
Signif. codes:  0 '***' 0.001 '**' 0.01 '*' 0.05 '.' 0.1 ' ' 1
```

11.3.5　球形检验

单因素相依样本方差分析需要符合球体性，Mauchly 球形检验旨在检验三组间两两差异分数的方差是否相等，方法是先计算三个差异分数：

$$d_1 = \text{cimetidine} - \text{famotidine}$$
$$d_2 = \text{famotidine} - \text{placebo}$$
$$d_3 = \text{cimetidine} - \text{placebo}$$

原假设为：

$$H_0: \sigma_{d_1}^2 = \sigma_{d_2}^2 = \sigma_{d_3}^2 \quad \text{或} \quad \sigma_{d_i}^2 = \sigma_{d_j}^2，\text{存在于所有的 } i \text{ 与 } j$$

备择假设为：

$$H_1: \sigma_{d_i}^2 \neq \sigma_{d_j}^2，\text{存在于部分的 } i \text{ 与 } j$$

文本框 11—12 显示了使用 ez 包中的 ezANOVA 函数进行球形检验，dv 为因变量，wid 为受试者，within 为受试者内因素.

文本框 11—12　　球形检验

```
> library(ez)                                      # 载入 ez 包
> ezANOVA(dv = 茶碱清除率, wid = 受试者, within = 药物, data = example11)
                                                   # 进行方差分析及假定检查
$ANOVA
  Effect DFn DFd        F             p p<.05        ges
2 药物     2  26 10.59078 0.0004321301     * 0.08013682

$'Mauchly's Test for Sphericity'
  Effect         W           p p<.05
2   药物 0.4324404 0.006539698     *

$'Sphericity Corrections'
  Effect       GGe       p[GG] p[GG]<.05       HFe       p[HF] p[HF]<.05
2   药物 0.6379343 0.002977973         * 0.6764748 0.002420647         *
```

检验后得到 $W=0.4324404$，$p=0.006539698$，因此应拒绝原假设. 由于已经违背了球形性假定，因此后续分析得到的 F 值概率就会有正偏的情形（也就是容易拒绝原假设），需要使用 ε 值对自由度加以校正，以获得比较大的 F 临界值（临界值越大，同样的 F 值就越不容易显著，也就是比较不容易拒绝原假设）.

$'Sphericity Corrections'部分有 Greenhouse-Geisser 及 Huynh-Feldt 两种 ε 值，分别

为 0.637 934 3 及 0.676 474 8. Huynh-Feldt 的 ε 值比较适合一般情形，Greenhouse-Geisser 的 ε 值则比较适合极端违背假设的情况. 如果两个值很接近，且都很小，则使用 Greenhouse-Geisser 的 ε 值比较恰当；如果都很大，则使用 Huynh-Feldt 的 ε 值较合适（Page，Braver，& MacKinnon，2002，p. 72）. 当 Greenhouse-Geisser 的 ε>0.75 时，就会过于保守，此时最好改为采用 Huynh-Feldt 的方法（Girden，1992）. 由于文本框 11—12 中 Greenhouse-Geisser 的 ε =0.637 934 3<0.75，因此可以使用 Greenhouse-Geisser 的校正方法.

将原来的分子及分母自由度 2 及 26 各自乘上 0.637 934 3，就是校正的自由度. 校正后的 $F(2*0.637\,934\,3, 26*0.637\,934\,3)$ 仍是 10.590 78，但 $p=0.002\,977\,973$，拒绝原假设，所以至少有一种药物对茶碱的清除率的影响与其他药物不同.（注：在 R 中输入 1−pf(10.590 78，2 * 0.637 934 3，26 * 0.637 934 3) 即可得到 p 值.）

11.3.6 事后比较

文本框 11—13 显示了使用 multcomp 的 glht（General linear hypotheses test）函数进行事后多重 Tukey 比较. 分析前，先设定模型只含"药物"及"受试者"两个主效应，不含两者的交互作用.

文本框 11—13　　　　事后比较

```
> model2<-aov(茶碱清除率~药物+受试者，data=example11)
> library(multcomp)                                    # 载入 multcomp
> summary(glht(model2, linfct=mcp(药物="Tukey")))      # 以 Tukey 法进行多重比较

        Simultaneous Tests for General Linear Hypotheses

Multiple Comparisons of Means：Tukey Contrasts

Fit：aov(formula=茶碱清除率 ~ 药物+受试者，data=example11)

Linear Hypotheses：
                            Estimate Std. Error t value Pr(>|t|)
famotidine-cimetidine == 0    0.9036    0.2174   4.157  < 0.001 ***
placebo-cimetidine == 0       0.8236    0.2174   3.789  0.00219 **
placebo-famotidine == 0      -0.0800    0.2174  -0.368  0.92826
---
Signif. codes:  0'***'0.001'**'0.01'*'0.05'.'0.1' '1
(Adjusted p values reported—single-step method)
```

由文本框 11—8 得知，famotidine 与 cimetidine 的茶碱清除率均值分别为 3.159 286 和 2.255 714，两者的均值差异为 0.903 6，标准误为：

$$\sqrt{0.330\,7\left(\frac{1}{14}+\frac{1}{14}\right)}=0.217\,4$$

计算所得 t 值为 0.903 6/0.217 4=4.157，$p<0.001$，因此两组之间的均值有显著差

异．由文本框 11—13 可以看出：famotidine-cimetidine 与 placebo-cimetidine 之间都有显著差异（p 值都小于 0.05），famotidine 及 placebo（安慰剂）的茶碱清除率比 cimetidine 高（差异均值是正数）．

11.4　计算效应量

文本框 11—14 显示了使用 DescTools 包中的 EtaSq 函数计算效应量．其中 model2 只含“试者”与“药物”的主效应，不含交互作用．

文本框 11—14　　**计算效应量**

```
> library(DescTools)
> EtaSq(model2, anova = T)
               eta.sq eta.sq.part        SS df        MS        F            p
药物       0.08013682   0.4489372  7.005186  2 3.5025929 10.59078 4.321301e-04
受试者     0.82149657   0.8930639 71.811381 13 5.5239524 16.70275 2.082167e-09
Residuals  0.09836660          NA  8.598748 26 0.3307211       NA           NA
```

其中药物的 SS 是 7.005 186，误差的 SS 是 8.598 748，因此偏 η^2 值是：

$$偏\ \eta^2=\frac{7.005\ 186}{7.005\ 186+8.598\ 748}=0.448\ 937\ 2$$

要计算 η^2 值，再从文本框 11—14 中找到受试者间的 SS，为 71.811 381，得到：

$$\eta^2=\frac{7.005\ 186}{7.005\ 186+71.811\ 381+8.598\ 748}=0.080\ 136\ 82$$

图示见图 11—8.

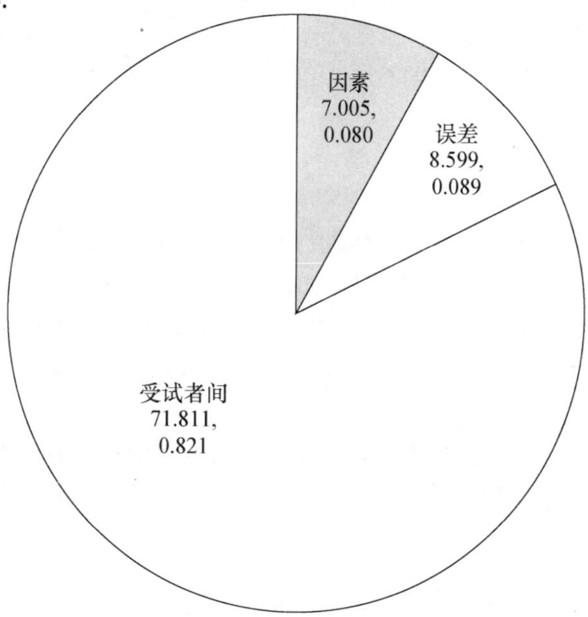

图 11—8　单因素相依样本方差分析效应量

依据 J. Cohen（1988）的经验法则，η^2 值的小、中、大的效应量分别是 0.01，0.06，0.14. 因此，本范例为中度的效应量.

11.5 以 APA 格式撰写结果

以 14 名受试者进行随机化交叉实验设计，三种药物对茶碱的清除率有不同的作用，$F(2, 26)=10.59$，$p<0.001$，效应量 $\eta^2=0.080$. 服用 cimetidine 后，其茶碱的清除率（$M=2.26$，$SD=0.97$）显著比安慰剂（$M=3.08$，$SD=1.53$）低，也比 famotidine（$M=3.16$，$SD=1.70$）低. famotidine 与安慰剂则无显著差异.

11.6 单因素相依样本方差分析的假定

单因素相依样本方差分析应符合以下三个假定.

11.6.1 观察体要能代表总体，且彼此间独立

观察体独立是指组内的各个样本间（受试者间）不会相互影响. 由于是相依样本，因此组间是不独立的，也就是同一受试者会在不同的疗程中依序服用三种不同药物. 不过，如果受试者在同一个疗程中同时服用两种以上的药物，则违背独立假定.

观察体间不独立，计算所得的 p 值就不准确，如果有证据支持违背了这项假定，就不应使用单因素相依样本方差分析.

11.6.2 在自变量的各水平上，总体因变量须服从正态分布

此项假定是指在全体接受茶碱静脉注射的慢性阻塞性肺病患者中，服用三种药物后的茶碱清除率要服从正态分布. 如果因变量不服从正态分布，会降低检验的统计检验力. 不过，当样本数在 30 以上时，即使违背了这项假定，对于单因素相依样本方差分析的影响也不大.

11.6.3 球形性

球形性是指总体中，各成对差异分数的方差要具有齐性（相等）. R 可以使用 Mauchly 的球形检验来检验是否违背这个假定，如果不符合此项假定，就要使用 Greenhouse-Geisser 及 Huynh-Feldt 两种 ε 值对自由度加以校正. 如果 Greenhouse-Geisser 的 $\varepsilon>0.75$，最好改为采用 Huynh-Feldt 的方法；如果 $\varepsilon\leqslant 0.75$，则仍使用 Greenhouse-Geisser 的方法.

多变量方差分析是另一种替代方法，它不需要符合球形性，且有多种追踪分析方法可供选择. 不过，多变量方差分析需要符合另一个假定——多变量正态分布，相关内容请见本书第 15 章.

第12章 二因素独立样本方差分析

二因素独立样本方差分析旨在分析两个自变量对一个数值因变量的效果，适用的情境如下：

自变量：两个自变量，均为定性变量.

因变量：定量变量.

本章先介绍二因素独立样本方差分析的整体检验，接着说明后续分析的方法.

12.1 基本统计概念

12.1.1 目的

二因素独立样本方差分析旨在检验两个自变量对数值因变量的效果，在此，两个自变量（因素）各有两个以上的类别（水平），且都是独立因素. 使用二因素方差分析与分别进行两次单因素方差分析相比，有三个优点：

1. 除了可以分析两个自变量的主效应（main effect），还能分析两个自变量之间的交互作用（interaction）. 二因素方差分析的最主要目的在于了解两个变量之间的交互作用，也就是某一个自变量的效果可能会因为另一个自变量的存在而有所不同，因此在分析时要先了解两个自变量间是否有交互作用存在，如果没有，才能进行主效应的分析.

2. 可以减少样本数，节省研究经费. 如果研究者只想了解采用三种不同的方法教学后学生的学业成绩是否有差异，假设每组需要 12 名受试者，则总共需要 36 名受试者. 假使研究者另外想研究三种不同性向学生使用相同教学法后的学业成绩是否有差异，同样地，每种性向需要 12 名受试者，总共需要 36 人. 如果使用单因素实验分析，那么总共需要 72 名受试者. 但在二因素独立样本设计中总共只需要 36 个样本，可以减少受试者，因此也就比进行两个单因素实验设计节省费用.

3. 可以减少误差变异，使得检验容易显著. 如果有两个自变量，分别进行两次单因素方差分析，只能分析个别的主效应，而且组内 *SS*（误差变异）也比较大. 如果进行二因素方差分析，不仅可以分析两个因素的交互作用，而且可以在组内 *SS* 中拆解出二因素交互的 *SS*，由于误差变异减少，检验也比较容易显著.

12.1.2 分析示例

以下研究问题都可以使用二因素独立样本方差分析：

1. 三种教学法对三种不同特质学生的教学效果.
2. 不同品牌的洗衣粉与水质对洗涤效果的影响.
3. 不同药物对不同年龄层病人在提升高密度胆固醇方面的效果.

12.1.3 交互作用

有时某个自变量的效果会因为另一个变量的存在而对因变量产生不同的效果，后者是前者的调节变量（moderator）. 例如，增强物是否能提高学生学习的兴趣，要视学生是否有内在动机，如果学生已经有强烈的内在动机，又提供外在的增强物，有时反而会降低学习兴趣，此称为过度辨正（overjustification）.

在教育心理学的研究中，Cronbach 及 Snow 提出性向与处理交互作用（aptitude-treatment interaction，ATI）的概念，认为某些教学处理（策略）对于特定的学生，会因为他们的特殊能力而特别有效（或是特别无效）.

在图 12—1 中，无论面对什么性向的学生，使用第一种教学法（例如，讲演法）都比使用第二种教学法（例如，自学辅导法）取得的平均学业成绩高，因此教学法并不会因为学生性向不同而对学业成绩产生不同的效果，也就是说两者并没有交互效果，所以性向这一变量不是教学法的调节变量. 此时，两个因素都有主效应.

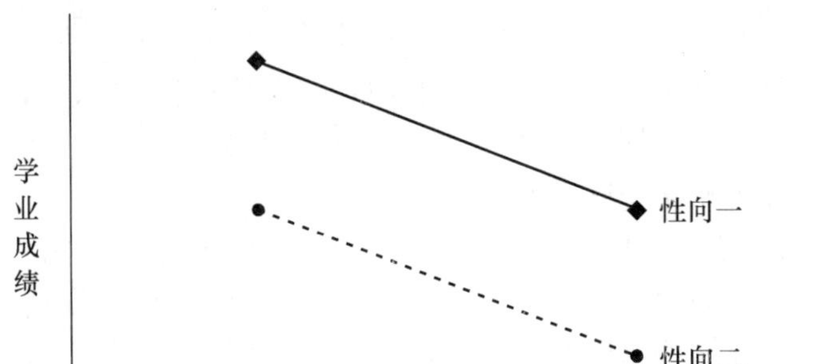

图 12—1 无交互作用

在图 12—2 中，教学法则会因为学生性向的不同，而有不同的平均学业成绩. 如果使用第一种教学法，则第二种性向（例如，外控型）的学生受益比较大，因此学业成绩也较高. 但是，如果使用第二种教学法来教导第二种性向的学生，他们的学业成绩反而比较低. 然而，第二种教学法却对第一种性向（例如，内控型）的学生比较有帮助. 所以，整体而言两种教学法的平均效果并没有差异，但是会因为不同的学生性向而产生不同的效果，因此两者有交互作用，性向是教学法的调节变量. 此种交互作用称为非次序性交互作用（disordinal interaction），此时两个因素都没有主效应.

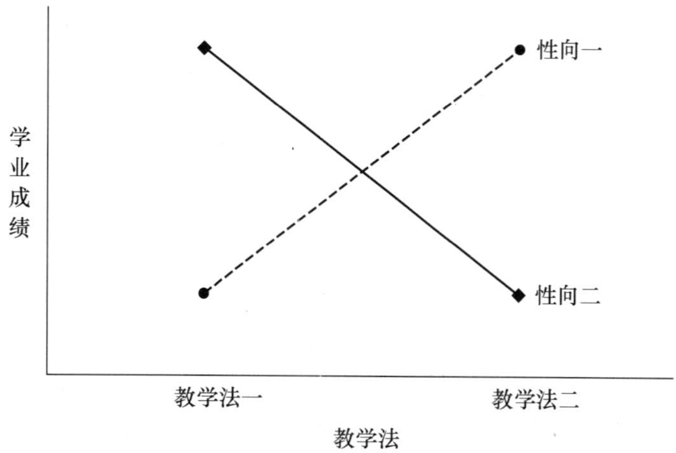

图 12—2　非次序性交互作用

图 12—3 中，不管使用何种教学法，第一种性向的学生的平均学业成绩都比第二种性向的学生高. 不过，当使用第一种教学法时，两种性向间的差异较小，但是使用第二种方法时，两种性向间的差异则变得较大. 对于第一种性向的学生，无论采用何种教学方法，效果都相同，但是对于第二种性向的学生，则应该采用第一种教学法，不宜采用第二种教学法. 所以，教学法仍应视学生性向而加以调整，性向仍是教学法的调节变量. 此种交互作用称为次序性交互作用（ordinal interaction），此时两个因素都有主效应.

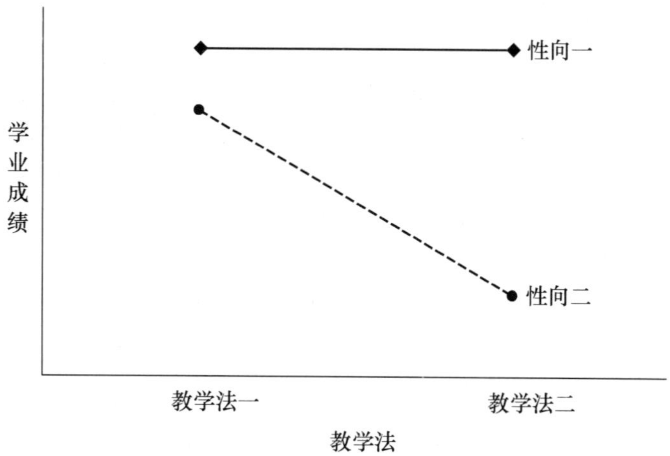

图 12—3　次序性交互作用（1）

图 12—4 显示的也是次序性交互作用，此时学生性向有主效应，教学法则没有主效应.

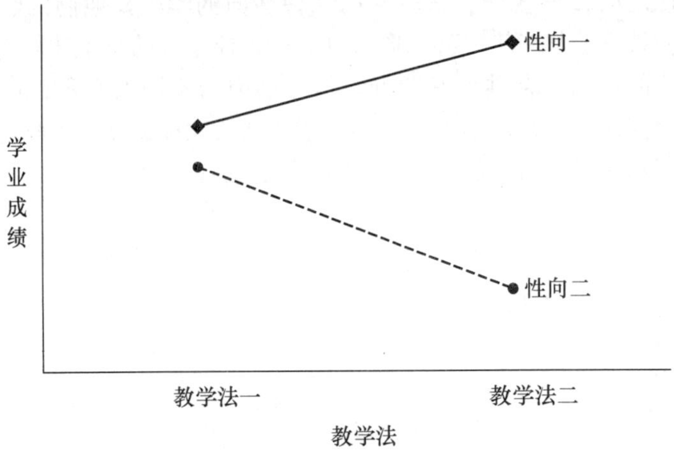

图 12—4　次序性交互作用（2）

12.1.4　分析流程

二因素方差分析的流程可以用图 12—5 表示. 在分析时，要先留意二因素交互作用是否达到显著. 如果交互显著，则接着进行单纯效果（simple main effect，或称单纯主效应）分析；如果交互作用不显著，则进行主效应分析. 两种效果分析的后续步骤是类似的，如果显著，则接着进行事后比较；如果不显著，则停止分析.

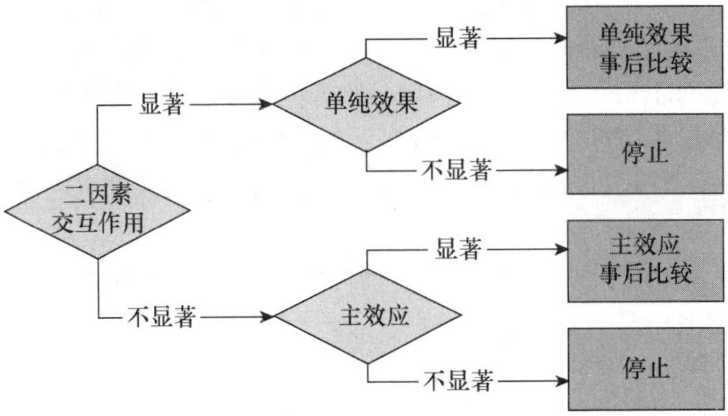

图 12—5　二因素方差分析流程

12.1.5　整体检验

下面举例说明，研究者想要了解三种不同教学法与学生性向对学业成绩是否有交互作用. 因此分别找了三种不同性向的学生各 12 名（总计 36 名），再以随机分派的方式各自接受三种不同的教学法，经过一学期后，测得学生的学业成绩（见表 12—1）. 在此例中，有两个自变量，其中教学法（A 因素）有三个类别（水平），学生性向（B 因素）也有三种水平，因此是 3×3 的实验设计，共有 9 个单元格（不同的处理）. 因变量是学业成绩.

表 12—1　　　　36 名学生的学业成绩

		学生性向		
		性向一	性向二	性向三
教学法	教学法一	16	12	7
		15	12	8
		17	13	7
		15	12	6
教学法	教学法二	9	11	14
		10	12	14
		11	13	15
		9	10	14
	教学法三	13	9	7
		13	8	7
		14	8	6
		11	6	5

12.1.5.1　原假设与备择假设

在本范例中，研究者想要了解的问题可以陈述如下：

学业成绩是否因教学法及学生性向而有差异？
学业成绩是否因教学法而有差异？
学业成绩是否因学生性向而有差异？

根据研究问题，原假设一为“两个自变量没有交互作用”：

H_0：教学法与学生性向没有交互作用

备择假设则为“两个自变量有交互作用”：

H_1：教学法与学生性向有交互作用

原假设二为“在总体中三种教学法下学业成绩没有差异”：

$H_0:\mu_{教学法一}=\mu_{教学法二}=\mu_{教学法三}$

备择假设则为“在总体中三种教学法下学业成绩有差异”：

$H_1:\mu_i\neq\mu_j$，　存在一些 i 与 j

原假设三为“在总体中三种性向的学生的学业成绩没有差异”：

$H_0:\mu_{性向一}=\mu_{性向二}=\mu_{性向三}$

备择假设则为“在总体中三种性向的学生的学业成绩有差异”：

$H_1:\mu_i\neq\mu_j$，　存在一些 i 与 j

12.1.5.2　*SS* 的拆解

二因素独立样本方差分析的平方和（SS）可以拆解，如图 12—6 所示，全体（总和）

的 SS 可以分为组内 SS 及组间 SS. 组内 SS 就是误差 SS，是两个因素解释不到的部分；组间 SS 则是两个因素的效果，又可分为因素一和因素二的主效应，及两因素间的交互作用.

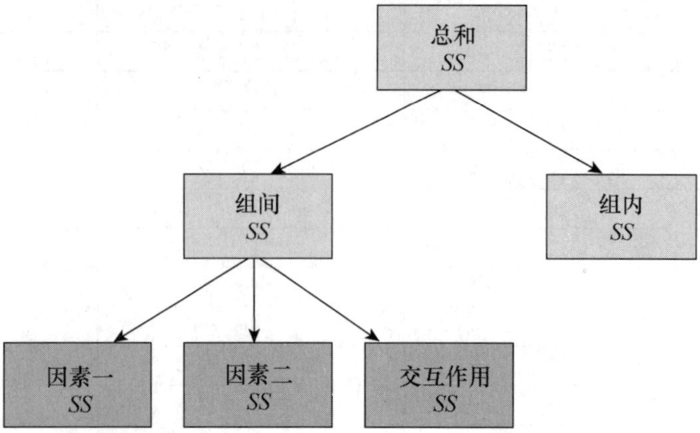

图 12—6　二因素独立样本方差分析的平方和拆解

12.1.5.3　以 R 进行二因素方差分析

本章不列出各种 SS 的计算方法，而以 R 的结果说明主要的统计概念. 文本框 12—1 列出了各单元格的描述性统计量，另外分别列出了行和列的描述性统计量.

文本框 12—1　　单元格描述性统计量

```
> load("C:/mydata/chap12/table12.RData")                     # 加载本例数据
> library(Rmisc)                                             # 载入 Rmisc 包
> summarySE(m="学业成绩", g=c("教学法", "性向"), data=table12) # 列出单元格的描述性统计量
   教学法   性向 N 学业成绩        sd        se        ci
1 教学法一 性向一 4    15.75 0.9574271 0.4787136 1.5234802
2 教学法一 性向二 4    12.25 0.5000000 0.2500000 0.7956116
3 教学法一 性向三 4     7.00 0.8164966 0.4082483 1.2992283
4 教学法二 性向一 4     9.75 0.9574271 0.4787136 1.5234802
5 教学法二 性向二 4    11.50 1.2909944 0.6454972 2.0542603
6 教学法二 性向三 4    14.25 0.5000000 0.2500000 0.7956116
7 教学法三 性向一 4    12.75 1.2583057 0.6291529 2.0022452
8 教学法三 性向二 4     7.75 1.2583057 0.6291529 2.0022452
9 教学法三 性向三 4     6.25 0.9574271 0.4787136 1.5234802
> summarySE(m="学业成绩", g=c("教学法"), data=table12)       # 列出各教学法的描述性统计量
   教学法  N  学业成绩       sd        se       ci
1 教学法一 12 11.666667 3.821788 1.1032551 2.428248
2 教学法二 12 11.833333 2.124889 0.6134025 1.350090
3 教学法三 12  8.916667 3.088346 0.8915286 1.962241
> summarySE(m="学业成绩", g=c("性向"), data=table12)         # 列出各性向的描述性统计量
    性向  N  学业成绩       sd        se       ci
1 性向一 12 12.750000 2.734460 0.7893707 1.737393
2 性向二 12 10.500000 2.276361 0.6571287 1.446331
3 性向三 12  9.166667 3.833663 1.1066831 2.435793
```

文本框 12—2 中，先以 aov 函数建立模型，再以 anova 或 summary 函数列出摘要表. 提醒读者，R 默认计算 I 型的 *SS*，如果是平衡设计（各单元格样本数相等），并无影响，如果是不平衡设计，则因素设定顺序不同，*SS* 就会有差异，因此再以 car 包中的 Anova 函数（前缀大写）列出Ⅱ型的 *SS*.

文本框 12—2　　　　　　　　　　　　**二因素独立样本方差分析**

```
> model<-aov(学业成绩～教学法*性向,data=table12)   # 建立模型
> anova(model)                                    # 列出模型的摘要
Analysis of Variance Table

Response:学业成绩
              Df  Sum Sq Mean Sq F value    Pr(>F)
教学法         2  64.389  32.194  33.114 5.426e-08 ***
性向           2  78.722  39.361  40.486 7.477e-09 ***
教学法:性向    4 210.278  52.569  54.071 1.678e-12 ***
Residuals     27  26.250   0.972
---
Signif. codes:  0‘***’0.001‘**’0.01‘*’0.05‘.’0.1‘ ’1
> library(car)
> Anova(model)
Anova Table (Type II tests)

Response:学业成绩
             Sum Sq Df F value    Pr(>F)
教学法       64.389  2  33.114 5.426e-08 ***
性向         78.722  2  40.486 7.477e-09 ***
教学法:性向 210.278  4  54.071 1.678e-12 ***
Residuals    26.250 27
---
Signif. codes:  0‘***’0.001‘**’0.01‘*’0.05‘.’0.1‘ ’1
```

文本框 12—2 中为方差分析摘要表，以下针对 *SS* 及自由度做详细的说明.

“教学法”因素是教学法的主效应，在于比较文本框 12—1 中各教学法（列）的边际均值是否有显著差异（分别是 11.667，11.833，8.917）. A 因素的自由度是水平数减 1，所以是 3－1＝2.

“性向”因素是学生性向的主效应，在于比较文本框 12—1 中三种性向（行）的边际均值是否有显著差异（分别是 12.750，10.500，9.167）. B 因素的自由度也是水平数减 1，所以是 3－1＝2.

“教学法：性向”是两个因素的交互作用，也是二因素方差分析的主要目的，它的自由度是上述两个自由度的乘积，所以是 (3－1)×(3－1) ＝4.

以上三者的总和称为组间的效果，主要在于比较文本框 12—1 中 9 个单元格均值的差异. 自由度为单元格数减 1，所以 9－1＝8.

残差（Residuals）是 9 个单元格中每个学生与该单元格均值的差异平方和，也是两个因素及其交互作用解释不到的变异. 自由度是总人数减单元格数，所以是 36－9＝27.

平均平方和就是 MS（Mean Sq），等于平方和除以各自的自由度. F 值的公式是：

$$F=\frac{\text{因素}\ MS}{\text{误差}\ MS}$$

在此范例中，误差的 MS 为 0.972，它计算主效应、交互作用、单纯效果，及事后比较的分母部分，应加以留意.

文本框 12—2 中，教学法与学生性向的交互作用效果的 SS 为 210.278，$F(4, 27)=54.071$，$p<0.001$，达到 0.05 显著性水平，因此两者有显著的交互作用. 另外，教学法的 $F(2, 27)=33.114$，学生性向的 $F(2, 27)=40.486$，p 值均小于 0.001，表示两个自变量也都有主效应. 也就是说，教学法不同，学生的平均学业成绩不同；学生性向不同，其平均学业成绩也不同.

图 12—7 是以教学法为横轴所绘的轮廓图，以第一种教学法所教的三组学生中，第一种性向的学生的平均学业成绩最高，其次为第二种性向的学生，第三种性向的学生的学业成绩最低. 在第二种教学法下，第三种性向的学生的学业成绩反而最高. 在第三种教学法下，第一种性向的学生的学业成绩最高. 因此，第一及第三种教学法比较适合第一种性向的学生，第二种教学法则比较适合第三种性向的学生. 三条线并不平行，因此有交互作用.

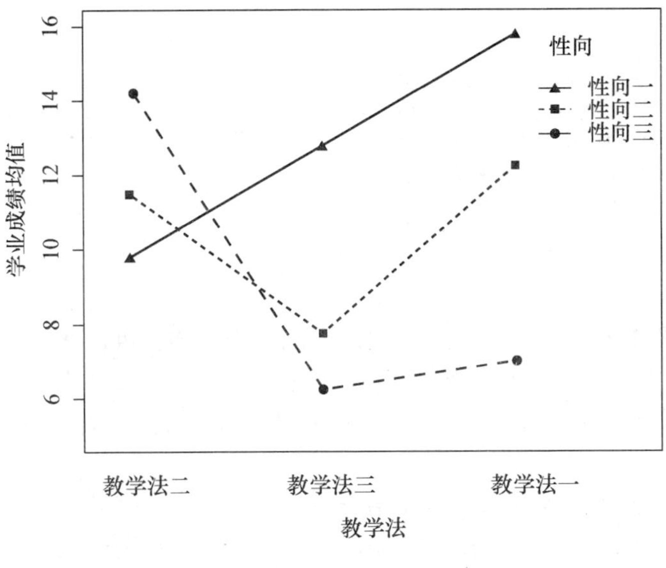

图 12—7　以教学法为横轴的均值轮廓图

如果以学生性向为横轴来看（见图 12—8），对于第一种性向的学生，采用第一种教学法所得的学业成绩最高，其次是第三种教学法，采用第二种教学法的效果最差；对于第二种性向的学生，第一种教学法的效果仍为最好，不过，第二种教学法的效果则优于第三种教学法；对于第三种性向的学生，采用第二种教学法的效果最佳，第一种教学法的效果略优于第三种教学法，两者相差无几. 因此，对于第一种性向的学生，最好采用第一种教学法；对于第二种性向的学生，采用第一、第二种教学法效果差不多；对于第三种性向的学生，最好采用第二种教学法，不适宜使用第一、第三种教学法.

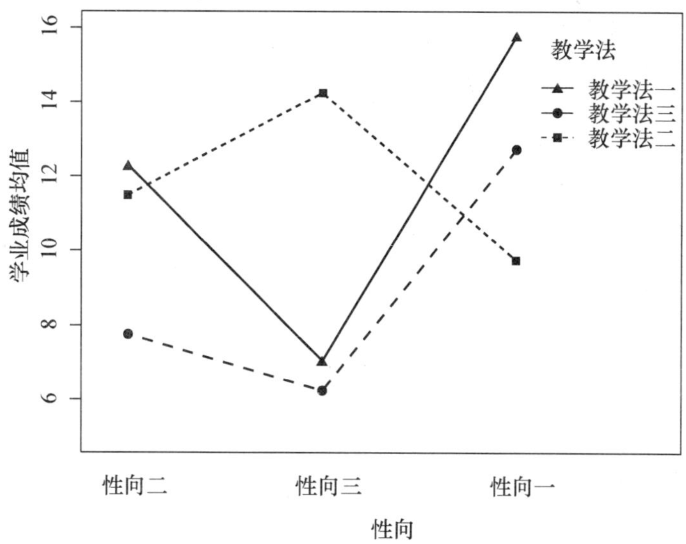

图 12—8　以性向为横轴的均值轮廓图

上述交互作用图是根据文本框 12—3 的指令所绘. 在 interaction. plot 函数中，第 1 个变量置于 X 轴，第 2 个变量是个别线，第 3 个变量为因变量，type="b" 是以线条加符号呈现，pch=15:17 分别是实心正方形、圆形、三角形（代号可以在网上找到).

文本框 12—3　　**交互作用图**

```
> load("C:/mydata/chap12/table12.RData")                # 加载本例数据
> attach(table12)                                       # 绑定数据,不需要重复设定
> par(mai = c(1, 1, .1 ,.1), cex = 1.2, cex.lab = 1.3, cex.main = 1.3, lwd = 1.4)
                                                        # 设定边界、字体、线粗
> interaction.plot(教学法, 性向, 学业成绩, ylim = c(5,16), lwd = 1.5, ylab = "学业成绩均值", type =
"b", pch = 15:17)                                       # 以教学法为横轴
> interaction.plot(性向, 教学法, 学业成绩, ylim = c(5,16), lwd = 1.5, ylab = "学业成绩均值", type =
"b", pch = 15:17)                                       # 以性向为横轴
```

12.1.6　单纯效果检验及事后比较

由于两个变量的交互作用已经显著，接下来会进行单纯效果分析. 单纯效果分析的主要内容为：

1. 在“教学法”（A 因素）的三种水平中，“性向”（B 因素）的效果是否有差异. 它们包含了 B at A1，B at A2，及 B at A3 等三个单纯效果.

2. 在“性向”（B 因素）的三种水平中，“教学法”（A 因素）的效果是否有差异. 它们包含了 A at B1，A at B2，及 A at B3 等三个单纯效果.

由上述说明可看出，在本例中最多可以进行 6 次单纯效果分析，等于 A，B 两个因素的水平和（3+3=6). 不过，在实务上并不需要进行 6 次单纯效果分析，而是以研究者感兴趣的自变量为主（本例中可能是学生性向，B 因素)，分析三种不同性向的学生，分别适合什么教学法（A 因素). 所以，只要分析 A at B1，A at B2，及 A at B3 等三个单纯效果即可.

概念上，我们可以使用 B 因素将学生分为三组，然后分别比较在三种性向的学生中，A 因素是否各自有主效应. 也就是在 B 因素的三种水平（B1，B2，B3）上，以 A 因素为自变量进行单因素方差分析.

当然，这样的想法并没有错，只是如果分别使用 A，B 因素进行单因素方差分析，误差项会比较大，以至于检验比较不容易显著. 后续的各种分析，都应使用整体的误差为分母（本例中误差的 *MS* 为 0.972).

文本框 12—4 中进行了两类单纯效果分析. 第 1 个分析是分别在各种教学法下，比较三个性向间的平均成绩是否不同，即分析 B at A1，B at A2，B at A3 等三个单纯效果. 第 2 个分析是分别在各个性向中，比较三种教学法的平均成绩是否不同，即分析 A at B1，A at B2，A at B3 等三个单纯效果. 为避免 I 型错误膨胀，分别以 Bonferroni 法加以校正，每个单纯效果的 α 设定为 0.05/3=0.016 67.

文本框 12—4　　　　单纯效果分析

```
> model<-aov(学业成绩~教学法*性向, data=table12)   # 建立模型
> library(phia)                                      # 载入 phia 包
> testInteractions(model, fixed="教学法", across="性向", adjustment="bonferroni")
                                                     # 在各种教学法中，性向间的差异，以
                                                       Bonferroni 法校正 I 型错误

F Test:
P-value adjustment method: bonferroni
          性向1 性向2 Df Sum of Sq      F    Pr(>F)
教学法一   8.75  5.25  2   155.167 79.800 1.391e-11 ***
教学法二  -4.50 -2.75  2    41.167 21.171 8.851e-06 ***
教学法三   6.50  1.50  2    92.667 47.657 4.165e-09 ***
Residuals             27    26.250
---
Signif. codes:  0'***'0.001'**'0.01'*'0.05'.'0.1' '1
> testInteractions(model, fixed="性向", across="教学法", adjustment="bonferroni")
                                                     # 在各种性向中，教学法间的差异，以
                                                       Bonferroni 法校正 I 型错误

F Test:
P-value adjustment method: bonferroni
        教学法1 教学法2 Df Sum of Sq      F    Pr(>F)
性向一     3.00   -3.00  2     72.00 37.029 5.481e-08 ***
性向二     4.50    3.75  2     46.50 23.914 3.167e-06 ***
性向三     0.75    8.00  2    156.17 80.314 1.291e-11 ***
Residuals               27     26.25
---
Signif. codes:  0'***'0.001'**'0.01'*'0.05'.'0.1' '1
```

上述结果可以整理成表 12—2.

表 12—2　　　　二因素独立样本方差分析摘要表

Source	*Df*	*SS*	*F* Value	*P*(>*F*)
性向				
教学法一	2	155.167	79.800	1.391e−11

续前表

Source	Df	SS	F Value	$P(>F)$
教学法二	2	41.167	21.171	8.851e−06
教学法三	2	92.67	47.657	4.165e−09
教学法				
性向一	2	72.00	37.029	5.481e−08
性向二	2	46.50	23.914	3.167e−06
性向三	2	156.17	80.314	1.291e−11
Error	27	26.25		
Total	35	379.64		

表 12—2 中“性向”下的三种“教学法”分别分析的是：

1. 接受第一种教学法的三种性向学生，其平均学业成绩是否有不同（B at A1 的单纯效果）？原假设为：

$$H_0: \mu_{1,1}=\mu_{1,2}=\mu_{1,3}$$

2. 接受第二种教学法的三种性向学生，其平均学业成绩是否有不同（B at A2 的单纯效果）？原假设为：

$$H_0: \mu_{2,1}=\mu_{2,2}=\mu_{2,3}$$

3. 接受第三种教学法的三种性向学生，其平均学业成绩是否有不同（B at A3 的单纯效果）？原假设为：

$$H_0: \mu_{3,1}=\mu_{3,2}=\mu_{3,3}$$

此处所使用的误差 MS（$\sqrt{26.250/27}=0.972$）就是文本框 12—2 整体检验时的误差 MS，分析之后三个 F 值（自由度均为 2，27）分别是 79.800，21.171，47.657，p 值都小于 0.001，所以三个单纯效果都显著，也就是说，在每种教学法下，三种性向学生的平均学业成绩有显著差异.

三者的 SS 分别为 155.167，41.167，92.667，总和为 289（有舍入误差），等于文本框 12—2 中“性向”加上“教学法：性向”的 SS. 因此，B at A 的单纯效果等于 B 的主效应加上 A 与 B 的交互作用效果，亦即

$$155.167+41.167+92.667=78.722+210.278$$

表 12—2 中“教学法”下的三种“性向”分别分析的是：

1. 第一种性向的学生接受三种不同的教学法后，其平均学业成绩是否有不同（A at B1 的单纯效果）？原假设为：

$$H_0: \mu_{1,1}=\mu_{2,1}=\mu_{3,1}$$

2. 第二种性向的学生接受三种不同的教学法后，其平均学业成绩是否有不同（A at B2 的单纯效果）？原假设为：

$H_0:\mu_{1,2}=\mu_{2,2}=\mu_{3,2}$

3. 第三种性向的学生接受三种不同的教学法后，其平均学业成绩是否有不同（A at B3 的单纯效果）？原假设为：

$H_0:\mu_{1,3}=\mu_{2,3}=\mu_{3,3}$

三个 F 值（自由度均为 2，27）分别为 37.029，23.914，80.314，p 值也都小于 0.05，所以三个单纯效果都显著，也就是说，对每种性向的学生，三种教学法下的平均学业成绩有显著差异.

三者的 SS 分别为 72.00，46.50，156.17，总和为 274.667，等于文本框 12—2 中“教学法”加上“教学法：性向”的 SS. 因此，A at B 的单纯效果等于 A 的主效应加上 A 与 B 的交互作用效果，亦即：

$$72.00+46.50+156.17=64.389+210.278$$

由于 6 个单纯效果都有统计上的显著意义，因此接下来进行事后比较. 文本框 12—5 中采用比较简单的方式，直接进行所有单元格的多重比较（$C_2^9=9\times8/2=36$）. 然而，6 个单纯效果的事后比较仅要 18 次（$6\times C_2^3=6\times3=18$），所以有一半的比较是不需要的. 为了简化，可删除不需要的 18 次比较，并分别依教学法及性向加以分类. 同时，为了控制Ⅰ型错误，在每个单纯效果下的 3 次比较，α 值都设为 $0.05/(3\times3)$，所有 p 值均需小于 0.005 56 才算达到 0.05 显著性水平. 分析文本框 12—5（达到 0.05 显著性水平的比较，以黑体字表示），得到以下结论：

1. 使用第一种教学法时，三种性向的学生平均学业成绩都有显著差异，均值依序为性向一、性向二、性向三.

2. 使用第二种教学法时，第三种性向的学生的表现比第一、第二种性向的学生好.

3. 使用第三种教学法时，第一种性向的学生的表现比第二、第三种性向的学生好.

4. 对于第一种性向的学生，三种教学法的效果都有差异，依序为教学法一、教学法三、教学法二.

5. 对于第二种性向的学生，第一、第二种教学法的效果比第三种教学法好.

6. 对于第三种性向的学生，第二种教学法的效果比第一、第三种教学法好.

上述说明，结合图 12—7 及图 12—8 会理解得更清楚.

文本框 12—5　　单纯效果的事后多重比较

```
> library(DescTools)
> PostHocTest(model, method = "lsd", conf.level = 1 - 0.05/9)
                                       diff       lwr.ci      upr.ci      pval
教学法一:性向二—教学法一:性向一  -3.50   -5.6012141  -1.3987859  2.9e-05 ***
教学法一:性向三—教学法一:性向一  -8.75  -10.8512141  -6.6487859  8.8e-13 ***
教学法一:性向三—教学法一:性向二  -5.25   -7.3512141  -3.1487859  4.2e-08 ***

教学法二:性向二—教学法二:性向一   1.75   -0.3512141   3.8512141  0.01837 *
```

```
教学法二:性向三－教学法二:性向一   4.50    2.3987859   6.6012141 6.5e－07 ***
教学法二:性向三－教学法二:性向二   2.75    0.6487859   4.8512141  0.00051 ***

教学法三:性向二－教学法三:性向一 －5.00  －7.1012141 －2.8987859 1.0e－07 ***
教学法三:性向三－教学法三:性向一 －6.50  －8.6012141 －4.3987859 6.3e－10 ***
教学法三:性向三－教学法三:性向二 －1.50  －3.6012141   0.6012141  0.04055 *

教学法二:性向一－教学法一:性向一 －6.00  －8.1012141 －3.8987859 3.2e－09 ***
教学法三:性向一－教学法一:性向一 －3.00  －5.1012141 －0.8987859  0.00020 ***
教学法三:性向一－教学法二:性向一   3.00    0.8987859   5.1012141  0.00020 ***
教学法二:性向二－教学法一:性向二 －0.75  －2.8512141   1.3512141  0.29158
教学法三:性向二－教学法一:性向二 －4.50  －6.6012141 －2.3987859 6.5e－07 ***
教学法三:性向二－教学法二:性向二 －3.75  －5.8512141 －1.6487859 1.1e－05 ***

教学法二:性向三－教学法一:性向三   7.25    5.1487859   9.3512141 6.1e－11 ***
教学法三:性向三－教学法一:性向三 －0.75  －2.8512141   1.3512141  0.29158
教学法三:性向三－教学法二:性向三 －8.00 －10.1012141 －5.8987859 6.9e－12 ***
```

12.1.7　效应量

文本框 12—6 显示了计算效应量的方法，先载入 DescTools 包，再以 EtaSq 计算 model 中的效应量，并列出方差分析摘要表.

文本框 12—6　　**计算效应量**

```
> library(DescTools)            # 载入 DescTools 包
> EtaSq(model, anova = T)       # 以 model 计算效应量,并列出 ANOVA 摘要表
                eta.sq eta.sq.part        SS df         MS        F            p
教学法      0.16960562   0.7103892  64.38889  2 32.1944444 33.11429 5.426239e－08
性向        0.20736080   0.7499338  78.72222  2 39.3611111 40.48571 7.477241e－09
教学法:性向 0.55388893   0.8890194 210.27778  4 52.5694444 54.07143 1.678213e－12
Residuals   0.06914466          NA  26.25000 27  0.9722222       NA           NA
```

在方差分析中，偏 η^2 是许多研究者常用的效应量，公式是：

$$偏\ \eta^2=\frac{效应\ SS}{效应\ SS+误差\ SS} \tag{12.1}$$

其中，效应 SS 是研究者关心的某个因素的效应，在此，研究者关心的是两个因素的交互作用，代入文本框 12—6 的数值，其偏 η^2 为：

$$偏\ \eta^2=\frac{210.277\,78}{210.277\,78+26.25}=\frac{210.277\,78}{236.527\,8}=0.889\,019\,4$$

偏 η^2 是排除主效应或交互作用之后，某个因素或交互作用对因变量的解释量，由于不具可加性，因此三个偏 η^2 的总和可能会超过 1.

η^2 则具有可加性，可以计算每个效果的个别解释量，公式为：

$$\eta^2=\frac{效应\ SS}{总和\ SS} \tag{12.2}$$

在文本框 12—6 中，总数的 SS 是 4 个 SS 的总和，代入公式后，两个因素交互作用的 η^2 为：

$$\eta^2=\frac{210.27778}{64.38889+78.72222+210.27778+26.25}=\frac{210.27778}{379.63889}=0.55388893$$

效应量比例如图 12—9 所示.

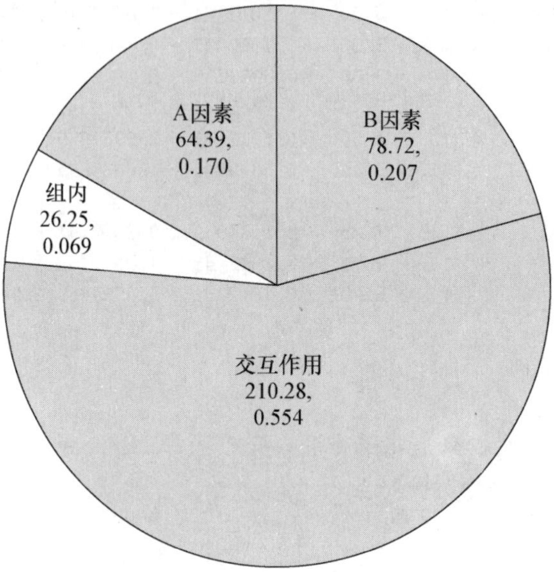

图 12—9　二因素方差分析效应量

然而，η^2 会高估了总体中的效应量，此时可以计算 ε^2 或 ω^2，公式为：

$$\varepsilon^2=\frac{\text{效应 } SS-\text{效应 } df\times\text{误差 } MS}{\text{总和 } SS} \tag{12.3}$$

$$\omega^2=\frac{\text{效应 } SS-\text{效应 } df\times\text{误差 } MS}{\text{总和 } SS+\text{误差 } MS} \tag{12.4}$$

代入数值后得到：

$$\varepsilon^2=\frac{210.27778-4\times0.972222}{379.63889}=\frac{206.38889}{379.63889}=0.543645$$

$$\omega^2=\frac{210.27778-4\times0.972222}{379.63889+0.972222}=\frac{206.38889}{380.61111}=0.542257$$

η^2 有个缺点，假设 A 因素的 SS 变大，而 B 因素的 SS 保持不变，此时总和的 SS 也会增加，当计算 B 因素的 η^2 时，由于分母变大，就使得 B 因素的 η^2 变小. 但是，如果使用偏 η^2，由于分母是 B 因素的 SS 加误差 SS，就不会受到 A 因素的影响. 而且计算 η^2 时，分母同时计入所有的因素及交互作用的效果，因此 η^2 会比偏 η^2 小.

如果两个因素都是可以操控的变量（如，教学法与教科书版本），则应计算偏 η^2. 如果像本例中一个自变量是可操控的变量（教学法），另一个变量是属性或分组变量（学生性向），则计算 η^2 会较恰当（B. H. Cohen，2014).

依据 J. Cohen（1988）的经验法则，η^2 及 ω^2 值的小、中、大的效应量分别是 0.01，0.06，0.14. 因此，本范例中二因素交互作用为大的效应量.

12.2 范　例

研究者想要了解三种不同记忆策略与学生年级对记忆测验成绩是否有交互作用，因此分别找了三个年级的小学生各 12 名（总计 36 名），再以随机分派的方式让他们接受三种不同的记忆策略教学. 经过三次教学后，让学生在 15 分钟内记忆 50 个名词，测得学生的记忆测验成绩如表 12—3 所示. 请问：学生记忆测验成绩是否因记忆策略与年级而有差异？

表 12—3　　36 名受试者的记忆测验成绩

学生	年级	策略	成绩	学生	年级	策略	成绩	学生	年级	策略	成绩
1	1	1	22	13	2	1	22	25	3	1	28
2	1	1	20	14	2	1	21	26	3	1	23
3	1	1	25	15	2	1	20	27	3	1	24
4	1	1	24	16	2	1	24	28	3	1	25
5	1	2	23	17	2	2	22	29	3	2	28
6	1	2	24	18	2	2	23	30	3	2	21
7	1	2	23	19	2	2	21	31	3	2	27
8	1	2	20	20	2	2	25	32	3	2	26
9	1	3	18	21	2	3	27	33	3	3	26
10	1	3	17	22	2	3	26	34	3	3	25
11	1	3	21	23	2	3	24	35	3	3	28
12	1	3	19	24	2	3	25	36	3	3	27

12.2.1　变量与数据

表 12—3 中有四个变量，但是学生代号并不需要输入 R 中，因此分析时使用两个自变量及一个因变量. 因变量是学生记忆测验的得分，第 1 个自变量为学生就读的年级，有三个年级，第 2 个自变量为记忆策略，有三种策略，因此有 3×3＝9 个单元格，而每个单元格有 4 名学生，因此总计有 36 名学生（见表 12—4）.

表 12—4　　各单元格人数

		记忆策略			总计
		策略一	策略二	策略三	
年级	一年级	4	4	4	12
	二年级	4	4	4	12
	三年级	4	4	4	12
总计		12	12	12	36

12.2.2 研究问题

在本范例中，研究者想要了解的问题可以陈述如下：

记忆测验成绩是否因不同年级及策略而有差异?
记忆测验成绩是否因不同年级而有差异?
记忆测验成绩是否因不同记忆策略而有差异?

12.2.3 统计假设

根据研究问题，原假设一为“两个自变量没有交互作用”：

H_0:年级与记忆策略没有交互作用

备择假设则为“两个自变量有交互作用”：

H_1:年级与记忆策略有交互作用

原假设二为“在总体中三个年级学生的记忆测验成绩没有差异”：

$H_0:\mu_{一年级}=\mu_{二年级}=\mu_{三年级}$

备择假设则为“在总体中三个年级学生的记忆测验成绩有差异”：

$H_1:\mu_i\neq\mu_j$， 存在一些 i 与 j

原假设三为“在总体中使用三种不同策略的学生的记忆测验成绩没有差异”：

$H_0:\mu_{策略一}=\mu_{策略二}=\mu_{策略三}$

备择假设则为“在总体中使用三种不同策略的学生的记忆测验成绩有差异”：

$H_1:\mu_i\neq\mu_j$， 存在一些 i 与 j

12.3 使用 R 进行分析

12.3.1 数据文件

完整的 R 数据文件如文本框 12—7 所示.

文本框 12—7 **数据文件**

```
> load("C:/mydata/chap12/example12.RData")  # 加载本例数据
> example12                                  # 展示本例数据
    年级   策略 成绩
1 一年级 策略一   22
2 一年级 策略一   20
3 一年级 策略一   25
4 一年级 策略一   24
5 一年级 策略二   23
```

```
6  一年级 策略二   24
7  一年级 策略二   23
8  一年级 策略二   20
9  一年级 策略三   18
10 一年级 策略三   17
11 一年级 策略三   21
12 一年级 策略三   19
13 二年级 策略一   22
14 二年级 策略一   21
15 二年级 策略一   20
16 二年级 策略一   24
17 二年级 策略二   22
18 二年级 策略二   23
19 二年级 策略二   21
20 二年级 策略二   25
21 二年级 策略三   27
22 二年级 策略三   26
23 二年级 策略三   24
24 二年级 策略三   25
25 三年级 策略一   28
26 三年级 策略一   23
27 三年级 策略一   24
28 三年级 策略一   25
29 三年级 策略二   28
30 三年级 策略二   21
31 三年级 策略二   27
32 三年级 策略二   26
33 三年级 策略三   26
34 三年级 策略三   25
35 三年级 策略三   28
36 三年级 策略三   27
```

12.3.2　描述性统计量

文本框 12—8 列出了各单元格的均值、标准差、样本数，另外分别列出了行和列的边际均值.

文本框 12—8　　　　　　　　　　**单元格描述性统计量**

```
> library(Rmisc)                                              # 载入 Rmisc 包
> summarySE(data = example12, m = "成绩", g = c("年级", "策略"))
                                                              #列出年级与策略单元格中成绩的描述
                                                                性统计量
     年级   策略 N  成绩        sd        se        ci
1 一年级 策略一 4 22.75 2.217356 1.1086779 3.528308
2 一年级 策略二 4 22.50 1.732051 0.8660254 2.756079
3 一年级 策略三 4 18.75 1.707825 0.8539126 2.717531
4 二年级 策略一 4 21.75 1.707825 0.8539126 2.717531
5 二年级 策略二 4 22.75 1.707825 0.8539126 2.717531
```

```
6 二年级 策略三 4 25.50 1.290994 0.6454972 2.054260
7 三年级 策略一 4 25.00 2.160247 1.0801234 3.437435
8 三年级 策略二 4 25.50 3.109126 1.5545632 4.947314
9 三年级 策略三 4 26.50 1.290994 0.6454972 2.054260
> summarySE(data = example12, m = "成绩", g = "年级")  # 列出年级的边际描述统计量
   年级  N     成绩        sd        se       ci
1 一年级 12 21.33333 2.570226 0.7419603 1.633044
2 二年级 12 23.33333 2.188122 0.6316565 1.390267
3 三年级 12 25.66667 2.188122 0.6316565 1.390267
> summarySE(data = example12, m = "成绩", g = "策略")  # 列出策略的边际描述统计量
   策略  N     成绩        sd        se       ci
1 策略一 12 23.16667 2.329000 0.6723245 1.479776
2 策略二 12 23.58333 2.503028 0.7225621 1.590348
3 策略三 12 23.58333 3.824760 1.1041131 2.430136
```

本范例中有两个因素，都是受试者间因素．有三个年级的学生，记忆策略也有三种，共有 9 个单元格，每个单元格的样本数都是 4，总计有 3×3×4＝36 名受试者．

由文本框 12—8 中第一部分的单元格均值与标准差来看，一年级这三列中使用第一种记忆策略的学生的记忆测验成绩均值最高（M＝22.75，SD＝2.217)，而使用第三种记忆策略的均值最低（M＝18.75，SD＝1.708)．再以二年级这一列来看，使用第三种记忆策略的学生的记忆测验成绩均值反而最高（M＝25.50，SD＝1.291)，而使用第一种记忆策略的均值最低（M＝21.75，SD＝1.708)．此处的均值可绘制成如图 12—10 及图 12—11 所示的轮廓图．

结合如图 12—10 所示的均值轮廓图来看，对于一年级的学生，第一、第二种策略的效果较好；对于二年级的学生，则应采第三种策略；对于三年级的学生，三种策略的效果都差不多，第三种策略的均值略高．至于两个因素之间是否有交互作用，则要看文本框 12—10 中的检验．

第二部分中，一年级的总数（M＝21.33，SD＝2.570)、二年级的总数（M＝23.33，SD＝2.188)，及三年级的总数（M＝25.67，SD＝2.188）的差异，是“年级”的主效应，可知三年级的学生平均记忆测验成绩较一、二年级的学生高，至于是否有显著差异，要看文本框 12—10 中“年级”的主效应检验．

第三部分中，策略一的均值为 23.17（SD＝2.329)，策略二的均值为 23.58（SD＝2.503)，策略三的均值为 23.58（SD＝3.825)，彼此差异不大，三个均值是否有显著差异，要看文本框 12—10 中“策略”的主效应检验．

12.3.3 均值轮廓图

文本框 12—9 显示了绘制的两个因素的交互作用图（见图 12—10 和图 12—11)，也是 9 个单元格的均值的轮廓图．在 interaction.plot 的括号中，第 1 个变量是 X 轴，第 2 个变量是个别线，第 3 个变量是因变量．两种交互作用图只要选一个呈现即可，建议把属性变量（本例为年级）放在 X 轴．

文本框 12—9　　均值轮廓图

```
> load("C:/mydata/chap12/example12.RData")      # 加载本例数据
> attach(example12)                              # 绑定数据
```

```
>example12 $ 年级<- ordered(example12 $ 年级, levels = c("一年级", "二年级", "三年级"))
                                                   # 将"年级"依序排列
>example12 $ 策略<- ordered(example12 $ 策略, levels = c("策略一", "策略二", "策略三"))
                                                   # 将"策略"依序排列
> par(mai = c(0.85, 0.85, .1 ,.1), cex = 1, cex.lab = 1.3, cex.main = 1.3, lwd = 1.4)
                                                   # 设定边界、字体、线粗
> interaction.plot(年级, 策略, 成绩, ylim = c(18,27), lwd = 1.5, ylab = "成绩均值" , type = "b",
pch = 15:17)                                       # 以年级为横轴,策略为个别线
```

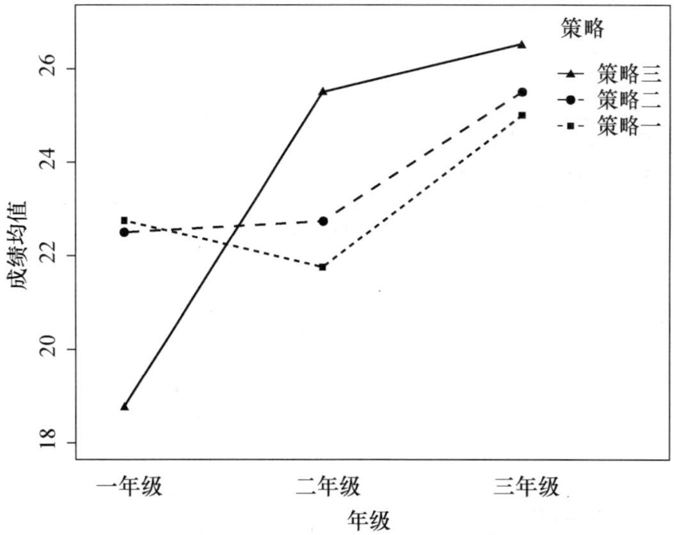

图 12—10　以年级为横轴的交互作用图

```
> interaction.plot(策略, 年级, 成绩, ylim = c(18,27), lwd = 1.5, ylab = "成绩均值" , type = "b",
pch = 15:17)                                       # 以策略为横轴,年级为个别线
```

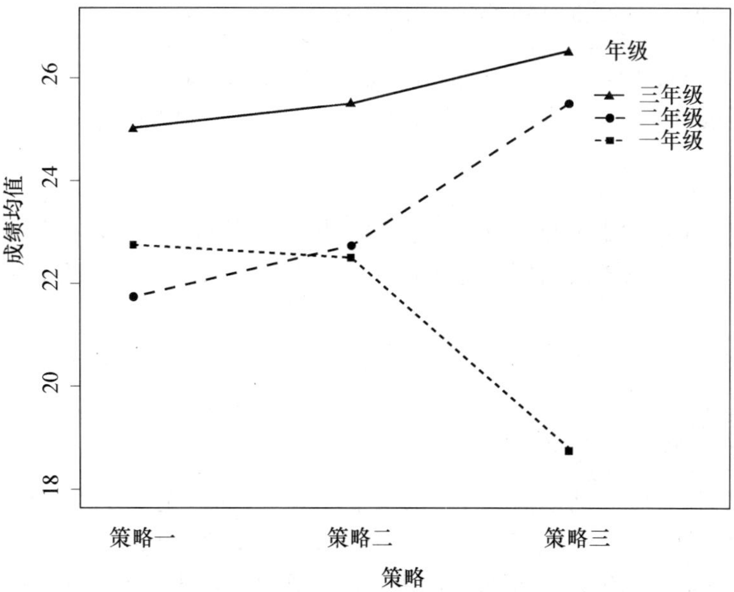

图 12—11　以策略为横轴的交互作用图

12.3.4 整体分析

文本框 12—10 显示了二因素独立样本整体的方差分析，以及使用 car 包中 Anova 函数计算Ⅱ型的 *SS*.

文本框 12—10　　二因素独立样本方差分析

```
> model<-aov(成绩~年级*策略,data=example12)   # 建立模型,含主效应及交互作用
> anova(model)                                # 列出模型的 ANOVA 摘要表
Analysis of Variance Table

Response:成绩
          Df  Sum Sq  Mean Sq F value    Pr(>F)
年级       2 112.889  56.444  14.796 4.583e-05 ***
策略       2   1.389   0.694   0.182  0.834584
年级:策略  4  73.611  18.403   4.824  0.004569 **
Residuals 27 103.000   3.815
---
Signif. codes:  0'***'0.001'**'0.01'*'0.05'.'0.1' '1
> library(car)                                # 载入 car 包
> Anova(model)                                # 列出模型的Ⅱ型 ANOVA 摘要表
Anova Table (Type II tests)

Response:成绩
           Sum Sq Df  F value    Pr(>F)
年级      112.889  2  14.796 4.583e-05 ***
策略        1.389  2   0.182  0.834584
年级:策略  73.611  4   4.824  0.004569 **
Residuals 103.000 27
---
Signif. codes:  0'***'0.001'**'0.01'*'0.05'.'0.1' '1
```

在文本框 12—10 中，因素一（年级）及因素二（策略）的 *SS* 分别为 112.889 及 1.389，两个因素的交互作用（年级：策略）为 73.611. 组间 *SS* 等于：

$$112.889+1.389+73.611=187.889$$

“年级”的自由度为水平数 3 减 1，等于 2；因素 B 的自由度为水平数 3 减 1，等于 2. “年级＊策略”交互作用的自由度则为 $(3-1)\times(3-1)=4$. 将 *SS* 除以自由度，即为平均平方和（*MS*）.

F 值的公式为：

$$F=\frac{\text{因素 } MS}{\text{误差 } MS}$$

代入文本框 12—10 中的数值，分母的残差（Residuals）的 *MS* 为 3.815，分子则分别为 56.444，0.694，18.403，计算得到的 *F* 值分别为 14.796（$p<0.0001$），0.182（$p=0.835$），4.824（$p=0.005$）. “年级”的主效应达到显著，表示不同年级的学生，记忆测验成绩的均值有显著不同. 而“策略”的主效应不显著，表示不考虑学生年级，三种记忆

策略的效果并无不同. 然而，由于两因素的交互作用已显著，表明如果考虑学生年级，则三种记忆策略的效果仍有显著不同. 此时，就要进行单纯效果分析，而不能只看主效应.

12.3.5 单纯效果分析及事后比较

由于有两个因素，此时会有两类单纯效果：一是以记忆策略为主，分析对于不同年级的学生，在三种策略下记忆测验成绩是否有差异. 二是以年级为主，分析使用不同的记忆策略，三个年级学生的记忆测验成绩是否有差异. 在本范例中，记忆策略是可以操控的变量，也是一般研究者较感兴趣的变量，因此后续分析将侧重于在不同的年级中，三种记忆策略的效果是否有差异（B at A).

文本框 12—11 中同时分析在三个年级中不同记忆策略的效果，α 设定为 $0.05/3=0.016\,67$. 注意：文本框 12—11 中显示的 p 值已经经过校正了.

文本框 12—11　　　　单纯效果检验

```
> model<-aov(成绩~年级*策略, data=example12)
> library(phia)
> testInteractions(model, fixed="年级", across="策略", adjustment="bonferroni")
F Test:
P-value adjustment method: bonferroni
        策略1  策略2  Df Sum of Sq      F  Pr(>F)
一年级   4.00   3.75   2    40.167 5.2646 0.03520 *
二年级  -3.75  -2.75   2    30.167 3.9539 0.09356 .
三年级  -1.50  -1.00   2     4.667 0.6117 1.00000
Residuals             27   103.000
---
Signif. codes:  0 '***' 0.001 '**' 0.01 '*' 0.05 '.' 0.1 ' ' 1
```

文本框 12—11 中三个“年级”的分析如下：

1. 对一年级学生，三种记忆策略的效果是否有差异？原假设为：

$$H_0:\mu_{1,1}=\mu_{1,2}=\mu_{1,3}$$

2. 对二年级学生，三种记忆策略的效果是否有差异？原假设为：

$$H_0:\mu_{2,1}=\mu_{2,2}=\mu_{2,3}$$

3. 对三年级学生，三种记忆策略的效果是否有差异？原假设为：

$$H_0:\mu_{3,1}=\mu_{3,2}=\mu_{3,3}$$

由文本框 12—11 可看出，第一个 F 值为 5.264 6，$p=0.035\,20$，表示一年级的学生接受三种不同的记忆策略之后，记忆测验成绩显著不同. 第二、第三个 F 值分别为 3.953 9 及 0.611 7，p 值分别为 0.093 56 及 1.000 00，均大于 0.05，因此不能拒绝原假设，表明对二、三年级的学生，使用三种不同的记忆策略之后，记忆测验成绩没有显著差异.

文本框 12—11 中三个平方和等于 $40.167+30.167+4.667=75$，等于文本框 12—10 中“策略”及“年级：策略”的平方和（$1.389+73.611=75$).

要注意：文本框 12—10 中的整体检验与文本框 12—11 中的单纯效果检验，要使用相同的误差 *MS*（3.814 8）.

由于单纯效果检验中只有在一年级使用三种策略有不同效果，文本框 12—12 也只针对一年级的三种策略进行多重比较. 因为采用 LSD 法，并未控制事后比较的 I 型错误，而 3 个单纯效果下各有 3 次比较，所以 α 应设定为 $0.05/(3\times3)=0.005\,56$，置信区间为 99.444%. 结果显示，在一年级中，三种记忆策略的多重比较都不显著，与前述单纯效果检验相矛盾，可能的原因是使用 Bonferroni 校正使得多重比较过于保守.

文本框 12—12　　单纯效果的多重比较

```
> library(DescTools)
> PostHocTest(model, method = "lsd", conf.level = 1 - 0.05/9)
一年级:策略二 - 一年级:策略一 -2.500000e-01   -4.4122126  3.9122126 0.85771
一年级:策略三 - 一年级:策略一 -4.000000e+00   -8.1622126  0.1622126 0.00740 **
一年级:策略三 - 一年级:策略二 -3.750000e+00   -7.9122126  0.4122126 0.01140 *

二年级:策略二 - 二年级:策略一  1.000000e+00  -3.1622126  5.1622126 0.47525
二年级:策略三 - 二年级:策略一  3.750000e+00  -0.4122126  7.9122126 0.01140 *
二年级:策略三 - 二年级:策略二  2.750000e+00  -1.4122126  6.9122126 0.05667 .

三年级:策略二 - 三年级:策略一  5.000000e-01  -3.6622126  4.6622126 0.72015
三年级:策略三 - 三年级:策略一  1.500000e+00  -2.6622126  5.6622126 0.28704
三年级:策略三 - 三年级:策略二  1.000000e+00  -3.1622126  5.1622126 0.47525
```

12.3.6　主效应分析

如果交互作用不显著，则研究者可能会关心两个因素各自的主效应. 二因素方差分析中两个因素各自的 *SS* 虽然与分别进行两次单因素方差分析的组间 *SS* 相同，但是二因素方差分析的误差 *SS* 因为排除了交互作用的 *SS*，分母变小，所以主效应的 *F* 值会比较大，虽然自由度不同，但仍然比较容易拒绝原假设.

文本框 12—10 中显示：年级因素的 $F(1, 27)=14.796$，$p<0.000\,1$，因此文本框 12—13 中针对年级进行 Tukey HSD 多重比较. 图 12—12 为均值轮廓图.

文本框 12—13　　主效应检验

```
> TukeyHSD(model, which = "年级")                # 针对 model 中的年级进行 HSD 多重比较
  Tukey multiple comparisons of means
    95 % family-wise confidence level

Fit: aov(formula = 成绩 ~ 年级 * 策略, data = example12)

$'年级'
                   diff        lwr       upr     p adj
二年级 - 一年级 2.000000 0.02298119 3.977019 0.0469855
三年级 - 一年级 4.333333 2.35631453 6.310352 0.0000276
三年级 - 二年级 2.333333 0.35631453 4.310352 0.0182685
```

```
> library(agricolae)                          # 载入 agricolae 包
> HSD = HSD.test(model, "年级")               # 针对 model 中的年级进行 HSD 多重比较
> HSD                                         # 列出 HSD 内容
$statistics
     Mean       CV  MSerror      HSD
 23.44444 8.330993 3.814815 1.977019

$parameters
 Df ntr StudentizedRange alpha  test name.t
 27   3         3.506426  0.05  Tukey 年级

$means
            成绩      std  r Min Max
一年级 21.33333 2.570226 12  17  25
二年级 23.33333 2.188122 12  20  27
三年级 25.66667 2.188122 12  21  28

$comparison
NULL

$groups
    trt     means M
1 三年级 25.66667 a
2 二年级 23.33333 b
3 一年级 21.33333 c
> library(gplots)                             # 载入 gplots 包
> plotmeans(成绩~年级, example12, ylab = "成绩的均值")
                                              # 以年级为自变量,绘制成绩均值轮廓图
```

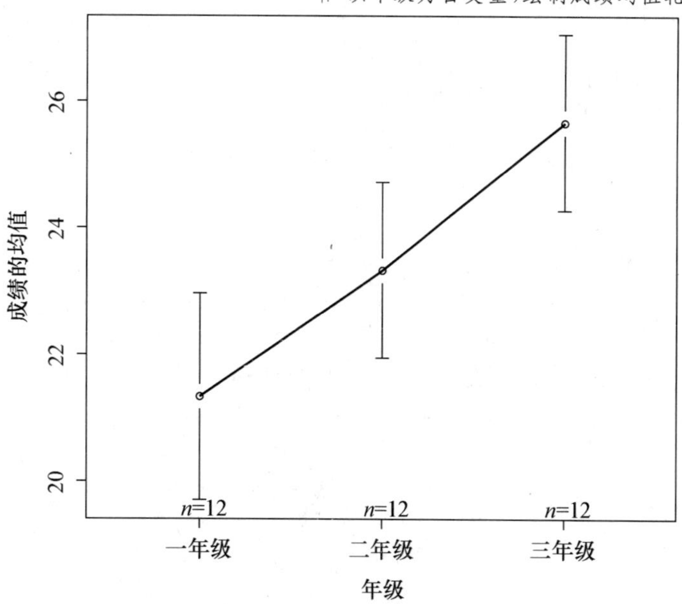

图 12—12　各年级平均成绩轮廓图

由文本框 12—13 可看出：误差的 MS 为 3.814 815，HSD 为 1.977 019，三个年级之间的均值差异都大于 HSD，因此三个年级的成绩均值都有显著差异，三年级平均成绩最高（M=25.67，SD=2.188），一年级平均成绩最低（M=21.33，SD=2.570）.（注：主效应检验的 α 仍设为 0.05.）

12.4 计算效应量

文本框 12—14 显示了使用 DescTools 包的 EtaSq 函数计算效应量.

文本框 12—14　　　　计算效应量

```
> library(DescTools)                      # 载入 DescTools 包
> EtaSq(model, anova = T)                 # 以 model 计算效应量,并列出 ANOVA 摘要表
              eta.sq eta.sq.part         SS df         MS          F            p
年级       0.388082506  0.52290273 112.888889  2 56.4444444 14.7961165 4.583462e-05
策略       0.004774637  0.01330495   1.388889  2  0.6944444  0.1820388 8.345836e-01
年级:策略  0.253055768  0.41679774  73.611111  4 18.4027778  4.8240291 4.569420e-03
Residuals  0.354087089          NA 103.000000 27  3.8148148         NA           NA
```

在此，研究者关心的是两个因素的交互作用，代入文本框 12—4 中的数值，其偏 η^2 为：

$$\text{偏 } \eta^2=\frac{73.611\,111}{73.611\,111+103}=\frac{73.611\,11}{176.611\,11}=0.416\,797\,74$$

偏 η^2 不具可加性，η^2 则具有可加性，可以计算每个效果的个别解释量. 将文本框中四个 SS 相加，总和的 SS 为 290.888 889，“年级：策略”的 SS 为 73.611 111，代入式(12.2) 后得到：

$$\eta^2=\frac{73.611\,111}{290.888\,889}=0.253\,055\,768$$

图 12—13 是两个因素及其交互作用的效应量圆形比例图.

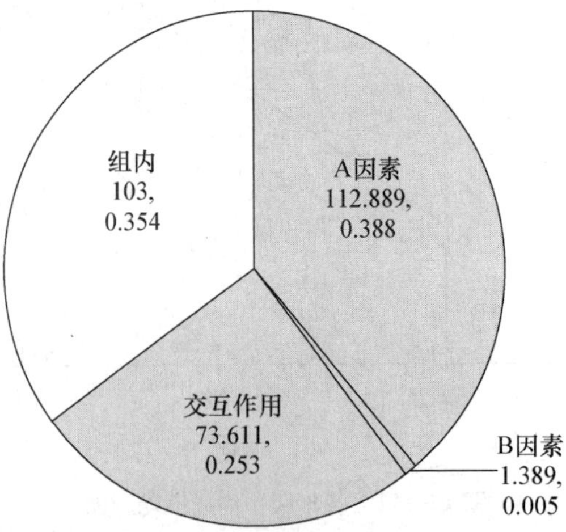

图 12—13　二因素方差分析效应量

另外计算 ε^2 及 ω^2，交互作用的效应量分别是：

$$\varepsilon^2=\frac{73.611\,111-4\times 3.814\,814\,8}{290.888\,89}=\frac{58.351\,851\,8}{290.888\,89}=0.201$$

$$\omega^2=\frac{73.611\,111-4\times 3.814\,814\,8}{290.888\,89+3.814\,814\,8}=\frac{58.351\,851\,8}{294.703\,704\,8}=0.198$$

依据 J. Cohen（1988）的经验法则，η^2 及 ω^2 值的小、中、大的效应量分别是 0.01，0.06，0.14. 因此，本范例中二因素交互作用为大的效应量.

12.5　以 APA 格式撰写结果

研究者使用 3×3 二因素独立样本方差分析，以记忆测验成绩为因变量，学生年级及记忆策略为自变量. 分析结果显示，学生年级及记忆策略有交互作用，$F(4,\ 27)=4.82$，$p=0.005$，$\eta^2=0.253$. 经单纯效果检验，对一年级学生采用不同的记忆策略，会有显著不同的效果（$F(2,\ 27)=5.265$，$p=0.035$）.

12.6　二因素独立样本方差分析的假定

二因素独立样本方差分析应符合以下三个假定.

12.6.1　观察体要能代表总体，且彼此间独立

观察体独立是指各个样本不会相互影响，假使观察体间不独立，计算所得的 p 值就不准确. 如果有证据支持违背了这项假定，就不应使用二因素独立样本方差分析.

12.6.2　因变量在各个总体中须服从正态分布

此项假定是指范例中的 9 组记忆测验成绩要服从正态分布，如果不服从正态分布，会降低检验的统计检验力. 不过，当每一组的样本数在 15 以上时，即使违背了这项假定，对于二因素独立样本方差分析的影响也不大.

12.6.3　因变量的方差在各个总体中须相等

此项假定是指范例中的 9 组记忆测验成绩的方差要相等（齐），如果不相等，则计算所得的 F 值及 p 值就不可靠. 如果违背方差齐的假定，而且各单元格样本数又不相等，最好将因变量加以转换，或改用其他统计方法.

第13章 二因素混合设计方差分析

二因素混合设计方差分析用来分析两个质的自变量对一个数值因变量的效果，其中一个自变量为独立样本，另一个自变量为相依样本. 本章先介绍二因素混合设计方差分析的整体检验，接着说明后续分析的方法.

二因素混合设计方差分析与第 12 章的二因素独立样本方差分析的流程相似，建议读者先复习该章的内容.

13.1 基本统计概念

13.1.1 目的

二因素混合设计方差分析旨在检验两个自变量对数值因变量的效果，在此，一个自变量（因素）是受试者间因素（between subjects factor），有两个以上的类别（水平），参与者被随机分派到其中一个组别中. 另一个因素是受试者内因素（within subjects factor），也有两个以上的水平，每位参与者都接受所有的处理或测试. 由于它同时有受试者间因素与受试者内因素，因此称为混合设计（mixed design）. 混合设计与混合效果模式（mixed effect model）并不相同，如果自变量含固定效果因素（fixed effect factor）与随机效果因素（random effect factor），则为混合效果模式.

在统计概念上，二因素混合设计方差分析与三因素独立样本方差分析类似（把观察体视为第三个因素 S），它除了具有第 11 章中相依样本方差分析的优点外，也具有第 12 章中二因素独立样本方差分析的功能. 上述两种统计方法应符合的统计假定，混合设计方差分析也都要符合.

二因素混合设计方差分析常见的研究形式有三：

1. 不同的组别，在几个时间点重复测量相同的变量，属于纵贯性（longitudinal）的研究. 例如，服用不同药物后，3 个月内的收缩压.

2. 不同的组别，在几个情境中分别测量相同的变量，此时应使用对抗平衡设计. 例如，不同增强类型下，受试者分别对红、黄、绿色灯光的反应时间.

3. 不同的组别，同时测量几个类似的变量，属于横断性（cross-sectional）的研究，此时也可以采用第 15 章的单因素多变量方差分析. 例如，介入不同运动量 3 个月后，参与者的空腹血糖、收缩压及低密度脂蛋白胆固醇的数值.

13.1.2　分析示例

以下研究问题都可以使用二因素混合设计方差分析：

1. 两种训练法下，学生在 4 个月内的体适能成绩.

2. 三种不同药物治疗后，患者 3 个星期内的血糖值.

3. 不同运动量（多、少、无）介入 10 周后，参与者的空腹血糖值、收缩压及低密度脂蛋白胆固醇浓度.

13.1.3　二因素混合设计方差分析的 *SS* 拆解

了解二因素混合设计方差分析中 *SS* 的拆解（见图 13—1），对于结果的解读及效应量的计算会有帮助. 假设 A 因素为受试者间因素，B 因素为受试者内因素，则总和的 *SS* 可拆解为受试者内 *SS* 及受试者间 *SS*. 其中受试者间 *SS* 又可拆解为 A 因素的 *SS* 及 A 与观察体 S 的交互作用 A * S（又称群内受试，是组内的误差项）. 受试者内 *SS* 又可拆解为 B 因素的 *SS*、A * B 的 *SS*，及 A * B * S 的 *SS*（又称 B 因素与群内受试的交互作用，是受试者内的误差项）.

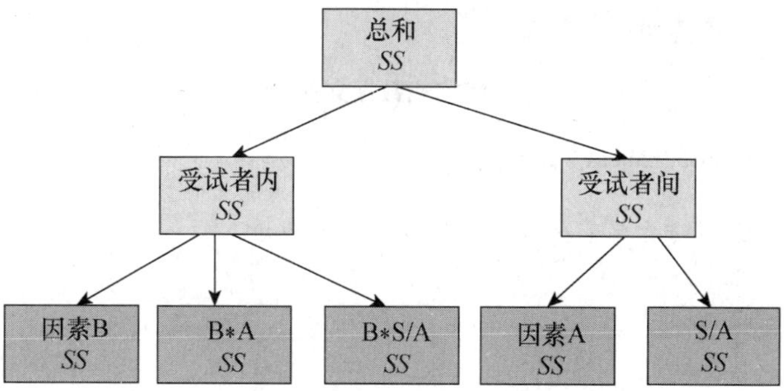

图 13—1　二因素混合设计方差分析的 *SS* 拆解

13.1.4　整体检验

下面举例说明. 研究者想要了解三种不同受教育程度的台湾民众，与对音乐的喜好是否有交互作用. 因此分别找了三种不同受教育程度的民众各 10 名（总计 30 名），并请他们就三种音乐回答喜欢的程度（1～5 分，分数越高越喜欢），得到表 13—1 的数据. 在此例中，有两个自变量，其中受教育程度（A 因素）有三个类别（初中以下、高中职、专科以上)，是受试者间因素；音乐（M因素）也有三种水平（西方古典音乐、流行音乐、中国传统戏曲)，是受试者内因素．因变量是对音乐的喜欢程度．（数据取自2008年台湾社会变迁数据库.）

表13—1　　30名受访者对三种音乐的喜欢程度

受访者	受教育程度	西方古典音乐	流行音乐	中国传统戏曲	受访者	受教育程度	西方古典音乐	流行音乐	中国传统戏曲
1	1	3	4	5	16	2	2	4	2
2	1	3	4	4	17	2	3	4	2
3	1	2	4	2	18	2	4	3	3
4	1	2	5	4	19	2	3	3	2
5	1	3	3	3	20	2	4	4	4
6	1	3	4	5	21	3	3	4	4
7	1	3	4	2	22	3	4	4	3
8	1	3	4	4	23	3	3	4	2
9	1	3	4	2	24	3	5	3	1
10	1	2	2	2	25	3	4	4	2
11	2	3	4	2	26	3	4	4	2
12	2	4	4	4	27	3	4	5	2
13	2	3	4	3	28	3	2	4	2
14	2	2	5	3	29	3	4	4	4
15	2	5	4	4	30	3	3	4	2

文本框13—1显示的是以短格式输入的数据文件，总共有30个受访者，5个变量．不过，这样的数据文件格式比较适用第15章的单因素多变量方差分析，而不适用本章介绍的分析方法，因此需要转换成长格式.

文本框13—1　　短格式数据文件

```
> load("C:/mydata/chap13/table13.RData")          # 加载本例数据
> table13                                          # 展示本例数据
   受访者 受教育程度 西方古典音乐 流行音乐 中国传统戏曲
1       1          1            3        4            5
2       2          1            3        4            4
3       3          1            2        4            2
4       4          1            2        5            4
5       5          1            3        3            3
6       6          1            3        4            5
7       7          1            3        4            2
8       8          1            3        4            4
9       9          1            3        4            2
10     10          1            2        2            2
11     11          2            3        4            2
12     12          2            4        4            4
13     13          2            3        4            3
```

```
14    14    2    2    5    3
15    15    2    5    4    4
16    16    2    2    4    2
17    17    2    3    4    2
18    18    2    4    3    3
19    19    2    3    3    2
20    20    2    4    4    4
21    21    3    3    4    4
22    22    3    4    4    3
23    23    3    3    4    2
24    24    3    5    3    1
25    25    3    4    4    2
26    26    3    4    4    2
27    27    3    4    5    2
28    28    3    2    4    2
29    29    3    4    4    4
30    30    3    3    4    2
```

文本框 13—2 中，先将“受访者”变量由数值转为因素，再以“受访者”及受试者间因素“受教育程度”为 ID，将三个音乐堆砌为受试者内因素“音乐”.

文本框 13—2　　将短格式数据转为长格式数据

```
> load("C:/mydata/chap13/table13.RData")                    # 加载短格式数据
> table13$受访者<-factor(table13$受访者)                     # 把“受试者”变量转为因素
> library(reshape)                                          # 载入 reshape 包
> l_table13<-melt(table13, id.vars=c("受访者","受教育程度"), variable_name="音乐")
                                                            # 堆砌数据为长格式
> l_table13$受教育程度<-factor(l_table13$受教育程度)         # 将“受教育程度”转为因素变量
> l_table13<-rename(l_table13, c(value="喜欢程度"))
                                                            # 将 value 更名为“喜欢程度”
> save(list=c("l_table13"), file="c:/mydata/chap13/l_table13.RData",compress=F)
                                                            # 另存新档
> l_table13                                                 # 展示长格式内容
   受访者 受教育程度          音乐 喜欢程度
1       1          1 西方古典音乐        3
2       2          1 西方古典音乐        3
        :
11     11          2 西方古典音乐        3
12     12          2 西方古典音乐        4
        :
21     21          3 西方古典音乐        3
22     22          3 西方古典音乐        4
        :
31      1          1 流行音乐            4
32      2          1 流行音乐            4
        :
41     11          2 流行音乐            4
42     12          2 流行音乐            4
        :
```

```
51      21          3流行音乐          4
52      22          3流行音乐          4
        :
61       1          1中国传统戏曲      5
62       2          1中国传统戏曲      4
        :
71      11          2中国传统戏曲      2
72      12          2中国传统戏曲      4
        :
81      21          3中国传统戏曲      4
82      22          3中国传统戏曲      3
        :
89      29          3中国传统戏曲      4
90      30          3中国传统戏曲      2
注:为节省篇幅,只保留部分数据.
```

文本框 13—3 显示的是把受试者当成另外一个因素，进行三因素方差分析所得到的结果，此时无法进行 F 检验. 文本框 13—3 中前两部分是受试者间的 SS，分别为 0.16 及 24.83，合计为 24.99. 后三部分是受试者内的 SS，分别为 16.69，8.31，31.67，合计为 56.67. 24.99+56.67=81.66，就是全部的 SS.

文本框 13—3　　　　三因素方差分析

```
> summary(aov(喜欢程度~受教育程度*受访者*音乐, data=l_table13))   # 三因素方差分析
              Df Sum Sq Mean Sq
受教育程度      2   0.16   0.078
受访者         27  24.83   0.920
音乐            2  16.69   8.344
受教育程度:音乐  4   8.31   2.078
受访者:音乐     54  31.67   0.586
```

文本框 13—4 显示了正确设定二因素混合方差分析的指令，因变量是对音乐的“喜欢程度”，受试者间因素是“受教育程度”，受试者内因素是“音乐”(三种).

文本框 13—4　　　　二因素混合设计方差分析

```
> model<-aov(喜欢程度~(受教育程度*音乐)+Error(受访者/音乐), data=l_table13)
                                                # 建立二因素混合设计 ANOVA
> summary(model)                                # 列出模型摘要

Error:受访者
           Df Sum Sq Mean Sq F value Pr(>F)
受教育程度   2  0.156  0.0778   0.085  0.919
Residuals  27 24.833  0.9198

Error:受访者:音乐
                Df Sum Sq Mean Sq F value   Pr(>F)
音乐              2  16.69   8.344  14.229 1.09e-05 ***
受教育程度:音乐    4   8.31   2.078   3.543   0.0122 *
```

```
Residuals         54  31.67   0.586
---
Signif. codes:  0‘***’0.001‘**’0.01‘*’0.05‘.’0.1‘ ’1
```

文本框 13—4 中，第一部分是受试者间因素的 F 检验，其中“受教育程度”因素的 $SS=0.156$，$F(2, 27)=0.085$，$p=0.919$. 误差项就是“受教育程度”与“受访者”的交互作用（$MS=0.9198$），也是 F 检验的分母部分. 由此部分可知，“受教育程度”有主效应，受教育程度不同，对音乐的喜欢程度也不同.

第二部分是受试者内因素的效果，其中“音乐”的 $SS=16.69$，$F(2, 54)=14.229$，$p<0.001$. “受教育程度：音乐”（也就是两者的交互作用）的 $SS=8.31$，$F(4, 54)=3.543$，$p=0.0122$，误差项是“受教育程度：音乐：受访者”三者的交互作用，它的 $MS=0.586$，也是 F 检验的分母部分. 由此部分可知，“音乐”有主效应，受访者对三种音乐的喜欢程度不同. 不过，最重要的是“受教育程度”与“音乐”有交互作用，也就是说，对三种音乐的喜欢程度会因受教育程度不同而有差异.

文本框 13—5 显示了以指令 interaction. plot 所绘的交互作用图（见图 13—2）. 函数中第 1 个变量置于 X 轴，第 2 个变量是个别线，第 3 个变量为因变量，type=“b”是以线条加符号呈现，pch=15:17 分别是实心正方形、圆形、三角形.

文本框 13—5　　交互作用图

```
> par(mai = c(1, 1, .1 ,.1), cex = 1.2, cex.lab = 1.3, cex.main = 1.3, lwd = 1.4)
                                                        # 设定边界、字体、线粗
> attach(l_table13)                                     # 绑定数据
> interaction.plot(受教育程度, 音乐, 喜欢程度, lwd = 1.5, ylab = "喜欢程度均值", type = "b",
pch = 15:17)                                            # 设定各变量、标题、图形样式
```

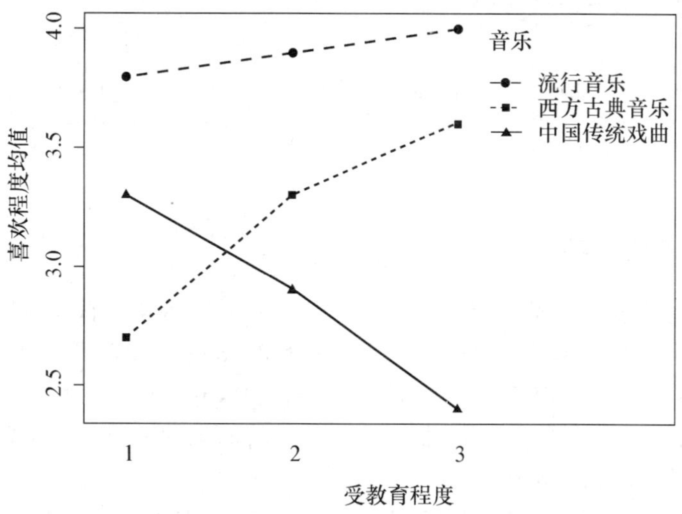

图 13—2　交互作用图

由图 13—2 可看出：

1. 三种受教育程度的受访者，都最喜欢流行音乐.

2. 初中以下（代号1）受教育程度的受访者对中国传统戏曲的喜欢程度高于对西方古典音乐的喜欢程度.

3. 高中职（代号2）及大专以上（代号3）受教育程度的受访者对中国传统戏曲的喜欢程度较低.

4. 受教育程度较高，对流行音乐及西方古典音乐的喜欢程度也较高；受教育程度越高，对中国传统戏曲的喜欢程度越低.

混合设计因为含有受试者内因素，因此也要符合球形性，此时可以使用ez包中的ezANOVA函数进行分析. 文本框13—6中设定因变量（dv）为“喜欢程度”，辨识变量（wid）为“受访者”，受试者内因素（within）为“音乐”，受试者内因素（between）为“受教育程度”. 分析后得到Mauchly的W值为0.9899435，$p=0.8768701$，并未违背假定.

文本框13—6　　球形性检验

```
> library(ez)
> ezANOVA(data = l_table13, dv = .(喜欢程度), wid = .(受访者), within = .(音乐), between = .(受教育程度))
$ ANOVA
            Effect DFn DFd           F            p p<.05         ges
2       受教育程度   2  27  0.08456376 9.191555e-01       0.002745636
3             音乐   2  54 14.22947368 1.086954e-05     * 0.228024898
4  受教育程度:音乐   4  54  3.54315789 1.223394e-02     * 0.128235899

$ 'Mauchly's Test for Sphericity'
            Effect         W         p p<.05
3             音乐 0.9899435 0.8768701
4  受教育程度:音乐 0.9899435 0.8768701

$ 'Sphericity Corrections'
           Effect       GGe        p[GG] p[GG]<.05      HFe        p[HF] p[HF]<.05
3            音乐 0.9900436 0.0000118341         * 1.067998 1.086954e-05         *
4 受教育程度:音乐 0.9900436 0.0125377851         * 1.067998 1.223394e-02         *
```

13.1.5　单纯效果检验

由于“受教育程度”因素（简称E因素）与“音乐”因素（简称M因素）有交互作用，因此接下来会进行单纯效果检验. 本范例中为3×3的设计，可以进行3+3次单纯效果检验，分别是：M within E(1)，M within E(2)，M within E(3)，E within M(1)，E within M(2)，及E within M(3). 分析时，需要先将原来的l_table13数据文件分割为6个子数据集，再进行6次单纯效果分析.

文本框13—7显示了进行M within E(1)，M within E(2)，M within E(3)等三个单纯效果检验. 由于“音乐”是受试者内因素，因此要使用与本书第11章单因素相依样本方差分析相同的指令.

文本框 13—7　　　　**音乐在受教育程度内的单纯效果检验**

```
> e1_table13 = subset(l_table13,受教育程度 = = "1")# E1 子数据集
> e2_table13 = subset(l_table13,受教育程度 = = "2")# E2 子数据集
> e3_table13 = subset(l_table13,受教育程度 = = "3")# E3 子数据集
> summary(aov(喜欢程度~音乐 + Error(受访者), data = e1_table13))
                                                # M at E(1)单纯效果检验
Error:受访者
          Df Sum Sq Mean Sq F value Pr(>F)
Residuals  9   11.2   1.244

Error: Within
          Df Sum Sq Mean Sq F value Pr(>F)
音乐       2  6.067  3.0333   5.151  0.017 *
Residuals 18 10.600  0.5889
---
Signif. codes:  0 '***' 0.001 '**' 0.01 '*' 0.05 '.' 0.1 ' ' 1
> summary(aov(喜欢程度~音乐 + Error(受访者), data = e2_table13))
                                                # M at E(2)单纯效果检验
Error:受访者
          Df Sum Sq Mean Sq F value Pr(>F)
Residuals  9  8.967  0.9963

Error: Within
          Df Sum Sq Mean Sq F value  Pr(>F)
音乐       2  5.067  2.5333   5.104 0.0175 *
Residuals 18  8.933  0.4963
---
Signif. codes:  0 '***' 0.001 '**' 0.01 '*' 0.05 '.' 0.1 ' ' 1
> summary(aov(喜欢程度~音乐 + Error(受访者), data = e3_table13))
                                                # M at E(3)单纯效果检验
Error:受访者
          Df Sum Sq Mean Sq F value Pr(>F)
Residuals  9  4.667  0.5185

Error: Within
          Df Sum Sq Mean Sq F value    Pr(>F)
音乐       2  13.87   6.933   10.29 0.00105 **
Residuals 18  12.13   0.674
---
Signif. codes:  0 '***' 0.001 '**' 0.01 '*' 0.05 '.' 0.1 ' ' 1
```

检验所得的三个 *MS* 值分别是 3.033 3，2.5333，6.933. 然而，由于是采用个别检验，误差项并不一致，此时可以将三个误差项的 *SS* 相加（10.6＋8.933＋12.13＝31.663），即是文本框 13—4 中受试者内误差的 *SS*（31.67，有舍入误差），自由度为 18＋18＋18＝54，合并误差项的 *MS* 为 31.663/54＝0.586. 文本框 13—8 中利用 R 计算 *F* 及 *p* 值，检验后，*F* 值分别为 5.173，4.320 及 11.823，有两个 *p* 值小于 0.016 67（0.05/3＝0.016 67），所以初中以下及专科以上受教育程度的受试者，对三种音乐的喜欢程度有差异.

文本框 13—8　　计算 *F* 及 *p* 值（1）

```
> ms<-c(3.0333, 2.5333, 6.933)                # 3 个单纯效果检验的 MS 值
> mse<-31.663/54                               # 合并误差项 MS 值
> F<-ms/mse                                    # 计算 F 值
> F                                            # 列出 F 值
[1]  5.173174  4.320443 11.823959
> P<-round(pf(F, 2, 54, lower.tail = FALSE), 7)   # 计算右侧 p 值,保留 7 位小数
> P                                            # 列出 p 值
[1] 0.0088001 0.0181747 0.0000551
```

文本框 13—9 显示了对 E within M(1)，E within M(2)，E within M(3) 等三个单纯效果检验的分析. 由于“受教育程度”是受试者间因素，因此要使用与本书第 10 章单因素独立样本方差分析相同的指令.

文本框 13—9　　受教育程度在音乐内的单纯效果检验

```
> m1_table13<-subset(l_table13,音乐 = ="西方古典音乐")       # M1 子数据集
> m2_table13<-subset(l_table13,音乐 = ="流行音乐")           # M2 子数据集
> m3_table13<-subset(l_table13,音乐 = ="中国传统戏曲")       # M3 子数据集
> summary(aov(喜欢程度~受教育程度, data = m1_table13))       # E at M(1)单纯效果检验
             Df Sum Sq  Mean Sq F value Pr(>F)
受教育程度    2    4.2   2.1000  3.416 0.0476 *
Residuals    27   16.6   0.6148
---
Signif. codes:  0 '***' 0.001 '**' 0.01 '*' 0.05 '.' 0.1 ' ' 1
> summary(aov(喜欢程度~受教育程度, data = m2_table13))       # E at M(2)单纯效果检验
             Df Sum Sq Mean Sq F value Pr(>F)
受教育程度    2    0.2  0.1000   0.257  0.775
Residuals    27   10.5  0.3889
> summary(aov(喜欢程度~受教育程度, data = m3_table13))       # E at M(3)单纯效果检验
             Df Sum Sq Mean Sq F value Pr(>F)
受教育程度    2  4.067   2.033   1.867  0.174
Residuals    27 29.400   1.089
```

上述三个单纯效果检验仍使用个别的误差项，如果各组间的方差不齐，采用此种方法可以减少Ⅰ型错误（B. H. Cohen，2007）. 如果各组间的方差齐，使用共同的误差项，可以提高统计检验力.

要计算共同的误差项，可以将三个误差项的 *SS* 相加（16.6+10.5+29.4=56.5），再除以自由度的总和（27+27+27=81），得到共同的误差 *MS*（56.5/81=0.698）. 文本框 13—10 中利用 R 计算 *F* 及 *p* 值，检验后，*F* 值分别为 3.010，0.143 及 2.915，三个 *p* 值都不小于 0.016 67，此部分不再进行事后比较.

文本框 13—10　　计算 *F* 及 *p* 值（2）

```
> ms<-c(2.1, 0.1, 2.033)                       # 3 个单纯效果检验的 MS 值
> mse<-56.5/81                                 # 合并误差项 MS 值
> F<-ms/mse                                    # 计算 F 值
> F                                            # 列出 F 值
```

```
[1] 3.0106195 0.1433628 2.9145664
> P<-round(pf(F, 2, 81, lower.tail=FALSE), 7)   # 计算右侧 p 值,保留 7 位小数
> P                                              # 列出 p 值
[1] 0.0548050 0.8666590 0.0599366
```

13.1.6　事后比较

文本框 13—11 显示了对 M within E(1) 及 M within E(3) 的 Tukey 的 HSD 事后比较，此时模型只要设定受试者内因素及受访者效果即可，不加入交互作用项. 由于 HSD 已经针对每个单纯效果中的三次比较控制 I 型错误，因此 p 值只要小于 0.016 7（因为有三个单纯效果），就可达到 0.05 显著性水平.

文本框 13—11　　　　单纯效果事后比较

```
> library(multcomp)                                                  # 载入 multcomp 包
> m.at.e1<-aov(喜欢程度~音乐+受访者, data=e1_table13)                # M at E(1)事后比较
> m.at.e3<-aov(喜欢程度~音乐+受访者, data=e3_table13)                # M at E(2)事后比较
> summary(glht(m.at.e1,linfct=mcp(音乐="Tukey")))                    # 列出# M at E(1)事后比较内容
         Simultaneous Tests for General Linear Hypotheses

Multiple Comparisons of Means: Tukey Contrasts

Fit: aov(formula=喜欢程度 ~ 音乐+受访者, data=e1_table13)

Linear Hypotheses:
                                    Estimate Std. Error t value Pr(>|t|)
流行音乐-西方古典音乐 == 0             1.1000     0.3432   3.205   0.0131 *
中国传统戏曲-西方古典音乐 == 0         0.6000     0.3432   1.748   0.2153
中国传统戏曲-流行音乐 == 0            -0.5000     0.3432  -1.457   0.3345
---
Signif. codes:  0'***' 0.001 '**' 0.01 '*' 0.05 '.' 0.1 ' ' 1
(Adjusted p values reported—singleŭstep method)

> summary(glht(m.at.e3,linfct=mcp(音乐="Tukey")))
                                                                     # 列出# M at E(1)事后比较内容
         Simultaneous Tests for General Linear Hypotheses

Multiple Comparisons of Means: Tukey Contrasts

Fit: aov(formula =喜欢程度 ~ 音乐+受访者, data=e3_table13)
Linear Hypotheses:
                                    Estimate Std. Error t value Pr(>|t|)
流行音乐-西方古典音乐 == 0             0.4000     0.3672   1.089  0.53256
中国传统戏曲-西方古典音乐 == 0        -1.2000     0.3672  -3.268  0.01137 *
中国传统戏曲-流行音乐 == 0            -1.6000     0.3672  -4.358  0.00102 **
---
Signif. codes:  0'***' 0.001 '**' 0.01 '*' 0.05 '.' 0.1 ' ' 1
(Adjusted p values reported—single-step method)
```

结合文本框 13—11 及图 13—2 可看出：

1. 初中以下受教育程度的受访者，对流行音乐的喜欢程度高于对西方古典音乐的喜欢程度.

2. 专科以上受教育程度的受访者，对流行音乐及西方古典音乐的喜欢程度高于对中国传统戏曲的喜欢程度.

13.1.7 效应量

偏 η^2 是研究者常用的效应量，它的公式是：

$$偏\ \eta^2=\frac{效应\ SS}{效应\ SS+误差\ SS}$$

代入文本框 13—4 中的数值，“受教育程度”因素的效应量为：

$$偏\ \eta_E^2=\frac{0.156}{0.156+24.833}=\frac{0.156}{24.989}=0.006$$

“音乐”因素的效应量为：

$$偏\ \eta_M^2=\frac{16.69}{16.69+31.67}=\frac{16.69}{48.36}=0.345$$

“受教育程度：音乐”的效应量为：

$$偏\ \eta_{E*M}^2=\frac{8.31}{8.31+31.67}=\frac{8.31}{39.98}=0.208$$

而 η^2 的公式是：

$$\eta^2=\frac{效应\ SS}{总和\ SS}$$

将文本框 13—4 中所有 SS 相加，得到：

$$0.156+24.833+16.69+8.31+31.67\approx 81.656$$

因此三个效应量分别为：

$$\eta_E^2=\frac{0.156}{81.656}=0.002$$

$$\eta_M^2=\frac{16.69}{81.656}=0.204$$

$$\eta_{E*M}^2=\frac{8.31}{81.656}=0.102$$

依据 J. Cohen（1988）的经验法则，η^2 值的小、中、大的效应量分别是 0.01，0.06，0.14. 因此，本范例中二因素交互作用为中度的效应量.

在 R 中除了可以直接输入上述表达式计算效应量外，也可以使用 DescTools 包中的 EtaSq 函数计算 η^2. 但偏 η^2 不适用，需要自行计算. 文本框 13—12 中先设定模型只含两个因素及其交互作用，而把受试者的效果都计入误差项，再使用 EtaSq 算出 η^2 值，得到受教育程度的 η^2 为 0.002，音乐的 η^2 为 0.204，交互作用的 η^2 为 0.102.

文本框 13—12　　计算效应量

```
> library(DescTools)
> model2 = aov(喜欢程度 ~ 受教育程度 * 音乐, data = l_table13)
> EtaSq(model2)
                    eta.sq eta.sq.part
受教育程度        0.001905021 0.002745636
音乐              0.204381549 0.228024898
受教育程度:音乐   0.101782555 0.128235899
```

13.2　范　例

研究者想要了解音乐风格与字词属性对受试者在字词回忆测验中的表现是否有交互作用，因此找了 30 名受试者（20～60 岁），再以随机分派的方式在两种音乐风格（快乐及悲伤）下，实施 3 次测验（每次均含正面、负面及中性字词各 7 个，3 次各有 21 个字词），测得受试者回忆的字词数如表 13—2 所示. 请问：在字词回忆测验中的表现是否因音乐风格与字词属性而有差异？

表 13—2　　30 名受试者的测试成绩

受试	音乐	正面	负面	中性	受试	音乐	正面	负面	中性
1	1	16	15	14	16	2	17	14	15
2	1	12	14	12	17	2	10	10	11
3	1	13	13	12	18	2	12	10	10
4	1	19	18	17	19	2	12	12	13
5	1	14	13	13	20	2	18	16	17
6	1	10	12	11	21	2	16	13	15
7	1	14	13	12	22	2	11	11	12
8	1	13	14	12	23	2	13	12	13
9	1	13	13	12	24	2	13	13	14
10	1	10	11	11	25	2	10	10	10
11	1	12	14	13	26	2	16	15	15
12	1	11	10	11	27	2	16	13	14
13	1	13	15	15	28	2	12	10	12
14	1	12	12	11	29	2	13	11	12
15	1	8	11	9	30	2	12	12	13

13.2.1 变量与数据

表 13—2 中，有五个变量，受试者代号可以不输入 R 中. 短格式数据如文本框 13—13 所示，不过，使用 R 分析时，应转为如文本框 13—14 所示的长格式数据. 在本范例中有一个独立样本自变量“音乐风格”（有两种水平，分别为悲伤的及快乐的），一个相依样本自变量“字词属性”（有三种水平，分别为正面、负面、中性三种属性的字词），因变量是受试者在字词回忆测验中的得分. 本例为 2×3 的设计，共有 30 名受试者.

13.2.2 研究问题

在本范例中，研究者想要了解的问题可以陈述如下：

字词回忆测验成绩是否因不同音乐风格及字词属性而有差异?
字词回忆测验成绩是否因不同音乐风格而有差异?
字词回忆测验成绩是否因不同字词属性而有差异?

13.2.3 统计假设

根据研究问题，原假设一为“两个自变量没有交互作用”：

H_0:音乐风格与字词属性没有交互作用

备择假设则为“两个自变量有交互作用”：

H_1:音乐风格与字词属性有交互作用

原假设二为“总体中在两种音乐风格下字词回忆测验成绩没有差异”：

$H_0:\mu_{悲伤}=\mu_{快乐}$

备择假设则为“总体中在两种音乐风格下字词回忆测验成绩有差异”：

$H_1:\mu_{悲伤}\neq\mu_{快乐}$

原假设三为“总体中在三种字词属性下字词回忆测验成绩没有差异”：

$H_0:\mu_{正面}=\mu_{负面}=\mu_{中性}$

备择假设则为“总体中在三种字词属性下字词回忆测验成绩有差异”：

$H_1:\mu_i\neq\mu_j$， 存在一些 i 与 j

13.3 使用 R 进行分析

13.3.1 数据文件

文本框 13—13 显示的是短格式数据文件，含有四个变量，分别是受试者间因素“音乐”，及受试者内因素三个类别的回忆测验分数.

文本框 13—13　　**短格式数据文件**

```
> load("C:/mydata/chap13/example13.RData")  # 加载本例短格式数据文件
> head(example13); tail(example13)          # 展示前后各 6 个数据
  音乐 正面 负面 中性
1 悲伤   16   15   14
2 悲伤   12   14   12
3 悲伤   13   13   12
4 悲伤   19   18   17
5 悲伤   14   13   13
6 悲伤   10   12   11
   音乐 正面 负面 中性
25 快乐   10   10   10
26 快乐   16   15   15
27 快乐   16   13   14
28 快乐   12   10   12
29 快乐   13   11   12
30 快乐   12   12   13
```

文本框 13—14 中，先在 example13 数据中增加一个“受试者”变量，再使用 reshape 包中的 melt 堆砌为长格式数据．堆砌时以“受试者”及“音乐”为辨识变量，将“正面”“负面”“中性”三个变量转换成“属性”变量．转换后的数值（value）改名为“回忆”（测验得分），并存为 l_example13 数据文件．后续的分析都使用 l_example13.

文本框 13—14　　**长格式数据文件**

```
> example13<-cbind(example13,受试者 = factor(1:30))     # 新增“受试者”变量,数值由 1 到 30
> library(reshape)                                       # 载入 reshape 包
> l_example13<-melt(example13, id.vars = c("受试者", "音乐"), variable_name = "属性")
                                                         # 转成长格式数据,名为 l_example13
> l_example13$音乐 = factor(l_example13$音乐)            # 将“音乐”设定为因素
> l_example13<-rename(l_example13, c(value = "回忆"))   # 将 value 改名为“回忆”
> save(list = c("l_example13"), file = "c:/mydata/chap13/l_example13.RData",compress = F)
                                                         # 存储 l_example13 数据
> l_example13                                            # 展示 l_example13 数据
1        1 悲伤 正面   16
2        2 悲伤 正面   12
3        3 悲伤 正面   13
4        4 悲伤 正面   19
5        5 悲伤 正面   14
              :
15      15 悲伤 正面    8
16      16 快乐 正面   17
17      17 快乐 正面   10
18      18 快乐 正面   12
19      19 快乐 正面   12
20      20 快乐 正面   18
              :
31       1 悲伤 负面   15
```

```
32        2 悲伤 负面    14
33        3 悲伤 负面    13
34        4 悲伤 负面    18
35        5 悲伤 负面    13
               :
46       16 快乐 负面    14
47       17 快乐 负面    10
48       18 快乐 负面    10
49       19 快乐 负面    12
50       20 快乐 负面    16
               :
61        1 悲伤 中性    14
62        2 悲伤 中性    12
63        3 悲伤 中性    12
64        4 悲伤 中性    17
65        5 悲伤 中性    13
               :
76       16 快乐 中性    15
77       17 快乐 中性    11
78       18 快乐 中性    10
79       19 快乐 中性    13
80       20 快乐 中性    17
               :
89       29 快乐 中性    12
90       30 快乐 中性    13
注:为节省篇幅,仅列出部分数据.
```

13.3.2 描述性统计量

文本框 13—15 显示了使用 Rmisc 包中的 summarySE 或 summarySEwithin 指令计算各单元格及边际的描述性统计量.

文本框 13—15 **描述性统计量**

```
> library(Rmisc)
> summarySEwithin(m = "回忆", b = "音乐",w = "属性", i = "受试者", data = l_example13)
                                                  # 设各个变量(与下列命令二择一)
> summarySE(m = "回忆", g = c("音乐", "属性"), data = l_example13) # 列出六个单元格描述性统计量
  音乐 属性  N     回忆        sd        se        ci
1 悲伤 正面 15 12.66667 2.609506 0.6737717 1.445096
2 悲伤 负面 15 13.20000 1.971222 0.5089672 1.091626
3 悲伤 中性 15 12.33333 1.914854 0.4944132 1.060411
4 快乐 正面 15 13.40000 2.557901 0.6604472 1.416518
5 快乐 负面 15 12.13333 1.884776 0.4866471 1.043754
6 快乐 中性 15 13.06667 1.980861 0.5114561 1.096964
> summarySE(m = "回忆", g = c("属性"), data = l_example13)      # 列出"属性"的边际描述性统计量
  属性  N     回忆       sd        se        ci
1 正面 30 13.03333 2.566137 0.4685103 0.9582112
2 负面 30 12.66667 1.971055 0.3598637 0.7360040
3 中性 30 12.70000 1.950243 0.3560641 0.7282328
```

文本框 13—15 中包含均值、标准差、均值标准误及置信区间. 三种属性的字词测验总平均分别为 13.03，12.67，12.70，相差不大，但在快乐的音乐中，受试者对正面字词的回忆量较多（$M=13.40$，$SD=2.558$），而在悲伤的音乐中，受试者对负面字词的回忆量较多（$M=13.20$，$SD=1.971$），因此 A 因素与 B 因素可能有交互作用. 至于是否达到统计上的显著，要进行检验.

13.3.3　整体检验

文本框 13—16 显示的是整体检验，受试者间因素为"音乐"（简称 M 因素），受试者内因素为"属性"（简称 W 因素），并包含两因素的交互作用.

文本框 13—16　　**整体检验**

```
> model<- aov(回忆~音乐 * 属性 + Error(受试者/属性), data = l_example13)  # 建立模型
> summary(model)                                                          # 列出模型摘要

Error:受试者
          Df Sum Sq Mean Sq F value Pr(>F)
音乐       1    0.4    0.40   0.031  0.862
Residuals 28  362.0   12.93

Error:受试者:属性
          Df Sum Sq Mean Sq F value   Pr(>F)
属性       2   2.47   1.233   1.955    0.151
音乐:属性  2  16.20   8.100  12.838 2.57e-05 ***
Residuals 56  35.33   0.631
---
Signif. codes:  0 '***' 0.001 '**' 0.01 '*' 0.05 '.' 0.1 ' ' 1
```

文本框 13—16 显示两因素有显著的交互作用（音乐：属性），$F(2, 56)=12.838$，$p<0.001$. 两个因素的主效应分别为 $F(1, 28)=0.031$，$F(2, 56)=1.955$，都不显著. 不过，因为有交互作用（$F(2, 56)=12.838$，$p<0.001$），所以应分析单纯效果，而不宜只留意主效应.

13.3.4　交互作用图

文本框 13—17 中分别以音乐与属性为横轴绘制交互作用图（见图 13—3 和图 13—4），实际分析时，只要选一种图形即可.

文本框 13—17　　**交互作用图**

```
> par(mai = c(1, 1, .1 ,.1), cex = 1.2, cex.lab = 1.3, cex.main = 1.3, lwd = 1.4)
                                                    # 设定边界、字体大小、线粗
> attach(l_example13)                               # 绑定数据
> interaction.plot(音乐, 属性, 回忆, lwd = 1.5, ylab = "回忆均值", type = "b", pch = 15:17)
                                                    # 以音乐为横轴,属性为个别线
```

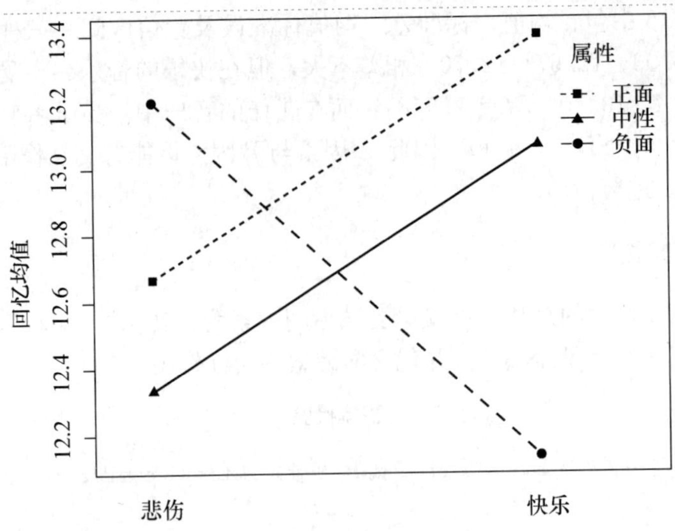

图 13—3 以音乐为横轴的交互作用图

```
> interaction.plot(属性, 音乐, 回忆, lwd = 1.5, ylab = "回忆均值", type = "b", pch = 15:16)
                                                      # 以属性为横轴,音乐为个别线
```

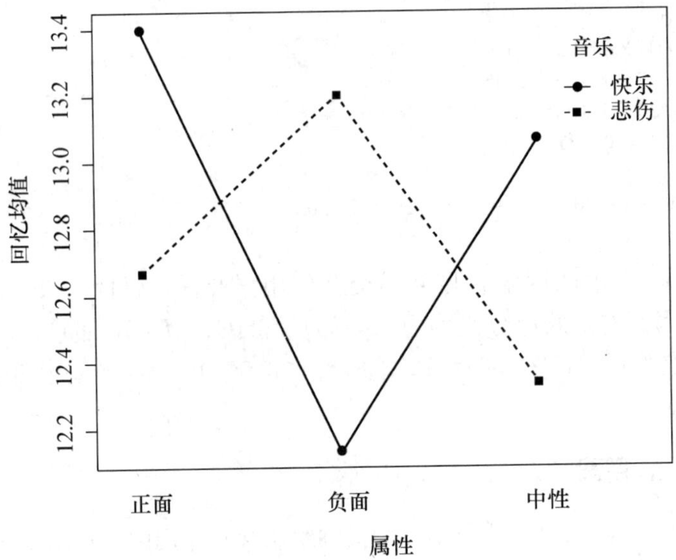

图 13—4 以属性为横轴的交互作用图

由图 13—3 可看出：在快乐的音乐中，受试者对正面字词的回忆量较多；而在悲伤的音乐中，受试者对负面字词的回忆量较多．由图 13—4 可看出：正面与中性的字词，在快乐的音乐中回忆量较多；反之，负面的字词在悲伤的音乐中回忆量较多．

13.3.5 球形性检验

在本范例中，“属性”因素是受试者内因素，要符合两两差异分数的方差齐假定（球形性假定）．文本框 13—18 中，使用 ez 包中的 ezANOVA 进行检验，并校正 F 值．

文本框 13—18　　　　球形性检验

```
> library(ez)                                                    # 载入 ez 包
> ezANOVA(data = l_example13, dv = .(回忆), wid = .(受试者), within = .(属性), between = .(音乐))
                                                                 # 设定各变量
$ ANOVA
     Effect DFn DFd           F            p p<.05         ges
2      音乐   1  28  0.03093923 8.616420e-01       0.001005699
3      属性   2  56  1.95471698 1.511467e-01       0.006169752
4 音乐:属性   2  56 12.83773585 2.574533e-05     * 0.039174593

$ 'Mauchly's Test for Sphericity'
     Effect         W           p p<.05
3      属性 0.6482734 0.002875648     *
4 音乐:属性 0.6482734 0.002875648     *

$ 'Sphericity Corrections'
     Effect       GGe        p[GG] p[GG]<.05       HFe        p[HF] p[HF]<.05
3      属性 0.7397946 0.1639095149           0.7712566 0.1624351130
4 音乐:属性 0.7397946 0.0001939294         * 0.7712566 0.0001517663         *
```

计算所得的 $W=0.648\,273\,4$，$p=0.002\,875\,648$，因此不符合球形假定，应校正检验所得的 F 值．因为此处的 Greenhouse-Geisser 的 ε 值小于 0.75，所以可以使用 Greenhouse-Geisser 校正结果．校正后交互作用的 p 值为 0.000 193 929 4，小于 0.05.

13.3.6　单纯效果与事后比较

由于两个因素有交互作用，接下来，一般会进行单纯效果分析．在此，可以分析两类的单纯效果：一是在 M 因素的每一种水平（也就是两种不同音乐风格）上，三种属性字词的测验成绩是否有差异（称为 W at M 或 W within M）；二是在 W 因素的每一种水平（也就是三种字词属性）上，两种音乐风格是否有不同的效果（称为 M within W）．

文本框 13—19 显示的是对 W at M1 及 W at M2 的单纯效果检验．检验前先将 l_example13 数据分为 m1_example13 及 m2_example13 两个子数据集，由于“属性”是受试者内因素，因此分别再进行单因素相依样本方差分析．

文本框 13—19　　　　属性在音乐中的单纯效果检验

```
> m1_example13<- subset(l_example13,音乐 = ="快乐")                  # M1 子数据集
> m2_example13<- subset(l_example13,音乐 = ="悲伤")                  # M2 子数据集
> summary(aov(回忆～属性 + Error(受试者), data = m1_example13))      # W at M(1)单纯效果检验

Error:受试者
          Df Sum Sq Mean Sq F value Pr(>F)
Residuals 14  180.8   12.91

Error: Within
```

```
          Df Sum Sq Mean Sq F value Pr(>F)
属性        2  5.733  2.8667  3.961 0.0306 *
Residuals 28 20.267  0.7238
---
Signif. codes:  0 '***' 0.001 '**' 0.01 '*' 0.05 '.' 0.1 ' ' 1
> summary(aov(回忆~属性+Error(受试者), data=m2_example13))   # W at M(2)单纯效果检验

Error:受试者
          Df Sum Sq Mean Sq F value Pr(>F)
Residuals 14  181.2   12.94

Error: Within
          Df Sum Sq Mean Sq F value    Pr(>F)
属性        2  12.93   6.467   12.02 0.000171 ***
Residuals 28  15.07   0.538
---
Signif. codes:  0 '***' 0.001 '**' 0.01 '*' 0.05 '.' 0.1 ' ' 1
```

文本框 13—19 中是以个别误差项进行的 F 检验，只有在第二种音乐中，对三种属性字词回忆的 p 值小于 0.025（0.05/2=0.025）. 文本框 13—20 将两个误差项的 SS 及 df 分别相加，当成合并的误差项，计算得到两个单纯效果检验的 p 值都小于 0.025.

文本框 13—20　　　　计算 F 及 p 值（1）

```
> ms=c(2.8667, 6.467)                  # 2个单纯效果检验的MS值
> mse=(20.267+15.07)/56                # 合并误差项MS值
> F=ms/mse                             # 计算F值
> F                                    # 列出F值
[1]  4.542978 10.248521
> P=pf(F,2,56,lower.tail=FALSE)        # 计算右侧p值
> P                                    # 列出p值
[1] 0.0148463888 0.0001611442
```

由于两个单纯效果都显著，文本框 13—21 中以 Tukey 的 HSD 法进行事后比较. 注意：此时是以个别组的误差项而不是合并的误差项为分母.

文本框 13—21　　　　单纯效果的事后检验

```
> w.at.m1<-aov(回忆~属性+受试者, data=m1_example13)   # W at M(1)单纯效果检验
> w.at.m2<-aov(回忆~属性+受试者, data=m2_example13)   # W at M(2)单纯效果检验
> library(multcomp)                                   # 载入multcomp包
> summary(glht(w.at.m1, linfct=mcp(属性="Tukey")))    # W at M(1)单纯效果事后比较
         Simultaneous Tests for General Linear Hypotheses

Multiple Comparisons of Means: Tukey Contrasts

Fit: aov(formula = 回忆 ~ 属性 + 受试者, data = m1_example13)
```

```
Linear Hypotheses:
                    Estimate Std. Error t value Pr(>|t|)
负面 - 正面 == 0   0.5333    0.3107   1.717   0.2168
中性 - 正面 == 0  -0.3333    0.3107  -1.073   0.5383
中性 - 负面 == 0  -0.8667    0.3107  -2.790   0.0247 *
---
Signif. codes:  0 '***' 0.001 '**' 0.01 '*' 0.05 '.' 0.1 ' ' 1
(Adjusted p values reported -- single-step method)
> summary(glht(w.at.m2, linfct = mcp(属性 = "Tukey")))    # W at M(2)单纯效果事后比较
         Simultaneous Tests for General Linear Hypotheses

Multiple Comparisons of Means: Tukey Contrasts

Fit: aov(formula = 回忆 ~ 属性 + 受试者, data = m2_example13)

Linear Hypotheses:
                    Estimate Std.  Error   t value Pr(>|t|)
负面 - 正面 == 0     -1.2667     0.2679   -4.729   <0.001 ***
中性 - 正面 == 0     -0.3333     0.2679   -1.244   0.43772
中性 - 负面 == 0      0.9333     0.2679    3.484   0.00447 **
---
Signif. codes:  0 '***' 0.001 '**' 0.01 '*' 0.05 '.' 0.1 ' ' 1
(Adjusted p values reported -- single-step method)
```

文本框 13—15 显示，在悲伤的音乐中，负面字词的回忆量（$M=13.20$）显著较中性字词的回忆量（$M=12.33$）多，文本框 13—21 中均值差异为 0.866 7，$p=0.024\,7$，小于 0.025. 第二部分显示，在快乐的音乐中，正面及中性字词的回忆量（M 分别为 13.40 与 13.07）比负面字词的回忆量（$M=12.13$）多. 此部分的说明结合文本框 13—15 所示的描述性统计量及图 13—3 所示的交互作用图会更清楚.

13.3.7　单纯效果检验

文本框 13—22 显示的是进行 M at W1，M at W2，M at W3 的单纯效果检验. 检验前先将 l_example13 数据分为 w1_example13，w2_example13，w3_example13 三个子数据集，由于字词“属性”是受试者间因素，因此分别再进行单因素独立样本方差分析.

文本框 13—22　　**音乐在属性中的单纯效果检验**

```
> w1_example13<-subset(l_example13,属性 == "正面")   # W1 子数据集
> w2_example13<-subset(l_example13,属性 == "负面")   # W2 子数据集
> w3_example13<-subset(l_example13,属性 == "中性")   # W3 子数据集
> summary(aov(回忆~音乐, data = w1_example13))       # M at W1 单纯效果检验
            Df Sum Sq Mean Sq F value Pr(>F)
音乐         1   4.03   4.033   0.604  0.444
Residuals   28 186.93   6.676
> summary(aov(回忆~音乐, data = w2_example13))       # M at W2 单纯效果检验
            Df Sum Sq Mean Sq F value Pr(>F)
音乐         1   8.53   8.533   2.294  0.141
```

```
Residuals    28 104.13   3.719
> summary(aov(回忆～音乐，data = w3_example13))    # M at W3 单纯效果检验
            Df Sum Sq Mean Sq F value Pr(>F)
音乐         1   4.03   4.033   1.063   0.311
Residuals   28 106.27   3.795
```

文本框 13—22 中三个检验的 p 值都大于 0.016 7（0.05/3＝0.016 7）．不过，此处误差项的 SS 仍是各组分开计算的，有学者（Keppel，1991）认为以合并误差项为分子较正确．如果要自行计算，则将三组的误差 SS 及自由度分别相加，得到：

误差 SS＝186.93＋104.13＋106.27＝397.33

误差自由度＝28＋28＋28＝84

平均平方和＝397.33/84＝4.730

文本框 13—23 显示了自行计算的结果，三个 F 值分别为 0.853，1.804，0.853，p 值也都大于 0.016 7．由于三个单纯效果都不显著，因此停止分析，不做事后比较．

文本框 13—23　　　　计算 F 及 p 值（2）

```
> ms = c(4.033, 8.533, 4.033)                    # 3 个单纯效果检验的 MS 值
> mse = (186.93 + 104.13 + 106.27)/84            # 合并误差项 MS 值
> F = ms/mse                                     # 计算 F 值
> F                                              # 列出 F 值
[1] 0.8526212 1.8039715 0.8526212
> P = pf(F,1,84,lower.tail = FALSE)              # 计算右侧 p 值
> P                                              # 列出 p 值
[1] 0.3584567 0.1828508 0.3584567
```

13.4　计算效应量

由于检验后达到统计上的显著，因此应计算效应量．

要计算偏 η^2 值，公式是：

$$\text{偏 } \eta^2 = \frac{\text{效应 } SS}{\text{效应 } SS + \text{误差 } SS}$$

其中，效应的平方和是研究者关心的某个因素的效应，在此，研究者关心的是两个因素的交互作用，代入文本框 13—16 中的数值，其偏 η^2 为：

$$\text{偏 } \eta^2_{M*W} = \frac{16.20}{16.20+35.33} = \frac{16.20}{51.53} = 0.314$$

偏 η^2 是排除主效应或交互作用之后，某个因素或交互作用对因变量的解释量，由于不具可加性，因此偏 η^2 值的总和可能会超过 1．η^2 值则具有可加性，可以计算每个效果的个别解释量，公式为：

$$\eta^2=\frac{\text{效应 }SS}{\text{总和 }SS}$$

将文本框 13—16 中的 *SS* 相加，可以得到总和的 *SS*，代入公式后得到：

$$\eta^2=\frac{16.20}{0.4+362.0+2.47+16.2+35.33}=\frac{16.20}{416.40}=0.039$$

图示见图 13—5.

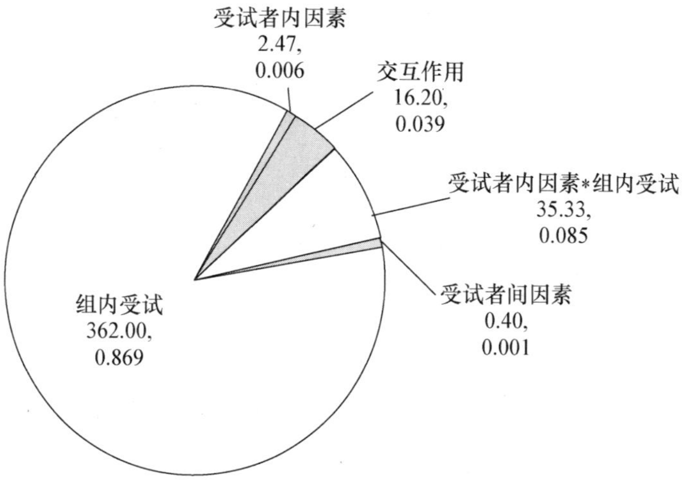

图 13—5　二因素混合设计方差分析效应量

依据 J. Cohen（1988）的经验法则，η^2 值的小、中、大的效应量分别是 0.01，0.06，0.14. 因此，本范例中二因素交互作用为小的效应量.

在 R 中可以使用 DescTools 包中的 EtaSq 函数计算 η^2. 文本框 13—24 中先设定模型只含两个因素及其交互作用，而把受试者的效果都计入误差项，再使用 EtaSq 算出 η^2 值，得到音乐的 η^2 为 0.000 96，属性的 η^2 为 0.005 92，交互作用的 η^2 为 0.038 90. 文本框 13—24 中的偏 η^2 值由于未计算所有的 *SS*，因此并不正确，不要采用.

文本框 13—24　　计算效应量

```
> library(DescTools)
> model2 = aov(喜欢程度 ~ 受教育程度 * 音乐, data = l_table13)
> EtaSq(model2)
                  eta.sq eta.sq.part
音乐      0.0009606148 0.001005699
属性      0.0059237912 0.006169752
音乐:属性 0.0389048991 0.039174593
```

13.5　以 APA 格式撰写结果

研究者使用 2×3 二因素混合设计方差分析，以字词回忆测验成绩为因变量，音乐风格与字词属性为自变量. 分析结果显示，音乐风格与字词属性具有显著的交互作用，$F(1.480, 41.428)=12.838$，$p<0.001$，$\eta^2=0.039$. 经单纯效果检验，在悲伤的音乐中，三种字词属性下字词回忆测验成绩有显著差异，$F(2, 56)=4.54$，$p=0.015$，负面字词的回忆量（$M=13.20$）较中性字词（$M=12.33$）多. 在快乐的音乐中，三种字词属性下字词回忆测验成绩也有显著差异，$F(2, 56)=6.47$，$p<0.001$，正面字词的回忆量（$M=13.40$）及中性字词的回忆量（$M=13.07$）都比负面字词（$M=12.13$）多.

13.6 二因素混合设计方差分析的假定

二因素混合设计方差分析兼有受试者间及受试者内因素，因此应同时符合它们各自的统计假定.

13.6.1 独立性

观察体独立是指各个样本的“受试者间因素”不会相互影响，假使观察体间不独立，计算所得的 p 值就不准确. 如果有证据支持违背了这项假定，就不应使用二因素混合设计方差分析.

由于受试者重复接受多次的测验，因此“受试者内因素”并不需要符合独立假定.

13.6.2 正态性

在二因素混合设计方差分析中，正态性应符合两项假定. 一是受试者内因素每种水平下的因变量须服从正态分布，在本范例中是指三种字词回忆测验的分数都要服从正态分布. 二是受试者间因素每种水平的平均分数须服从正态分布，在本范例中是指两种音乐风格下，受试者在三种属性字词的测验中的平均分数都要服从正态分布. 如果不服从正态分布，会降低检验的统计检验力. 不过，当每一组的样本数在 15 以上时，即使违背了这项假定，对于二因素混合设计方差分析的影响也不大.

13.6.3 方差齐性

此假定是指在受试者间因素的每种水平下因变量的方差要相等. 在本范例中，首先计算每个受试者在受试者内因素三种字词测验中的平均得分，接着分别计算两种音乐风格下平均得分的方差，而这两个方差要相等.

如果受试者间因素各水平的样本相等（平衡设计），则违背此项假定，但并不严重；如果样本相差太多，而又违背此项假定，则不应使用二因素混合设计方差分析.

13.6.4 球形性

球形性是指总体中，受试者内因素各成对差异分数的方差要具有齐性（相等）. R 使用 Mauchly 的球形检验来检验是否违背这一假定，如果不符合此项假定，就要使用 Greenhouse-Geisser 及 Huynh-Feldt 两种 ε 值对自由度加以校正. 如果 Greenhouse-Geisser 的 $\varepsilon>0.75$，最好改为采用 Huynh-Feldt 的方法；如果 $\varepsilon\leqslant 0.75$，则仍使用 Greenhouse-

Geisser 的方法.

如果违背球形性假定，也可以将受试者内因素各水平的得分当成因变量，进行单因素多变量方差分析，相关内容请参见本书第 15 章的说明.

13.6.5　方差—协方差矩阵的齐性

此假定是指在受试者间因素各水平下，变量的方差—协方差矩阵要相等. 在本范例中，三种字词测验有各自的方差，而三种字词测验两两间有协方差，方差—协方差矩阵的对角线为方差，对角线外则为协方差，两种音乐风格下的方差—协方差矩阵要相等. R 使用 Box 的 M 进行此项检验.

如果受试者间因素各水平的样本相等，则违背此项假定，但并不严重；如果样本相差太多，而又违背此项假定，则不应使用二因素混合设计方差分析.

第14章

单因素独立样本协方差分析

单因素独立样本协方差分析（analysis of covariance，ANCOVA）旨在排除一个数值协变量（covariate）后，分析一个质的自变量对一个数值因变量的效果，适用的情境如下：

自变量：一个自变量，为定性变量.

因变量：一个因变量，为定量变量.

协变量：定量变量，通常为一个，也可以是两个以上.

本章先介绍单因素独立样本协方差分析的回归线齐性检验，接着进行整体检验，并说明后续分析的方法.

14.1 基本统计概念

14.1.1 目的

如果使用实验法进行研究，最重要的是要确保各组一开始的条件是相同的，因此随机分派的程序便非常重要（为了减少抽样误差，随机抽样的程序也很重要）. 有时候，基于一些限制而不能随机分派，只好采用完整组（intact group）进行实验，此称为准实验设计（quasi-experimental design）.

由于无法随机分派，因此受试者在实验前的差异就会影响因变量，使得自变量的效果有所混淆. 因此，在进行准实验设计之前，一般会先实施前测，以了解实验前各组的基准点，在经过一段时间的实验后，再实施后测. 进行统计分析时，会将前测当成协变量，而以后测为因变量，自变量则是不同的组别.

此外，协方差分析也适用于以下研究设计（Green & Salkind，2014）：

1. 进行前测，再随机分派到自变量的各个组别中，接受不同处理，最后测得后测数值.
2. 进行前测，再根据前测结果分派至自变量的各个组别中，接受不同处理，最后测得后测数值.

3. 进行前测，利用前测结果将参与者配对，再随机分派至自变量的各个组别中，接受不同处理，最后测得后测数值.

4. 分析潜在的混淆变量. 例如，要研究有无出国旅游经历的学生，在经过教学后，英文成绩是否有差异，此时，家庭社会经济背景是可能的混淆变量，因为有出国旅游经历的学生，其家庭社会经济地位可能较高，使得英文成绩较高.

如果因变量与协变量的性质相同（如分别为数学的后测成绩及前测成绩），要排除协变量的影响，然后比较因变量是否会因自变量不同而有差异. 可以有两种方法，其中一种方法是将因变量减去协变量（例如将后测成绩减去前测成绩）以得到实得分数（gain score），然后将实得分数作为新的因变量，再进行方差分析.

如果因变量与协变量的性质不同，则可以先以协变量为预测变量，以因变量为效标变量，进行回归分析，然后以回归分析的残差为因变量，使用原来的自变量进行方差分析，这种方法实际上就是协方差分析. 所以协方差分析是结合回归分析及方差分析的一种统计方法.

14.1.2　分析示例

以下研究问题都可以使用单因素独立样本协方差分析：

1. 排除智力影响后，三种教学法对学生的教学效果.
2. 排除高中入学成绩影响后，就读不同高中对高考成绩的效果.
3. 排除年龄影响后，不同药物在提高高密度胆固醇方面的效果.

14.1.3　协方差分析图示

单因素方差分析旨在分析一个质的自变量对量的因变量的效果（见图 14—1），整个圆形面积（区域 6＋区域 7）代表因变量的总变异量，方差分析关心的是区域 6 的面积（自变量可以解释因变量的部分）与区域 7（因变量不能被自变量解释的部分，也就是误差项）的比率. 而效应量 η^2 就是区域 6 的面积与因变量整个圆形面积（区域 6＋区域 7）的比率.

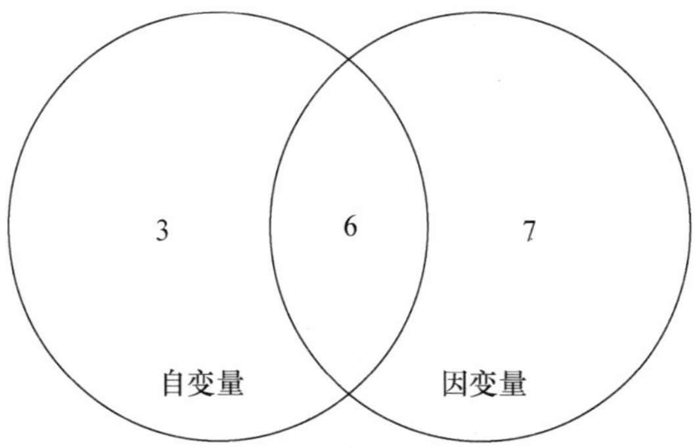

图 14—1　单因素方差分析示意图

图 14—2 及图 14—3 是理想的协方差分析示意图，此时自变量与协变量没有关联，也就是说在自变量的各组中，协变量的均值没有差异. 研究者如果能找到与因变量有关的协变量加以排除（区域 4），那么不能解释的部分就剩下区域 6＋区域 7′，虽然自变量可以解

释因变量的部分还是区域 6，但是因为分母部分（区域 7′）已经比图 14—1 的区域 7 小，使得 F 值变大，所以，自变量及因变量相同的情况下，如果使用协方差分析，一般来说会比方差分析容易显著（见图 14—3）.

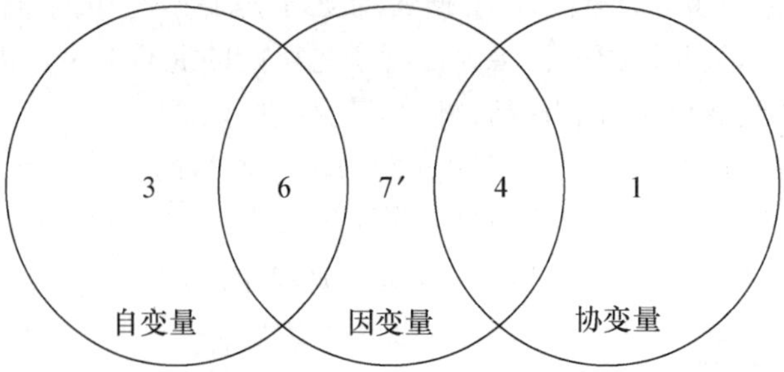

图 14—2　单因素协方差分析示意图（1）

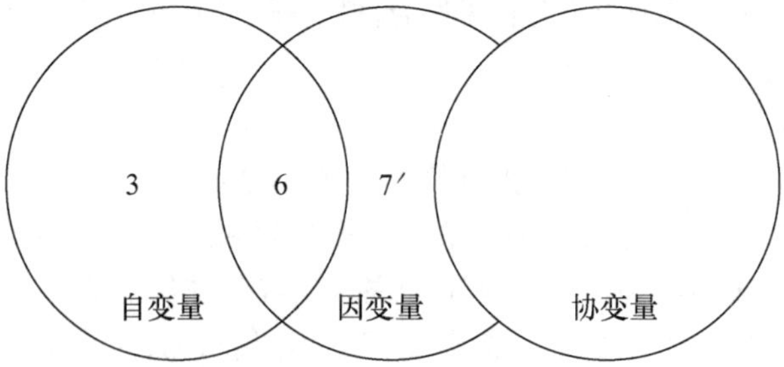

图 14—3　单因素协方差分析示意图（2）

不过由于自变量与协变量常会有关联，因此协方差分析以图 14—4 所示的情形居多. 在图中，自变量可以解释因变量的部分是区域 5＋区域 6′（等于图 14—3 中的区域 6），但是其中区域 2 及区域 5 因为与协变量重叠而被排除，所以真正可以单独解释的部分只剩区域 6′，不能解释的部分则为区域 7″.

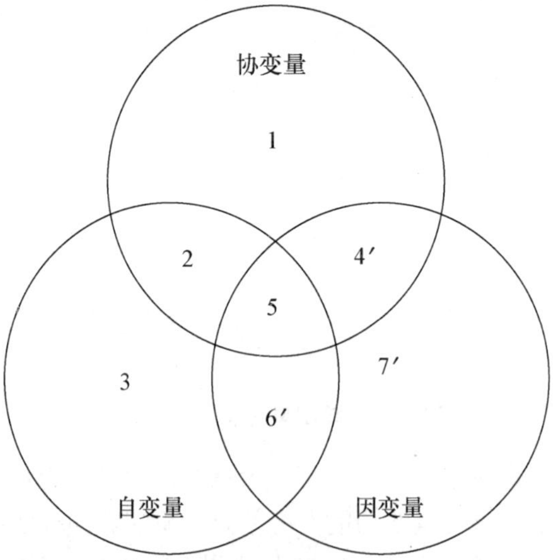

图 14—4　单因素协方差分析示意图（3）

综言之，协方差分析旨在排除协变量的效果后，分析自变量对因变量的效果. 然而，由于自变量与协变量常有关联，因此在排除协变量时，也把自变量的效果排除了，使自变量的效果变得不明显（见图 14—5）. 因此，要进行协方差分析，协变量应与因变量有较强的直线相关，而协变量与自变量又不能有关联，如此才能将因变量中不能由自变量解释的部分减少，相对地，也就可以增强统计检验力. 假如协变量与自变量的相关很强，而与因变量相关很弱，使用协方差分析就没有意义. 因此，Owen 及 Froman（1998）建议，在随机分派的设计中仍应使用协方差分析，如果使用完整组或无法随机分派，则应报告自变量与协变量的相关情况.

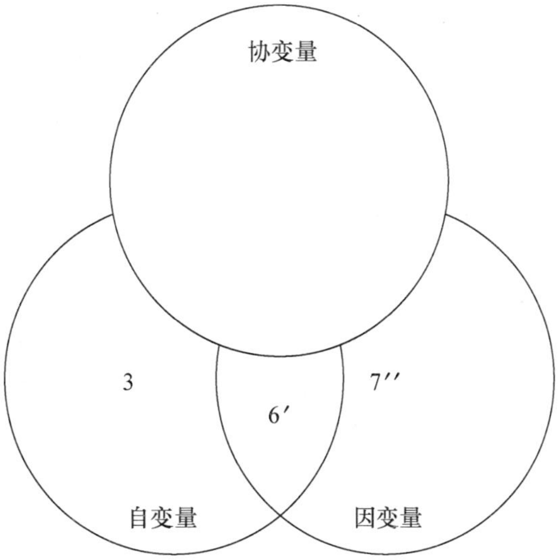

图 14—5　单因素协方差分析示意图（4）

14.1.4　分析流程

单因素独立样本协方差分析的流程可以用图 14—6 表示. 在分析时，要先留意是否符合回归线齐性的假定. 如果符合假定，则接着进行协方差分析；如果不符合假定，则应使用其他替代方法. 协方差分析的整体检验如果显著，则接着进行事后比较；如果不显著，则停止分析.

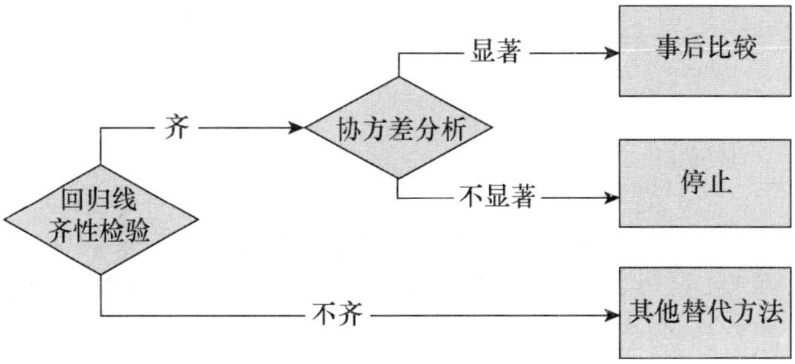

图 14—6　单因素独立样本协方差分析流程

下面举例说明. 研究者想要了解三种不同教学法对学生数学成绩是否有影响，因此找了三个班级的学生各 4 名（总计 12 名），先测得初始数学成绩，经过一学期后，再测得学生的期末数学成绩（见表 14—1）. 在此例中，有一个自变量，为教学法，学生的数学后测成绩是因变量，数学前测成绩是协变量.

表 14—1　　12 名学生的学业成绩

学生	教学法一		教学法二		教学法三	
	前测	后测	前测	后测	前测	后测
1	7	9	3	7	3	5
2	6	8	2	7	4	7
3	5	7	3	9	2	4
4	6	8	4	9	3	4
均值	6	8	3	8	3	5

14.1.5　回归线齐性检验

由于协方差分析是以协变量（前测成绩）为预测变量，因变量（后测成绩）为效标变量进行回归分析，因此在自变量（教学法）的各水平下，回归线不能有显著的交叉（大致平行）. 图 14—7 中三条回归线虽然不完全平行，但是如文本框 14—1 中粗体字部分所示，自变量与协变量的交互作用（前测：教学法）并未达到 0.05 显著性水平（$F(2, 6)=0.285\,7$，$p=0.761\,157$），因此并未违背回归线齐性假定，此时即可进行协方差分析.

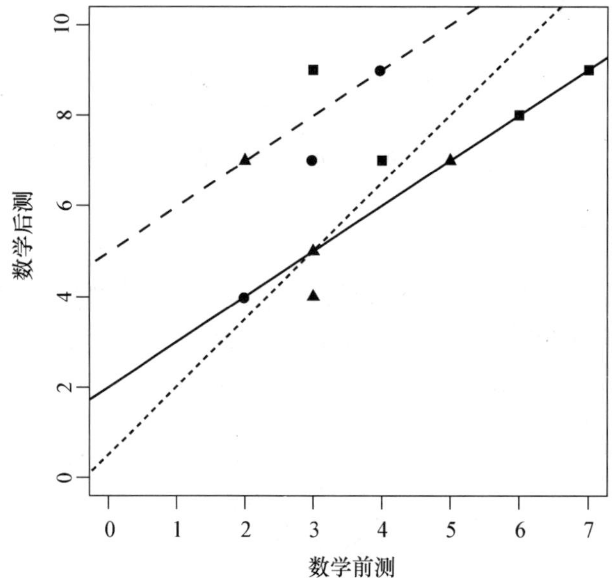

图 14—7　符合回归线齐性假定

如果像图 14—8 所示，三条回归线明显不平行，其中一个斜率为负数，而文本框 14—2 中"前测：教学法"的 $F(2, 6)=6.000$，$p=0.037\,037$，小于 0.05，就应拒绝 $H_0:\beta_1=\beta_2=\beta_3$，也就是说至少有一条回归线的斜率与其他的斜率不同. 此时不应进行协方差分析，而应改用其他替代方法.

文本框 14—1　　　　符合回归线齐性假定

```
> load("C:/mydata/chap14/table14.RData")
> anova(aov(后测～前测 * 教学法, data = table14))
Analysis of Variance Table

Response:后测
            Df  Sum Sq Mean Sq F value   Pr(> F)
前测         1 12.0333 12.0333 20.6286 0.003925 **
教学法       2 20.1333 10.0667 17.2571 0.003248 **
前测:教学法  2  0.3333  0.1667  0.2857 0.761157
Residuals    6  3.5000  0.5833
---
Signif. codes:  0'***' 0.001 '**' 0.01 '*' 0.05 '.' 0.1 '' 1
```

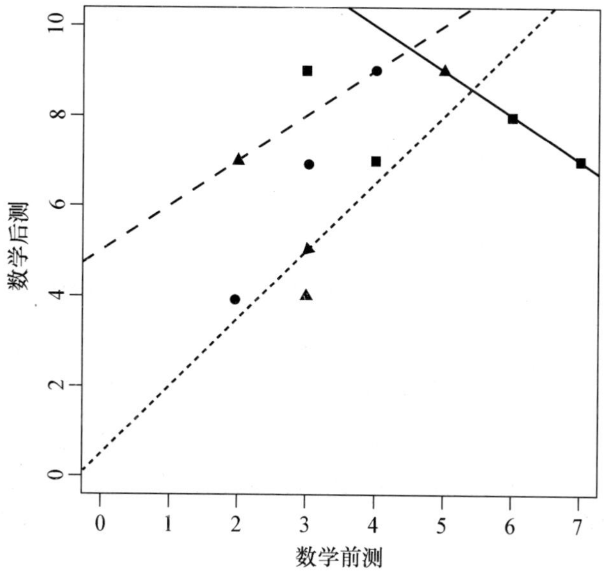

图 14—8　不符合回归线齐性假定

文本框 14—2　　　　不符合回归线齐性假定

```
> anova(aov(后测～前测 * 教学法, data = table14_1))
Analysis of Variance Table

Response:后测
            Df Sum Sq Mean Sq F value   Pr(>F)
前测         1    7.5  7.5000  12.857 0.011564 *
教学法       2   18.0  9.0000  15.429 0.004314 **
前测:教学法  2    7.0  3.5000   6.000 0.037037 *
Residuals    6    3.5  0.5833
---
Signif. codes:  0'***' 0.001 '**' 0.01 '*' 0.05 '.' 0.1 '' 1
```

14.1.6 整体检验

14.1.6.1 原假设与备择假设

在本范例中，研究者想要了解的问题可以陈述如下：

依据前测成绩而调整的数学后测成绩是否因教学法而有差异？

根据研究问题，原假设为“依据前测成绩而调整的数学后测成绩不因教学法而有差异”：

$$H_0: \mu'_{教学法一} = \mu'_{教学法二} = \mu'_{教学法三}$$

备择假设则为“依据前测成绩而调整的数学后测成绩因教学法而有差异”：

$$H_1: \mu'_i \neq \mu'_j, \quad 存在一些 i 与 j$$

14.1.6.2 *SS* 拆解与检验

在说明相关理论前，先以图 14—9 呈现单因素独立样本协方差分析的 *SS* 拆解，以利于读者对整体概念的掌握.

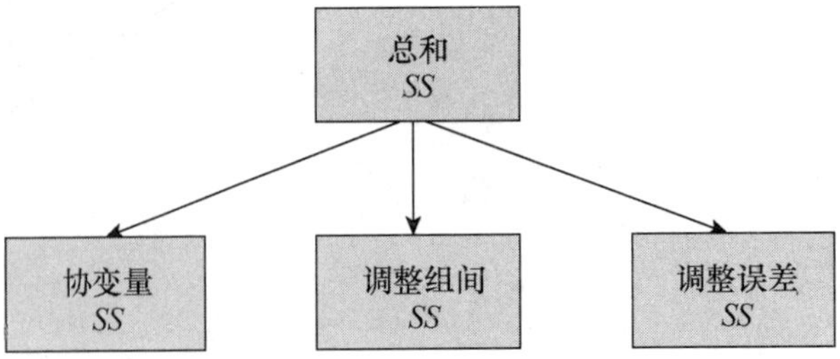

图 14—9 单因素独立样本协方差分析的 *SS* 拆解

文本框 14—3 显示了协方差分析的整体检验，表中数学前测的 $F(1, 8)=25.113$，$p=0.0010381$，表示前测成绩的确可以预测后测成绩. 教学法的 $F(1, 8)=21.009$，$p=0.0006544$，表示排除了前测成绩的影响后，不同教学法下的数学后测成绩的确有差异.

教学法的 F 值公式为：

$$F=\frac{教学法\ MS}{误差\ MS}=\frac{10.0667}{0.4792}=21.009$$

文本框 14—3　　整体检验

```
> anova(aov(后测～前测 + 教学法, data = table14))
Analysis of Variance Table

Response:后测
          Df  Sum Sq Mean Sq F value   Pr(> F)
前测       1 12.0333 12.0333  25.113 0.0010381 **
教学法     2 20.1333 10.0667  21.009 0.0006544 ***
Residuals  8  3.8333  0.4792
---
Signif. codes:  0 '***' 0.001 '**' 0.01 '*' 0.05 '.' 0.1 ' ' 1
```

14.1.7　调整均值

由于整体检验显著，研究者通常会进行事后成对比较．此时，需要依据前测成绩对后测成绩加以调整，以得到调整的后测均值．调整均值的公式为：

调整均值＝后测均值－回归系数×(前测均值－前测总均值)

文本框 14—4 显示了三种教学法的数学后测及前测均值．文本框 14—5 中粗体字部分回归系数为 1.1667．代入数值后得到：

$$\bar{Y}'_1=8-1.1667\times(6-4)=5.6667$$
$$\bar{Y}'_2=8-1.1667\times(3-4)=9.1667$$
$$\bar{Y}'_3=5-1.1667\times(3-4)=6.1667$$

所得结果与文本框 14—6 所示调整后均值相同．

文本框 14—4　　　　前后测均值

```
> attach(table14)                               # 绑定数据,不必重复设定
> tapply(后测, 教学法, mean)                     # 各教学法之后测均值
教学法一 教学法二 教学法三
    8       8       5
> tapply(前测, 教学法, mean)                     # 各教学法之前测均值
教学法一 教学法二 教学法三
    6       3       3
> mean(前测)                                     # 前测整体均值
[1] 4
```

文本框 14—5 中以 lm 函数建立线性模型，R 的 lm 函数会自动将因素（教学法）转为哑变量，本处只关心排除“教学法”后“前测”对“后测”的回归系数（粗体字部分），所以可以不必设定参照组．

文本框 14—5　　　　回归系数

```
>  lm_model<lm(后测～教学法 + 前测,data = table14)          # 建立线性模型
> summary(lm_model)                                         # 列出模型摘要

Call:
lm(formula = 后测～教学法 + 前测, data = table14)

Residuals:
    Min      1Q    Median     3Q     Max
-1.0000 -0.1667  0.0000  0.1667  1.0000

Coefficients:
           Estimate Std. Error t value Pr(> |t|)
```

```
(Intercept)        1.0000     1.7305   0.578   0.57926
教学法教学法二     3.5000     0.9789   3.575   0.00724 **
教学法教学法三     0.5000     0.9789   0.511   0.62332
前测               1.1667     0.2826   4.128   0.00331 **
---
Signif. codes:  0‘***’0.001‘**’0.01‘*’0.05‘.’0.1‘’1

Residual standard error: 0.6922 on 8 degrees of freedom
Multiple R-squared:  0.8935,    Adjusted R-squared:  0.8536
F-statistic: 22.38 on 3 and 8 DF,   p-value: 0.0003026
```

文本框 14—6 显示了使用 effects 包中的 effect 函数，计算排除协变量后的调整均值.

文本框 14—6　　　　调整均值

```
> library(effects)                                    # 载入 effects 包
> model<aov(后测~前测+教学法, data=table14)           # 协方差分析模型
> adj_Means effect("教学法",model)                    # 计算模型中"教学法"的调整均值
                                                      # 列出调整均值

教学法 effect
教学法
教学法一 教学法二 教学法三
5.666667 9.166667 6.166667
```

由文本框 14—4 来看，接受第一种教学法的数学后测均值是 8 分，而接受第三种教学法的前测均值为 5 分，看起来似乎第一种教学法的效果比第三种好. 然而，第一组的前测平均成绩是 6 分，第三组只有 3 分. 所以，第一组的后测成绩较佳，是因为前测成绩也较好. 经过调整之后，第一组的调整均值为 5.667，第三组的调整均值为 6.167，第三组的均值反而比第一组高 0.5 分. 至于 0.5 分是否显著不等于 0，则需要进行成对比较.

14.1.8　事后成对比较

协方差分析的事后比较，可以使用 Fisher 的 LSD 法，并以 Bonferroni 法加以校正. LSD 采取 t 检验，公式为：

$$t=\frac{\overline{Y}'_i-\overline{Y}'_j}{\sqrt{MS_{\text{adj}}\left(\frac{1}{n_i}+\frac{1}{n_j}\right)}}=\frac{\text{均值差异}}{\text{标准误}}$$

如果使用 Tukey 法，则是采取 q 检验，公式为：

$$q=\frac{\overline{Y}'_i-\overline{Y}'_j}{\sqrt{\frac{MS_{\text{adj}}}{2}\left(\frac{1}{n_i}+\frac{1}{n_j}\right)}}$$

分母中 MS_{adj} 的计算公式是：

$$MS_{\text{adj}}=MS_{\text{error}}\left(1+\frac{F'}{df'_{\text{error}}}\right)$$

其中，F' 及 df'_{error} 是把协变量（数学前测）作为因变量，另外进行单因素方差分析所得到的 F 值及误差 MS（如文本框 14—7 所示）. MS_{error} 则是文本框 14—3 中误差的 MS. 代入

数值后得到：

$$MS_{adj}=0.4792\times\left(1+\frac{18}{9}\right)=0.4792\times3=1.4375$$

文本框 14—7　　以前测为因变量的方差分析

```
> anova(aov(前测～教学法, data = table14))                # 建立模型,并列出摘要
Analysis of Variance Table

Response: 前测
            Df Sum Sq  Mean Sq F value    Pr(> F)
教学法        2     24  12.0000      18 0.0007155 ***
Residuals    9      6   0.6667
---
Signif. codes:  0'***' 0.001 '**' 0.01 '*' 0.05 '.' 0.1 '' 1
```

不过，R 并未使用上述计算整体标准误的方法，而是分别计算成对间（在此有三对）的标准误，结果如文本框 14—8 所示．由结果来看，第二种教学法的效果显著比第一、第三种教学法好（p 值小于 0.05，均值差异 95%置信区间不包含 0），第一种教学法与第三种教学法的效果没有显著差异．

文本框 14—8　　多重比较

```
> library(multcomp)                                   # 载入 multcomp 包
> HSD<glht(model, linfct = mcp(教学法 = "Tukey"))       # 进行 Tukey 的 HSD 多重比较
> summary(HSD)                                        # 列出 HSD 内容

         Simultaneous Tests for General Linear Hypotheses

Multiple Comparisons of Means: Tukey Contrasts


Fit: aov(formula = 后测～前测 + 教学法, data = table14)

Linear Hypotheses:
                     Estimate  Std. Error  t value   Pr(> |t|)
教学法二 - 教学法一 = 0    3.5000      0.9789    3.575     0.0166 *
教学法三 - 教学法一 = 0    0.5000      0.9789    0.511     0.8631
教学法三 - 教学法二 = 0   - 3.0000      0.4895  - 6.129    < 0.001 ***
---
Signif. codes:  0'***' 0.001 '**' 0.01 '*' 0.05 '.' 0.1 '' 1
(Adjusted p values reported -- single-step method)
> confint(HSD)                   # 列出均值差异的置信区间

         Simultaneous Confidence Intervals

Multiple Comparisons of Means: Tukey Contrasts

Fit: aov(formula = 后测～前测 + 教学法, data = table14)
```

```
Quantile = 2.8183
95 % family-wise confidence level

Linear Hypotheses:
                          Estimate      lwr      upr
教学法二 - 教学法一 = 0    3.5000    0.7410   6.2590
教学法三 - 教学法一 = 0    0.5000   -2.2590   3.2590
教学法三 - 教学法二 = 0   -3.0000   -4.3795  -1.6205
```

14.1.9 效应量

多数研究者常计算偏 η^2 值，它的公式是：

$$偏\ \eta^2=\frac{调整组间\ SS}{调整组间\ SS+调整误差\ SS} \tag{14.1}$$

其中，调整组间 SS 是研究者关心的某个因素的效应，在此，研究者关心的是教学法的效果，代入文本框 14—3 中的数值，教学法的偏 η^2 为：

$$偏\ \eta^2=\frac{20.133\ 3}{20.133\ 3+3.833\ 3}=\frac{20.133\ 3}{23.966\ 6}=0.840\ 1$$

如果要计算 η^2，公式为：

$$\eta^2=\frac{调整组间\ SS}{总和\ SS}$$

代入数值后得到：

$$\eta^2=\frac{20.133\ 3}{20.133\ 3+12.133\ 3+3.833\ 3}=\frac{20.133\ 3}{36}=0.559\ 3$$

由于 η^2 是有偏误的估计值，可以改用 ω^2，公式为：

$$\omega^2=\frac{调整组间\ SS—组间自由度\times调整误差\ MS}{总和\ SS+调整误差\ MS}$$

$$=\frac{20.133\ 3—2\times0.479\ 2}{36+0.479\ 2}=0.525\ 6$$

依据 J. Cohen（1988）的经验法则，η^2 及 ω^2 值的小、中、大的效应量分别是 0.01，0.06，0.14. 因此，本范例为大的效应量.

文本框 14—9 显示了使用 DescTools 包的 EtaSq 函数计算效应量，其结果与自行计算结果一致.

文本框 14—9　　计算效应量

```
library(DescTools)                          # 载入 DescTools 包
> EtaSq(model, anova = T)                   # 以 model 计算效应量,并列出 ANOVA 摘要表
             eta.sq eta.sq.part         SS df          MS        F           p
前测       0.2268519  0.6805556   8.166667  1  8.1666667 17.04348 0.003305845
教学法     0.5592593  0.8400556  20.133333  2 10.0666667 21.00870 0.000654449
Residuals  0.1064815         NA   3.833333  8  0.4791667       NA          NA
```

14.2　范　例

研究者想要了解两种抗生素对于治疗泌尿道感染的效果，因此找了 30 名受试者，先检验尿中细菌数，接着分别服用两种抗生素（A 或 D）及安慰剂（Placebo，控制组），经过一星期的治疗后，再次检验尿中细菌数，数据见表 14—2. 请问：不同抗生素的治疗效果是否有差异？

表 14—2　　30 名受试者的数据

受试者	药物	治疗前	治疗后	受试者	药物	治疗前	治疗后	受试者	药物	治疗前	治疗后
1	1	11	6	11	2	6	0	21	3	14	13
2	1	6	4	12	2	8	4	22	3	14	12
3	1	8	0	13	2	6	2	23	3	11	10
4	1	10	13	14	2	19	14	24	3	10	7
5	1	5	2	15	2	7	3	25	3	9	14
6	1	6	1	16	2	8	9	26	3	10	13
7	1	14	8	17	2	8	1	27	3	7	5
8	1	11	8	18	2	5	1	28	3	5	2
9	1	19	11	19	2	18	18	29	3	19	22
10	1	3	0	20	2	15	9	30	3	10	19

14.2.1　变量与数据

表 14—2 中有四个变量，但是受试者代号并不需要输入 R 中，因此分析时使用一个自变量（抗生素）、一个因变量（治疗后尿中细菌数），及一个协变量（治疗前尿中细菌数）.

14.2.2　研究问题

在本范例中，研究者想要了解的问题可以陈述如下：

排除了治疗前的细菌数，不同抗生素的治疗效果是否有差异？

14.2.3　统计假设

根据研究问题，原假设一为“排除了治疗前的细菌数，不同抗生素的治疗效果没有差异”：

$H_0: \mu'_A = \mu'_D = \mu'_P$

备择假设则为“排除了治疗前的细菌数，不同抗生素的治疗效果有差异”：

$H_1: \mu_i \neq \mu_j$，　存在一些 i 与 j

14.3　使用 R 进行分析

14.3.1　数据文件

部分 R 数据文件如文本框 14—10 所示.

文本框 14—10　　单因素协方差分析数据文件

```
> load("C:/mydata/chap14/example14.RData")          # 加载本例数据文件
> example14                                         # 展示数据内容
      药物 治疗前 治疗后
1 抗生素 A     11      6
2 抗生素 A      6      4
3 抗生素 A      8      0
4 抗生素 A     10     13
5 抗生素 A      5      2
:
11 抗生素 D     6      0
12 抗生素 D     8      4
13 抗生素 D     6      2
14 抗生素 D    19     14
15 抗生素 D     7      3
:
21 安慰剂 P    14     13
22 安慰剂 P    14     12
23 安慰剂 P    11     10
24 安慰剂 P    10      7
25 安慰剂 P     9     14
:
29 安慰剂 P    19     22
30 安慰剂 P    10     19
注:为节省篇幅,仅列出部分数据.
```

14.3.2 回归线齐性检验

文本框 14—11 中，采用 plyr 包中的 dlply 函数，以药物为分组变量，治疗前细菌数为自变量，治疗后细菌数为因变量，建立回归模型，再以 plot 函数绘制分组散点图，并用 abline 函数加上三组回归线（见图 14—10）.

文本框 14—11　　分组回归线

```
> library(plyr)                                              # 载入 plyr 包
> models <dlply(example14, "药物", function(df) lm(治疗后~治疗前, data = df))
                                                             # 以"药物"分组,建立分组模型
> attach(example14)                                          # 绑定数据文档
> par(mai = c(1.1, 1.1, .1 ,.1), cex = 1.3, lwd = 1.5)      # 设定边界、字体大小、线粗
> plot(治疗前, 治疗后, pch = c(15:17), xlim = c(0,20), ylim = c(0,25), xlab = "治疗前细菌数",
ylab = "治疗后细菌数")                                        # 绘制散点图,并设定图形、标题
> abline(models$安慰剂 P, lty = 1, lwd = 1.5)                # 加上第 1 组回归线
> abline(models$抗生素 A, lty = 2, lwd = 1.5)                # 加上第 2 组回归线
> abline(models$抗生素 D, lty = 3, lwd = 1.5)                # 加上第 3 组回归线
```

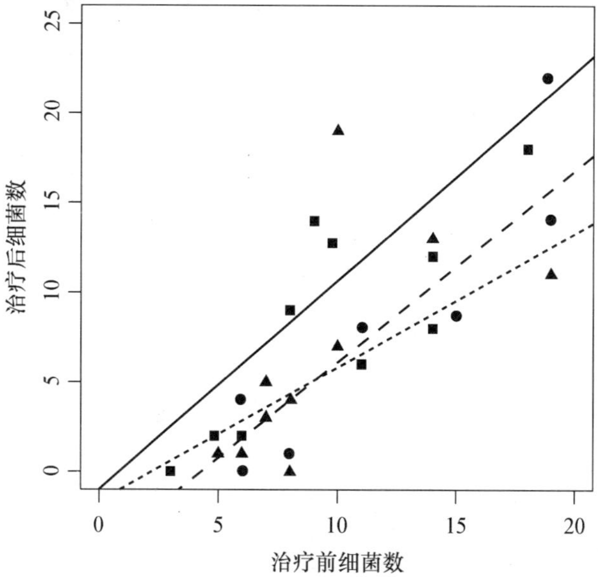

图 14—10　各组回归线

为了确定这三条回归线是否具有齐性，应先进行检验. 文本框 14—12 中设定自变量为“治疗前 * 药物”，它包含两个变量的主效应以及两者的交互作用.

文本框 14—12　　回归线齐性检验

```
> anova(aov(治疗后~治疗前 * 药物, data = example14))  # 建立模型,并列出 AVOVA 摘要表
Analysis of Variance Table

Response:治疗后
             Df  Sum Sq  Mean Sq  F value     Pr(>F)
治疗前        1  662.60   662.60  56.7141  9.042e-08 ***
药物          2  149.45    74.72   6.3959   0.005937 **
治疗前:药物   2   17.85     8.93   0.7640   0.476793
Residuals    24  280.40    11.68
---
Signif. codes:  0 ‘***’ 0.001 ‘**’ 0.01 ‘*’ 0.05 ‘.’ 0.1 ‘’ 1
```

输出结果中“治疗前：药物”（交互作用）的 $F(2, 24)=0.7640$，$p=0.476793$，表明图 14—10 中三组间治疗前细菌数对治疗后细菌数的回归线，交叉情形并不严重，仍然具有齐性，所以可以进行协方差分析.

如果违背回归线齐性假定，可以将协变量转换成定性变量，然后作为另一个自变量，进行第 13 章的独立样本二因素方差分析. 如果协变量与因变量是同一性定性变量，也可以改用二因素混合设计方差分析.

14.3.3　整体检验

文本框 14—13 中设定两个自变量的主效应，不含交互作用. 由于 R 默认计算 I 型的 SS，会因自变量的顺序而有不同的数值，因此要将协变量（治疗前细菌数）写在前面.

文本框 14—13　　　　　　　　　　　　　整体检验

```
> model<(aov(治疗后～治疗前 + 药物, data = example14))
                                                          # 建立模型
> anova(model)                                            # 列出 model 摘要表
Analysis of Variance Table

Response:治疗后
          Df  Sum Sq  Mean Sq F value      Pr(> F)
治疗前      1 662.60  662.60 57.7627 4.563e-08 ***
抗生素      2 149.45   74.72  6.5141    0.00509 **
Residuals  26 298.25   11.47
---
Signif. codes:  0'***'0.001'**'0.01'*'0.05'.'0.1''1
```

文本框 14—13 显示了协方差分析摘要表，采用Ⅰ型的 *SS*，此时 *SS* 才具可加性，662.60+149.45+298.25=1 110.3. 文本框 14—13 中，“治疗前”细菌数效果的 $F(1, 26)=57.7627$，$p<0.0001$，表示治疗前细菌数的确对治疗后细菌数有显著影响. 有些学者认为，如果协变量效果不显著，则不需要进行协方差分析，只要进行方差分析即可. 不过范德鑫（1992）认为，即使协变量效果不显著，进行协方差分析也有帮助.

“抗生素”的 $F(2, 26)=6.5141$，$p=0.00509$，表明排除治疗前细菌数的效果后，服用的抗生素不同，治疗后细菌数仍有差异.

14.3.4　调整均值

文本框 14—14 显示了使用 effects 包中的 effect 函数计算调整均值，三组分别为 10.883 811，6.050 894，6.165 295，服用安慰剂的尿中细菌数比服用其他两种抗生素多，服用抗生素 A 与服用抗生素 D 的均值相差无几.

文本框 14—14　　　　　　　　　　　　　调整均值

```
> library(effects)                        # 载入 effects 包
> adj_Means < effect("药物", model)        # 使用 model 模型计算调整均值
> adj_Means                               # 列出调整均值

 药物 effect
药物
 安慰剂 P   抗生素 A   抗生素 D
10.883811  6.050894  6.165295
```

文本框 14—15 展示了如何计算调整均值. 为了完成计算，需要以下三项数据：

1. 排除药物效果后，治疗前尿中细菌数对治疗后尿中细菌数的回归系数.
2. 治疗前尿中细菌数的各组均值及总计均值.
3. 治疗后尿中细菌数的各组均值.

由于有三种药物，因此以安慰剂组为参照组，转换成两个哑变量，连同治疗前尿中细

菌数一起对治疗后尿中细菌数进行多元回归分析.

文本框 14—15　　　　计算调整均值

```
> 药物.1<ifelse(example14 $ 药物 = "抗生素 A",1,0)          # 以抗生素 A 建立第 1 个哑变量
> 药物.2<ifelse(example14 $ 药物 = "抗生素 D",1,0)          # 以抗生素 D 建立第 1 个哑变量
> mydata<data.frame(药物.1 = 药物.1, 药物.2 = 药物.2, 治疗前 = example14 $ 治疗前, 治疗后 = ex-
ample14 $ 治疗后)                                          # 将各变量转为数据框
> lm_model<lm(治疗后~.,data = mydata)                       # 以 mydata 中的变量建立回归模型
> summary(lm_model)                                         # 列出模型摘要
Call:
lm(formula = 治疗后~., data = mydata)

Residuals:
     Min        1Q   Median       3Q      Max
-4.0267  -2.1360  -0.5589   1.7078   8.1815

Coefficients:
             Estimate  Std. Error  t value  Pr(>|t|)
(Intercept)    1.0242      1.8562    0.552   0.58579
药物.1        -4.8329      1.5309   -3.157   0.00401 **
药物.2        -4.7185      1.5198   -3.105   0.00456 **
治疗前         0.9794      0.1391    7.042  1.77e-07 ***
---
Signif. codes:  0'***' 0.001 '**' 0.01 '*' 0.05 '.' 0.1 '' 1

Residual standard error: 3.387 on 26 degrees of freedom
Multiple R-squared:  0.7314,    Adjusted R-squared:  0.7004
F-statistic:  23.6 on 3 and 26 DF,   p-value: 1.374e-07
> with(example14, tapply(治疗前, 药物, mean))               # 以药物分组,计算治疗前细菌数均值
安慰剂 P 抗生素 A 抗生素 D
   10.9      9.3     10.0
> with(example14, mean(治疗前))                             # 计算治疗前细菌数均值
[1] 10.06667
> with(example14, tapply(治疗后, 药物, mean))               # 以药物分组,计算治疗后细菌数均值
安慰剂 P  抗生素 A  抗生素 D
   11.7       5.3       6.1
```

文本框 14—15 第一部分中，“治疗前”这一行代表治疗前细菌数对治疗后细菌数的回归系数，为 0.979 4. “药物.1”这一行是抗生素 A 组与安慰剂组的调整均值差异，系数为 −4.832 9，表示接受抗生素 A 治疗后的平均细菌数，比接受安慰剂 P 治疗后的平均细菌数少 4.832 9，$p=0.004\,01$，均值差异达到显著. “药物.2”这一行是抗生素 D 组与安慰剂组的调整均值差异，系数为 −4.718 5，表示接受抗生素 D 治疗后的平均细菌数，比接受安慰剂 P 治疗后的平均细菌数少 4.718 5，$p=0.004\,56$，均值差异也达到显著. 此处的对比结果类似差异均值多重检验，只是采用了 Fisher 的 LSD 法.

第二部分是协变量（治疗前细菌数）的各组均值. 接受安慰剂治疗后的平均细菌数同样最多（$M=10.9$），其他两组也相差不大. 治疗前 30 名受试者的尿中细菌数的均值为 10.066 67.

第三部分是未根据协变量调整的“治疗后”各组均值. 接受安慰剂治疗后的平均细菌数最多（$M=11.7$），其他两组接受抗生素治疗后尿中平均细菌数都减少了，均值分别为 5.3 及 6.1.

代入各种均值及回归系数，得到三组的调整均值为（有舍入误差）：

$$\bar{Y}'_1=11.7-0.9794\times(10.9-10.06667)=10.883811$$

$$\bar{Y}'_2=5.3-0.9794\times(9.3-10.06667)=6.050894$$

$$\bar{Y}'_3=6.1-0.9794\times(10.0-10.06667)=6.165295$$

14.3.5 事后比较

文本框 14—16 显示了使用 multcomp 包中的 glht 函数进行事后多重比较，除了列出 p 值外，也列出了均值差异的 95%置信区间.

文本框 14—16　　　　Tukey HSD 多重比较

```
> library(multcomp)                                    # 载入 multcomp 包
> HSD<glht(model, linfct = mcp(药物 = "Tukey"))         # 以 Tukey 的 HSD 法进行多重比较
> summary(HSD)                                         # 列出 HSD 摘要
         Simultaneous Tests for General Linear Hypotheses

Multiple Comparisons of Means: Tukey Contrasts

Fit: aov(formula = 治疗后～治疗前 + 药物, data = example14)

Linear Hypotheses:
                        Estimate  Std. Error  t value  Pr(> |t|)
抗生素 A - 安慰剂 P = 0   - 4.8329    1.5309    - 3.157    0.0107 *
抗生素 D - 安慰剂 P = 0   - 4.7185    1.5198    - 3.105    0.0122 *
抗生素 D - 抗生素 A = 0     0.1144    1.5178      0.075    0.9969
- - -
Signif. codes:  0‘ *** ’ 0.001 ‘ ** ’ 0.01 ‘ * ’ 0.05 ‘.’ 0.1 ‘’ 1
(Adjusted p values reported - - single-step method)
> confint(HSD)                                         # 列出 HSD 比较的置信区间

         Simultaneous Confidence Intervals

Multiple Comparisons of Means: Tukey Contrasts

Fit: aov(formula = 治疗后～治疗前 + 药物, data = example14)

Quantile = 2.4829
95 %  family-wise confidence level

Linear Hypotheses:
                        Estimate     lwr       upr
抗生素 A - 安慰剂 P = 0   - 4.8329   - 8.6341  - 1.0318
抗生素 D - 安慰剂 P = 0   - 4.7185   - 8.4921  - 0.9449
抗生素 D - 抗生素 A = 0     0.1144   - 3.6541    3.8829
```

文本框 14—16 中第一部分“抗生素 A—安慰剂 P”与“抗生素 D—安慰剂 P”与文本框 14—15 中“药物.1”与“药物.2”的回归分析结果多数相同，差异只在于 p 值. 这是因为此处的多重比较使用 Tukey 的 HSD 法，因此 p 值较大，不过也都达到 0.05 显著性水平. “抗生素 D—抗生素 A”的 $p=0.9969$，两组间的调整均值没有显著差异.

第二部分是均值差异的 95%置信区间，抗生素 D—抗生素 A 的均值差值为 0.114 4，置信区间包含 0，因此两组的均值没有显著差异.

14.4　计算效应量

文本框 14—17 显示了使用Ⅰ型的 SS 计算效应量.

文本框 14—17　　　　**计算效应量**

```
> anova(model)                                   # 列出 model 的 ANOVA 摘要表,为 I 型 SS
Analysis of Variance Table

Response:治疗后
          Df Sum Sq  Mean Sq  F value    Pr(> F)
治疗前     1 662.60   662.60  57.7627 4.563e-08 ***
药物       2 149.45    74.72   6.5141   0.00509 **
Residuals 26 298.25    11.47
---
Signif. codes:  0'***'0.001'**'0.01'*'0.05'.'0.1''1
> library(DescTools)                             # 载入 DescTools 包
> EtaSq(model)                                   # 以 model 计算效应量
          eta.sq eta.sq.part
治疗前 0.5123399   0.6560385
药物   0.1346016   0.3338153
```

代入文本框 14—17 中的 ANOVA 数值，得到偏 η^2 为：

$$
\begin{aligned}
偏\ \eta^2 &= \frac{调整组间\ SS}{调整组间\ SS+调整误差\ SS} \\
&= \frac{149.45}{149.45+298.25} \\
&= 0.333\,815\,3
\end{aligned}
$$

如果使用 η^2 值，结果为：

$$
\begin{aligned}
\eta^2 &= \frac{调整组间\ SS}{总和\ SS} \\
&= \frac{149.45}{662.60+149.45+298.25} \\
&= \frac{149.45}{1\,110.3} = 0.134\,601\,6
\end{aligned}
$$

以图 14—11 示之，其中协变量的 SS 使用Ⅰ型 SS.

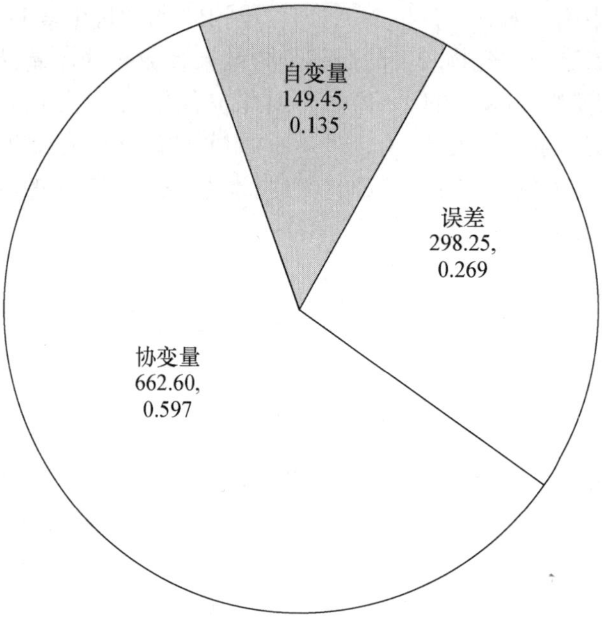

图 14—11　单因素独立样本共变异分析效应量

$$\omega^2=\frac{\text{调整组间 }SS-\text{组间自由度}\times\text{调整误差 }MS}{\text{总和 }SS+\text{调整误差 }MS}$$

$$=\frac{149.45-2\times11.47}{1\ 110.3+11.47}=0.112\ 7$$

依据 J. Cohen（1988）的经验法则，η^2 值的小、中、大的效应量分别是 0.01，0.06，0.14. 因此，本范例为中度的效应量.

14.5　以 APA 格式撰写结果

研究者使用单因素独立样本协方差分析，以抗生素为自变量，治疗后细菌数为因变量，并以治疗前细菌数为协变量. 分析前先就回归线齐性进行检验，$F(2, 24)=0.76$，$p=0.477$，并未违背假定. 协方差分析结果显示，控制了治疗前细菌数之后，抗生素对治疗后细菌数有显著效果，$F(2, 26)=6.51$，$p=0.005$，$\eta^2=0.135$. 经事后比较，抗生素 A（$M'=6.051$）及抗生素 D（$M'=6.165$）的治疗效果显著优于安慰剂（$M'=10.884$）.

14.6　单因素独立样本协方差分析的假定

单因素独立样本协方差分析除了应符合第 11 章中的假定外，还需要符合以下三个假定.

14.6.1　协变量与因变量须服从双变量正态分布

此项假定有两个含义：一是两个变量在各自的总体中须服从正态分布；二是在某个变量的任何一个数值中，另一个变量也要服从正态分布.

如果两个变量符合双变量正态分布，则它们之间也会是线性关系（Green & Salkind，2014）. 当两个变量是直线关系时，才适用回归分析，也才可以进行协方差分析.

如果样本数增加到 30 或 40 以上，则双变量正态分布的假设就变得不太重要了（B. H. Cohen，2007）.

14.6.2　回归线齐性

此项假定是指在自变量的各个组别中，以协变量为预测变量、因变量为效标变量所做的回归分析中，各个斜率要大致相等，不可以有明显的交叉. 如果违背回归线齐性，就无法以共同的斜率进行协方差分析. 此时可以改为采用 Johnson-Neyman 的方法（林清山，1992；Kim，2010）. 或是将协变量加以分组，视为另一个自变量，再改用第 13 章介绍的二因素独立样本方差分析. 或是对协变量及因变量重复测量，再使用二因素混合设计方差分析.

14.6.3　协变量没有测量误差

如果采用随机分派的实验法，协变量即使有测量误差，对分析的影响也并不大. 但是，如果未经随机分派，而协变量又存有测量误差，就会导致因变量的结果出现错误（B. H. Cohen，2014）. 例如，以三个班级学生上学期的数学成绩为协变量，或许其中一个班级的数学老师评分偏严，而另一班的评分又太松，此时即存在系统的测量误差，可能使协变量与因变量的相关系数太小，导致协变量分析结果不正确. 即使三个班是由同一位老师任教，如果自编数学测验试题的信度太低，也会出现同样的问题. Tabachnick 及 Fidell（2007）建议，在非实验的研究中，协变量的信度最好在 0.80 以上.

第15章 单因素独立样本多变量方差分析

单因素独立样本多变量方差分析（multivariate analysis of variance，MANOVA）旨在比较两组以上没有关联的样本在两个以上变量的均值上是否有差异，适用的情境如下：

自变量：两个以上独立而没有关联的组别，为定性变量. 自变量又称因素（或因子），而单因素就是只有一个自变量.

因变量：两个以上的定量变量.

本章先介绍单因素独立样本多变量方差分析的整体检验，接着说明后续分析方法.

15.1 基本统计概念

15.1.1 目的

单因素独立样本多变量方差分析是单因素独立样本方差分析（ANOVA）的扩展. ANOVA 适用于一个数值因变量，MANOVA 则适用于两个以上数值因变量.

当因变量有两个以上时，如果仍使用 ANOVA，则会使得 α 膨胀. 例如，当有四个因变量时，如果分别进行四次 ANOVA，而每次都设定 $\alpha=0.05$，则所犯的第一类型错误概率为：

$$\alpha=1-(1-0.05)^4=0.185$$

如果粗略计算，结果如下：

$$\alpha=0.05\times4=0.20$$

MANOVA 可以在控制整体的 α 水平的情况下进行检验.

另一方面，MANOVA 不只关心单独的因变量，还考虑因变量间的相关性. MANOVA 同时检验因变量联合的差异，有时，进行多次 ANOVA 都可能不显著，但是进行一次

MANOVA 就达到显著.

15.1.2　分析示例

以下研究问题都可以使用单因素独立样本多变量方差分析：

1. 三家公司员工对所属公司的满意度（涉及工作环境、薪资、升迁机会及主管领导）.
2. 不同职务等级（厅局级、县处级、乡科级）公务员的公民素养（涉及尊重关怀及理性沟通）.
3. 四种品牌日光灯的使用寿命及耗电量.
4. 不同学业成绩（分为低、中、高）学生的自我概念（涉及家庭、学校、外貌、身体及情绪等）.
5. 随机分派后的幼鱼，各自接受四种喂食量，一星期后的换肉率及健康状况.

15.1.3　整体检验

下面举例说明．研究者想要了解三种不同的训练方法对学生的体适能是否有不同的效果，因此随机找了 15 名受试者，并以随机分派方式分为三组，经过三个月的训练之后，测得受试者的心肺耐力、肌耐力及柔软性的成绩（数值越大代表该项表现越好），如表 15—1 所示．试问：体适能是否因训练方法不同而有差异？

表 15—1　　三组受试者的体适能成绩

	方法一			方法二			方法三		
	心肺耐力	肌耐力	柔软性	心肺耐力	肌耐力	柔软性	心肺耐力	肌耐力	柔软性
受试者 1	4	4	5	4	5	7	8	8	11
受试者 2	6	4	5	6	6	8	8	7	10
受试者 3	4	4	4	5	8	9	6	6	11
受试者 4	2	3	5	4	5	8	7	8	9
受试者 5	4	5	6	6	6	8	6	6	9
均值	4	4	5	5	6	8	7	7	10

单因素 MANOVA 除了计算各变量的离均差平方和（SS），还需要计算变量间两两的交叉乘积和（CP），公式分别为：

$$SS=\sum(Y_i-\bar{Y}_i)^2$$

$$CP=\sum(Y_i-\bar{Y}_i)(Y_j-Y\bar{Y}_j)$$

由 SS 及 CP 所组成的矩阵称为 $SSCP$ 矩阵：

$$\begin{bmatrix} SS_1 & CP_{12} & CP_{13} \\ CP_{12} & SS_2 & CP_{23} \\ CP_{13} & CP_{23} & SS_3 \end{bmatrix}$$

在单因素的 MANOVA 中，全体的 $SSCP$ 矩阵（以下称为 $\boldsymbol{T}$ 矩阵）可以拆解为组间 $SSCP$（$\boldsymbol{B}$ 矩阵）及组内 $SSCP$（$\boldsymbol{W}$ 矩阵），如图 15—1 所示.

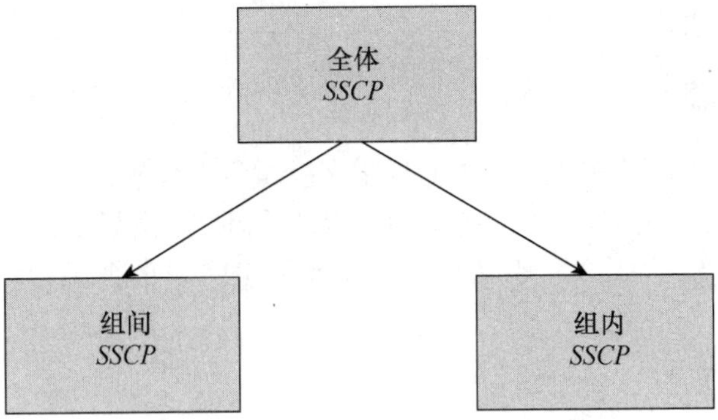

图 15—1　单因素 MANOVA 的 *SSCP* 拆解

计算之后得到：

$$\boldsymbol{T}=\begin{bmatrix}39.333 & 28.667 & 38.667\\ 28.667 & 35.333 & 42.333\\ 38.667 & 42.333 & 71.333\end{bmatrix}$$

$$\boldsymbol{B}=\begin{bmatrix}23.333 & 21.667 & 36.667\\ 21.667 & 23.333 & 38.333\\ 36.667 & 38.333 & 63.333\end{bmatrix}$$

$$\boldsymbol{W}=\begin{bmatrix}16 & 7 & 2\\ 7 & 12 & 4\\ 2 & 4 & 8\end{bmatrix}$$

常用的 MANOVA 整体效果检验有四种，分别是 Pillai-Bartlett 的迹（V）、Wilks 的Λ、Hotelling-Lawley 的迹（T），及 Roy 的最大根等. 各项统计量的求法如下列公式所示：

$$\text{Pillai-Bartlett 的 } V=\sum_{i=1}^{s}\frac{\lambda_i}{1+\lambda_i} \tag{15.1}$$

$$\text{Wilks 的 } \Lambda=\frac{|\boldsymbol{W}|}{|\boldsymbol{B}+\boldsymbol{W}|}=\frac{|\boldsymbol{W}|}{|\boldsymbol{T}|} \tag{15.2}$$

$$\text{Hotelling-Lawley 的 T}=\sum_{i=1}^{s}\lambda_i \tag{15.3}$$

Roy 的最大根是 $\boldsymbol{W}^{-1}\boldsymbol{B}$ 矩阵的最大特征值 λ_1.

计算之后，$\boldsymbol{W}$ 及 $\boldsymbol{T}$ 的行列式值分别为 952 及 11 048.67，因此

$$\Lambda=\frac{952}{11\,048.67}=0.086$$

$\boldsymbol{W}^{-1}\boldsymbol{B}$ 矩阵为：

$$\boldsymbol{W}^{-1}\boldsymbol{B}=\begin{bmatrix}1.0224 & 0.8053 & 1.4146\\ -0.2801 & -0.0665 & -0.1821\\ 4.4678 & 4.6236 & 7.6541\end{bmatrix}$$

它的三个特征值分别为 8.372，0.238，0，因此 Roy 的最大根为 8.372. 而 V 及 T 分别为：

$$V=\frac{8.372}{1+8.372}+\frac{0.238}{1+0.238}+\frac{0}{1+0}=1.086$$

$$T=8.372+0.238+0=8.610$$

上述 Wilks 的Λ也可以使用以下公式求得：

$$\Lambda=\frac{1}{1+8.372}\times\frac{1}{1+0.238}\times\frac{1}{1+0}=0.086$$

文本框 15—1 显示的是以 R 分析的结果.

文本框 15—1　　SSCP 矩阵

```
> load("C:/mydata/chap15/table15.RData")                    # 加载本例数据
> library(subselect)                                         # 载入 subselect 包
> sscp<ldaHmat(table15[c(2,3,4)], table15[,1])              # 计算 SSCP 矩阵
> B<sscp$H                                                   # 将结果中的$H存为B对象
> B                                                          # 列出B
         心肺耐力  肌耐力   柔软性
心肺耐力 23.33333 21.66667 36.66667
肌耐力   21.66667 23.33333 38.33333
柔软性   36.66667 38.33333 63.33333
> W<sscp$mat - sscp$H                                        # 以$mat减$H得到W
> W                                                          # 列出W
         心肺耐力 肌耐力 柔软性
心肺耐力       16      7      2
肌耐力          7     12      4
柔软性          2      4      8
> T<sscp$mat                                                 # 将结果$mat存成T对象
> T                                                          # 列出T
         心肺耐力  肌耐力   柔软性
心肺耐力 39.33333 28.66667 38.66667
肌耐力   28.66667 35.33333 42.33333
柔软性   38.66667 42.33333 71.33333
> solve(W) % * %B                                            # 求W^-1B矩阵
          心肺耐力      肌耐力     柔软性
心肺耐力  1.022409  0.80532213  1.4145658
肌耐力   -0.280112 -0.06652661 -0.1820728
柔软性    4.467787  4.62359944  7.6540616
> round(eigen(solve(W) % * %B)$values, 3)                    # 解W^-1B矩阵之特征值,取到小数第3位
[1] 8.372 0.238 0.000
> det(W)                                                     # 求W矩阵的行列式值
[1] 952
> det(T)                                                     # 求T矩阵的行列式值
[1] 11048.67
```

文本框 15—2 显示的是 MANOVA 的整体检验，先以 manova 函数建立模型，再以 summary 或 summary. manova 函数列出模型摘要，test 则可以得到 Pillai，Wilks，Hotelling-Lawley 或 Roy 等四种检验的结果. 由此可看出，四种统计量的 p 值都小于 0.05，因此应拒绝原假设，所以训练方法不同，体适能有差异.

文本框 15—2　　MANOVA 整体检验

```
> load("C:/mydata/chap15/table15.RData")                # 加载本例数据
> fit <manova(cbind(心肺耐力, 肌耐力, 柔软性)~方法, data = table15)
                                                         # 进行 manova,结果存在 fit 对象
> summary(fit, test = "P")                               # 列出 Pillai 检验结果
          Df Pillai approx F num Df den Df   Pr(> F)
方法       2 1.0858   4.3549      6     22 0.00481 **
Residuals 12
---
Signif. codes:  0‘***’0.001‘**’0.01‘*’0.05‘.’0.1‘’1
> summary(fit, test = "W")                               # 列出 Wilks 检验结果
          Df    Wilks  approx F  num Df  den Df   Pr(> F)
方法       2 0.086164   8.0224       6      20 0.0001687 ***
Residuals 12
---
Signif. codes:  0‘***’0.001‘**’0.01‘*’0.05‘.’0.1‘’1
> summary(fit, test = "H")                               # 列出 Hotelling-Lawley 检验结果
          Df Hotelling-Lawley approx F num Df den Df   Pr(> F)
方法       2           8.6099   12.915      6     18 1.14e-05 ***
Residuals 12
---
Signif. codes:  0‘***’0.001‘**’0.01‘*’0.05‘.’0.1‘’1
> summary(fit, test = "R")                               # 列出 Roy 检验结果
          Df    Roy approx F num Df den Df    Pr(> F)
方法       2 8.3715   30.696      3     11 1.216e-05 ***
Residuals 12
---
Signif. codes:  0‘***’0.001‘**’0.01‘*’0.05‘.’0.1‘’1
```

在此例中，待答问题是：

体适能是否因训练方法不同而有差异？

原假设是“假定总体中三种训练方法下受试者的体适能相同”：

$$H_0: \begin{bmatrix}\mu_{11}\\ \mu_{21}\\ \mu_{31}\end{bmatrix} = \begin{bmatrix}\mu_{12}\\ \mu_{22}\\ \mu_{32}\end{bmatrix} = \begin{bmatrix}\mu_{13}\\ \mu_{23}\\ \mu_{33}\end{bmatrix}$$

备择假设可以简单写成：

$H_1: H_0$ 为假

15.1.4　后续分析

整体检验显著之后，有许多可用的后续分析方法（程炳林和陈正昌，2011），在此仅说明三种方法.

15.1.4.1　单变量方差分析

单变量方差分析是针对个别的因变量进行单因素方差分析，此时应采用 Bonferroni 法将

α 除以因变量进行校正．整体检验显著后，再使用第 11 章介绍的事后比较法进行成对比较．

R 在进行 MANOVA 分析后就直接列出 ANOVA 整体检验结果，命令为 summary.aov（模型）．文本框 15—3 中的三种“方法”的 *SS*，与文本框 15—1 中组间 *SSCP* 矩阵的对角线相同．三个 *F* 值分别为 8.750，11.667，47.500，*p* 值均小于 0.016 7（0.05/3）．因此三种训练方法对心肺耐力、肌耐力及柔软度有不同的效果．

文本框 15—3　　单变量 ANOVA 整体检验

```
> summary.aov(fit)                                    # 列出单变量 ANOVA 摘要

Response 心肺耐力 :
            Df Sum Sq Mean Sq F value   Pr(> F)
方法         2 23.333 11.6667    8.75 0.004531 **
Residuals   12 16.000  1.3333
---
Signif. codes:  0‘***’0.001‘**’0.01‘*’0.05‘.’0.1‘’1

Response 肌耐力 :
            Df Sum Sq Mean Sq F value   Pr(> F)
方法         2 23.333  11.667  11.667 0.001535 **
Residuals   12 12.000   1.000
---
Signif. codes:  0‘***’0.001‘**’0.01‘*’0.05‘.’0.1‘’1

Response 柔软性 :
            Df Sum Sq Mean Sq F value   Pr(> F)
方法         2 63.333  31.667    47.5 1.99e-06 ***
Residuals   12  8.000   0.667
---
Signif. codes:  0‘***’0.001‘**’0.01‘*’0.05‘.’0.1‘’1
```

由于单变量的整体检验都达到 0.05 显著性水平，因此接着进行事后多重比较．文本框 15—4 中以 Tukey 的 HSD 法进行事后比较，并设定 α 为 0.016 7，以控制 I 型错误．

文本框 15—4　　单变量事后多重比较——Tukey HSD 法

```
> attach(table15)                                     # 绑定数据
> TukeyHSD(aov(心肺耐力～方法), conf.level = 1 - .05/3)
                                                      # 对"心肺耐力"进行多重比较
  Tukey multiple comparisons of means
    98.33333% family-wise confidence level

Fit: aov(formula = 心肺耐力～方法)

$'方法'
               diff        lwr     upr     p adj
方法二-方法一    1 -1.3979599 3.39796 0.3865987
方法三-方法一    3  0.6020401 5.39796 0.0038320
方法三-方法二    2 -0.3979599 4.39796 0.0441382
```

```
> TukeyHSD(aov(肌耐力~方法), conf.level = 1 - .05/3)
                                                    # 对"肌耐力"进行多重比较

  Tukey multiple comparisons of means
    98.33333 % family-wise confidence level

Fit: aov(formula = 肌耐力~方法)

$'方法'
              diff         lwr      upr     p adj
方法二-方法一    2 -0.07669416 4.076694 0.0207238
方法三-方法一    3  0.92330584 5.076694 0.0012812
方法三-方法二    1 -1.07669416 3.076694 0.2907518

> TukeyHSD(aov(柔软性~方法), conf.level = 1 - .05/3)
                                                    # 对"柔软性"进行多重比较

  Tukey multiple comparisons of means
    98.33333 % family-wise confidence level

Fit: aov(formula = 柔软性~方法)

$'方法'
              diff       lwr      upr     p adj
方法二-方法一    3 1.3043863 4.695614 0.0002279
方法三-方法一    5 3.3043863 6.695614 0.0000014
方法三-方法二    2 0.3043863 3.695614 0.0058028
```

文本框 15—4 中虽然显示为"98.333 33% family-wise confidence level"（族系信赖水平），但应视为 95%置信区间. 由均值差异的置信区间（不含 0）可以看出：

1. 对于心肺耐力，第三种方法比第一种方法好，其他方法没有显著差异.
2. 对于肌耐力，同样是第三种方法比第一种方法好，其他方法没有显著差异.
3. 对于柔软度，三种方法有显著差异，第三种方法最好，第一种方法的效果最差.

15.1.4.2 同时置信区间法

同时置信区间法是在控制整个检验的 α 值之下，计算各个差异均值的 $1-\alpha$ 置信区间，如果区间不含 0，表示两组之间的均值有显著差异. 在 R 中，可以使用单因素方差分析的 LSD 法进行检验，并将 α 值调整为：

$$\frac{\alpha}{(\text{组数}-1)\times\text{因变量数}}$$

在本范例中，校正的 α 值设为：

$$\frac{0.05}{(3-1)\times 3}=\frac{0.05}{6}=0.008\ 33$$

文本框 15—5 显示了使用 LSD 法配合 Bonferroni 校正所得到的同时置信区间，结论如下：

1. 对于心肺耐力，第三种方法比第一种方法好，其他方法没有显著差异.
2. 对于肌耐力，第二、第三种方法都比第一种方法好，第二种与第三种方法没有显著差异.

3. 对于柔软度，三种方法有显著差异，第三种方法最好，第一种方法的效果最差.

文本框 15—5　　同时置信区间

```
> library(DescTools)                                        # 载入 DescTools 包
> PostHocTest(aov(心肺耐力~方法), method = "lsd", conf.level = 1 - 0.05/6)
                                                            # 以心肺耐力为因变量,计算同时置信区间
  Posthoc multiple comparisons of means : Fisher LSD
    99.16667 % family-wise confidence level

$'方法'
              diff       lwr.ci    upr.ci    pval
方法二-方法一    1  -1.3023929  3.302393  0.1960
方法三-方法一    3   0.6976071  5.302393  0.0015 **
方法三-方法二    2  -0.3023929  4.302393  0.0180 *

---
Signif. codes:  0 '***' 0.001 '**' 0.01 '*' 0.05 '.' 0.1 ' ' 1

> PostHocTest(aov(肌耐力~方法), method = "lsd", conf.level = 1 - 0.05/6)
                                                            # 以肌耐力为因变量,计算同时置信区间
  Posthoc multiple comparisons of means : Fisher LSD
    99.16667 % family-wise confidence level

$'方法'
              diff        lwr.ci    upr.ci     pval
方法二-方法一    2   0.006069263  3.993931  0.00819 **
方法三-方法一    3   1.006069263  4.993931  0.00048 ***
方法三-方法二    1  -0.993930737  2.993931  0.13983

---
Signif. codes:  0 '***' 0.001 '**' 0.01 '*' 0.05 '.' 0.1 ' ' 1

> PostHocTest(aov(柔软性~方法), method = "lsd", conf.level = 1 - 0.05/6)
                                                            # 以柔软性为因变量,计算同时置信区间
  Posthoc multiple comparisons of means : Fisher LSD
    99.16667 % family-wise confidence level

$'方法'
              diff    lwr.ci    upr.ci      pval
方法二-方法一    3 1.3719624  4.628038  8.3e-05 ***
方法三-方法一    5 3.3719624  6.628038  5.1e-07 ***
方法三-方法二    2 0.3719624  3.628038   0.0022 **

---
Signif. codes:  0 '***' 0.001 '**' 0.01 '*' 0.05 '.' 0.1 ' ' 1
```

15.1.4.3　区别分析法

区别分析法中采用的自变量是多个定量变量，因变量是定性变量，正好与 MANOVA

相反. 许多教科书都建议在 MANOVA 整体检验之后进行区别分析. 有关区别分析的说明，请参见《多变量分析方法》(陈正昌，2011b) 一书的介绍.

15.1.5 效应量

MANOVA 常用的效应量（偏 η^2）有四种，它们分别由整体检验的四种统计量数计算而得，公式分别为：

$$偏\ \eta^2_{\text{Pillai}}=\frac{V}{s}$$

$$偏\ \eta^2_{\text{Wilks}}=1-\Lambda^{1/s}$$

$$偏\ \eta^2_{\text{Hotelling}}=\frac{T/s}{T/s+1}$$

$$偏\ \eta^2_{\text{Roy}}=\frac{\lambda_1}{1+\lambda_1}$$

式中，s 为非 0 的特征值，个数是“组数减 1”“因变量”两个数字中较小者，在本范例中是 2（等于组数减 1). 代入文本框 15—2 中的数值后，得到：

$$偏\ \eta^2_{\text{Pillai}}=\frac{1.085\,8}{2}=0.542\,9$$

$$偏\ \eta^2_{\text{Wilks}}=1-0.806\,164^{1/2}=0.706\,5$$

$$偏\ \eta^2_{\text{Hotelling}}=\frac{8.609\,9/2}{8.609\,9/2+1}=0.811\,5$$

$$偏\ \eta^2_{\text{Roy}}=\frac{8.371\,5}{1+8.371\,5}=0.893\,3$$

单因素 MANOVA 只有一个自变量，因此偏 η^2 值会等于 η^2 值.

依据 J. Cohen（1988）的经验法则，η^2 值的小、中、大的效应量分别是 0.01，0.06，0.14. 因此，本范例为大的效应量.

文本框 15—6 显示了使用 heplots 包中的 etasq 函数计算效应量，与上述计算一致.

文本框 15—6　　计算效应量

```
> library(heplots)                    # 载入 heplots 包
> etasq(fit, test = "P")              # 根据 Pillai 检验计算效应量
        eta^2
方法 0.5429011
> etasq(fit, test = "W")              # 根据 Wilks 检验计算效应量
        eta^2
方法 0.7064625
> etasq(fit, test = "H")              # 根据 Hotelling - Lawley 检验计算效应量
        eta^2
方法 0.8114976
> etasq(fit, test = "R")              # 根据 Roy 检验计算效应量
        eta^2
方法 0.893294
```

15.2 范　例

某研究者想要了解三种不同品种的鸢尾花（即山鸢尾、变色鸢尾、维吉尼亚鸢尾），于是各找了 10 株花，测量了它们的花萼及花瓣的长宽，得到表 15—2 的数据．请问：不同品种的鸢尾花，花萼及花瓣的长宽是否有差异？（数据取自 Anderson 的鸢尾花数据．）

表 15—2　　　　**三种鸢尾花的数据**　　　　单位：厘米

植株	品种	花萼长	花萼宽	花瓣长	花瓣宽	植株	品种	花萼长	花萼宽	花瓣长	花瓣宽	植株	品种	花萼长	花萼宽	花瓣长	花瓣宽
1	1	4.3	3.0	1.1	0.1	11	2	5.2	2.7	3.9	1.4	21	3	5.7	2.5	5.0	2.0
2	1	4.8	3.0	1.4	0.1	12	2	5.5	2.6	4.4	1.2	22	3	6.2	2.8	4.8	1.8
3	1	4.8	3.1	1.6	0.2	13	2	5.6	2.5	3.9	1.1	23	3	6.3	2.7	4.9	1.8
4	1	5.0	3.5	1.3	0.3	14	2	5.9	3.0	4.2	1.5	24	3	6.3	2.9	5.6	1.8
5	1	5.0	3.5	1.6	0.6	15	2	5.9	3.2	4.8	1.8	25	3	6.4	2.7	5.3	1.9
6	1	5.1	3.7	1.5	0.4	16	2	6.0	2.7	5.1	1.6	26	3	6.4	2.8	5.6	2.1
7	1	5.2	3.4	1.4	0.2	17	2	6.0	3.4	4.5	1.6	27	3	6.9	3.1	5.4	2.1
8	1	5.3	3.7	1.5	0.2	18	2	6.7	3.1	4.7	1.5	28	3	7.2	3.2	6.0	1.8
9	1	5.4	3.4	1.7	0.2	19	2	6.9	3.1	4.9	1.5	29	3	7.7	2.6	6.9	2.3
10	1	5.7	4.4	1.5	0.4	20	2	7.0	3.2	4.7	1.4	30	3	7.7	3.8	6.7	2.2

15.2.1 变量与数据

表 15—2 中，有六个变量，但是植株的代号并不需要输入 R 中，因此分析时只使用品种与花萼及花瓣的长宽等五个变量．其中，自变量是品种，因变量为花萼及花瓣的长宽．

15.2.2 研究问题

在本范例中，研究者想要了解的问题可以陈述如下：

鸢尾花花萼及花瓣的长宽是否因品种不同而有差异？

15.2.3 统计假设

根据研究问题，原假设为“在总体中鸢尾花花萼及花瓣的长宽不因品种不同而有差异”：

$$H_0:\begin{bmatrix}\mu_{11}\\\mu_{21}\\\mu_{31}\\\mu_{41}\end{bmatrix}=\begin{bmatrix}\mu_{12}\\\mu_{22}\\\mu_{32}\\\mu_{42}\end{bmatrix}=\begin{bmatrix}\mu_{13}\\\mu_{23}\\\mu_{33}\\\mu_{43}\end{bmatrix}$$

备择假设则为“在总体中鸢尾花花萼及花瓣的长宽会因品种不同而有差异”:

$H_1: H_0$ 为假

15.3 使用 R 进行分析

15.3.1 数据文件

完整的 R 数据文件如文本框 15—7 所示.

文本框 15—7 数据文件

```
> load("C:/mydata/chap15/example15.RData")                    # 加载本例数据
> example15$品种<factor(example15$品种, levels = c("山鸢尾","变色鸢尾","维吉尼亚鸢尾"),
ordered = TRUE)                                               # 将自变量类别排序,方便后面分析
> example15                                                   # 展示本例数据
        品种  花萼长  花萼宽  花瓣长  花瓣宽
1     山鸢尾    4.3     3.0     1.1     0.1
2     山鸢尾    4.8     3.0     1.4     0.1
3     山鸢尾    4.8     3.1     1.6     0.2
4     山鸢尾    5.0     3.5     1.3     0.3
5     山鸢尾    5.0     3.5     1.6     0.6
6     山鸢尾    5.1     3.7     1.5     0.4
7     山鸢尾    5.2     3.4     1.4     0.2
8     山鸢尾    5.3     3.7     1.5     0.2
9     山鸢尾    5.4     3.4     1.7     0.2
10    山鸢尾    5.7     4.4     1.5     0.4
11  变色鸢尾    5.2     2.7     3.9     1.4
12  变色鸢尾    5.5     2.6     4.4     1.2
13  变色鸢尾    5.6     2.5     3.9     1.1
14  变色鸢尾    5.9     3.0     4.2     1.5
15  变色鸢尾    5.9     3.2     4.8     1.8
16  变色鸢尾    6.0     2.7     5.1     1.6
17  变色鸢尾    6.0     3.4     4.5     1.6
18  变色鸢尾    6.7     3.1     4.7     1.5
19  变色鸢尾    6.9     3.1     4.9     1.5
20  变色鸢尾    7.0     3.2     4.7     1.4
21 维吉尼亚鸢尾  5.7     2.5     5.0     2.0
22 维吉尼亚鸢尾  6.2     2.8     4.8     1.8
23 维吉尼亚鸢尾  6.3     2.7     4.9     1.8
24 维吉尼亚鸢尾  6.3     2.9     5.6     1.8
25 维吉尼亚鸢尾  6.4     2.7     5.3     1.9
26 维吉尼亚鸢尾  6.4     2.8     5.6     2.1
27 维吉尼亚鸢尾  6.9     3.1     5.4     2.1
28 维吉尼亚鸢尾  7.2     3.2     6.0     1.8
29 维吉尼亚鸢尾  7.7     2.6     6.9     2.3
30 维吉尼亚鸢尾  7.7     3.8     6.7     2.2
```

15.3.2　描述性统计量

文本框 15—8 中以 Rmisc 包中的 summarySE 函数列出摘要统计量.

文本框 15—8　　　　　　　　　　　　**描述性统计量**

```
> library(Rmisc)                                          # 载入 Rmisc 包
> summarySE("花萼长","品种",data = example15)              # 各品种花萼长的描述性统计量
          品种  N 花萼长        sd          se         ci
1       山鸢尾 10   5.06 0.3835507 0.1212894 0.2743756
2     变色鸢尾 10   6.07 0.6074537 0.1920937 0.4345462
3 维吉尼亚鸢尾 10   6.68 0.6696599 0.2117651 0.4790459
> summarySE("花萼宽","品种",data = example15)              # 各品种花萼宽的描述性统计量
          品种  N 花萼宽        sd          se         ci
1       山鸢尾 10   3.47 0.4164666 0.13169831 0.2979223
2     变色鸢尾 10   2.95 0.3027650 0.09574271 0.2165851
3 维吉尼亚鸢尾10   2.91 0.3784471 0.11967549 0.2707248
> summarySE("花瓣长","品种",data = example15)              # 各品种花瓣长的描述性统计量
          品种  N 花瓣长        sd          se         ci
1       山鸢尾 10   1.46 0.1712698 0.05416026 0.1225190
2     变色鸢尾 10   4.51 0.4094712 0.12948616 0.2929181
3 维吉尼亚鸢尾10   5.62 0.7208020 0.22793761 0.5156307
> summarySE("花瓣宽","品种",data = example15)              # 各品种花瓣宽的描述性统计量
          品种  N 花瓣宽        sd          se         ci
1       山鸢尾 10   0.27 0.1567021 0.04955356 0.1120979
2     变色鸢尾 10   1.46 0.2011080 0.06359595 0.1438640
3 维吉尼亚鸢尾10   1.98 0.1873796 0.05925463 0.1340433
```

文本框 15—8 为三种鸢尾花的花萼及花瓣长宽的描述统计，包含样本数、均值、标准差、均值的标准误，及置信区间. 由均值可看出：

1. 山鸢尾的花萼最短、最宽，花瓣最短、最窄.
2. 维吉尼亚鸢尾的花萼最长、最窄，花瓣最长、最宽.
3. 变色鸢尾则居于两者之间.

15.3.3　Box's M 检验

文本框 15—9 显示了使用 biotools 包中的 boxM 进行 Box's M 检验，以检验四组间的协方差矩阵是否齐.

文本框 15—9　　　　　　　　　　　　**Box's M 检验**

```
> library(biotools)                                       # 载入 biotools 包
> boxM(example15[,-1],example15[,1])                      # Box M 检验

        Box's M-test for Homogeneity of Covariance Matrices

data:  example15[,-1]
Chi-Sq (approx.) = 32.238,df = 20,p-value = 0.04083
```

由文本框 15—9 可知，Box's M 的 $\chi^2=32.238$，$df=20$，$p=0.040\,83$，检验达到 0.05 显著性水平，表明违背方差—协方差齐的假设. 当各单元格的样本数相等时，即使违背此项假定，MANOVA 也是相当强韧（robust）的工具.

15.3.4 多变量方差分析整体检验

文本框 15—10 中以 manova 函数进行整体检验，并用 summary 函数列出四种检验结果，检验的名称可以使用 P，W，H，R 等字母代替.

文本框 15—10　　　　MANOVA 整体检验

```
> model<manova(cbind(花萼长, 花萼宽, 花瓣长, 花瓣宽)~品种, data = example15)
                                                        # 建立模型
> summary(model, test = "Pillai")                       # 列出 Pillai 检验结果
          Df Pillai  approx F  num Df  den Df   Pr(> F)
品种       2 1.0684   7.1685       8      50 2.8e-06 ***
Residuals 27
---
Signif. codes:  0‘***’0.001‘**’0.01‘*’0.05‘.’0.1‘’1
> summary(model, test = "Wilks")                        # 列出 Wilks 检验结果
          Df    Wilks  approx F  num Df  den Df     Pr(> F)
品种       2 0.028082   29.804       8      48 4.158e-16 ***
Residuals 27
---
Signif. codes:  0‘***’0.001‘**’0.01‘*’0.05‘.’0.1‘’1
> summary(model, test = "Hotelling-Lawley")             # 列出 Hotelling-Lawley 检验结果
          Df Hotelling-Lawley  approx F  num Df  den Df    Pr(> F)
品种       2           31.172     89.62       8      46 < 2.2e-16 ***
Residuals 27
---
Signif. codes:  0‘***’0.001‘**’0.01‘*’0.05‘.’0.1‘’1
> summary(model, test = "Roy")                          # 列出 Roy 检验结果
          Df    Roy approx F num Df den Df    Pr(> F)
品种       2 31.061   194.13      4     25 < 2.2e-16 ***
Residuals 27
---
Signif. codes:  0‘***’0.001‘**’0.01‘*’0.05‘.’0.1‘’1
```

整体检验结果显示，多数研究者采用 Wilks 的 Λ 值，为 0.028 082，$p<0.001$. 然而，由于结果显示已经违背方差—协方差矩阵齐性假定，此时最好采用比较保守的 Pillai 的 V 值，为 1.068 84，$p<0.001$. 三个品种的鸢尾花的花朵有显著差异.

15.3.5 单变量方差分析

由于多变量方差分析整体检验显著，接下来进行单变量方差分析，此时，只要使用 summary.aov 函数即可列出四个因变量的个别检验（见文本框 15—11）.

文本框 15—11　　单变量方差分析

```
> model<manova(cbind(花萼长,花萼宽,花瓣长,花瓣宽)~品种, data = example15)
                                                  # 建立模型
> summary.aov(model)                              # 列出单变量 ANOVA 摘要
Response 花萼长 :
            Df Sum Sq  Mean Sq F value    Pr(> F)
品种         2 13.389  6.6943  20.821 3.384e-06 ***
Residuals   27  8.681  0.3215
---
Signif. codes:  0‘***’0.001‘**’0.01‘*’0.05‘.’0.1‘’1

Response 花萼宽 :
            Df Sum Sq  Mean Sq  F value   Pr(> F)
品种         2  1.952 0.97600   7.1706 0.003179 **
Residuals   27  3.675 0.13611
---
Signif. codes:  0‘***’0.001‘**’0.01‘*’0.05‘.’0.1‘’1

Response 花瓣长 :
            Df Sum Sq  Mean Sq  F value    Pr(> F)
品种         2 92.801  46.400  194.26< 2.2e-16 ***
Residuals   27  6.449   0.239
---
Signif. codes:  0‘***’0.001‘**’0.01‘*’0.05‘.’0.1‘’1

Response 花瓣宽 :
            Df Sum Sq  Mean Sq F value    Pr(> F)
品种         2 15.369  7.6843  230.27< 2.2e-16 ***
Residuals   27  0.901  0.0334
---
Signif. codes:  0‘***’0.001‘**’0.01‘*’0.05‘.’0.1‘’1
```

单变量方差分析结果显示，四个 p 值都小于 0.012 5（0.05 / 4），因此三个不同品种的鸢尾花在花萼的长度与宽度及花瓣的长度与宽度上都有显著不同.

15.3.6 单变量事后比较

文本框 15—12 显示了使用 Tukey 的 HSD 法进行单变量事后比较，由于有四个因变量，因此置信区间设为 1−0.05/4=0.987 5=98.75%.

文本框 15—12　　单变量事后多重比较

```
> TukeyHSD(aov(花萼长~品种,data = example15), conf.level = 1 - .05/4)
                                        # 以花萼长为因变量,计算同时置信区间
  Tukey multiple comparisons of means
    98.75% family-wise confidence level

Fit: aov(formula = 花萼长~品种, data = example15)
```

```
$'品种'
                        diff        lwr       upr      p adj
变色鸢尾-山鸢尾          1.01   0.2274367  1.792563  0.0013042
维吉尼亚鸢尾-山鸢尾      1.62   0.8374367  2.402563  0.0000022
维吉尼亚鸢尾-变色鸢尾    0.61  -0.1725633  1.392563  0.0585274

> TukeyHSD(aov(花萼宽~品种,data=example15), conf.level=1-.05/4)
                                            # 以花萼宽为因变量,计算同时置信区间
  Tukey multiple comparisons of means
    98.75% family-wise confidence level

Fit: aov(formula=花萼宽~品种, data=example15)

$'品种'
                         diff         lwr          upr       p adj
变色鸢尾-山鸢尾          -0.52  -1.0291706  -0.01082945  0.0106687
维吉尼亚鸢尾-山鸢尾      -0.56  -1.0691706  -0.05082945  0.0058764
维吉尼亚鸢尾-变色鸢尾    -0.04  -0.5491706   0.46917055  0.9681565

> TukeyHSD(aov(花瓣长~品种,data=example15), conf.level=1-.05/4)
                                            # 以花瓣长为因变量,计算同时置信区间
  Tukey multiple comparisons of means
    98.75% family-wise confidence level

Fit: aov(formula=花瓣长~品种, data=example15)

$'品种'
                        diff       lwr      upr     p adj
变色鸢尾-山鸢尾          3.05 2.3755018 3.724498  0.00e+00
维吉尼亚鸢尾-山鸢尾      4.16 3.4855018 4.834498  0.00e+00
维吉尼亚鸢尾-变色鸢尾    1.11 0.4355018 1.784498  7.13e-05

> TukeyHSD(aov(花瓣宽~品种,data=example15), conf.level=1-.05/4)
                                            # 以花瓣宽为因变量,计算同时置信区间
  Tukey multiple comparisons of means
    98.75% family-wise confidence level
Fit: aov(formula=花瓣宽~品种, data=example15)

$'品种'
                        diff      lwr      upr     p adj
变色鸢尾-山鸢尾          1.19  0.937886 1.442114  0.0e+00
维吉尼亚鸢尾-山鸢尾      1.71  1.457886 1.962114  0.0e+00
维吉尼亚鸢尾-变色鸢尾    0.52  0.267886 0.772114  2.4e-06
```

文本框15—12中diff是两组间均值的差异，lwr及upr之间不含0或是p adj小于0.012 5，就代表两个品种之间的均值差异达到0.05显著性水平.

由花萼长度及宽度这两个变量来看：山鸢尾与其他两个品种都有显著差异，变色鸢尾与维吉尼亚鸢尾则没有显著差异. 由花瓣长度及宽度这两个变量来看：三个品种间都有显著差异.

15.3.7　同时置信区间

文本框 15—13 显示了计算均值差异的同时置信区间，α 值设定为 1−0.05/[(3−1)×4].

文本框 15—13　　　　同时置信区间

```
> library(DescTools)                                        # 加载 DescTools 对象
> attach(example15)                                         # 绑定数据
> PostHocTest(aov(花萼长~品种), method = "lsd", conf.level = 1 - 0.05/8)
                                                            # 以花萼长进行同时置信区间

  Posthoc multiple comparisons of means : Fisher LSD
    99.375 % family-wise confidence level

$'品种'
                        diff      lwr.ci     upr.ci     pval
变色鸢尾-山鸢尾           1.01   0.2579747  1.762025   0.00046 ***
维吉尼亚鸢尾-山鸢尾       1.62   0.8679747  2.372025   7.7e-07 ***
维吉尼亚鸢尾-变色鸢尾     0.61  -0.1420253  1.362025   0.02327 *

---
Signif. codes:  0 '***' 0.001 '**' 0.01 '*' 0.05 '.' 0.1 ' ' 1

> PostHocTest(aov(花萼宽~品种), method = "lsd", conf.level = 1 - 0.05/8)
                                                            # 以花萼宽进行同时置信区间

  Posthoc multiple comparisons of means : Fisher LSD
    99.375 % family-wise confidence level

$'品种'
                         diff      lwr.ci        upr.ci      pval
变色鸢尾-山鸢尾           -0.52  -1.0093012  -0.03069883  0.0039 **
维吉尼亚鸢尾-山鸢尾       -0.56  -1.0493012  -0.07069883  0.0021 **
维吉尼亚鸢尾-变色鸢尾     -0.04  -0.5293012   0.44930117  0.8103

---
Signif. codes:  0 '***' 0.001 '**' 0.01 '*' 0.05 '.' 0.1 ' ' 1

> PostHocTest(aov(花瓣长~品种), method = "lsd", conf.level = 1 - 0.05/8)
                                                            # 以花瓣长进行同时置信区间

  Posthoc multiple comparisons of means : Fisher LSD
    99.375 % family-wise confidence level

$'品种'
                        diff     lwr.ci     upr.ci     pval
变色鸢尾-山鸢尾           3.05  2.4018228  3.698177  7.3e-14 ***
维吉尼亚鸢尾-山鸢尾       4.16  3.5118228  4.808177  < 2e-16 ***
维吉尼亚鸢尾-变色鸢尾     1.11  0.4618228  1.758177  2.5e-05 ***

---
Signif. codes:  0 '***' 0.001 '**' 0.01 '*' 0.05 '.' 0.1 ' ' 1
> PostHocTest(aov(花瓣宽~品种), method = "lsd", conf.level = 1 - 0.05/8)
                                                        # 以花瓣宽进行同时置信区间
```

```
  Posthoc multiple comparisons of means : Fisher LSD
    99.375 % family-wise confidence level

$'品种'
                            diff    lwr.ci      upr.ci       pval
变色鸢尾-山鸢尾             1.19   0.9477242   1.4322758   2.6e-14 ***
维吉尼亚鸢尾-山鸢尾         1.71   1.4677242   1.9522758   < 2e-16 ***
维吉尼亚鸢尾-变色鸢尾       0.52   0.2777242   0.7622758   8.1e-07 ***

---
Signif. codes:  0'***' 0.001 '**' 0.01 '*' 0.05 '.' 0.1 '' 1
```

同时置信区间的结果与文本框 15—11 中所示事后多重比较的结果一致，山鸢尾与其他两个品种在花萼的长度与宽度上有显著差异，而三个品种在花瓣的长度及宽度上都有显著差异.

15.4 计算效应量

由于整体检验后达到统计上的显著，在此可以计算偏 η^2 值，解 $\boldsymbol{W}^{-1}\boldsymbol{B}$ 矩阵之后，得到非 0 的特征值有 2 个（因此 $s=2$），分别为 31.062 及 0.111（另外使用 R 求得），代入数值后得到：

$$偏\ \eta^2_{\text{Pillai}}=\frac{1.0684}{2}=0.5342$$

$$偏\ \eta^2_{\text{Wilks}}=1-0.028082^{1/2}=0.8324$$

$$偏\ \eta^2_{\text{Hotelling}}=\frac{31.172/2}{31.172/2+1}=0.9397$$

$$偏\ \eta^2_{\text{Roy}}=\frac{31.062}{1+31.062}=0.9688$$

由于本范例违背方差—协方差齐性假定，因此采用较保守的 Pillai 偏 η^2 值，为 0.534 2.

文本框 15—14 显示了使用 heplots 包中的 etasq 函数计算效应量.

文本框 15—14　　　　计算效应量

```
> library(heplots)                    # 载入 heplots 包
> etasq(model, test = "P")            # 根据 Pillai 检验计算效应量
        eta^2
品种 0.534226
> etasq(model, test = "W")            # 根据 Hotelling-Lawley 检验计算效应量
         eta^2
品种 0.8324226
> etasq(model, test = "H")            # 根据 Roy 检验计算效应量
         eta^2
品种 0.9397086
> etasq(model, test = "R")            # 以 R 法计算效应量
       eta^2
品种 0.96881
```

15.5　以 APA 格式撰写结果

鸢尾花的花萼及花瓣的宽度及长度会因品种不同而有差异，Pillai 的 V＝1.068，$F(8, 50)=7.169$，$p<0.001$，偏 $\eta^2=0.534$．使用 Bonferroni 同时置信区间进行后续分析，山鸢尾花的花萼较短且较宽，维吉尼亚鸢尾花的花瓣最长且最宽．

15.6　单因素独立样本多变量方差分析的假定

单因素独立样本多变量方差分析应符合以下三个假定．

15.6.1　观察体要能代表总体，且彼此间独立

观察体独立是指各个样本不会相互影响，假使观察体间不独立，计算所得的 p 值就不准确．如果有证据支持违背了这项假定，就不应使用单因素独立样本多变量方差分析．

15.6.2　多变量正态分布

此项假定有两个含义：一是每个变量在各自的总体（自变量的各个组别）中须服从正态分布；二是变量的所有可能组合也要服从正态分布．当最小组的样本数在 20 以上时，即使违背了这项假定，对于多变量方差分析的影响也不大（Tabachnick & Fidell，2007）．

15.6.3　因变量的方差—协方差矩阵在各个总体中须相等

此项假定是指自变量的各组中，所有因变量的方差—协方差矩阵相等（齐），R 可采用 Box's M 检验来分析这个假定．当各组样本数大致相等时（相差不到 50%），MANOV 具有强韧性．如果样本数不相等，而且违背此项假定，建议采用 Pillai 的 V 值，而不使用 Wilks 的 Λ 值．

第 16 章 Pearson 积差相关

Pearson 积差相关系数（Pearson product-moment correlation coefficient）旨在分析两个定量变量的线性相关；如果两个变量都是次序变量，则可以使用 Spearman 等级相关系数（Spearman rank correlation coefficient）.

Pearson 积差相关适用的情境如下：

自变量与因变量：均为定量变量，多数情形下并无自变量与因变量之分，为互因变量（interdependent variable）.

Spearman 等级相关适用的情境如下：

自变量与因变量：均为次序变量.

本章主要说明 Pearson 积差相关，附带介绍 Spearman 等级相关系数.

16.1 基本统计概念

16.1.1 目的

Pearson 积差相关旨在分析定量变量之间的线性关系，可以用来分析：

1. 两个变量之间的相关. 如，营销费用与营业额之间的关系.

2. 三个以上变量两两之间的相关. 如，健康概念、每周运动时间与体适能之间的关系.

3. 一组变量与另一组变量间的相关. 如，自我概念（涉及家庭、学校、外貌、身体、情绪）与学业成绩（涉及语文、数学、英语）之间的关系. 假如研究者的兴趣是了解 15 个（=5×3）相关系数，可以使用 Pearson 积差相关，但是，如果目的是了解自我概念与学业成绩之间完整的关系，则建议使用典型相关.

16.1.2 分析示例

以下研究问题都可以使用 Pearson 积差相关进行分析：

1. 员工薪资与工作满意度的关联.
2. 国家人均所得与国民幸福指数的关联.
3. 创造力测验中流畅性、变通性、独创性及精密性之间的关联.

16.1.3　散点图与相关

为了确定两个定量变量间的关系，可以使用散点图（scatterplot）加以判断. 于坐标上标出观察体在两个变量上的位置，如果分散的点呈左下到右上的直线分布（见图 16—1），此时 X 轴上的变量增加，Y 轴上的变量也随之增加，两变量间完全正相关；如果分散的点呈左上到右下的直线分布（见图 16—2），此时 X 轴上的变量增加，Y 轴上的变量却随之减少，因此两变量间完全负相关；如果如图 16—3 所示呈随机分布，两个变量间为零相关，此时没有关联.

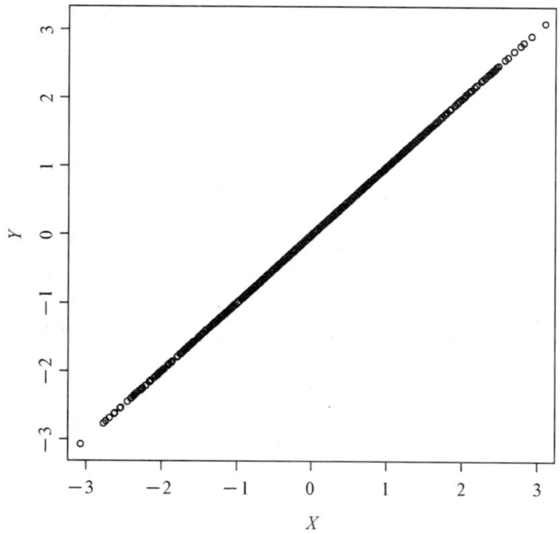

图 16—1　完全正相关

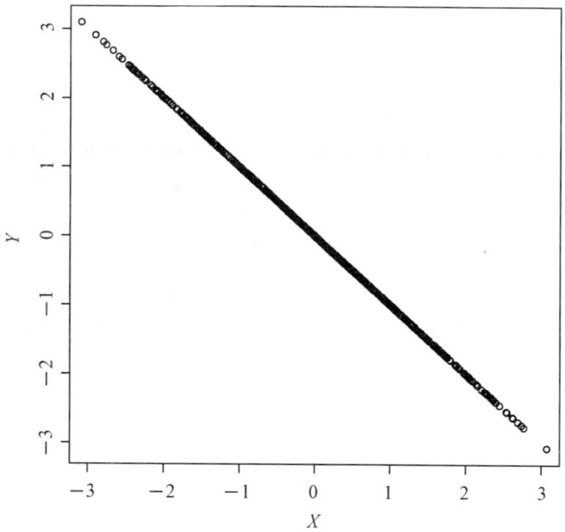

图 16—2　完全负相关

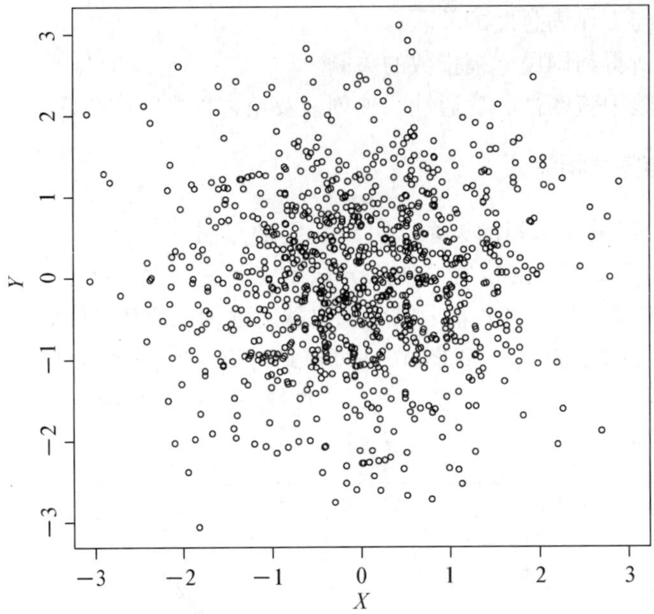

图 16—3 零相关（1）

不过，图 16—4 和图 16—5 所示的两种情形，虽然两变量也呈现完美的直线关系，但是有所不同：在图 16—4 中完全呈水平分布，表示 X 轴上的变量无论是多少，Y 轴上的变量完全相同；反之，在图 16—5 中完全呈垂直分布，表示 Y 轴上的变量无论是多少，X 轴上的变量完全相同. 此时，两个变量间也没有关联，为零相关. 在这两种情形下，都有一个变量的标准差是 0，因此无法计算 Pearson 的 r（参见式（16.6）的分母部分）.

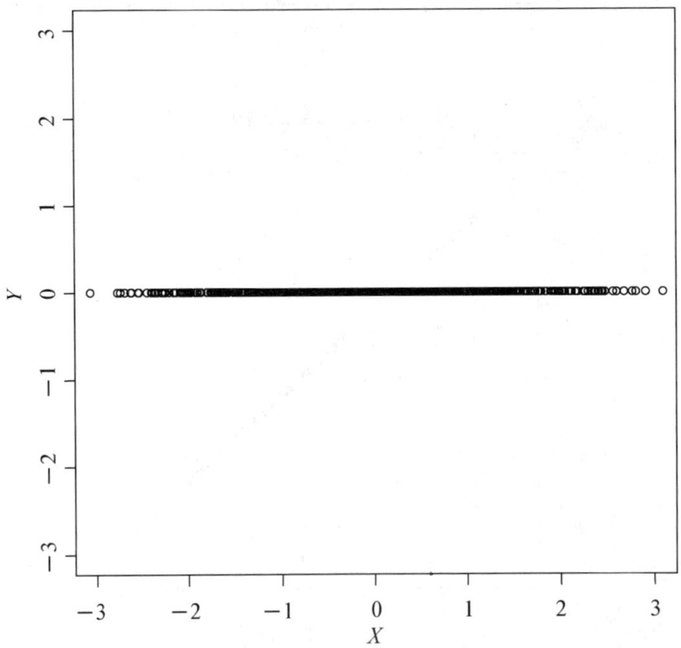

图 16—4 零相关（2）

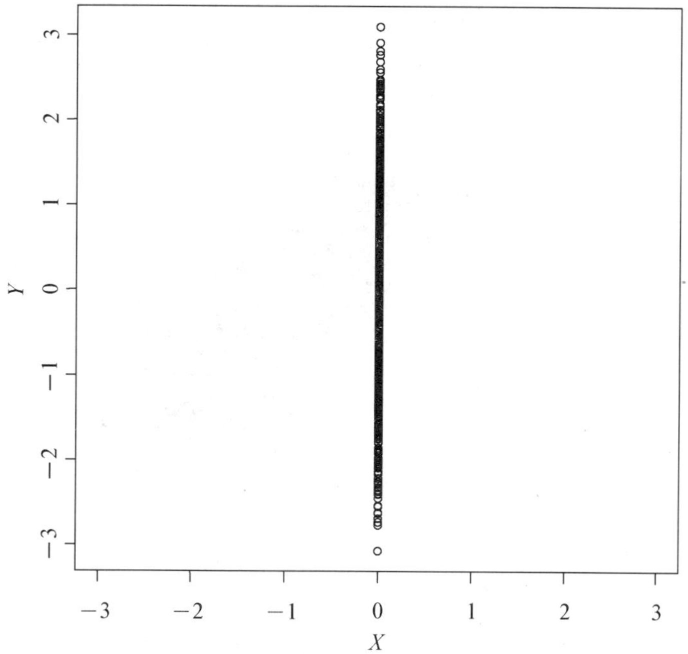

图 16—5 零相关 (3)

不过，绝大多数情形下，两变量经常不是呈现完美的直线关系，而是出现像图 16—6 和图 16—7 所示的两种情形. 图 16—6 大略呈左下到右上分布，此为正相关；图 16—7 则相反，呈现左上到右下的分布，此为负相关. 关系强度与斜率无关（除非完全水平或垂直），而与散点图是否接近直线有关. 散布的点越接近一条直线时，两变量的关系就会越接近完全正相关或完全负相关.

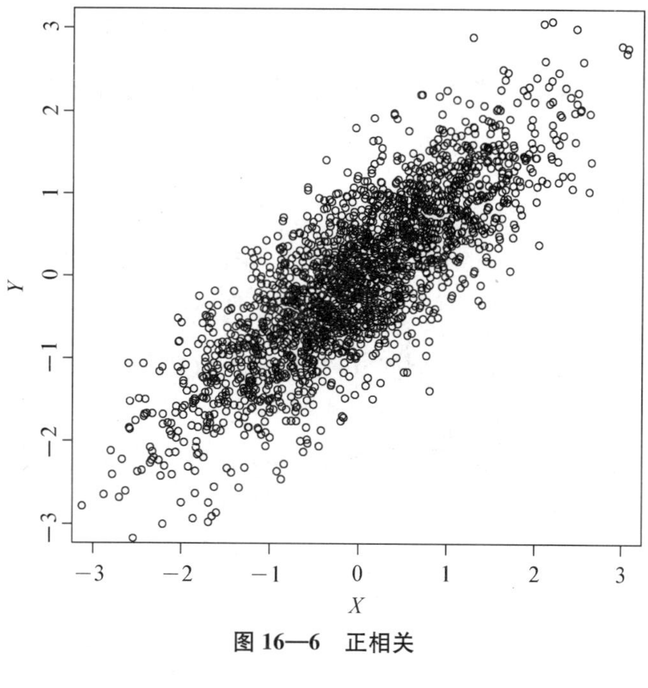

图 16—6 正相关

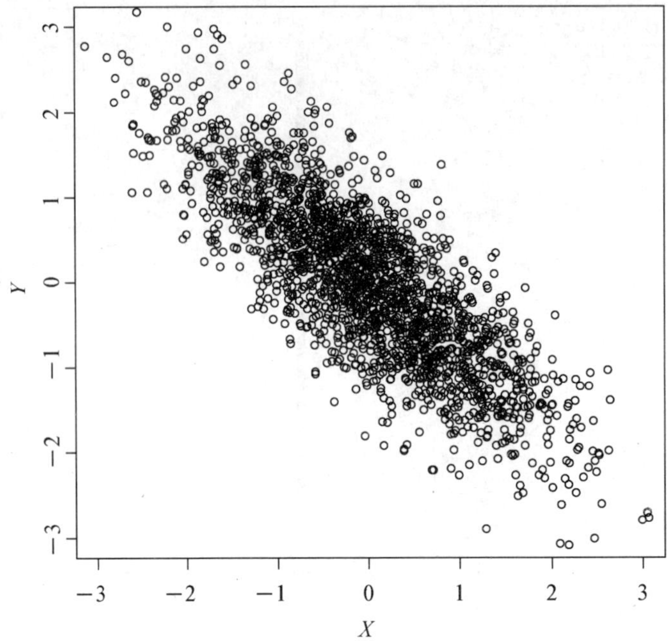

图 16—7　负相关

16.1.4　统计公式

16.1.4.1　Pearson 积差相关系数的统计公式

最常用来分析两个定量变量之间直线关联的统计量是 Pearson 积差相关系数. 总体积差相关表示为 ρ，公式为：

$$\rho=\frac{\sum Z_X Z_Y}{N} \tag{16.1}$$

由于两个变量的测量单位常常不一致，因此先把两个变量都转换为 Z 分数（均值为 0，标准差为 1），公式为：

$$Z_X=\frac{X-\mu_X}{\sigma_X} \tag{16.2}$$

$$Z_Y=\frac{Y-\mu_Y}{\sigma_Y} \tag{16.3}$$

两个 Z 分数乘积的均值就是 ρ. 将式 (16.2) 及式 (16.3) 代入式 (16.1)，可以得到：

$$\begin{aligned}\rho&=\frac{\sum\left(\frac{X-\mu_X}{\sigma_X}\right)\left(\frac{Y-\mu_Y}{\sigma_Y}\right)}{N}=\frac{\sum(X-\mu_X)(Y-\mu_Y)}{N\sigma_X\sigma_Y}\\&=\frac{\frac{\sum(X-\mu_X)(Y-\mu_Y)}{N}}{\sigma_X\sigma_Y}\end{aligned} \tag{16.4}$$

式中，$\dfrac{\sum(X-\mu_X)(Y-\mu_Y)}{N}=\sigma(X,Y)$，是两个变量的协方差（covariance），因此，总体的相关系数又可写成：

$$\rho=\frac{\sigma_{XY}}{\sigma_X\sigma_Y}=\frac{\sigma_{XY}}{\sqrt{\sigma_X^2}\sqrt{\sigma_Y^2}} \tag{16.5}$$

式中，分子 σ_{XY} 是两个变量的协方差，代表两个变量共同变化的程度，而它的正负与相关系数一致；分母则是两个变量各自的标准差（标准差等于方差的平方根），代表每个变量各自的分散情形.

在推断统计中，会用样本积差相关 r 来估计 ρ，公式为：

$$r=\frac{s_{XY}}{s_Xs_Y}=\frac{s_{XY}}{\sqrt{s_X^2}\sqrt{s_Y^2}} \tag{16.6}$$

把 r 的分子与分母同时乘上 $n-1$，得到：

$$r=\frac{s_{XY}\times(n-1)}{\sqrt{s_X^2}\sqrt{s_Y^2}(n-1)}=\frac{s_{XY}\times(n-1)}{\sqrt{s_X^2(n-1)}\sqrt{s_Y^2(n-1)}} \tag{16.7}$$

$s_X^2(n-1)$ 及 $s_Y^2(n-1)$ 分别是 X 变量及 Y 变量的离均差平方和 SS（sum of squares），而 s_{XY} 是 X 与 Y 的离均差交乘积和（sum of cross products of deviations），简称交乘积 CP. 因此，样本积差相关 r 的公式又可写成：

$$r=\frac{CP}{\sqrt{SS_X}\sqrt{SS_Y}} \tag{16.8}$$

综言之，Pearson 积差相关的公式就是：

$$\begin{aligned} r&=\frac{\text{交乘积}}{\sqrt{X\text{ 的平方和}}\sqrt{Y\text{ 的平方和}}}\\ &=\frac{\text{协方差}}{\sqrt{X\text{ 的方差}}\sqrt{Y\text{ 的方差}}}\\ &=\frac{\text{协方差}}{X\text{ 的标准差}\times Y\text{ 的标准差}} \end{aligned} \tag{16.9}$$

16.1.4.2　Spearman 等级相关系数的统计公式

如果两个变量都是次序变量（如名次、职业的专业程度），则只要把变量各自依原始数值排序，赋予等级（rank），即可使用积差相关的公式计算变量的相关，此时就是 Spearman 等级相关. 因此也可以说，Spearman 等级相关就是使用等级计算所得的 Pearson 积差相关.

Spearman 等级相关 ρ 也可以使用以下公式求得：

$$\rho=1-\frac{6\sum d^2}{n(n^2-1)} \tag{16.10}$$

式中，d 就是观察体在两个变量间等级的差异. 如果两变量的等级相同，差异为 0，就称为结（tie).

16.1.4.3 相关系数的显著检验

要检验相关系数是否显著不为 0，则原假设是：

$H_0:\rho=0$

备择假设则是：

$H_0:\rho\neq0$

检验的公式类似单样本 t 检验，即

$$t=\frac{r-\rho_0}{\sqrt{\frac{1-r^2}{n-2}}}=\frac{\text{相关系数的差异}}{\text{相关系数的标准误}} \tag{16.11}$$

此时自由度为 $n-2$，而 ρ_0 通常设定为 0.

以文本框 16—4 中的相关系数 0.453 为例，代入公式后得到：

$$t=\frac{0.453-0}{\sqrt{\frac{1-0.453^2}{36-2}}}=2.9667$$

至于检验结果是否显著，可以使用两种方法来判断. 首先，是现代的做法，直接求 $|t|\geqslant2.9667$ 的 p 值. 在自由度为 34 的 t 分布中，$p=0.005477$（见图 16—8 中双侧 p 值的和，此 p 值也会和文本框 16—4 中的 p 值相同)，小于 0.05，所以应拒绝 $\rho=0$ 的原假设，相关系数 0.453 显著不等于 0.（注：在 R 中可以输入 pt(－2.9667，34) 及 1－pt(2.9667，34) 计算双侧的概率值.）

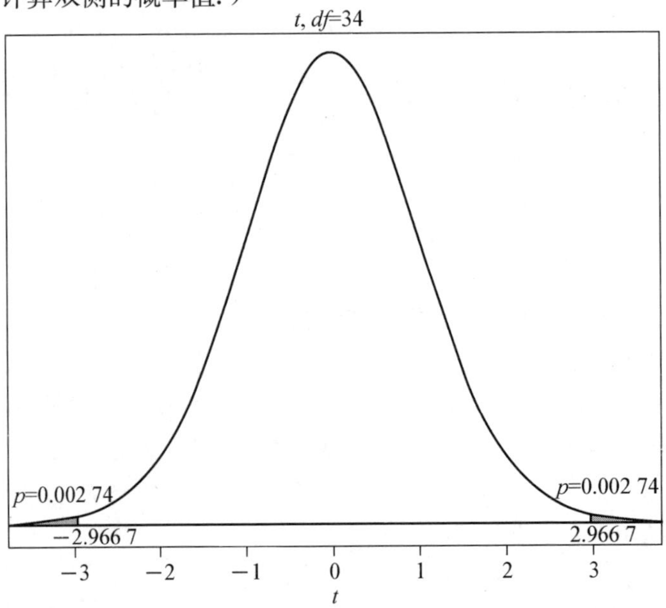

图 16—8 自由度为 34，$|t|\geqslant2.9667$ 的 $p=0.005477$

其次，是传统的做法，看标准临界值. 在自由度是 34 的 t 分布中双侧临界值是 $\pm 2.032\,245$，计算所得的 t 值 2.966 7 大于 2.032 245（见图 16—9），同样拒绝 $\rho=0$ 的原假设.（注：在 R 中输入 qt(0.025，34) 及 qt(0.975，34) 可分别得到双侧的临界值.）

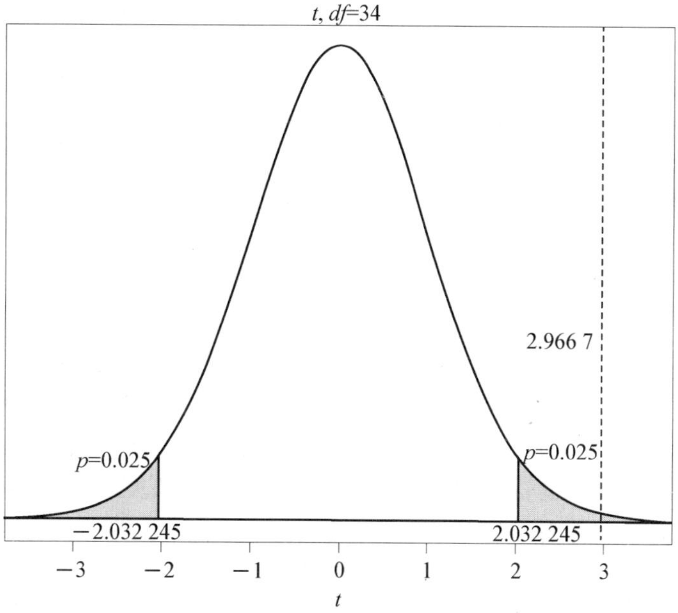

图 16—9　自由度为 34，$\alpha=0.05$ 时，双侧临界值为 $\pm 2.032\,245$

16.1.4.4　相关系数的置信区间估计

由于样本相关系数 r 的抽样分布并不是正态分布，计算总体相关系数 ρ 的置信区间要经过三个步骤.

首先，将样本相关系数 r 化为 z'，公式为：

$$z'=\frac{1}{2}\ln\left(\frac{1+r}{1-r}\right)$$

以文本框 16—4 中的 $r=0.453\,461\,5$ 为例，转换后的 Fisher z' 为：

$$z'=\frac{1}{2}\ln\left(\frac{1+0.453\,461\,5}{1-0.453\,461\,5}\right)=0.489\,049\,2$$

其次，计算 z' 的置信区间. z' 服从 Z 分布，标准误为：

$$\frac{1}{\sqrt{n-3}}=\frac{1}{\sqrt{36-3}}=0.174\,077\,7$$

当 $\alpha=0.05$ 时，双侧临界值等于 $\pm 1.959\,964$. 因此 z' 的 95% 置信区间为：

下界 $=0.489\,049\,2-1.959\,964\times 0.174\,077\,7=0.147\,863\,3$

上界 $=0.489\,049\,2+1.959\,964\times 0.174\,077\,7=0.830\,235\,1$

最后，将 z' 的上下界再转换为 r 值，公式为：

$$r=\frac{\exp(2z')-1}{\exp(2z')+1}$$

代入公式后分别得到：

$$下界=r=\frac{\exp(2\times 0.147\,863\,3)-1}{\exp(2\times 0.147\,863\,3)+1}=0.146\,795\,0$$

$$上界=r=\frac{\exp(2\times 0.830\,235\,1)-1}{\exp(2\times 0.830\,235\,1)+1}=0.680\,602\,2$$

上述计算结果与文本框 16—4 中所示一致.

16.1.5 积差相关系数的解释

积差相关系数可以显示两种信息：

一是关联方向. 如果系数为正，称为正相关，表示两个变量呈现相同方向的变化. 如果系数为负，称为负相关，表示两个变量呈现相反方向的变化. 如果系数为 0，称为零相关，表示两变量间可能无关或为非线性相关.

二是关联程度，积差相关系数介于 +1 与 −1 之间，系数的绝对值越大代表关联程度越大. $|r|$ 接近1，表示两者有完全的关联；$|r|$ 接近0，表示两者没有线性的关联（但也有可能是非线性的关联）.

16.1.6 有相关不代表有因果关系

两变量之间有相关，不代表就有因果关系（cause-and-effect relationship），因此不可做因果关系的推断. 例如，夏季时用电量与中暑人数两者间有正相关，但这绝对不是因为用电量增加，使得中暑人数增加（见图 16—10a）；或是中暑人数增加，使得大家需要用更多的电（见图 16—10b）. 最可能的情形是因为气温上升，使得用电量（使用冷气增加）与中暑人数同时增加（见图 16—10c）. 在此关系中，用电量与中暑人数的相关是源于气温影响，两者的相关是一种虚假相关（spurious correlation），而气温称为混淆变量（confounding variable）. 如果控制温度变化之后，再求用电量与中暑人数的偏相关，两者可能就无关了.

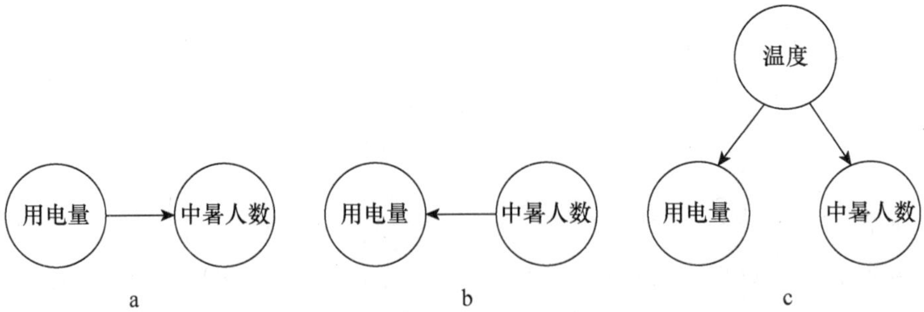

图 16—10 各种因果关系图示

16.1.7　相关系数在信效度分析中的应用

分析测验或量表的重测信度、复本信度、折半信度或者效标关联效度，都会使用积差相关系数. 重测信度是对受试者两次测验的总分求积差相关，复本（平行）信度是两个复本（平行测验）得分的积差相关，效标关联效度是某测验与另一效标得分的积差相关. 折半信度则是将同一测验分成两部分（可用随机方式确定，或前后两半，或奇偶数题各半），然后求两部分得分的积差相关. 不过，因为在相同条件下，题目数越少，信度愈低，所以折半信度通常要使用其他公式加以校正.

如果有两位评分者针对同一批受试者或对象加以评分，也可以使用积差相关系数代表评分者信度.

16.1.8　效应量

Pearson 积差相关系数本身就是效应量，依据 J. Cohen（1988）的经验法则，r 值的小、中、大效应量分别为±0.10，±0.30，±0.50.

积差相关系数的平方 r^2 称为决定系数（coefficient of determination），代表两个变量间的互相解释量. 如果 $r=0.50$，表示 X 变量可以解释 Y 变量总变异量的 25%（见图 16—11），反之亦然. 但是，如果 $r=0.25$，则两者的互相解释量只有 $0.25^2=6.25\%$. 前者的解释量是后者的 4 倍.

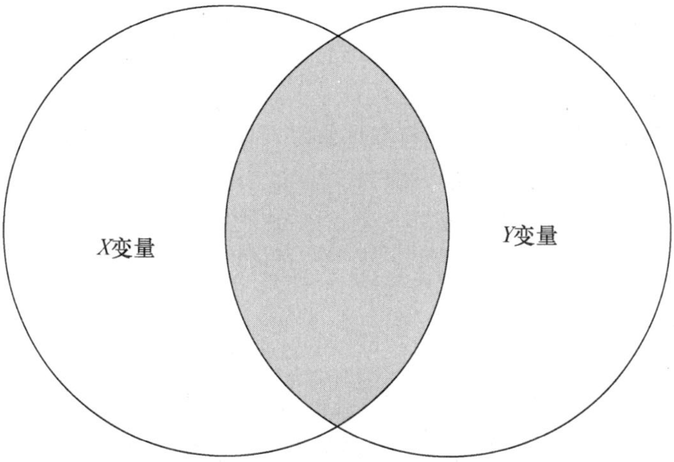

图 16—11　积差相关的文氏图

16.2　范　例

研究者想要了解高中生的家中资源、母亲受教育年数与科学素养是否有关联，因此测得 36 名学生的家中资源与科学素养如表 16—1 所示. 请问：家中资源与科学素养是否有关联？家中资源、母亲受教育年数与科学素养两两之间是否有关联？

表 16—1　　36 名受试者的数据

学生	家中资源	母亲受教育年数	科学素养	学生	家中资源	母亲受教育年数	科学素养
1	14	16	668.35	19	16	14	434.30
2	14	12	544.14	20	2	9	250.60
3	15	16	652.50	21	7	6	314.10
4	17	12	508.24	22	7	6	378.35
5	13	14	499.57	23	11	12	478.87
6	17	16	554.40	24	14	12	563.91
7	11	12	542.28	25	15	14	652.22
8	13	14	463.48	26	13	14	580.70
9	14	12	487.26	27	17	14	414.71
10	12	12	523.82	28	8	6	503.95
11	16	9	507.96	29	12	14	503.30
12	9	9	471.60	30	14	12	469.54
13	6	14	479.06	31	13	16	657.91
14	14	14	554.59	32	16	9	652.22
15	8	9	632.08	33	10	9	520.74
16	9	6	548.81	34	12	12	531.28
17	3	14	475.14	35	16	12	490.25
18	11	9	577.90	36	17	14	530.34

16.2.1　变量与数据

表 16—1 中有四个变量，但是受试者代号并不需要输入 R 中，因此分析时使用三个变量即可. 其中，家中资源是指家中是否拥有某些物品，学生针对 17 种物品（如，书桌、自己的房间、互联网等）回答是或否，最大值为 17，最小值为 0. 母亲受教育年数最小值为 6（小学），最大值为 16（大学）. 科学素养则是指国际学生评估项目（PISA）测试的得分.

16.2.2　研究问题

在本范例中，研究者想要了解的问题可以陈述如下：

家中资源与科学素养是否有关联？
家中资源、母亲受教育年数与科学素养两两之间是否有关联？

16.2.3　统计假设

根据研究问题，原假设一为“家中资源与科学素养没有关联”：

$$H_0:\rho_{家中资源g科学素养}=0$$

备择假设一则为“家中资源与科学素养有关联”：

$$H_1:\rho_{家中资源g科学素养}\neq 0$$

原假设二为“家中资源、母亲受教育年数与科学素养两两之间没有关联”：

$$\begin{cases} H_0: \rho_{家中资源g母亲受教育年数}=0 \\ H_0: \rho_{家中资源g科学素养}=0 \\ H_0: \rho_{母亲受教育年数g科学素养}=0 \end{cases}$$

备择假设二则为“家中资源、母亲受教育年数与科学素养两两之间有关联”:

$$\begin{cases} H_1: \rho_{家中资源g母亲受教育年数}\neq 0 \\ H_1: \rho_{家中资源g科学素养}\neq 0 \\ H_1: \rho_{母亲受教育年数g科学素养}\neq 0 \end{cases}$$

16.3 使用 R 进行分析

16.3.1 数据文件

完整的 R 数据文件如文本框 16—1 所示.

文本框 16—1　　积差相关分析数据文件

```
> load("C:/mydata/chap16/example16.RData")     # 加载本例数据
> example16                                     # 展示本例数据
     家中资源  母亲受教育年数  科学素养
1       14           16         668.35
2       14           12         544.14
3       15           16         652.50
4       17           12         508.24
5       13           14         499.57
6       17           16         554.40
7       11           12         542.28
8       13           14         463.48
9       14           12         487.26
10      12           12         523.82
11      16            9         507.96
12       9            9         471.60
13       6           14         479.06
14      14           14         554.59
15       8            9         632.08
16       9            6         548.81
17       3           14         475.14
18      11            9         577.90
19      16           14         434.30
20       2            9         250.60
21       7            6         314.10
22       7            6         378.35
23      11           12         478.87
24      14           12         563.91
25      15           14         652.22
26      13           14         580.70
```

```
27      17      14      414.71
28       8       6      503.95
29      12      14      503.30
30      14      12      469.54
31      13      16      657.91
32      16       9      652.22
33      10       9      520.74
34      12      12      531.28
35      16      12      490.25
36      17      14      530.34
```

16.3.2 变量的描述统计

文本框 16—2 显示了描述性统计量，包含均值、标准差及样本数.

文本框 16—2　　　　各个变量的统计量

```
> load("C:/mydata/chap16/example16.RData")                  # 加载本例数据
> mean<-apply(example16,2,mean)                             # 计算均值
> sd<-apply(example16,2,sd)                                 # 计算标准差
> n<-length(example16[,1])                                  # 计算样本数
> mysummary<-data.frame("均值"=mean,"标准差"=sd,"N"=n)
                                                            # 以数据框形式汇总输出结果
> mysummary                                                 # 列出数据框
                    均值      标准差   N
家中资源        12.11111   3.904413   36
母亲受教育年数  11.80556   2.993512   36
科学素养       517.179729  0.939569   36
```

16.3.3 协方差矩阵

文本框 16—3 中先计算了三个变量间的协方差矩阵，以便于说明方差相关系数的计算.

文本框 16—3　　　　三个变量的协方差矩阵

```
> load("C:/mydata/chap16/example16.RData")                  # 加载本例数据
> cov(example16)                                            # 计算协方差矩阵
                  家中资源   母亲受教育年数    科学素养
家中资源         15.244444       5.622222    161.0086
母亲受教育年数    5.622222       8.961111    103.3474
科学素养        161.008603     103.347373   8270.0052
```

文本框 16—3 中对角线为变量本身的方差，取平方根后为标准差，表示变量的分散程度；对角线外则是变量间两两的协方差，反映两个变量的共同变化程度. 由此矩阵可以计算变量间的相关系数矩阵. 以家中资源和科学素养为例，它们各自的方差为 15.244 444 及 8 270.005 2，两变量的协方差为 161.008 603，代入式（16.6）中，得到：

$$r=\frac{161.008\,603}{\sqrt{15.244\,444}\times\sqrt{8\,270.005\,2}}=0.453\,461\,5$$

其他的相关系数可以使用同样的方式求得．相关系数矩阵见文本框 16—5.

16.3.4　两个变量的相关系数

文本框 16—4 显示了两个变量的 Pearson 相关系数 r 及置信区间估计的计算. cor. test 函数只能计算两个变量间的相关系数，如果要计算三个以上变量的相关系数矩阵，则应使用 corr. test 函数.

文本框 16—4　　两个变量的相关系数

```
> load("C:/mydata/chap16/example16.RData")          # 加载本例数据
> cor.test(example16[,1],example16[,3])             # 计算相关系数及其检验
        Pearson's product-moment correlation

data:  example16[,1] and example16[,3]
t = 2.9667,df = 34,p - value = 0.005477
alternative hypothesis:true correlation is not equal to 0
95 percent confidence interval:
0.1467950 0.6806022
sample estimates:
      cor
0.4534615
```

文本框 16—4 中，$r=0.453\,461\,5$，代入式（16.11），得到 t 值为：

$$t=\frac{0.453\,462}{\sqrt{\frac{1-0.453\,462^2}{36-2}}}=2.966\,7$$

在自由度为 34 的 t 分布中，$|t|>2.966\,7$ 的 $p=0.005\,477$，小于 0.05，拒绝 $\rho=0$ 的原假设，因此家中资源与科学素养显著相关，而且为正相关.

总体相关系数的 95%置信区间为 [0.146 795 0，0.680 602 2]，不含 0，也表示 $\rho\neq0$. 计算过程请见 16.1.4.4 小节的介绍.

16.3.5　Pearson 积差相关矩阵

如果要计算三个以上变量的相关矩阵，在 R 中可以使用两个比较常用的函数．其中，cor 函数只计算相关矩阵，未提供 p 值，但是相关系数的小数位数较多．corr. test 则须先安装 psych 包，且相关系数为 2 位小数，不过提供了 p 值及各项 p 值的校正方法．前述文本框 16—4 中的 cor. test 只能计算两个变量间的相关系数.

文本框 16—5 中先以 cor 函数计算相关矩阵，再以 corr. test 使用完全排除法（use="complete"）计算相关矩阵，并列出 p 值．本范例中，相关矩阵同时计算三个（C_2^3）相关系数，会使 α 膨胀，因此需要对 α 进行校正．一般常用 Bonferroni 校正法，即将计算所得的 p 值乘以 3，不过这样校正反而使得统计检验力降低．R 默认的校正方法是 adjust="holm"，会比 Bonferroni 法好.

文本框 16—5　　三个变量的 Pearson 积差相关矩阵

```
> load("C:/mydata/chap16/example16.RData")              # 加载本例数据
> cor(example16)                                         # 计算 Pearson 相关矩阵
              家中资源    母亲受教育年数    科学素养
家中资源       1.0000000       0.4810290   0.4534615
母亲受教育年数 0.4810290       1.0000000   0.3796345
科学素养       0.4534615       0.3796345   1.0000000
> library(psych)                                         # 加载本例数据
> corr.test(example16,use = "complete")                  # 计算 Pearson 相关矩阵及检验
Call:corr.test(x = example16,use = "complete")
Correlation matrix
              家中资源    母亲受教育年数    科学素养
家中资源           1.00            0.48        0.45
母亲受教育年数     0.48            1.00        0.38
科学素养           0.45            0.38        1.00
Sample Size
[1]36
Probability values(Entries above the diagonal are adjusted for multiple tests.)
              家中资源    母亲受教育年数    科学素养
家中资源           0.00            0.01        0.01
母亲受教育年数     0.00            0.00        0.02
科学素养           0.01            0.02        0.00
```

文本框 16—5 中，前两部分为三个变量间的相关系数矩阵，对角线上为自身的相关，都是 1，对角线外则是两两变量间的 Pearson 相关系数 r，左下角与右上角是对称的，都为正数．第三部分是概率值（p），对角线上都为 0，左下角是未校正的 p 值，右上角是使用 Holm 法校正后的 p 值，都小于 0.05，因此三个变量间都显著相关，且为正相关.

Pearson 相关系数 r 会介于-1 到$+1$ 之间．系数为正时，表示两个变量呈现正向的共变关系，也就是说，某个变量越大时，另一个变量也越大；而某个变量越小时，另一个变量也越小．系数为负时，表示两个变量呈现负向的共变关系，某个变量越大时，另一个变量就越小；某个变量越小时，另一个变量就越大.

当系数接近 0 时，两个变量可能没有共变关系，称为零相关．不过，也有可能两个变量是曲线关系．例如，压力与表现一般呈现倒 U 形的关系，压力太小或太大，表现都不好，适度的压力下会有比较好的表现．如果变量间是曲线关系，就不应使用 Pearson 相关系数 r．要了解两个变量间是否为线性关系，可以使用 16.3.6 小节介绍的散点图来判断.

16.3.6　变量间的散点图

要确定变量间是否为线性关系，可以通过散点图判断，命令如文本框 16—6 所示，散点图如图 16—12 所示.

文本框 16—6　　三个变量的散点图

```
> load("C:/mydata/chap16/example16.RData")      # 加载本例数据
> plot(example16)                                # 绘制散点图
```

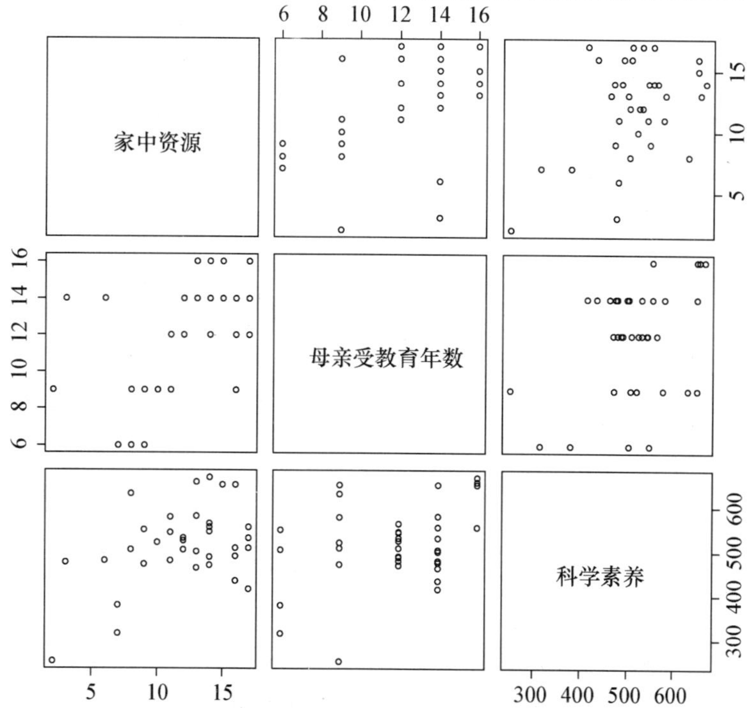

图 16—12　三个变量间的散点图

16.3.7　Spearman 等级相关矩阵

如果要进行 Spearman 等级相关分析，只要在命令中另外加上 method=c("spearman") 即可（见文本框 16—7）.

文本框 16—7　　**三个变量的 Spearman 等级相关矩阵**

```
> load("C:/mydata/chap16/example16.RData")                  # 加载本例数据
> cor(example16,method = c("spearman"))                      # 计算 Spearman 等级相关矩阵
              家中资源   母亲受教育年数   科学素养
家中资源      1.0000000      0.4628900   0.2892287
母亲受教育年数 0.4628900      1.0000000   0.2774869
科学素养      0.2892287      0.2774869   1.0000000
> library(psych)                                             # 载入 psych 包
> corr.test(example16,use = "complete",method = c("spearman"))
                                                             # 计算 Spearman 等级相关矩阵及检验
Call:corr.test(x = example16,use = "complete",method = c("spearman"))
Correlation matrix
              家中资源   母亲受教育年数   科学素养
家中资源         1.00           0.46        0.29
母亲受教育年数    0.46           1.00        0.28
科学素养         0.29           0.28        1.00
Sample Size
[1]36
```

```
Probability values(Entries above the diagonal are adjusted for multiple tests.)
              家中资源    母亲受教育年数    科学素养
家中资源        0.00         0.01          0.17
母亲受教育年数   0.00         0.00          0.17
科学素养        0.09         0.10          0.00
```

如果将三个变量视为次序变量，则计算所得的相关系数称为 Spearman 等级相关系数 ρ. 文本框 16—7 显示：家中资源与母亲受教育年数之间的等级相关系数 $\rho=0.46$，$p=0.01$，小于 0.05，因此应拒绝原假设，表示 0.46 显著不等于 0. 其他两个相关系数的 p 值大于 0.05，因此不能拒绝 $\rho=0$ 的原假设.

在本范例中，三个变量都是定量变量，因此分析结果以 Pearson 相关系数 r 为准.

16.4 计算效应量

Pearson 相关系数 r 或者 Spearman 等级相关系数 ρ 本身就是效应量，依据 J. Cohen（1988）的经验法则，r 值的小、中、大的效应量分别是±0.10，±0.30 及±0.50. 本范例中的相关系数介于 0.380～0.481，均为中度的效应量.

当以家中资源为预测变量（predictor），科学素养为效标变量（criterion）时，其 $r^2=0.453^2=0.205$，表示科学素养的变异量可以被家中资源解释的比例为 20.5%（图 16—13 中，科学素养中灰色部分占全体面积的百分比为 20.5%）.

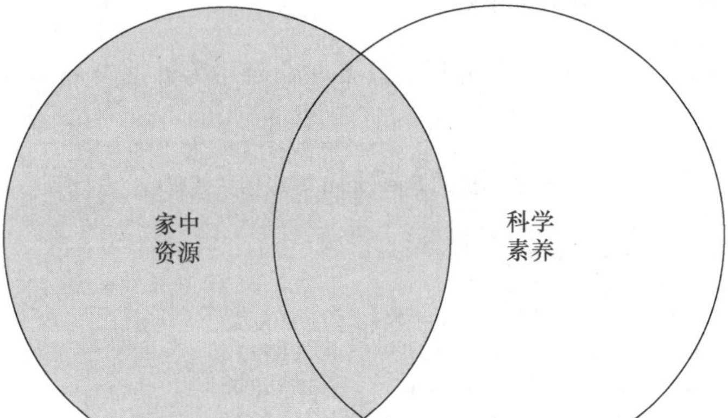

图 16—13　家中资源对科学素养的解释量

16.5 以 APA 格式撰写结果

计算 36 名受试者的家中资源与科学素养的得分，两个变量的 Pearson 相关系数 $r(34)=0.453$，$p=0.01$，为中度的效应量，两者存在显著的正相关. 母亲受教育年数与家中资源为正相关，$r(34)=0.481$，$p=0.01$. 母亲受教育年数与科学素养也为正相关，$r(34)=0.380$，$p=0.02$.

16.6　Pearson 积差相关的假定

应用 Pearson 积差相关进行分析，应符合以下三个假定.

16.6.1　观察体要能代表总体，且彼此间独立

观察体独立是指各个样本不会相互影响，假使观察体间不独立，计算所得的 p 值就不准确. 如果有证据支持违背了这项假定，就不应使用 Pearson 积差相关.

16.6.2　双变量正态分布

此项假定有两个含义：一是两个变量在各自的总体中须服从正态分布；二是在某个变量的任何一个数值中，另一个变量也要服从正态分布. 如果违反此项假定，可以改用 Spearman 等级相关.

如果两个变量符合双变量正态分布，则它们之间也会是线性关系（Green & Salkind, 2014）. 当两个变量是直线关系时，才适用 Pearson 积差相关；如果是曲线关系，则不应使用 Pearson 积差相关.

如果样本数增加到 30 或 40 以上，则双变量正态分布的假设就变得太不重要了（B. H. Cohen, 2007）.

16.6.3　没有离群值

离群值是与其他观察体有明显不同的观察体. 在计算相关系数时，如果出现离群值，就有可能影响相关的方向及强度. 在图 16—14 中，没有离群值出现，此时相关系数 $r=0.805$. 如果将图 16—14 中右上角的观察值改变到右下角成为离群值（见图 16—15），此时 r 便改变为 0.563. 如果再将左下角的观察值移到左上角（见图 16—16），则此时 r 为 0.157，已经不显著了.

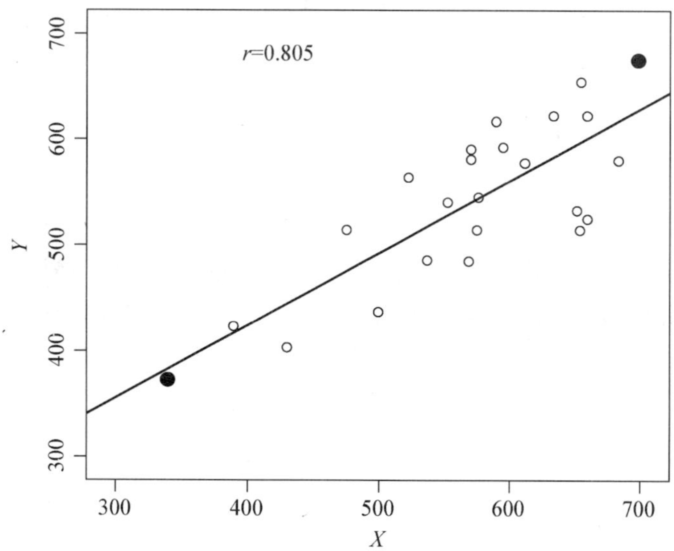

图 16—14　没有离群值的散点图

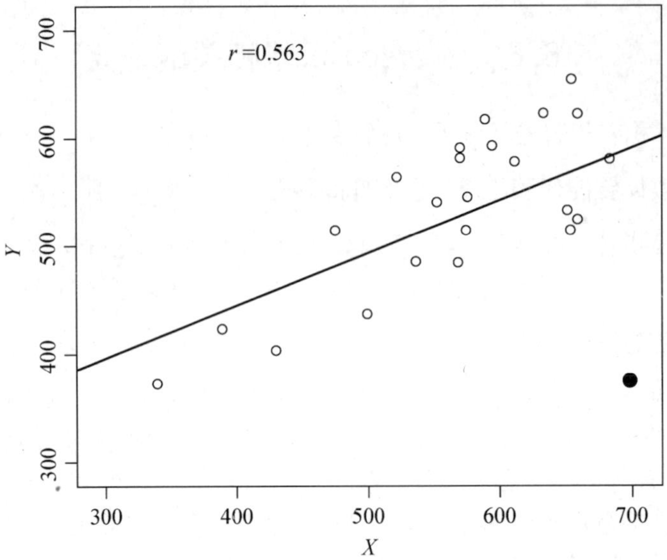

图 16—15　有一个离群值的散点图

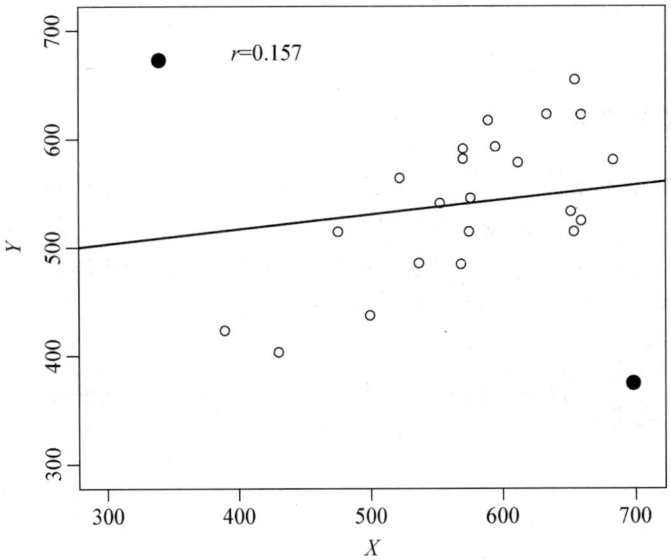

图 16—16　有两个离群值的散点图

使用散点图可以快速查看是否有离群值，如果有离群值出现，最好详细检查数据是否有误，以免影响分析的正确性．即使数据录入无误，最好也要说明如何处理离群值．

第17章 偏相关

偏相关（partial correlation）又称净相关，旨在分析两个定量变量在控制（排除）其他定量变量的影响后的相关，适用的情境如下：

自变量与因变量：均为定量变量，多数情形下并无自变量与因变量之分，为互因变量.

控制变量或协变量：一个或一个以上定量变量.

17.1 基本统计概念

17.1.1 目的

偏相关是一种统计控制技术，目的在于将一个额外变量（extraneous）保持恒定，而分析另外两个变量的相关. 以下两种情形都可以使用偏相关.

两个变量相关时，不代表它们之间有因果关系，有可能是某个共同的原因变量影响，使得它们有关联. 在图17—1中，变量A与变量B有关联，是由于共同原因变量C影响所致，如果排除了变量C的影响，变量A与变量B的相关系数变为0，此称为虚假相关（spurious relationship）（Green & Salkind，2011）.

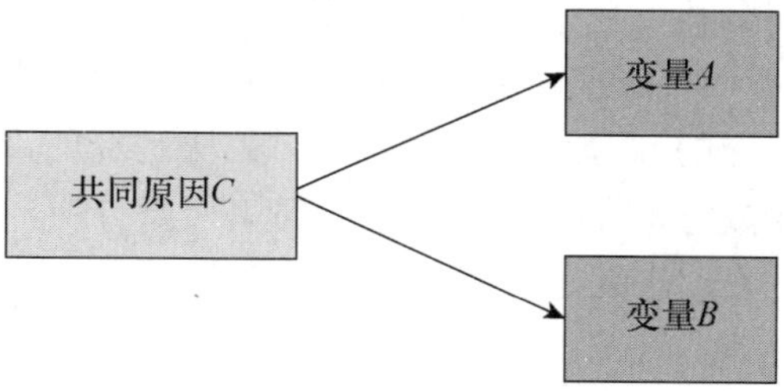

图17—1　C为A，B的共同原因

图 17—2 中，变量 A 通过中介变量 M 影响变量 B，如果控制了变量 M 之后，变量 A 与变量 B 的相关程度降低或变为 0，则变量 M 就具有中介效果（Green & Salkind，2011），变量 A 对变量 B 就产生间接的影响效果.

图 17—2　M 为 A，B 的中介变量

17.1.2　分析示例

以下研究问题都可以使用偏相关：

1. 控制了年龄之后，忧郁分数与空腹血糖值的关联.
2. 控制了教育期望之后，母亲受教育年数与子女学业成绩的关系.
3. 控制了居民人数后，寺庙数与重大犯罪案件的关系.

17.1.3　统计概念

第 16 章分析了家中资源（物品）与学生科学素养的关联，发现两者的 Pearson 积差相关系数为 0.453，达到 0.05 显著性水平（见文本框 16—5）. 文本框 17—1 中也显示，母亲受教育年数与这两个变量的相关系数分别为 0.481 及 0.380. 由于母亲受教育年数较长，收入通常也较高，所以家中资源会较多；而母亲受教育年数较长，也比较有能力教育孩子，所以孩子的科学素养也较高. 因此，母亲受教育年数很可能是两个变量的共同原因. 如果排除了母亲受教育年数的影响之后，再分析家中资源与孩子的科学素养的关联，可能发现两者的偏相关.

如果只对家中资源的变异排除母亲受教育年数的影响，而科学素养维持完整的变异，此时因为只排除一半（部分）的变异，所以称为半偏相关（semi-partial correlation）或部分相关（part correlation）.

另一方面，母亲受教育年数不会对子女的科学素养有直接影响，而会通过教育期望、教养态度或提供的各项资源产生间接效果. 所以，家中资源也可能是母亲受教育年数与子女科学素养的中介变量（母亲受教育年数→家中资源→科学素养）. 这两种模型似乎都正确，也都可以使用偏相关分析，至于哪个较合理，则最好能够参考相关理论及研究，再决定是否使用偏相关分析.

偏相关的概念与回归分析有密切的关系（回归分析请见本书第 19、第 20 章）. 图 17—3 中，先以母亲受教育年数对家中资源进行简单回归分析，在家中资源的变异中，将可以由母亲受教育年数解释的部分加以排除，留下无法解释的部分（称为残差，residual）. 接着以母亲受教育年数对子女科学素养进行简单回归分析，同样留下残差部分. 最后，求两个残差的简单相关，这就是控制母亲受教育年数后，家中资源与科学素养的偏相关.

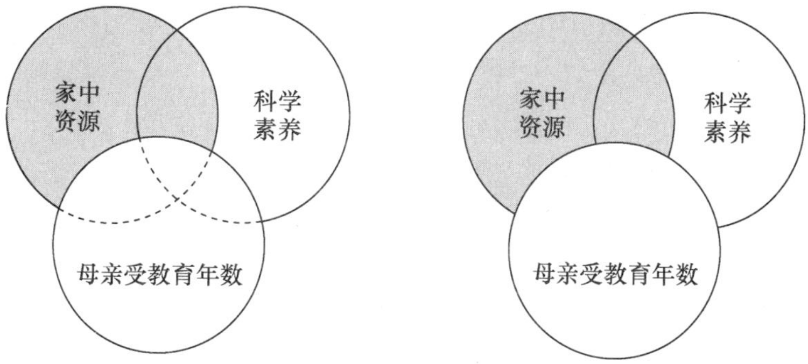

图 17—3 偏相关示意图

17.1.4 统计公式

文本框 17—1 显示了三个变量两两之间的 Pearson 相关系数、样本数及 p 值.

文本框 17—1　　　　Pearson 相关系数

```
> load("C:/mydata/chap17/example17.RData")              # 加载本例数据
> install.packages("psych")                             # 安装包 psych
> library(psych)                                        # 载入包 psych
> corr.test(example17[1:3],use = "complete")            # 计算 Pearson 相关系数
Call:corr.test(x = example17[1:3],use = "complete")
Correlation matrix
              家中资源  母亲受教育年数  科学素养
家中资源        1.00        0.48          0.45
母亲受教育年数  0.48        1.00          0.38
科学素养        0.45        0.38          1.00
Sample Size
[1]36
Probability values(Entries above the diagonal are adjusted for multiple tests.)
              家中资源  母亲受教育年数  科学素养
家中资源        0.00        0.01          0.01
母亲受教育年数  0.00        0.00          0.02
科学素养.       0.01        0.02          0.00
> cor(example17)                                        # 如果要得到较多位的小数,可以使用 cor
                                                          计算相关系数矩阵
              家中资源   母亲受教育年数  科学素养
家中资源      1.0000000   0.4810290     0.4534615
母亲受教育年数 0.4810290  1.0000000     0.3796345
科学素养      0.4534615   0.3796345     1.0000000
```

要计算排除母亲受教育年数（X_3）的影响后，家中资源（X_1）与科学素养（X_2）的偏相关，公式为：

$$r_{12\cdot 3}=\frac{r_{12}-r_{13}r_{23}}{\sqrt{1-r_{13}^2}\sqrt{1-r_{23}^2}} \tag{17.1}$$

将文本框 17—1 中的数值代入，得到：

$$r_{12\cdot 3}=\frac{0.453-(0.481\times 0.380)}{\sqrt{1-0.481^2}\sqrt{1-0.380^2}}=\frac{0.2708}{0.8111}=0.334$$

结果如文本框 17—2 所示，0.333 936 4 取 3 位小数后为 0.334. （注：相同的包只需要安装一次，如果以前安装过，就不需要再安装.）

文本框 17—2　　　　偏相关系数

```
> install.packages("ggm")            # 安装包 ggm
> library(ggm)                       # 载入包 ggm
> pcor(c(1,3,2),cov(example17))      # 控制变量 2,计算变量 1 和变量 3 的偏相关系数
[1]0.3339364
```

17.1.5　显著性检验

偏相关也可使用 t 检验，不过自由度改为 $n-3$，公式为：

$$t=\frac{r}{\sqrt{\frac{1-r^2}{n-3}}} \tag{17.2}$$

计算之后得到：

$$t=\frac{0.334}{\sqrt{\frac{1-0.334^2}{36-3}}}=\frac{0.334}{0.164}=2.035$$

判断标准同样有二：一是在自由度为 33 的 t 分布中，$\alpha=0.05$ 的临界值为 2.034 5（见图 17—4），计算所得 t 值 2.035 稍大于 2.034 5，因此应拒绝原假设. 二是在自由度为 33 的 t 分布中，$|t|$ 大于2.035 的 $p=0.04994$（见图 17—5），小于 0.05，因此应拒绝原假设. 总之，排除母亲受教育年数的影响后，家中资源与科学素养的偏相关 $r_p=2.035$，$p<0.05$，两者仍显著正相关.

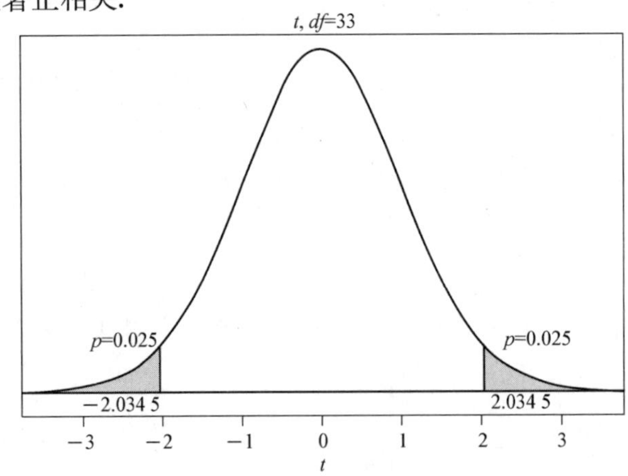

图 17—4　自由度为 33，$\alpha=0.05$ 的双侧临界值为±2.034 5

注：在 R 中，可以使用 abs(qt(0.05/2, 33)) 计算自由度为 33，$\alpha=0.05$ 时的临界值，结果为 2.034 515.

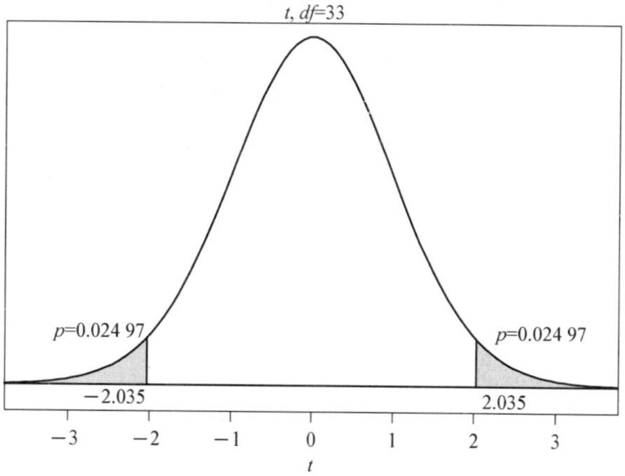

图 17—5　自由度为 33，$|t|\geqslant 2.035$ 的 $p=0.049\ 94$

17.2 范　例

研究者想要了解，当母亲的受教育年数保持恒定时，高中生的家中资源与科学素养是否有关联，因此测得 36 名学生的家中资源与科学素养如表 17—1 所示. 请问：排除了母亲受教育年数的影响之后，家中资源与科学素养之间是否有关联？

表 17—1　　36 名受试者的数据

学生	家中资源	母亲受教育年数	科学素养	学生	家中资源	母亲受教育年数	科学素养
1	14	16	668.35	19	16	14	434.30
2	14	12	544.14	20	2	9	250.60
3	15	16	652.50	21	7	6	314.10
4	17	12	508.24	22	7	6	378.35
5	13	14	499.57	23	11	12	478.87
6	17	16	554.40	24	14	12	563.91
7	11	12	542.28	25	15	14	652.22
8	13	14	463.48	26	13	14	580.70
9	14	12	487.26	27	17	14	414.71
10	12	12	523.82	28	8	6	503.95
11	16	9	507.96	29	12	14	503.30
12	9	9	471.60	30	14	12	469.54
13	6	14	479.06	31	13	16	657.91
14	14	14	554.59	32	16	9	652.22
15	8	9	632.08	33	10	9	520.74
16	9	6	548.81	34	12	12	531.28
17	3	14	475.14	35	16	12	490.25
18	11	9	577.90	36	17	14	530.34

17.2.1 变量与数据

表 17—1 中有四个变量，但是受试者代号并不需要输入 R 的数据中，因此分析时使用三个变量即可．其中，家中资源是指家中是否拥有某些物品，学生针对 17 种物品（如，书桌、自己的房间、互联网等）回答是或否，最大值为 17，最小值为 0．母亲受教育年数最小值为 6（小学），最大值为 18（研究生）．科学素养则是指 PISA 测试的得分．

17.2.2 研究问题

在本范例中，研究者想要了解的问题可以陈述如下：

控制母亲受教育年数后，家中资源与科学素养是否有关联？

17.2.3 统计假设

根据研究问题，原假设为"控制母亲受教育年数后，家中资源与科学素养没有关联"：

$$H_0: \rho_{(\text{家中资源}g\text{科学素养})g\text{母亲受教育年数}}=0$$

备择假设则为"控制母亲受教育年数后，家中资源与科学素养仍有关联"：

$$H_1: \rho_{(\text{家中资源}g\text{科学素养})g\text{母亲受教育年数}}\neq 0$$

17.3 使用 R 进行分析

17.3.1 数据文件

完整的 R 数据文件如文本框 17—3 所示．

文本框 17—3　　偏相关分析数据文件

```
> load("C:/mydata/chap17/example17.RData")        # 加载本例数据
> example17                                       # 展示本例数据
   家中资源 母亲受教育年数 科学素养
1      14        16        668.35
2      14        12        544.14
3      15        16        652.50
4      17        12        508.24
5      13        14        499.57
6      17        16        554.40
7      11        12        542.28
8      13        14        463.48
9      14        12        487.26
10     12        12        523.82
11     16         9        507.96
12      9         9        471.60
13      6        14        479.06
14     14        14        554.59
```

15	8	9	632.08
16	9	6	548.81
17	3	14	475.14
18	11	9	577.90
19	16	14	434.30
20	2	9	250.60
21	7	6	314.10
22	7	6	378.35
23	11	12	478.87
24	14	12	563.91
25	15	14	652.22
26	13	14	580.70
27	17	14	414.71
28	8	6	503.95
29	12	14	503.30
30	14	12	469.54
31	13	16	657.91
32	16	9	652.22
33	10	9	520.74
34	12	12	531.28
35	16	12	490.25
36	17	14	530.34

17.3.2　偏相关系数及检验

文本框 17—4 中先安装 corpcor 包，使用其中的 cor2pcor 函数计算相关矩阵. 然后，安装 ggm 包，并使用 pcor. test 函数进行偏相关系数检验.

文本框 17—4　　　　计算偏相关系数

```
> install.packages("corpcor")          # 安装包 corpcor
> library(corpcor)                     # 载入包 corpcor
> mycor<- cor(example17)               # 计算相关系数矩阵,并置入 mycor 中
> cor2pcor(mycor)                      # 使用 mycor 相关系数矩阵,计算偏相关系数矩阵
          [,1]      [,2]      [,3]
[1,]1.0000000 0.3746028 0.3339364
[2,]0.3746028 1.0000000 0.2066922
[3,]0.3339364 0.2066922 1.0000000

>install.packages("ggm")               # 安装包 ggm
>library(ggm)                          # 载入包 ggm
>pcor.test(cor2pcor(mycor),1,36)       # 检验偏相关系数

$tval
         [,1]     [,2]     [,3]
[1,]      Inf 2.320926 2.035145
[2,]2.320926      Inf 1.213562
[3,]2.035145 1.213562      Inf
```

```
$df
[1]33

$pvalue
           [,1]         [,2]        [,3]
[1,]0.00000000  0.02661452  0.0499332
[2,]0.02661452  0.00000000  0.2335298
[3,]0.04993320  0.23352977  0.0000000
```

分析后首先计算三个变量间两两的一阶偏相关系数，接着对三个偏相关系数进行显著性检验，并列出 t 值、自由度及 p 值. 粗体字部分是研究者关心的统计量.

文本框 17—4 列出了三个偏相关系数及其检验，不过本范例只关心排除变量 2（母亲受教育年数）后，变量 1（家中资源）与变量 3（科学素养）的偏相关. 将变量 2 保持恒定之后，变量 1 与变量 3 的一阶偏相关 $r_p=0.334$，$t=2.035$，$p=0.050$（比较精确的值为 0.049 933 2)，虽然仍达到 0.05 显著性水平，但是关联程度已经降低了. 多数时候，偏相关会比零阶相关小（B. H. Cohen，2007）. 此时自由度为 $n-3=36-3=33$.

17.4 计算效应量

偏相关系数介于－1 与＋1 之间，系数的绝对值越大，关联强度越高，效应量越大. 不过，偏相关系数的平方不代表某个变量对另一个变量的解释量. 如果要计算解释量，可以改用部分相关，或称为半偏相关.

17.5 以 APA 格式撰写结果

控制了母亲的受教育年数之后，计算 36 名受试者的家中资源与科学素养得分的偏相关，两个变量的一阶偏相关系数 $r_p(33)=0.334$，$p=0.050$，仍有显著的关联.

17.6 偏相关的假定

应用偏相关进行分析，应符合以下两个假定.

17.6.1 观察体要能代表总体，且彼此间独立

观察体独立是指各个样本不会相互影响，假使观察体间不独立，计算所得的 p 值就不准确. 如果有证据支持违背了这项假定，就不应使用偏相关.

17.6.2　多变量正态分布

此项假定有两个含义：一是每个变量在各自的总体中须服从正态分布；二是某一个变量在其他变量的组合数值中也要服从正态分布．如果各变量符合多变量正态分布，则它们之间也会是线性关系（Green & Salkind，2014）．如果样本数够大，则违背此项假定就不算太严重．

第 18 章 典型相关

典型相关（canonical correlation）是 Pearson 积差相关的扩展，旨在分析两组定量变量的线性相关，适用的情境如下：

自变量与因变量：均为两个以上定量变量.

18.1 基本统计概念

18.1.1 目的

第 17 章介绍的偏相关旨在分析两个定量变量的相关. 如果分析一组定量变量与一个定量变量的相关，可使用多元相关（multiple correlation）. 典型相关则旨在分析两组定量变量间的关联程度. 假设有三个 X 变量与四个 Y 变量，要计算它们之间的关系，最常使用的统计方法就是典型相关.

在典型相关中，有几种系数（或量数）要特别留意，它们分别是：典型加权系数（又有未标准化及标准化之分）、典型相关系数、典型结构系数、交叉结构系数、平均解释量（适切性系数），及冗余系数. 掌握了以上系数（或量数），就能了解典型相关的重要概念.

18.1.2 分析示例

以下研究问题都可以使用典型相关进行分析：

1. 自我概念（涉及家庭、学校、外貌、身体、情绪）与学业成绩（涉及语文、数学、英语）之间的关系.

2. 社会结构（涉及工业化、接受高等教育人口率、第三产业人口率、就业率）与经济发展（涉及 GDP 增长率、人均所得、基尼系数）之间的关系.

3. 体适能（涉及心肺耐力、肌耐力、柔软性）与代谢症候群因素（涉及血压、血糖、三酸甘油酯、高密度脂蛋白胆固醇）之间的关系.

18.1.3 典型加权系数及典型相关系数

分析典型相关，就要将两组变量乘上各自的典型加权系数，以得到线性组合后的典型变量（canonical variate，或称典型因素），并计算典型变量间的相关系数. 与回归分析一样，加权系数分为未标准化与标准化两种，前者可以直接由原始分数求得典型变量，后者可以比较变量对典型变量的相对贡献.

图 18—1 中，计算第一组 X 变量加权系数 b 以求得第一个典型变量 W_1：

$$W_1=b_{11}X_1+b_{12}X_2+b_{13}X_3$$

计算第二组 Y 变量加权系数 c 以求得第一个典型变量 V_1：

$$V_1=c_{11}Y_1+c_{12}Y_2+c_{13}Y_3+c_{14}Y_4$$

再计算 W_1 及 V_1 这两个典型变量间的简单相关 $r_{W_1V_1}$，它就是三个 X 变量与四个 Y 变量间的第一对典型相关系数 ρ_1.

$$\rho_1=r_{W_1V_1}$$

而且，加权系数 b 及 c 要限定在 $r_{W_1V_1}$ 达到最大的条件下求解.

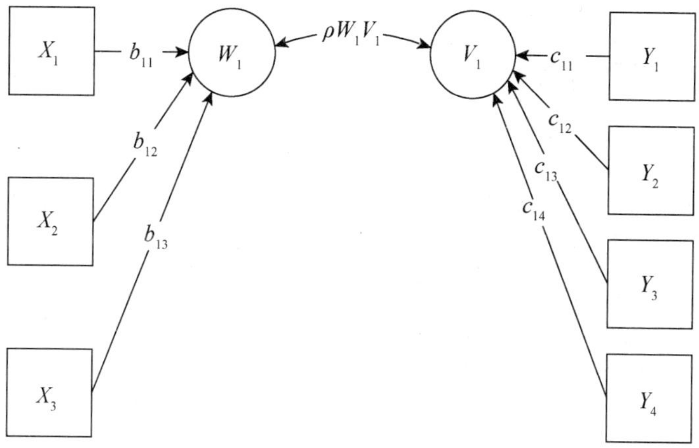

图 18—1　第一对典型相关

接着，再以同样的方式计算 W_2 及 V_2（见图 18—2）：

$$W_2=b_{21}X_1+b_{22}X_2+b_{23}X_3$$
$$V_2=c_{21}Y_1+c_{22}Y_2+c_{23}Y_3+c_{24}Y_4$$

此时要限定 $r_{W_1W_2}=0$，$r_{V_1V_2}=0$，$r_{W_1V_2}=0$，$r_{W_2V_1}=0$，且 $r_{W_2V_2}$ 为最大.

最后，再以同样的方式计算 W_3 及 V_3（见图 18—3）：

$$W_3=b_{31}X_1+b_{32}X_2+b_{33}X_3$$
$$V_3=c_{31}Y_1+c_{32}Y_2+c_{33}Y_3+c_{34}Y_4$$

此时还要再限定 $r_{W_1W_3}=0$，$r_{W_2W_3}=0$，$r_{V_1V_3}=0$，$r_{V_2V_3}=0$，$r_{W_3V_1}=0$，$r_{W_3V_2}=0$，$r_{W_1V_3}=0$，$r_{W_2V_3}=0$，且 $r_{W_3V_3}$ 为最大.

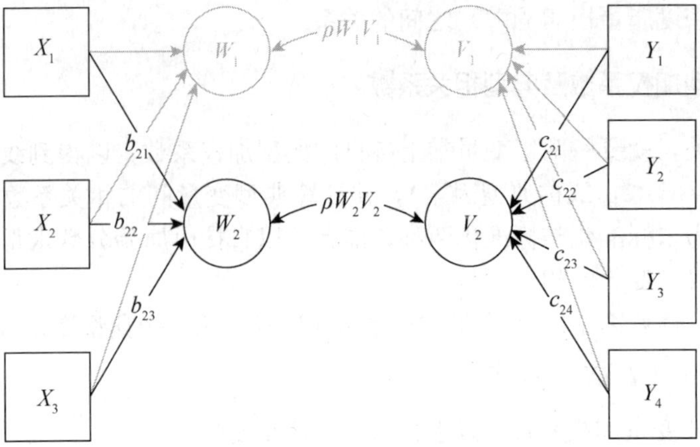

图 18—2　第二对典型相关

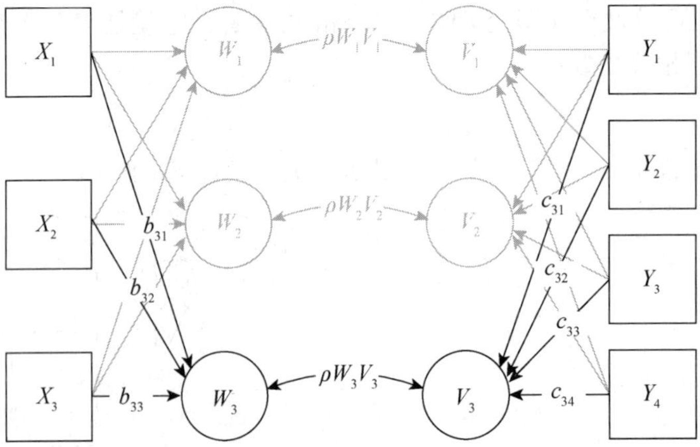

图 18—3　第三对典型相关

两组变量间，可以求得的典型相关数目是 X 变量数目与 Y 变量数目中较少者. 上述例子中，有三个 X，四个 Y，因此可以求得三个典型相关系数 ρ. 将典型相关系数取平方 (ρ^2)，就是两个典型变量间互相的解释量.

18.1.4　典型载荷量与平均解释量

变量与本身典型变量间的 Pearson 相关系数称为典型载荷量（canonical loading，又称典型结构系数），图 18—4 呈现了 W_1 变量与三个 X 变量的相关，及 V_1 变量与四个 Y 变量的相关，它们都是典型载荷量.

将 Pearson 相关系数取平方，得到变量间的相互解释量；而典型载荷量的平均平方和，就是典型变量对变量的平均解释量（adequacy coefficient，又称适切性系数）. 变量 W_1 对三个 X 变量的平均解释量为：

$$\frac{r^2_{W_1X_1}+r^2_{W_1X_2}+r^2_{W_1X_3}}{3}$$

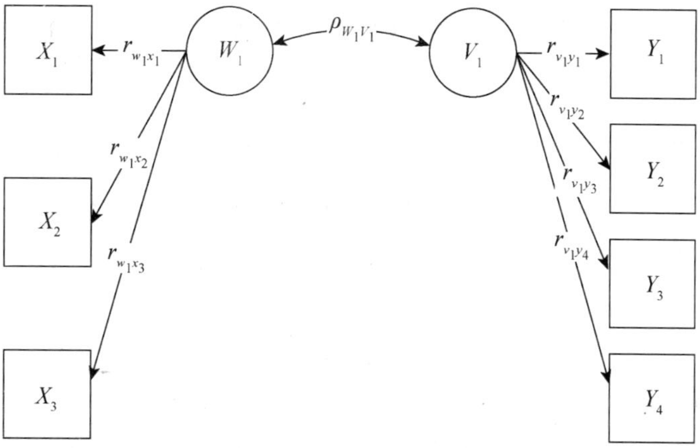

图 18—4　典型结构系数

变量 V_1 对四个 Y 变量的平均解释量为：

$$\frac{r_{V_1Y_1}^2+r_{V_1Y_2}^2+r_{V_1Y_3}^2+r_{V_1Y_4}^2}{4}$$

由于图 18—4 中有三个 X 变量与四个 Y 变量，因此可以求得三对典型变量（W_1 与 V_1，W_2 与 V_2，W_3 与 V_3）. 其他两对典型变量对各自变量的平均解释量，也使用相同的计算方法.

18.1.5　交叉载荷量与冗余系数

变量与另一侧典型变量间的 Pearson 相关系数称为交叉载荷量（cross loading，又称 index 系数），图 18—5 呈现了 W_1 变量与四个 Y 变量的相关，及 V_1 变量与三个 X 变量的相关，它们都是交叉载荷量. 图 18—5 中的交叉载荷量等于图 18—4 中典型载荷量乘上典型相关系数，例如：

$$r_{W_1Y_1}=\rho_{W_1V_1}\times r_{V_1Y_1}$$
$$r_{V_1X_1}=\rho_{W_1V_1}\times r_{W_1X_1}$$

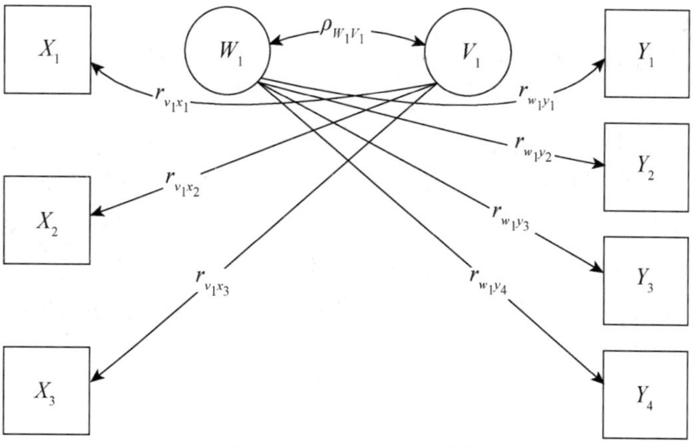

图 18—5　交叉结构系数

交叉载荷量的平均平方和，就是另一侧典型变量对变量的平均解释量（称为冗余系数或重叠量数，redundancy coefficient）．变量 W_1 对四个 Y 变量的冗余系数为：

$$\frac{r_{W_1Y_1}^2+r_{W_1Y_2}^2+r_{W_1Y_3}^2+r_{W_1Y_4}^2}{4}$$

而这也代表了三个 X 变量通过第 1 对典型变量对四个 Y 变量的平均解释量．

变量 V_1 对三个 X 变量的冗余系数为：

$$\frac{r_{V_1X_1}^2+r_{V_1X_2}^2+r_{V_1X_3}^2}{3}$$

这也代表了四个 Y 变量通过第 1 对典型变量对三个 X 变量的平均解释量．

冗余系数也可以经由"平均解释量"乘上"典型相关系数的平方"求得．由于典型变量对各自变量的平均解释量不相等，因此冗余系数不是对称的，也就是说，X 变量对 Y 变量的解释量不等于 Y 变量对 X 变量的解释量．

18.1.6 整体检验与维度缩减检验

典型相关的显著性检验主要有两种：整体检验与个别检验．

整体检验旨在检验两组变量（X 变量与 Y 变量）是否有关联，如果显著相关，则继续进行后续分析；如果不显著相关，则停止分析．

个别检验旨在针对个别典型相关进行检验．不过，目前的统计方法并不是针对每个典型相关系数进行检验，而是采用维度缩减的方式．前述例子中，三个 X 变量与四个 Y 变量，最多可以计算三个典型相关系数．R 软件首先检验第 1～第 3 个典型相关系数是否不为 0，如果拒绝原假设，一般就认为第 1 个典型相关系数显著不等于 0；接着检验第 2～第 3 个典型相关系数是否不为 0，如果拒绝原假设，表示第 2 个典型相关系数显著不等于 0；最后单独检验第 3 个典型相关系数是否不为 0，如果拒绝原假设，表示第 3 个典型相关系数显著不等于 0．其中第 1～第 3 个典型相关的检验也就是整体检验，且如果前一步骤的检验不显著，就不需要进行后一步骤的检验．

18.1.7 效应量

典型相关的效应量有三种：

1．典型相关系数（ρ）就是两个典型变量（W 与 V）间的 Pearson 相关系数，其本身就是效应量．

2．ρ^2 代表两个典型变量互相解释变异量的百分比，概念上与 R^2 相同．

3．冗余系数是平均解释量乘上 ρ^2，代表 X 变量对 Y 变量的解释量，或 Y 变量对 X 变量的解释量，也就是效应量．由于 W 对 X 与 V 对 Y 的平均解释量不相等，因此 Y 对 X 与 X 对 Y 的解释量也不相等，所以冗余系数是不对称的，分析时应多加留意．

依据 J. Cohen（1988）的经验法则，R^2 值的小、中、大效应量分别为 0.02，0.13，0.26．

18.2 范　例

研究者想要了解大学新生的三种心理特质与四种学业成绩是否有关联，因此测得 40

名学生的数据，如表 18—1 所示．请问：心理特质与学业成绩是否有关联？

表 18—1　　40 名受试者的数据

受试者	控制信念	自我概念	学习动机	阅读	写作	数学	科学
1	13	6	4	62.7	51.5	54.4	49.8
2	13	8	4	57.4	56.7	46.9	52.6
3	6	5	2	33.6	33.3	41.0	36.3
4	11	8	2	49.5	52.8	50.6	48.8
5	7	5	3	49.5	56.7	47.7	44.4
6	12	4	2	52.1	54.1	58.1	47.1
7	14	6	2	46.9	59.3	63.0	52.6
8	14	9	3	54.8	48.9	52.4	58.0
9	13	6	4	53.2	60.6	61.2	56.9
10	9	6	2	52.1	54.1	55.3	52.6
11	18	9	4	65.4	48.9	66.3	58.0
12	12	6	3	36.8	59.3	40.7	49.8
13	11	8	3	45.3	54.7	44.3	33.6
14	12	6	4	60.1	64.5	55.7	63.4
15	13	6	1	73.3	61.9	73.1	68.8
16	16	6	1	44.2	48.9	48.0	49.8
17	5	6	4	38.9	38.5	42.8	41.7
18	13	8	2	54.3	62.5	56.6	54.7
19	3	6	1	36.3	41.1	43.5	33.6
20	13	8	4	52.1	54.1	54.6	41.7
21	13	6	2	44.7	38.5	45.9	44.4
22	2	4	3	36.3	38.5	36.4	36.3
23	13	7	4	57.4	54.1	59.6	60.7
24	8	4	3	54.8	59.3	68.0	49.3
25	13	4	2	62.7	64.5	58.2	61.8
26	6	6	1	33.6	46.3	38.4	36.3
27	9	3	4	57.4	61.9	55.5	49.8
28	10	6	3	44.2	59.3	45.7	55.3
29	16	6	2	45.8	41.7	43.1	53.6
30	13	8	4	68.0	54.1	63.0	63.4
31	6	6	2	44.2	54.1	41.0	49.8
32	8	4	2	46.9	46.3	45.9	37.9
33	13	6	4	65.4	61.9	60.4	63.4
34	10	1	1	57.4	51.5	40.3	60.7
35	11	6	4	44.2	54.1	51.4	39.0
36	11	6	2	68.0	59.3	71.3	66.1
37	14	8	4	46.9	61.9	53.0	52.6
38	8	5	4	54.8	65.1	66.1	49.8
39	11	5	1	57.4	51.5	40.6	46.6
40	13	6	3	62.7	59.3	48.8	55.3

资料来源：http://www.ats.ucla.edu/stat/R/dae/canonical.htm.

18.2.1 变量与数据

表18—1中有八个变量，但是受试者代号并不需要输入R中，因此分析时使用七个变量即可．控制信念为内控型信念，得分越高越倾向内控型，得分越低越倾向外控型．自我概念分数越高，代表有越正向的自我概念．学习动机得分越高，代表有越强的学习动机．四种学业成绩得分越高，代表越有该领域的知识技能．

18.2.2 研究问题

在本范例中，研究者想要了解的问题可以陈述如下：

心理特质与学业成绩是否有关联?

18.2.3 统计假设

根据研究问题，原假设为“心理特质与学业成绩没有关联”：

$H_0: \rho=0$

备择假设则为“心理特质与学业成绩有关联”：

$H_1: \rho\neq 0$

18.3 使用R进行分析

在R中可以进行典型相关分析的函数有三．一是cancor函数，它提供了典型相关系数及原始加权系数等统计量．二是CCA包中的cc函数，它提供除了冗余系数之外的多数统计量．三是yacca包中的cca函数，它提供较完整的分析结果，因此，本章主要使用cca函数进行分析．cc函数的分析方法与cca函数相似，读者可自行尝试．

18.3.1 数据文件

完整的R数据文件如文本框18—1所示．

文本框18—1　　典型相关分析数据文件

```
> load("C:/mydata/chap18/example18.RData")          # 加载本例数据
> example18                                          # 展示本例数据
    控制信念  自我概念  学习动机    阅读    写作    数学    科学
1      13        6         4        62.7    51.5    54.4    49.8
2      13        8         4        57.4    56.7    46.9    52.6
3       6        5         2        33.6    33.3    41.0    36.3
4      11        8         2        49.5    52.8    50.6    48.8
5       7        5         3        49.5    56.7    47.7    44.4
6      12        4         2        52.1    54.1    58.1    47.1
7      14        6         2        46.9    59.3    63.0    52.6
8      14        9         3        54.8    48.9    52.4    58.0
```

9	13	6	4	53.2	60.6	61.2	56.9
10	9	6	2	52.1	54.1	55.3	52.6
11	18	9	4	65.4	48.9	66.3	58.0
12	12	6	3	36.8	59.3	40.7	49.8
13	11	8	3	45.3	54.7	44.3	33.6
14	12	6	4	60.1	64.5	55.7	63.4
15	13	6	1	73.3	61.9	73.1	68.8
16	16	6	1	44.2	48.9	48.0	49.8
17	5	6	4	38.9	38.5	42.8	41.7
18	13	8	2	54.3	62.5	56.6	54.7
19	3	6	1	36.3	41.1	43.5	33.6
20	13	8	4	52.1	54.1	54.6	41.7
21	13	6	2	44.7	38.5	45.9	44.4
22	2	4	3	36.3	38.5	36.4	36.3
23	13	7	4	57.4	54.1	59.6	60.7
24	8	4	3	54.8	59.3	68.0	49.3
25	13	4	2	62.7	64.5	58.2	61.8
26	6	6	1	33.6	46.3	38.4	36.3
27	9	3	4	57.4	61.9	55.5	49.8
28	10	6	3	44.2	59.3	45.7	55.3
29	16	6	2	45.8	41.7	43.1	53.6
30	13	8	4	68.0	54.1	63.0	63.4
31	6	6	2	44.2	54.1	41.0	49.8
32	8	4	2	46.9	46.3	45.9	37.9
33	13	6	4	65.4	61.9	60.4	63.4
34	10	1	1	57.4	51.5	40.3	60.7
35	11	6	4	44.2	54.1	51.4	39.0
36	11	6	2	68.0	59.3	71.3	66.1
37	14	8	4	46.9	61.9	53.0	52.6
38	8	5	4	54.8	65.1	66.1	49.8
39	11	5	1	57.4	51.5	40.6	46.6
40	13	6	3	62.7	59.3	48.8	55.3

18.3.2 变量间相关矩阵

文本框 18—2 显示的是计算两组变量间的三种相关系数矩阵，包含第一组变量间的相关矩阵、第二组变量间的相关矩阵、第一组变量与第二组变量的相关矩阵.

文本框 18—2　　各变量间的 Pearson 相关矩阵

```
> load("C:/mydata/chap18/example18.RData")        # 加载本例数据
> SET1<-example18[,1:3]                            # 设定第一组变量
> SET2<-example18[,4:7]                            # 设定第二组变量
> cor(SET1)                                        # 计算第一组变量间的相关矩阵
          控制信念    自我概念    学习动机
控制信念  1.0000000   0.4468985   0.1777778
自我概念  0.4468985   1.0000000   0.3221749
学习动机  0.1777778   0.3221749   1.0000000
```

```
> cor(SET2)                                  # 计算第二组变量间的相关矩阵
          阅读       写作       数学       科学
阅读  1.0000000  0.5794638  0.7328583  0.7979639
写作  0.5794638  1.0000000  0.5943853  0.5904272
数学  0.7328583  0.5943853  1.0000000  0.6306994
科学  0.7979639  0.5904272  0.6306994  1.0000000
> cor(SET1, SET2)                            # 计算第一组变量与第二组变量间的相关矩阵
              阅读        写作        数学        科学
控制信念  0.5356135  0.35882048  0.4377563  0.58902794
自我概念  0.0880104  0.03760946  0.1772217  0.09954367
学习动机  0.2228029  0.29013937  0.2778706  0.12982654
```

文本框 18—2 中，第一部分是第一组变量间的 Pearson 相关矩阵，都在 0.50 以下，属于中低度的相关. 原因可能有二：一是这三个心理变量的相关性原本就不高；二是心理特质的测量信效度较低，以至于相关系数较低.

第二部分是第二组变量之间的 Pearson 相关矩阵，都在 0.50 以上，有高度的相关.

第三部分是第一组变量与第二组变量之间的 Pearson 相关矩阵. 由横列来看，控制信念与四科成绩的相关程度最高，学习动机与四科成绩的相关程度其次，自我概念与四科成绩的相关程度最低.

18.3.3 典型相关系数

文本框 18—3 中，使用 yacca 包中的 cca 函数进行典型相关分析并将结果存入 res.cca 中，接着分别列出各种分析结果，先列出的是典型相关系数及其平方.

文本框 18—3　　　　典型相关系数

```
> install.packages("yacca")                  # 安装包 yacca
> library(yacca)                             # 载入包 yacca
> res.cca<-cca(SET1,SET2)                    # 进行典型相关分析,将结果存入 res.cca 中
> res.cca$corr                               # 显示 res.cca 中的典型相关系数 corr
      CV1       CV2       CV3
0.6407570 0.3102261 0.1837423
> res.cca$corrsq                             # 显示 res.cca 中的典型相关系数平方 corrsq
       CV1        CV2        CV3
0.41056947 0.09624025 0.03376124
```

三个典型相关系数 ρ 分别是 0.640 757 0，0.310 226 1，0.183 742 3，它们代表第一组典型变量 W 与第二组典型变量 V 之间的 Pearson 相关系数. 系数的平方就是三对典型变量 W 与 V 相互的解释变异量，分别为 0.410 569 47，0.096 240 25，0.033 761 24. 其中第 1 个典型相关系数为 0.640 757 0，比文本框 18—2 中第三部分的相关系数都高.

由 18.3.4 小节的显著性检验可得知，只有第一对典型相关系数达到 0.05 显著性水平，如图 18—6 所示.

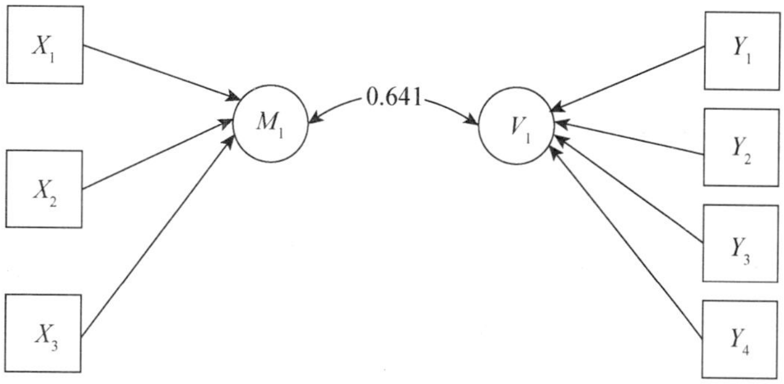

图 18—6　第一对典型相关

18.3.4　显著性检验

文本框 18—4 中延续了前面的 cca 分析，并使用 F. test. cca 函数进行渐次性的显著性检验. 如果要列出 Wilks 的 Λ 值，则须改用 CCP 包的 p. asym 函数，它默认使用 Wilks 法，其他可选择的方法还有 Hotelling-Lawley，Pillai-Bartlett 及 Roy 法.

文本框 18—4　　　　显著性检验

```
> F.test.cca(res.cca)                              # 以 res.cca 的结果进行 F 检验
        F Test for Canonical Correlations (Rao's F Approximation)

        Corr        F     Num df   Den df   Pr(>F)
CV 1  0.64076  2.08297  12.00000   87.601  0.02605 *
CV 2  0.31023  0.79466   6.00000   68.000  0.57734
CV 3  0.18374       NA   2.00000       NA       NA
---
Signif. codes:  0 '***' 0.001 '**' 0.01 '*' 0.05 '.' 0.1 ' ' 1
rho<- cancor(SET1,SET2)$cor
N = dim(SET1)[1]
p = dim(SET1)[2]
q = dim(SET2)[2]
library(CCP)
p.asym(rho, N, p, q, tstat = "Wilks")
Wilks' Lambda, using F - approximation (Rao's F):
              stat      approx  df1      df2     p.value
1 to 3:  0.5147189  2.0829748   12  87.6013  0.02605399
2 to 3:  0.8732477  0.7946596    6  68.0000  0.57734230
3 to 3:  0.9662388  0.6114655    2  35.0000  0.54824918
```

针对三个典型相关系数所做的维度缩减检验，第一个检验是第 1～第 3 个典型相关系数是否不为 0，Wilks 的 Λ 值为 0.514 718 9，转为 F 值等于 2.082 97，在自由度是 12，87.601 的 F 分布中，p 值为 0.026 05，小于 0.05，因此应拒绝原假设，此时，一般认为第 1 个典型相关系数（0.640 76）与 0 有显著差异. 第二个检验第 2～第 3 个典型相关系数是否不为 0，检验结果不能拒绝原假设（$p=0.577\ 34$），因此第 2 个典型相关系数（0.310 23）与 0 没有显著差异. 第三个检验是第 3 个典型相关系数（0.183 74）是否不为 0，检验结果不能拒绝原假设.

总之，检验后只有第1个典型相关系数显著不等于0，因此后续的结果只要侧重第一对典型变量的解释即可.

18.3.5 原始加权系数

使用 yacca 分析后，即可得到两组原始加权系数. xcoef 与 ycoef 分别是第一、第二组变量的原始加权系数，结果如文本框 18—5 所示.

文本框 18—5　　原始加权系数

```
> res.cca $ xcoef                                # 列出 res.cca 中的第一组原始加权系数
                CV1          CV2          CV3
控制信念  -0.3016026   0.08734720  -0.04384487
自我概念   0.2449550   0.09988214   0.65760844
学习动机  -0.2202983  -0.93022215  -0.06133823
> res.cca $ ycoef                                # 列出 res.cca 中的第二组原始加权系数
               CV1          CV2          CV3
阅读  -0.0372066097  -0.03770887  -0.08641732
写作  -0.0134543956  -0.10922677  -0.08479183
数学  -0.0004136247  -0.04103669   0.15441808
科学  -0.0643062226   0.13780171   0.02171773
```

原始加权系数可以直接用于计算每个受试者的未标准化典型变量 W_1 及 V_1. 要计算 W_1 分数，可以使用以下公式（保留3位小数）：

$$W_1=(-0.302)\times 控制信念+0.245\times 自我概念+(-0.220)\times 学习动机$$

要计算 V_1 分数，则使用以下公式：

$$V_1=(-0.037)\times 阅读+(-0.013)\times 写作+(-0.0004)\times 数学+(-0.064)\times 科学$$

上述模式的图示见图 18—7. 由于测量的单位不同，因此无法由未标准化系数看出变量对典型变量的重要性，故应以 18.3.6 小节所示的标准化系数为准.

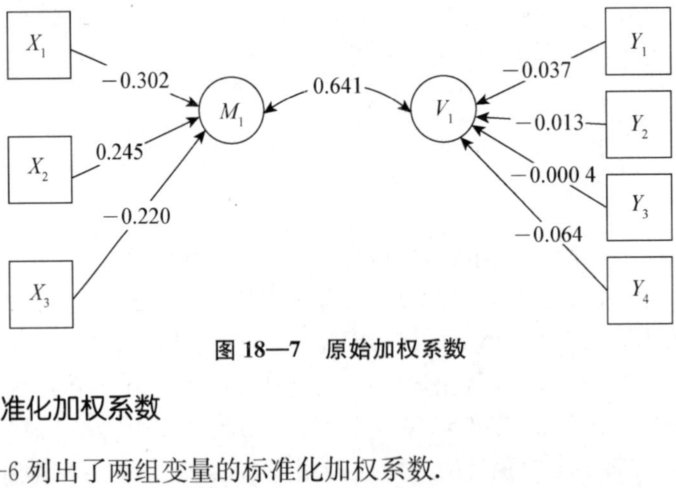

图 18—7　原始加权系数

18.3.6 标准化加权系数

文本框 18—6 列出了两组变量的标准化加权系数.

文本框 18—6　　**标准化加权系数**

```
> s1<- diag(sqrt(diag(cov(SET1))))          # 将第一组变量的协方差矩阵之对角线取平方根，
                                              得到各变量的标准差，再化为对角线矩阵
> s1 %*% res.cca$xcoef                      # 以 s1 右乘 xcoef，得到第一组标准化系数
            CV1         CV2         CV3
[1,] -1.0642461   0.3082166 -0.15471264
[2,]  0.4018806   0.1638696  1.07889211
[3,] -0.2431227  -1.0265998 -0.06769331
> s2<- diag(sqrt(diag(cov(SET2))))          # 将第二组变量的协方差矩阵之对角线取平方根，
                                              得到各变量的标准差，再化为对角线矩阵
> s2 %*% res.cca$ycoef                      # 以 s2 右乘 ycoef，得到第二组标准化系数
              CV1         CV2         CV3
[1,] -0.374506942  -0.3795625  -0.8698424
[2,] -0.109248723  -0.8869135  -0.6885035
[3,] -0.003987623  -0.3956215   1.4886949
[4,] -0.599293670   1.2842255   0.2023957
```

文本框 18—6 中，第一部分是第一组变量对典型变量 W 的标准化加权系数．由 CV1（第一个典型变量 W_1）这一栏的系数来看，控制信念系数的绝对值最大，其次为自我概念（但是正负与其他两个变量相反）．要计算每个受试者的标准化 W_1 分数，可以使用以下公式（保留 3 位小数）：

$$Z_{W_1}=(-1.064)\times Z_{控制信念}+0.402\times Z_{自我概念}+(-0.243)\times Z_{学习动机}$$

第二部分是第二组变量对典型变量 V 的标准化加权系数．由 CV1（第一个典型变量 V_1）这一栏的系数来看，科学成绩系数的绝对值最大，其次为阅读成绩．要计算每个受试者的标准化 V_1 分数，可以使用以下公式：

$$Z_{V_1}=(-0.375)\times Z_{阅读}+(-0.109)\times Z_{写作}+(-0.004)\times Z_{数学}+(-0.599)\times Z_{科学}$$

上述模式的图示见图 18—8．由于系数大多都是负数，而且 18.3.7 小节所示的典型载荷量也都是负数，因此可以同时改变所有的正负号，不会影响分析的结果．

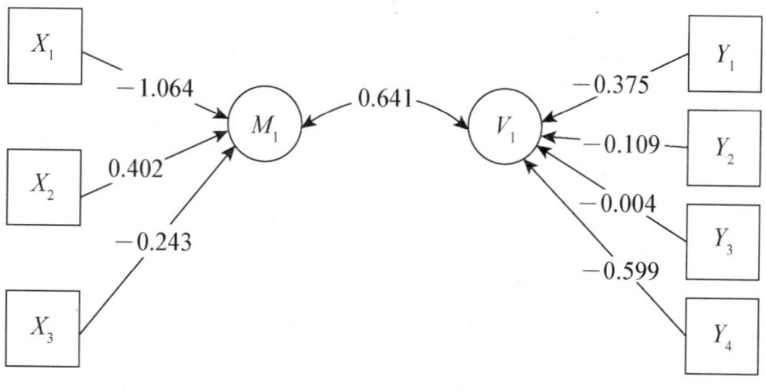

图 18—8　标准化加权系数

值得注意的是，自我概念的加权系数与典型结构系数正负相反，因此它是抑制变量（suppressor variable）．

18.3.7 典型载荷量（结构系数）

文本框 18—7 列出了两组变量与各自典型变量的典型载荷量，它们是变量之间的相关系数.

文本框 18—7　　典型载荷量

```
> res.cca $ xstructcorr                          # 列出第一组变量的典型结构系数
               CV1          CV2         CV3
控制信念 -0.9278682   0.1989430   0.3154082
自我概念 -0.1520575  -0.0291335   0.9879422
学习动机 -0.3028463  -0.9190111   0.2523941
> res.cca $ ystructcorr                          # 列出第二组变量的典型结构系数
           CV1          CV2          CV3
阅读 -0.9189497  -0.1586658  -0.01629850
写作 -0.6824714  -0.5837663  -0.18818749
数学 -0.7213581  -0.3909952   0.56963820
科学 -0.9651551   0.2081722   0.04070065
```

文本框 18—7 中，第一部分是第一组典型变量 W 对第一组变量的典型载荷量（结构系数），把每一栏系数加以平方再求均值，就可以得到文本框 18—9 中第一部分的平均解释量. 由系数来看，第一个典型变量 W_1 与控制信念的相关系数为−0.928，与学习动机的相关系数为−0.303（可以全部改为正数），因此可命名为“内在动机”.

第二部分是第二组典型变量 V 对第二组变量的典型载荷量（结构系数），把每一栏系数加以平方再求均值，就可以得到文本框 18—9 中第二部分的平均解释量. 由系数来看，第一个典型变量 V_1 与四科成绩的相关系数都超过−0.682（可以全部改为正数），因此可命名为“学业成绩”.

图示见图 18—9.

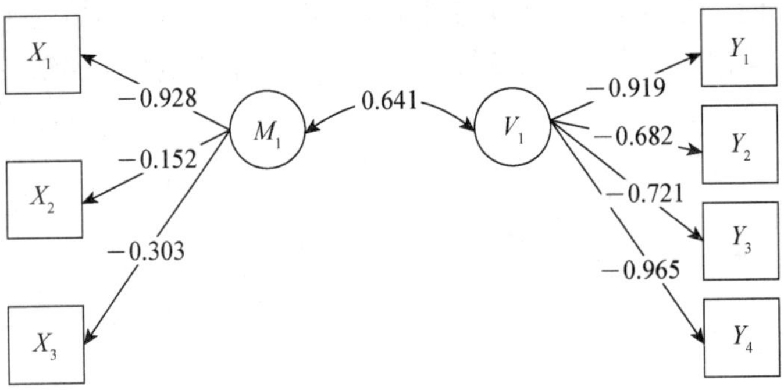

图 18—9　典型载荷量

18.3.8 交叉载荷量

文本框 18—8 列出了两组变量与另一组典型变量的交叉载荷量，它们是变量与另一侧变量间的相关系数.

文本框 18—8　　**交叉载荷量**

```
> res.cca $ xcrosscorr                                    # 列出第一组变量的交叉载荷量
                 CV1           CV2          CV3
控制信念  -0.59453798   0.061717307  0.05795384
自我概念  -0.09743188  -0.009037974  0.18152678
学习动机  -0.19405087  -0.285101234  0.04637548
> res.cca $ ycrosscorr                                    # 列出第二组变量的交叉载荷量
           CV1          CV2           CV3
阅读  -0.5888234  -0.04922227  -0.002994723
写作  -0.4372983  -0.18109955  -0.034578004
数学  -0.4622152  -0.12129692   0.104666637
科学  -0.6184298   0.06458046   0.007478431
> res.cca $ ycrosscorrsq                                  # 列出第二组变量的交叉载荷量平方
          CV1          CV2           CV3
阅读  0.3467130  0.002422832  8.968367e-06
写作  0.1912298  0.032797048  1.195638e-03
数学  0.2136429  0.014712942  1.095510e-02
科学  0.3824555  0.004170636  5.592693e-05
```

文本框 18—8 中，第一部分是第二组典型变量 V 对第一组 X 变量的交叉载荷量（也等于相关系数），每一栏的系数平方和之均值就是 18.3.10 小节中的冗余系数．交叉载荷量可由 18.3.7 小节中的典型结构系数乘以 18.3.3 小节中的典型相关系数而得，例如：

$$-0.927\,868\,2\times0.640\,757\,0=-0.594\,537\,98$$

第二部分是第一组典型变量 W 对第二组 Y 变量的交叉载荷量，其他概念同前．图示见图 18—10．

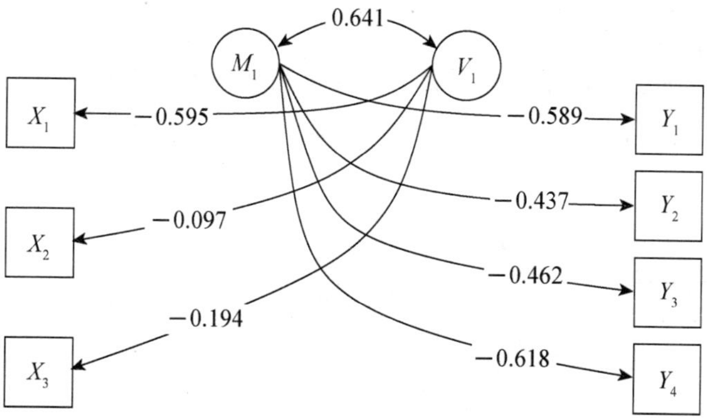

图 18—10　交叉载荷量

第三部分是第一组典型变量 W 对第二组 Y 变量的交叉载荷量的平方，也就是第一组 X 变量通过典型变量对每个 Y 变量的个别解释量，其中，三个 X 变量通过第一对典型变量对科学成绩的解释量最高，为 0.382 455 5（38.2%），对写作成绩的解释量最低，为 0.191 229 8（19.1%）．每一行的总和等于三个 X 变量对个别 Y 变量进行多元回归分析所得的 R^2．而列的均值就是冗余系数．

18.3.9 平均解释量（适切性量数）

文本框 18—9 列出了典型变量对变量的平均解释量.

文本框 18—9 平均解释量

```
> res.cca $ xcanvad                        # 列出第一组变量的平均解释量
      CV1       CV2       CV3
0.3252589 0.2950028 0.3797383
> res.cca $ ycanvad                        # 列出第二组变量的平均解释量
      CV1       CV2       CV3
0.6905294 0.1405427 0.0904561
```

文本框 18—9 中，第一部分是第一组 X 变量被第一组典型变量 W 解释的变异量，它是 18.3.7 小节中的典型结构系数的平均平方和，其中 W_1（文本框 18—9 中为 CV1）可以解释三个心理特质 0.325 258 9（32.5%）的变异量，计算方法如下：

$$\frac{(-0.9278682)^2+(-0.1520575)^2+(-0.3028463)^2}{3}=0.3252589$$

此处的平均解释量并不一定由小到大排列，CV3 对 X 变量的解释量就大于 CV1.

第二部分是第二组 Y 变量被第二组典型变量 V 解释的变异量，其中 V_1（文本框 18—9 中为 CV1）可以解释四科成绩 0.690 529 4（69.1%）的变异量，计算方法如下：

$$\frac{(-0.9189497)^2+(-0.6824714)^2+(-0.7213581)^2+(-0.9651551)^2}{4}=0.6905294$$

18.3.10 冗余系数

文本框 18—10 列出了典型变量对另一侧变量的平均解释量，也就是冗余系数.

文本框 18—10 冗余系数

```
> res.cca $ xvrd                             # 列出第一组变量的冗余系数
       CV1        CV2        CV3
0.13354137 0.02839114 0.01282043
> res.cca $ yvrd                             # 列出第二组变量的冗余系数
       CV1        CV2        CV3
0.28351029 0.01352586 0.00305391
```

文本框 18—10 中，第一部分是第一组 X 变量被第二组典型变量 V 解释的变异量，其中 V_1（文本框 18—10 中为 CV1）可以解释三个心理特质 0.133 541 37（13.4%）的变异量. 它有两种计算方法，一是用 18.3.8 小节中的交叉载荷量求平均平方和：

$$\frac{(-0.59453798)^2+(-0.09743188)^2+(-0.19405087)^2}{3}=0.13354137$$

二是用 18.3.3 小节中的平均解释量乘以 18.3.3 小节中的典型相关平方：

0.325 258 9 × 0.410 569 47=0.133 541 37

因此，第二组 Y 变量通过第一对典型变量可以解释第一组 X 变量 13.4%的变异量.

第二部分是第二组 Y 变量被第一组典型变量 W 解释的变异量，其中 W_1（文本框 18—10 中为 CV1）可以解释四科成绩 0.283 510 29（28.4%）的变异量，计算方法不再重述.

总之，第一组 X 变量通过第一对典型变量可以解释第二组 Y 变量 28.4%的变异量.

18.4　计算效应量

由文本框 18—3 可找出，第一对典型相关（W_1 与 V_1）为 0.641，互相解释量为 0.411. 由文本框 18—10 可找出，三个心理变量通过第一对典型变量可以平均解释四科学业成绩 28.4%的变异量.

依据 J. Cohen（1988）的经验法则，R^2 值的小、中、大效应量分别为 0.02，0.13，0.26，本范例为大的效应量.

18.5　以 APA 格式撰写结果

以 40 名大学新生所做的研究表明，心理特质与学业成绩显著相关，Wilks' $\Lambda=0.515$，$p=0.026$，其中第一个典型相关 $\rho=0.641$，$\rho^2=0.411$. 心理特质通过第一对典型变量可以解释学业成绩 28.4%的变异量.

18.6　典型相关的假定

应用典型相关进行分析，应符合以下三个假定.

18.6.1　变量间须为线性关系

典型相关与 Pearson 积差相关相同，都适用于线性的关系，如果变量为非线性关系，就不适用一般的典型相关分析.

18.6.2　低的多元共线性

同一组变量的相关程度不可太高，如果相关程度太高就会有多元共变性（multicollinearity），典型加权及载荷量系数就会不稳定.

18.6.3　多变量正态分布

此项假定有两个含义：一是每个变量在各自的总体中须服从正态分布；二是某一个变量在其他变量的组合数值中也要服从正态分布. 如果各变量符合多变量正态分布，则它们之间也会是线性关系（Green & Salkind，2014）. 如果样本数够大，则违背此项假定就不算太严重.

第19章 简单回归分析

简单回归分析（regression analysis）旨在使用一个定量变量预测另一个定量变量，适用的情境如下：

预测变量（自变量）：一个定量变量，如果为定性变量，应转换为哑变量（dummy variable）.

效标变量（因变量）：一个定量变量.

19.1 基本统计概念

19.1.1 目的

回归分析的功能有二：一为解释；二为预测．解释的功能主要在于说明两变量间的关联强度及关联方向；预测的功能则是使用回归方程式（模型），利用已知的自变量来预测未知的因变量.

19.1.2 分析示例

以下研究问题都可以使用简单回归分析：

1. 营销费用是否能预测营业额.
2. 压力是否能预测血糖值.
3. 高等教育人口率是否能预测国家人均所得.
4. 科技的易用性是否能预测人们的使用意愿.

19.1.3 统计公式

在介绍简单相关的概念时，曾说明经由绘制散点图来了解两个变量之间是否为直线关系．如果能找到一条最适合的直线（称为回归线）来代表两个变量的关系，就可以通过此直线的方程式进行预测.

简单回归方程式为:

$$\hat{Y}=bX+a \tag{19.1}$$

式中, b 是回归的原始加权系数, 又称斜率 (slope), 是 X 变量每改变一个单位, Y 变量的变化量. a 是常量 (constant), 又称截距 (intercept), 是回归线与 Y 轴相交之处, 是 $X=0$ 时 Y 的均值. $\hat{Y}$ 是由 X 所预测的数值, 与真正的 Y 变量有差距 (称为残差), 残差 $e=Y-\hat{Y}$. 回归分析常使用最小二乘法 (least squares method, LS) 求解, 其目的在于使 $\sum e^2$ 为最小 ($\sum e^2=\sum(Y-\hat{Y})^2$). 求解后, 得

$$b=\frac{CP_{XY}}{SS_X}=\frac{s_{XY}}{s_X^2} \tag{19.2}$$

$$a=\hat{Y}-b\overline{X} \tag{19.3}$$

变量 X, Y 的单位通常不同, 如果分别将它们化为 Z 分数, 求得的回归方程式为:

$$Z_{\hat{Y}}=\beta Z_X \tag{19.4}$$

β 为回归的标准化加权系数. 在简单回归中, 标准化回归系数会等于 Pearson 相关系数, 即

$$\beta=r$$

下面举例说明. 研究者以 100 名小学生为受试者, 测得了他们的智商及学业成绩, 求得回归方程式为 $\hat{Y}=0.606X+14.622$, 其中截距为 14.622, 斜率为 0.606, 是 $\frac{\text{对边}}{\text{邻边}}$ 的比率, 代表智商每多 1 分, 成绩就会多 0.606 分 (见图 19—1).

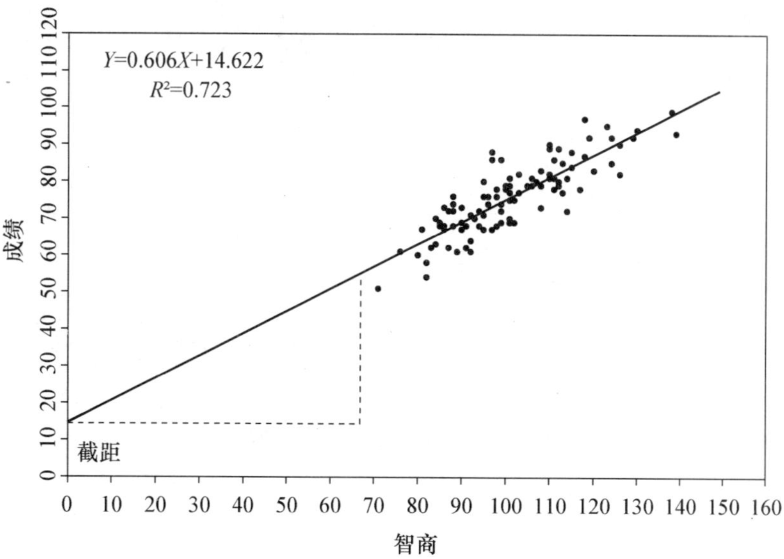

图 19—1　原始回归系数

如果将两个变量都化为 Z 分数，图 19—2 中截距就等于 0，斜率也变为 0.850（等于两个变量的积差相关系数 r）. 图 19—1 和图 19—2 中的 R^2 为 0.723，将在后面说明.

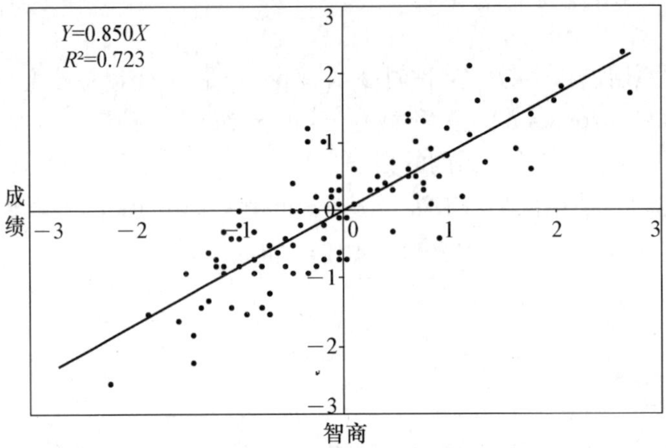

图 19—2　标准化回归系数

假设学生的智商为 100，代入 $\hat{Y}=0.606\times100+14.622=75.195\approx75$，则研究者会预测其成绩为 75 分. 然而，从图 19—3 可看出，智商为 100 的学生有两人，他们实际的成绩分别是 78 分及 79 分，会有残差.

$$残差值=实际值-预测值 \tag{19.5}$$

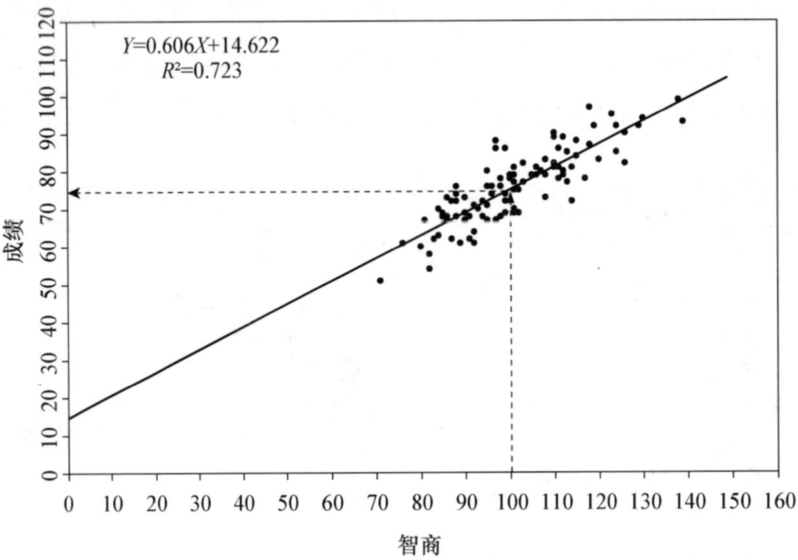

图 19—3　以回归模型进行预测

19.1.4　整体检验

回归分析的检验主要有两种：一是整体检验，以 F 检验进行；二是个别检验，以 t 检验进行.

整体检验旨在检验所有的自变量是否可以共同预测因变量. 统计假设可写为：

$$\begin{cases} H_0: R^2=0 \\ H_1: R^2\neq 0 \end{cases}$$

或者

$$\begin{cases} H_0: R=0 \\ H_1: R\neq 0 \end{cases}$$

在说明 F 检验之前，要先说明方差分析的概念. 回归分析也可以比照方差分析的方式，将离均差平方和（SS）进行拆解，如图 19—4 所示。

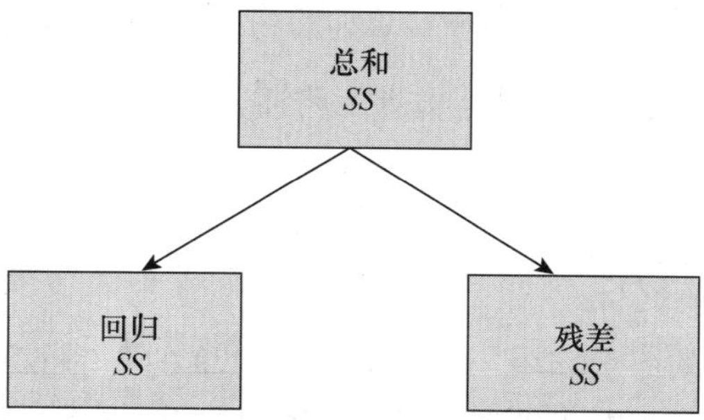

图 19—4　回归分析平方和的拆解

当研究者不知道有 X 变量，而想预测个别的 Y 变量时，最好的方法就是使用均值 $\bar{Y}$. 均值有两个特性：一是 $\sum(Y-\bar{Y})=0$；二是 $\sum(Y-\bar{Y})^2$ 为最小. $\sum(Y-\bar{Y})^2$ 就是 Y 变量的离均差平方和（SS_Y），一般称为 SS_{total}.

如果知道 X 变量而想预测 Y 变量，最好的方法就是使用 $\hat{Y}$（因为 $\hat{Y}=bX+a$），$\sum(\hat{Y}-\bar{Y})^2$ 代表使用 $\hat{Y}$ 取代 $\bar{Y}$ 来预测 Y 而减少的错误，$SS_{reg}=\sum(\hat{Y}-\bar{Y})^2$.

前面提到 $\sum e^2=\sum(Y-\hat{Y})^2$，这是使用回归方程式不能预测到 Y 的部分，也就是知道 X 而预测 Y 但仍不能减少的错误，$SS_{res}=\sum(Y-\hat{Y})^2$.

总之，检验中要注意：

1. SS_{total}是因变量 Y 的总变异.
2. SS_{reg}是使用回归模型 $\hat{Y}=bX+a$ 预测 Y 可减少的错误.
3. SS_{res}是使用回归模型仍然不能减少的错误，是残差的变异.

对图 19—1 中的数据进行 R 分析后，可得到如文本框 19—1 所示的结果.

文本框 19—1　　**回归的方差分析摘要表**

```
> load("C:/mydata/chap19/table19.RData")          # 加载本例数据
> fit<-lm(成绩~智商，data=table19)                 # 进行回归分析
> anova(fit)                                       # 列出方差分析摘要表
Analysis of Variance Table

Response:成绩
```

```
            Df Sum Sq Mean Sq F value     Pr(> F)          s
智商          1 6901.8  6901.8 255.79 < 2.2e-16 ***
Residuals 98    2644.3    27.0
---
Signif. codes:  0‘***’0.001‘**’0.01‘*’0.05‘.’0.1‘’1
```

在文本框 19—1 中，平方和的计算方法如前所述. 自由度部分，总和为 $N-1$，因为总人数为 100，所以总和的自由度为 $100-1=99$；回归的自由度为自变量（预测变量）的数目 k（在简单回归中为 1）；残差的自由度为 $N-1-k=N-2=98$. 平均平方和（简称均方，MS）为平方和除以自由度. 其中，总和的均方并未计算，它等于 $\frac{\sum(Y-\overline{Y})^2}{N-1}$，就是 Y 变量的方差，因此，均方也就等于方差. 将回归的 MS 除以残差的 MS，就是 F 值，亦即

$$F=\frac{MS_{\text{reg}}}{MS_{\text{res}}}=\frac{SS_{\text{reg}}/df_{\text{reg}}}{SS_{\text{res}}/df_{\text{res}}} \tag{19.6}$$

在自由度为 1 及 98 的 F 分布中，F 值大于 255.79 的概率小于 0.001（比较精确的计算为 2.2×10^{-16}），如果 α 设为 0.05，此时应拒绝原假设，也就是用所有的自变量都可以显著预测因变量.

由文本框 19—1 中数据可以自行算出：

$$SS_{\text{total}}=SS_{\text{reg}}+SS_{\text{res}} \tag{19.7}$$

代入数值后得到：

$$SS_{\text{total}}=6\,901.8+2\,644.3=9\,546.1$$

在计算变量间的关联时，一般会选用具有消减错误比例（proportional reduction in error，PRE）功能的统计量数.

$$PRE=\frac{E_1-E_2}{E_1} \tag{19.8}$$

在回归分析中，E_1是不知道 X 变量而直接预测 Y 变量时出现的错误，也就是 SS_{total}；E_2是知道 X 而预测 Y 时出现的错误，也就是 SS_{res}，因此回归分析的 PRE 就是：

$$PRE=\frac{SS_{\text{total}}-SS_{\text{res}}}{SS_{\text{total}}}=\frac{SS_{\text{reg}}}{SS_{\text{total}}}=R^2 \tag{19.9}$$

R^2称为决定系数（coefficient of determination），代表 X 变量对 Y 变量的解释力，也是回归分析的效应量. 在此例中，$R^2=\frac{6\,901.8}{6\,901.8+2\,644.3}=0.723$，表示用智商可以解释成绩变异量的 72.3%. $\sqrt{R^2}=R$，称为多元相关系数，它是预测值 $\hat{Y}$ 与 Y 的 Pearson 相关系数 r.

不过，回归方程式应用于不同样本时，解释力通常都会降低，因此一般会使用调整后

的 $\hat{R}^2$：

$$\hat{R}^2=1-(1-R^2)\frac{N-1}{N-k-1} \tag{19.10}$$

代入数值后得到：

$$\hat{R}^2=1-(1-0.723)\frac{100-1}{100-1-1}=0.720$$

19.1.5 个别检验

个别检验旨在检验回归模型中的每个自变量是否都可以预测因变量. 在简单回归分析中，因为只有一个自变量，所以整体检验的结果会与个别检验的结果一致. 统计假设写为：

$$\begin{cases}H_0: \beta=0\\H_1: \beta\neq 0\end{cases}$$

个别检验采取 t 检验，方式是将未标准化（原始）回归系数除以标准误.

$$t=\frac{\text{未标准化系数}}{\text{系数的标准误}} \tag{19.11}$$

由 R 的结果可看出，智商的原始回归系数为 0.605 73，$t=\frac{0.605\,73}{0.037\,87}=15.993$（有四舍五入误差），$p=2\times10^{-16}$，达到 0.05 显著性水平，表示用智商可以显著预测学生的成绩. 只有一个自变量时，此 t 值的平方就会等于前述 F 值（也就是$15.993^2=255.79$）.

常量（截距）的 $t=\frac{14.622\,11}{3.881\,37}=3.767$，$p=0.000\,282$，小于 0.05，表示常量不为 0. 在此应注意：

1. 常量是当 $X=0$ 时 Y 的均值，然而，X 变量通常不会等于 0. 在此例中，智商为 0 是不可能发生的事. 因此在回归分析中，研究者通常比较关心斜率的检验，相对不太关心截距的检验.
2. 除非有特别的理由，否则即使 t 检验的结果不显著，截距 a 仍不设定为 0.
3. 以同样的变量进行分析，如果回归方程式不包含常量，R^2 通常会大幅增加，斜率也会改变.

由文本框 19—2 可看出：

1. 原始回归方程式为：

$$\text{成绩}=0.605\,73\times\text{智商}+14.622\,11$$

2. b_1（0.605 73）显著不为 0，智商多 1 分，成绩就约多 0.6 分.
3. 标准化回归系数为 0.850 29.

文本框 19—2 **回归系数**

```
> library(lm.beta)                        # 载入 lm.beta 包
> fit.beta<- lm.beta(fit)                 # 将 fit 标准化,存入 fit.beta 中
> summary(fit.beta)                       # 列出 fit.beta 模型摘要
Call:
lm(formula = 成绩～智商, data = table19)

Residuals:
      Min       1Q   Median       3Q      Max
 -11.6753  -3.4880   0.1221   3.4151  14.6221
Coefficients:
            Estimate Standardized Std. Error t value  Pr(>|t|)
(Intercept) 14.62211      0.00000    3.88137   3.767  0.000282 ***
智商         0.60573      0.85029    0.03787  15.993   <2e-16 ***
---
Signif. codes:  0 '***' 0.001 '**' 0.01 '*' 0.05 '.' 0.1 ' ' 1

Residual standard error: 5.194 on 98 degrees of freedom
Multiple R-squared:  0.723,    Adjusted R-squared:  0.7202
F-statistic: 255.8 on 1 and 98 DF,  p-value:<2.2e-16
```

19.1.6 效应量

整体检验达到统计上的显著后，接着计算效应量.

因为简单回归分析只有一个自变量与因变量，此时，多元相关系数 R 等于 Pearson 相关系数 r 的绝对值（$R=|r|$），故 $R^2=r^2$. 如果使用 R 作为效应量，依据 J. Cohen (1988) 的经验法则，R 值的小、中、大的效应量分别是 0.10，0.30，0.50.

不过，一般常用的效应量是 R^2，它代表预测变量可以解释效标变量变异量的比例，依据 J. Cohen（1988）的经验法则，R^2 值的小、中、大的效应量分别是 0.01，0.09，0.25. 在本范例中，$R^2=0.723$，调整后 $R^2=0.720$，为大的效应量.

19.2 范　例

研究者想要了解根据学生的阅读态度是否可以预测他的阅读素养，由 PISA 数据库中随机选取 30 个样本，得到表 19—1 的数据. 请问：阅读态度是否可以预测阅读素养?

表 19—1 **30 名受试者的数据**

受试者	阅读态度	阅读素养	受试者	阅读态度	阅读素养
1	34	635.98	6	28	592.49
2	33	588.48	7	34	499.98
3	33	585.75	8	36	652.90
4	35	541.34	9	40	560.35
5	33	381.57	10	27	506.33

续前表

受试者	阅读态度	阅读素养	受试者	阅读态度	阅读素养
11	43	473.60	21	27	463.12
12	15	384.23	22	29	468.71
13	24	470.39	23	30	493.56
14	20	472.16	24	36	629.07
15	35	535.25	25	29	572.66
16	30	509.59	26	32	639.24
17	16	431.19	27	27	465.50
18	23	513.28	28	42	645.99
19	34	374.43	29	32	409.73
20	29	531.48	30	20	454.44

19.2.1　变量与数据

表 19—1 中有三个变量，但是受试者代号并不需要输入 R 中，因此分析时使用一个预测变量及一个效标变量. 预测变量是受试者的阅读态度，由 11 道题目组成（如，必要时我才阅读，阅读是我的爱好之一，我觉得读完一本书很难等），为 4 点量表形式（1 为非常不同意，2 为不同意，3 为同意，4 为非常同意），反向题重新转码后再加总，总分最低为 11 分，最高为 44 分. 效标变量为 PISA 阅读测试分数. 两个变量都属于定量变量.

19.2.2　研究问题

在本范例中，研究者想要了解的问题可以陈述如下：

阅读态度是否可以预测阅读素养?

19.2.3　统计假设

根据研究问题，原假设为“阅读态度不能预测阅读素养”：

$$H_0:\beta_{阅读态度}=0$$

备择假设则为“阅读态度可以预测阅读素养”：

$$H_1:\beta_{阅读态度}\neq 0$$

19.3　使用 R 进行分析

19.3.1　数据文件

完整的 R 数据文件如文本框 19—3 所示.

文本框 19—3　　　　范例分析数据文件

```
> load("C:/mydata/chap19/example19.RData")                # 加载本例数据
> example19                                               # 展示本例数据
   阅读态度  阅读素养
1        34    635.98
2        33    588.48
3        33    585.75
4        35    541.34
5        33    381.57
6        28    592.49
7        34    499.98
8        36    652.90
9        40    560.35
10       27    506.33
11       43    473.60
12       15    384.23
13       24    470.39
14       20    472.16
15       35    535.25
16       30    509.59
17       16    431.19
18       23    513.28
19       34    374.43
20       29    531.48
21       27    463.12
22       29    468.71
23       30    493.56
24       36    629.07
25       29    572.66
26       32    639.24
27       27    465.50
28       42    645.99
29       32    409.73
30       20    454.44
```

19.3.2　散点图及回归线

以下先说明两变量的散点图与回归线，再进行回归分析．文本框 19—4 中先以 example19 中的“阅读素养”为因变量（反应变量），“阅读态度”为自变量（预测变量），建立线性模型，并存到 fit 对象中，后续即可针对 fit 再分析．其次绘制散点图，并加上回归线（见图 19—5）．

文本框 19—4　　　　绘制散点图及回归线

```
> load("C:/mydata/chap19/example19.RData")                # 加载本例数据
> fit<-lm(阅读素养~阅读态度, data=example19)               # 进行回归分析,并将结果存到 fit 中
> par(mai=c(1,1,.1,.1),cex=1.2,cex.lab=1.2, lwd=1.4)     # 设定边界及字体大小
```

```
> plot(example19 $ 阅读态度, example19 $ 阅读素养, xlab = "阅读态度", ylab = "阅读素养", xlim = c(0,50), ylim = c(300,700), pch = 19)        # 绘制散点图
> abline(fit)                                                                 # 加上回归线
```

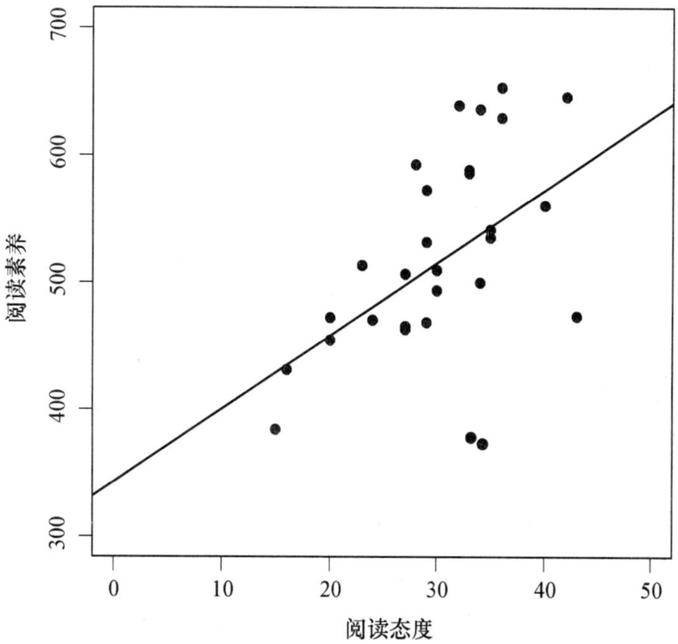

图 19—5　回归线图

图 19—5 为回归线图，其中 X 轴是自变量“阅读态度”，Y 轴是因变量“阅读素养”，回归线呈左下至右上趋势，两个变量为正相关，斜率是正数，截距大约为 340（由后面的文本框可知是 343.52）.

19.3.3　整体检验

文本框 19—5 中以 example19 数据中的“阅读素养”为因变量（～之前），“阅读态度”为自变量（～之后）进行线性回归分析，并存入 fit 中．接着再列出方差分析摘要表.

文本框 19—5　　　　方差分析摘要表

```
> load("C:/mydata/chap19/example19.RData")              # 加载本例数据
> fit<- lm(阅读素养~阅读态度, data = example19)          # 建立回归模型,分析结果存入 fit 中
> anova(fit)                                            # 输出模型的方差分析表
Analysis of Variance Table

Response:阅读素养
          Df Sum Sq Mean Sq F value   Pr(>F)
阅读态度   1  44304   44304 8.3741 0.007293 **
Residuals 28 148139    5291
---
Signif. codes:  0'***'0.001'**'0.01'*'0.05'.'0.1''1
```

文本框 19—5 中，“阅读态度”（回归）的 Sum Sq（*SS*）是可以使用回归模型预测到的变异量，残差（Residuals）的 *SS* 则是无法由回归模型预测到的变异量．回归的自由度等于自变量数目（此处为 1），残差的自由度为 $N-k-1=30-1-1=28$．*SS* 除以各自的自由度，就是平均平方和（*MS*）．*F* 值的公式为：

$$F=\frac{\text{回归}\ MS}{\text{残差}\ MS}$$

代入数值后得到：

$$F=\frac{44\ 304}{5\ 291}=8.374\ 1$$

在自由度是 1 及 28 的 *F* 分布中，*F* 值大于 8.374 1 的概率值（p）为 0.007 293，小于 0.05（因此标注两个“*”号），表示“所有的”预测变量可以联合预测效标变量．由于简单回归中只有一个预测变量，因此此处的 p 值会等于文本框 19—6 中阅读态度的 p 值，而且 *F* 值会等于 t^2，即

$$8.374\ 1=2.894^2$$

19.3.4 模型摘要及个别检验

R 的 lm 函数并未提供标准化回归系数，可以通过 lm. beta 函数将分析结果标准化．文本框 19—6 中分别使用 summary 及 confint 函数列出模型摘要及回归系数的 95%置信区间．

文本框 19—6　　　　模型摘要及个别检验

```
> library(lm.beta)                          # 载入 lm.beta 包
> fit.beta<-lm.beta(fit)                    # 将 fit 标准化,存入 fit.beta 中
> summary(fit.beta)                         # 输出 fit.betat 模型结果
Call:
lm(formula = example19$阅读素养~example19$阅读态度)

Residuals:
     Min       1Q   Median      3Q     Max
-163.377  -34.092   -3.563  55.704 112.861

Coefficients:
                    Estimate Standardized Std. Error t value Pr(>|t|)
(Intercept)         343.5203       0.0000    61.0962   5.623 5.08e-06 ***
example19$阅读态度    5.7143       0.4798     1.9747   2.894  0.00729 **
---
Signif. codes:  0'***'0.001'**'0.01'*'0.05'.'0.1''1

Residual standard error: 72.74 on 28 degrees of freedom
Multiple R-squared:  0.2302,    Adjusted R-squared:  0.2027
F-statistic: 8.374 on 1 and 28 DF,  p-value: 0.007293
```

```
> confint(fit, level = 0.95)                    # 输出 fit 中回归系数的置信区间
                 2.5 %     97.5 %
(Intercept) 218.370434 468.670076
阅读态度       1.669374   9.759285
```

文本框 19—6 中，第一部分列出了回归模型，及残差的最小值、四分位数、最大值.

第二部分是未标化回归系数估计值，分别为 343.520 3 及 5.714 3，p 值分别为 5.08×10^{-06} 及 0.007 29，因此本范例的回归方程式为：

$$\hat{Y}_{\text{阅读素养}}=343.5203+5.7143\times\text{阅读态度}$$

阅读态度得分每增加 1 分，阅读素养测验成绩就增加 5.714 3 分.

至于回归系数是否显著不等于 0，则使用 t 检验，t 值由系数除以系数的标准误得到：

$$t=\frac{\text{未标准化系数}}{\text{系数标准误}}$$

阅读态度回归系数的 t 值为：

$$t=\frac{5.7143}{1.9747}=2.894$$

在自由度是 28（见残差的自由度）的 t 分布中，$|t|$ 大于2.894 的 p 值为0.007 29，因为 $p<0.05$，要拒绝原假设，所以回归系数 5.714 3 显著不等于 0. 只有一个预测变量时，t^2 会等于下方的 F 值（$2.894^2=8.374$），两者的 p 值也会相同. 常量为 343.520 3，代表阅读态度得分为 0 时，学生的阅读素养测验分数平均为 343.520 3. 然而，在本范例中，阅读态度得分最低为 11 分，常量并无太大意义. 因此，在回归分析中，研究者通常不太关心常量的检验.

标准化回归系数为 0.479 8，只有一个自变量时，会等于自变量与因变量的相关系数.

第三部分是残差的标准误，等于文本框 19—5 中残差 MS 的平方根，代入数值后得到：

$$\sqrt{5291}=72.74$$

残差的标准误是使用预测变量所不能预测部分（残差）的标准差（分母为 $N-2=28$），表示使用阅读态度来预测阅读素养，平均会有 72.74 分的误差.

第四部分是回归分析的效应量. R^2 的计算公式为：

$$R^2=\frac{\text{回归 }SS}{\text{总和 }SS}=\frac{\text{回归 }SS}{\text{回归 }SS+\text{残差 }SS}$$

代入文本框 19—5 中的数值，得到：

$$R^2=\frac{44304}{44304+148139}=\frac{44304}{192443}=0.2302=23.02\%$$

R^2 代表效标变量（阅读素养）的变异量，可以由预测变量（阅读态度）解释的比例. 由于 R^2 会高估总体中预测变量对效标变量的解释量，此时可以使用调整后的 R^2 加以修正.

它的公式是：

$$\hat{R}^2=1-(1-R^2)\frac{N-1}{N-k-1}$$

代入数值后得到：

$$\hat{R}^2=1-(1-0.2302)\frac{30-1}{30-1-1}=0.2027=20.27\%$$

第五部分是回归系数的 95%置信区间，都不包含 0，因此回归系数显著不为 0. 回归系数的 95%置信区间的计算方法为：

$$\text{回归系数}\pm t_{(1/\alpha,\,df)}\times\text{回归系数的标准误}$$

19.3.5 预测值及残差值

文本框 19—7 中先列出自变量、因变量、未标准预测值及残差值，再计算四个变量间的相关矩阵.

文本框 19—7　　模型摘要及个别检验

```
> 预测值<-fitted(fit)                                    # 4 将 fit 中的预测值存为"预测值"
> 残差值<-residuals(fit)                                 # 将 fit 中的残差值存为"残差值"
> output<-data.frame(阅读态度 = example19 $ 阅读态度，阅读素养 = example19 $ 阅读素养，预测
值，残差值)                                              # 将四个变量设为数据架构存入 output 中
> head(output)                                           # 输出 output 中的前 6 个受访者
  阅读态度 阅读素养   预测值       残差值
1       34   635.98 537.8075    98.172549
2       33   588.48 532.0931    56.386878
3       33   585.75 532.0931    53.656878
4       35   541.34 543.5218    -2.181781
5       33   381.57 532.0931  -150.523122
6       28   592.49 503.5215    88.968524
> round(cor(output), 4)                                  # 计算四个变量间的相关矩阵
         阅读态度 阅读素养 预测值 残差值
阅读态度   1.0000   0.4798 1.0000 0.0000
阅读素养   0.4798   1.0000 0.4798 0.8774
预测值     1.0000   0.4798 1.0000 0.0000
残差值     0.0000   0.8774 0.0000 1.0000
```

文本框 19—7 中，第一部分为各个受试者在阅读态度、阅读素养、预测值及残差值上的数值. 以第 1 位受试者为例，由文本框 19—7 可看出，他的阅读态度得分是 34 分，代入公式可得到未标准化预测值 $\hat{Y}$：

$$\hat{Y}_{\text{阅读素养}}=343.520+5.714\times 34=537.8075$$

未标准化的残差公式为：

$$\text{残差值}=\text{实际值}-\text{预测值}$$

而第 1 位受试者实际的阅读素养测验得分是 635.98 分，因此未标准化的残差值就是：

残差值＝635.98－537.807 5＝98.172 549

由文本框 19—7 也可以看出，第 2、第 3、第 5 位受试者的阅读态度分数都相同，因此预测所得的阅读素养预测值也都是 532.093 1，然而实际上他们的阅读素养分数都不相同，残差值也有差异．第 5 位受试者的残差值为－150.523 122，使用回归模型预测，会高估他的阅读素养．对第 2、第 3 位受试者，则低估了他们的阅读素养.

第二部分是四个变量间的相关矩阵．阅读态度与阅读素养的相关系数为 0.479 8，等于标准化回归系数．阅读态度与预测值的相关系数 0.479 8 就是 R．残差值与自变量及预测值的相关系数都是 0．阅读素养与残差值的相关系数为 0.877 4，等于 $\sqrt{1-R^2}=\sqrt{1-0.230\ 2^2}$，称为疏离系数（coefficient of alienation），代表自变量无法解释的变异.

19.4　计算效应量

由于检验后达到统计上的显著，因此再计算效应量．一般常用的效应量是 R^2，它代表预测变量可以解释效标变量变异量的比例，依据 J. Cohen（1988）的经验法则，R^2 值的小、中、大的效应量分别是 0.01，0.09，0.25．在本范例中，$R^2=0.23$，调整后 $R^2=0.20$，接近大的效应量.

19.5　以 APA 格式撰写结果

研究者进行简单回归分析，以阅读素养为效标变量，阅读态度为预测变量，$\beta=0.48$，$t=2.89$，$p=0.007$，因此阅读态度是阅读素养显著的预测变量，并能解释 23%的变异量.

19.6　简单回归分析的假定

简单回归分析应符合以下三个假定.

19.6.1　独立性

观察体独立是指各个样本不会相互影响，假使观察体不独立，计算所得的 p 值就不准确．如果有证据支持违背了这项假定，就不应使用简单回归分析.

如果使用纵贯数据进行回归分析，比如，以前一年的公共建设经费预测下一年的经济增长率，由于后一年的公共建设经费及经济增长率通常会受到前一年数值的影响，就有可能违背独立性假定.

19.6.2　双变量正态分布

此项假定有两个含义：一是两个变量在各自的总体中须服从正态分布；二是在某个变量的任何一个数值中，另一个变量也要服从正态分布．如果变量不服从正态分布，会降低检验的统计检验力. 不过，当样本数在中等以上规模时，即使违背了这项假定，对于简单回归分析的影响也不大.

19.6.3 等分散性

在自变量的每种水平上，因变量都要服从正态分布，而这些正态分布的方差也要相等，此称为等分散性（homoscedasticity）. 如果违背此项假定，则分析所得的 F 及 p 值就不精确. 但如果不是严重违背此项假定，仍然可以使用简单回归分析.

第 20 章 多元回归分析

多元回归分析旨在使用两个以上定量变量预测另一个定量变量，适用的情境如下：

预测变量（自变量）：两个以上定量变量，如果为定性变量，应转换为哑变量.

效标变量（因变量）：一个定量变量.

本章只另外补充哑变量的转换及变量的选择方法，其他统计概念请见第 19 章的介绍，更详细的介绍请参见《多变量分析方法》（陈正昌，2011a).

20.1 基本统计概念

20.1.1 目的

建立回归模型时，很少只用一个预测变量，而会使用两个以上的预测变量，以更准确地预测效标变量，此时称为多元回归分析（multiple regression analysis，或称复回归).

20.1.2 分析示例

以下研究问题都可以使用多元回归分析：

1. 人口密度、离婚率、观光客数，是否可以预测犯罪率.

2. 社会支持、家庭社会经济地位、学习动机、上辅导班时数，是否可以预测学业成绩.

3. 吸烟量、身体质量指数（BMI)、每周运动时间，是否可以预测收缩压.

20.1.3 统计公式

多元回归分析主要旨在建立以下模型：

$$\hat{Y}=b_1X_1+b_2X_2+\cdots+b_kX_k+b_0 \tag{20.1}$$

一般统计软件在进行多元回归分析时是以矩阵形式运算，其解为：

$$\boldsymbol{b}=(\boldsymbol{X}'\boldsymbol{X})^{-1}\boldsymbol{X}'\boldsymbol{y}$$

如果将 $\boldsymbol{X}$ 矩阵、$\boldsymbol{y}$ 向量化为 Z 分数，分别称为 $\boldsymbol{X}_z$ 矩阵、$\boldsymbol{y}_z$ 列向量，则其解为：

$$\boldsymbol{\beta}=(\boldsymbol{X}_z'\boldsymbol{X}_z)^{-1}\boldsymbol{X}_z'\boldsymbol{y}_z$$

因为 $\boldsymbol{X}'\boldsymbol{X}$ 矩阵要计算反矩阵，所以 $\boldsymbol{X}$ 必须是非特异矩阵（nonsingular matrix），也就是说各列的向量必须线性独立（linearly independent），某一列向量不可以是其他列向量的线性组合．换言之，在进行多元回归分析时，预测变量间不可以有线性组合的情形，也就是说，某一个变量不可以等于其他自变量经由某种加权（系数可以为正或负的整数、小数或 0）后的总和．

20.1.4 哑变量

当预测变量是定性变量时，切记不可直接用于分析，必须转换成哑变量，以 0，1 代表．假设研究者想使用“性别”“家庭社会经济水平”及“智力”三个变量为预测变量，以预测学生的阅读素养．此时智力一般视为等距变量，可直接进行回归分析，不必转换．性别为名义变量，在录入数据时最好直接以 0，1 代表，例如以 0 代表男性，1 代表女性，就可以直接进行回归分析，但是如果以 1，2 代表男性、女性，通常就需要转换．家庭社会经济水平为次序变量，假使分别以 1，2，3 代表高、中、低社会经济水平，必须转换成哑变量，才可以进行回归分析．

转换成哑变量时，哑变量的数目必须是类别数减 1，以避免线性相依的情形．由于社会经济水平有高、中、低三种水平，因此只要以两个哑变量（高、中）代表即可，以表 20—1 说明．

表 20—1 哑变量的转换

		哑变量	
		高	中
原变数	高：1	1	0
	中：2	0	1
	低：3	0	0

由表 20—1 可看出：原来以 1 代表高社会经济水平，经转换后以 10（读为壹零）代表．其中 1 可视为“是”，0 为“不是”，因此 10 即表示“‘是’高社会经济水平，‘不是’中社会经济水平”；01 表示“‘不是’高社会经济水平，‘是’中社会经济水平”；00 表示“‘不是’高社会经济水平，也‘不是’中社会经济水平”，因此是低社会经济水平．经过这样的转换后，即可将社会经济水平当成预测变量．

假如有一位学生的家庭社会经济水平低，在原始变量（假设为 SES）中的编码是 1，转换后产生 SES1 及 SES2 两个哑变量，编码分别是 1 及 0；如果原来的编码是 3，则新的编码是 0 及 0．转换后要以新的变量 SES1 及 SES2 进行回归分析，不可再使用原来的 SES

变量．在 R 中，如果设定预测变量是因素，则 lm 函数会自动将定性变量转换为以第一个类别为参照组的哑变量，除非研究者要指定不同的参照组，否则不需要另外设定．

20.1.5　选取变量的方法

如何选取重要的预测变量，常用的方法有六种：

1. 强迫进入法（enter method）．强迫进入法是强迫所有预测变量一次进入回归方程式，而不考虑个别变量是否显著，此为同时回归分析（simultaneous regression analysis）．

2. 前向选取法（forward method）．依次放入净进入 F 值最大的变量，一直到没有符合条件的变量为止．

3. 后向选取法（backward method）．先将所有变量放入回归方程式，然后依次剔除净退出 F 值最大的变量，一直到没有符合条件的变量为止．

4. 逐步法（stepwise method）．以前向选取法为主，当变量进入后，则改为采用后向选取法，将不重要的变量剔除，如果没有可剔除的变量，就继续采用前向选取法，如此反复进行，一直到没有变量被选取或剔除为止．

5. 所有可能法．将所有变量加以组合（组合的数目为 2^k-1），然后选取一组调整 $\hat{R}^2$ 最高的变量作为最后的预测变量．

6. 阶层回归（hierarchical regression）．依据理论，依序放入预测变量，并计算增加的 R^2．

许多研究者常使用逐步法进行多元回归分析，并误以为变量进入模型的顺序代表变量的重要性，对此应多加留心（陈正昌，2011a）．学者建议，最好能根据理论，使用阶层回归法（Cohen，2007），相关内容请参考《多变量分析方法》（陈正昌，2011a）．

20.2　范　例

研究者想要了解根据学生的性别、对“觉得读完一本书很难”（以下简称“读书很难”）的感觉，及父亲受教育年数是否可以预测他的阅读素养，由 PISA 数据库中随机选取 40 个样本，得到表 20—2 的数据．请问：三个预测变量是否可以预测阅读素养？

表 20—2　　**40 名受试者的数据**

受试者	性别	读书很难	父亲受教育年数	阅读素养	受试者	性别	读书很难	父亲受教育年数	阅读素养
1	0	2	14	559.86	9	1	1	16	718.36
2	1	1	12	436.11	10	1	1	12	684.99
3	1	3	14	584.98	11	1	2	16	591.97
4	1	1	16	679.19	12	0	3	9	525.63
5	0	1	14	629.28	13	1	2	18	606.11
6	0	2	14	499.65	14	0	3	12	468.79
7	1	1	14	582.75	15	0	3	9	411.47
8	0	2	12	613.73	16	0	2	14	514.48

续前表

受试者	性别	读书很难	父亲受教育年数	阅读素养	受试者	性别	读书很难	父亲受教育年数	阅读素养
17	0	2	14	494.52	29	0	2	12	519.69
18	0	1	12	425.50	30	1	1	14	577.51
19	1	1	6	526.99	31	0	1	18	569.96
20	0	3	9	517.05	32	1	3	18	488.38
21	1	2	9	480.04	33	1	2	6	514.51
22	0	2	9	396.56	34	1	2	14	485.04
23	0	2	12	377.24	35	1	1	14	575.76
24	1	1	12	533.50	36	0	2	9	425.90
25	1	2	9	396.55	37	1	3	9	420.22
26	1	1	12	415.77	38	0	3	6	420.69
27	0	4	6	250.33	39	1	3	12	416.56
28	1	1	14	502.36	40	0	3	12	445.94

20.2.1 变量与数据

表20—2中有五个变量，但是受试者代号并不需要输入R中，因此分析时使用三个预测变量及一个效标变量. 预测变量是受试者的性别（男性为0，女性为1）、读书很难，及父亲受教育年数. 效标变量为PISA阅读测试分数. 性别已转换为哑变量，其他四个变量属于定量变量.

20.2.2 研究问题

在本范例中，研究者想要了解的问题陈述如下：

三个预测变量是否可以联合预测阅读素养？
性别是否可以预测阅读素养？
读书很难是否可以预测阅读素养？
父亲受教育年数是否可以预测阅读素养？

20.2.3 统计假设

根据研究问题，原假设一为“三个预测变量无法联合预测阅读素养”：

$$H_0: R^2=0$$

备择假设则为“三个预测变量可以联合预测阅读素养”：

$$H_1: R^2\neq 0$$

原假设二为“性别无法预测阅读素养”：

$$H_0: \beta_{\text{性别}}=0$$

备择假设则为“性别可以预测阅读素养”：

$$H_1: \beta_{性别} \neq 0$$

原假设三为“读书很难无法预测阅读素养”：

$$H_0: \beta_{读书很难} = 0$$

备择假设则为“读书很难可以预测阅读素养”：

$$H_1: \beta_{读书很难} \neq 0$$

原假设四为“父亲受教育年数无法预测阅读素养”：

$$H_0: \beta_{父亲受教育年数} = 0$$

备择假设则为“父亲受教育年数可以预测阅读素养”：

$$H_1: \beta_{父亲受教育年数} \neq 0$$

20.3　使用 R 进行分析

20.3.1　数据文件

完整的 R 数据文件如文本框 20—1 所示.

文本框 20—1　　多元回归分析数据文件

```
> load("C:/mydata/chap20/example20.RData")          # 加载本例数据
> example20                                         # 展示本例数据
   性别 读书很难 父亲受教育年数 阅读素养
1     0        2            14   559.86
2     1        1            12   436.11
3     1        3            14   584.98
4     1        1            16   679.19
5     0        1            14   629.28
6     0        2            14   499.65
7     1        1            14   582.75
8     0        2            12   613.73
9     1        1            16   718.36
10    1        1            12   684.99
11    1        2            16   591.97
12    0        3             9   525.63
13    1        2            18   606.11
14    0        3            12   468.79
15    0        3             9   411.47
16    0        2            14   514.48
17    0        2            14   494.52
18    0        1            12   425.50
19    1        1             6   526.99
```

```
20    0        3              9    517.05
21    1        2              9    480.04
22    0        2              9    396.56
23    0        2             12    377.24
24    1        1             12    533.50
25    1        2              9    396.55
26    1        1             12    415.77
27    0        4              6    250.33
28    1        1             14    502.36
29    0        2             12    519.69
30    1        1             14    577.51
31    0        1             18    569.96
32    1        3             18    488.38
33    1        2              6    514.51
34    1        2             14    485.04
35    1        1             14    575.76
36    0        2              9    425.90
37    1        3              9    420.22
38    0        3              6    420.69
39    1        3             12    416.56
40    0        3             12    445.94
```

20.3.2 整体检验

文本框 20—2 中先使用 lm 函数建立回归模型，再用 anova 函数列出方差分析摘要表. 如果要列出整个模型的检验，可以通过比较“只含常量的模型”与“完整模型”的差异而得. 而 R 中各个自变量的 *SS* 采用Ⅰ型的计算方式，会因为进入顺序而有不同，如果要计算Ⅲ型的 *SS*，可以使用 drop1 函数，每次排除一个自变量，以计算个别变量的 *SS* 并进行 *F* 检验. 此外，car 包的 Anova 函数可以针对模型另外计算Ⅱ型与Ⅲ型的 *SS*，相当方便.（注意：此处 Anova 前缀要大写，而且在 lm 设定模型时不可以使用中文.）

文本框 20—2　　　　整体检验

```
> fit<- lm(阅读素养~性别 + 读书很难 + 父亲受教育年数, data = example20)
                                                # 建立回归模型,放入 fit 中
> anova(fit)                                    # 列出 fit 中的方差分析摘要表
Analysis of Variance Table

Response:阅读素养
                Df Sum Sq Mean Sq F  value    Pr(>F)
性别             1  32411   32411   6.017   0.0191442 *
读书很难         1  69862   69862  12.970   0.0009473 ***
父亲受教育年数   1  56245   56245  10.442   0.0026344 **
Residuals       36 193913    5386
---
Signif. codes:  0'***' 0.001 '**' 0.01 '*' 0.05 '.' 0.1 '' 1
> anova(update(fit,~1),fit)                     # 比较两个模型,得到整体检验
Analysis of Variance Table
```

```
Model 1:阅读素养~1
Model 2:阅读素养~性别 + 读书很难 + 父亲受教育年数
  Res.Df    RSS Df Sum of Sq      F    Pr(>F)
1     39 352431
2     36 193913  3    158518 9.8096 7.219e-05 ***
---
Signif. codes:  0‘***’0.001‘**’0.01‘*’0.05‘.’0.1‘’1
> drop1(fit, .~., test = "F")                   # 计算Ⅲ型的 SS
Single term deletions

Model:
阅读素养~性别 + 读书很难 + 父亲受教育年数
               Df Sum of Sq    RSS    AIC F value  Pr(>F)
<none>                      193913 347.45
性别            1      3021 196935 346.07  0.5609 0.458764
读书很难        1     29806 223720 351.17  5.5335 0.024242 *
父亲受教育年数  1     56245 250158 355.64 10.4418 0.002634 **
---
Signif. codes:  0‘***’0.001‘**’0.01‘*’0.05‘.’0.1‘’1
> library(car)                                  # 载入 car 包
> Anova(lm(example20[,4]~example20[,1] + example20[,2] + example20[,3]), type = 3)
                                                # 以第 1~3 个变量预测第 4 个变量,并
                                                  计算Ⅲ型的 SS
Anova Table (Type III tests)

Response: example20[, 4]
               Sum Sq Df F value    Pr(>F)
(Intercept)    206292  1 38.2981 3.894e-07 ***
example20[, 1]   3021  1  0.5609  0.458764
example20[, 2]  29806  1  5.5335  0.024242 *
example20[, 3]  56245  1 10.4418  0.002634 **
Residuals      193913 36
---
Signif. codes:  0‘***’0.001‘**’0.01‘*’0.05‘.’0.1‘’1
```

此处整体检验的详细介绍请见第 19 章，在此仅说明 F 值及其概率. 由文本框 20—2 的第二部分可看出：当模型中只有常量时，残差的 SS 为 352 431（这也等于总和的 SS），完整模型中残差的 SS 为 193 913，两个模型的 SS 相差 158 518，即为三个自变量的回归 SS. F 值为 9.809 6，在自由度是 3 及 36 的 F 分布中大于 9.809 6 的概率值（p）为 7.219×10^{-5}，达到 0.05 显著性水平，应拒绝 $R^2=0$ 的原假设，表示“所有的”预测变量可以联合预测效标变量. 此处的 F 及 p 值也可以在文本框 20—3 中找到.

第三部分是Ⅲ型的 SS 及 F 检验，其中 F 会等于文本框 20—3 中的 t^2，两部分的 p 值相同.

20.3.3　系数及个别检验

因为 lm 函数并未提供标准化回归系数，因此先安装 lm.beta 包，将 lm 建立的模型

(fit) 标准化，并输出模型摘要（见文本框 20—3）.

文本框 20—3　　　　模型摘要与系数置信区间

```
> library(lm.beta)                              # 载入 lm.beta 包
> fit.beta<-lm.beta(fit)                        # 将 fit 标准化,放入 fit.beta 中
> summary(fit.beta)                             # 输出模型摘要
Call:
lm(formula = 阅读素养~性别 + 读书很难 + 父亲受教育年数, data = example20)

Residuals:
     Min       1Q   Median      3Q      Max
-134.103  -54.536   -2.025  43.538  135.117

Coefficients:
               Estimate Standardized Std. Error t value Pr(>|t|)
(Intercept)   417.48141      0.00000   67.46037   6.189 3.89e-07 ***
性别            18.68705      0.09942   24.95159   0.749  0.45876
读书很难       -37.00449     -0.32925   15.73088  -2.352  0.02424 *
父亲受教育年数  12.55906      0.43128    3.88659   3.231  0.00263 **
---
Signif. codes:  0 '***' 0.001 '**' 0.01 '*' 0.05 '.' 0.1 ' ' 1

Residual standard error: 73.39 on 36 degrees of freedom
Multiple R-squared:  0.4498,   Adjusted R-squared:  0.4039
F-statistic:  9.81 on 3 and 36 DF,  p-value: 7.219e-05
> confint(fit, level = 0.95)                    # 输出未标准化回归系数的置信区间
                    2.5 %     97.5 %
(Intercept)    280.665434 554.297381
性别           -31.917120  69.291228
读书很难       -68.908201  -5.100786
父亲受教育年数   4.676688  20.441436
```

文本框 20—3 中，第一部分先列出回归模型，因变量是阅读素养，自变量是性别、读书很难及父亲受教育年数. 接着显示残差的极小值、四分位数、极大值.

第二部分分析所得的系数，除列出回归系数外，还检验个别变量的显著性. 由未标准化系数可得知，本范例的回归方程式为：

$$\hat{Y}_{\text{阅读素养}}=417.48+18.69\times\text{性别}-37.00\times\text{读书很难}+12.559\times\text{父亲受教育年数}$$

由未标准化系数来看，在其他自变量保持恒定的情形下：

1. 如果受试者觉得“读完一本书很难”的程度每增加 1 分，则阅读素养得分就降低 37.00 分. 越觉得读完一本书很难的学生，阅读素养就越差.

2. 父亲受教育年数每增加 1 年，则子女的阅读素养得分就提高 12.559 分. 父亲受教年数越多，子女的阅读素养就越佳.

3. 性别的未标准化加权系数为 18.69，表示性别代码为 1（女性）者比代码为 0（男性）者的阅读素养得分高 18.69 分，不过，由 p 值（0.458 76）来看，此差异并未达到 0.05 显著性水平.

4. 常量为 417.481 41，t 值为 6.19，虽然也达到 0.05 显著性水平，但研究者通常不太关心常量的检验.

至于回归系数是否显著不等于 0，则使用 t 检验：

$$t=\frac{\text{未标准化系数}}{\text{系数的标准误}}$$

性别回归系数的 t 值为：

$$t=\frac{18.68705}{24.95159}=0.749$$

在自由度是 36（见文本框 20—2 中残差的自由度）的 t 分布中，t 的绝对值大于 0.749 的概率为 0.458 76，因为 $p>0.05$，不能拒绝原假设，所以回归系数 18.687 05 与 0 并没有显著差异. 由第四部分未标准化回归系数的 95.0%置信区间也可以看出，性别未标准化系数 18.687 05 的 95%置信区间为［31.917 120，69.291 228］，包含 0，表示18.687 05与 0 没有显著差异. 因此，在同时加入其他两个预测变量时，性别无法预测阅读素养. 其余两个预测变量的 p 值分别为 0.024 24 及 0.002 63，都小于 0.05，因此可以显著预测阅读素养.

将预测变量及效标变量都标准化（化为 Z 分数）之后，可算出标准化回归系数，当预测变量之间没有太高的相关程度时，它可以大略表示对效标变量的重要性. 性别变量是哑变量，因此一般只看未标准化系数，标准化系数并无意义.

未标准化系数主要用来直接代入回归模型进行预测，在实际应用时比较实用；标准化回归系数主要用来比较变量的相对重要性，在建立理论时比较适用.

第三部分的 R^2 为：

$$R^2=\frac{\text{回归 }SS}{\text{总和 }SS}=\frac{158518}{352431}=0.4498=44.98\%$$

由三个预测变量可以解释阅读素养变异量的 44.98%. 调整后 R^2 为：

$$\hat{R}^2=1-(1-0.4498)\frac{40-1}{40-3-1}=0.4039=40.39\%$$

回归的估计标准误为 73.39，由文本框 20—2 中残差的 MS 取平方根而得.

$$\sqrt{5386}=73.3893$$

最后列出整体检验的 F 值，在自由度为 3 及 36 的分布中，F 值大于 9.81 的概率为 7.219×10^{-05}，因此三个自变量可以联合预测因变量.

20.3.4　预测值及残差值

文本框 20—4 中先列出自变量、因变量、未标准化预测值及残差值，再计算六个变量间的相关矩阵.

文本框 20—4　　　　　　　　　　　　　预测值及残差值

```
> x<-example20[,c(1,2,3)]                          # 指定用于预测的自变量
> 预测值<-predict(fit)                             # 计算预测值
> 残差值<-residuals(fit)                           # 计算残差
> output<-data.frame(x,阅读素养=example20$阅读素养,预测值,残差值)
                                                   # 输出结果
> head(round(output,3))                            # 输出 output 中前 6 位受访者数据,并保
                                                     留 3 位小数
   性别 读书很难 父亲受教育年数 阅读素养   预测值    残差值
1     0       2             14   559.86  519.299    40.561
2     1       1             12   436.11  549.873  -113.763
3     1       3             14   584.98  500.982    83.998
4     1       1             16   679.19  600.109    79.081
5     0       1             14   629.28  556.304    72.976
6     0       2             14   499.65  519.299   -19.649
> round(cor(output), 4)                            # 输出相关矩阵,保留 4 位小数
                  性别 读书很难 父亲受教育年数 阅读素养  预测值  残差值
性别            1.0000  -0.3567         0.2004   0.3033  0.4522  0.0000
读书很难       -0.3567   1.0000        -0.3696  -0.5241 -0.7815  0.0000
父亲受教育年数  0.2004  -0.3696         1.0000   0.5729  0.8542  0.0000
阅读素养        0.3033  -0.5241         0.5729   1.0000  0.6707  0.7418
预测值          0.4522  -0.7815         0.8542   0.6707  1.0000  0.0000
残差值          0.0000   0.0000         0.0000   0.7418  0.0000  1.0000
```

文本框 20—4 中，第一部分为各个受试者在自变量、因变量、预测值及残差值上的数值. 以第 1 位受试者为例，由文本框 20—4 可看出，他在三个预测变量上的数值分别是 0，2，14，代入公式可得到未标准化预测值 $\hat{Y}$：

$$\hat{Y}_{阅读素养}=417.481+18.687\times 0-37.004\times 2+12.559\times 14=519.299$$

而第 1 位受试者实际的阅读素养得分是 559.86 分，因此未标准化的残差值就是：

$$残差值=559.86-519.299=40.561$$

再以第 2 位受试者为例，她在三个预测变量上的数值分别是 1，1，12，代入公式可得到未标准化预测值 $\hat{Y}$：

$$\hat{Y}_{阅读素养}=417.481+18.687\times 1-37.004\times 1+12.559\times 12=549.873$$

而第 2 位受试者实际的阅读素养得分是 436.11 分，因此未标准化的残差值就是：

$$残差值=436.11-549.873=-113.763$$

以回归方程式对第 1 位受试者进行预测，会低估他的阅读素养得分（实际值大于预测值，残差值为正）；对第 2 位受试者进行预测，则会高估她的阅读素养得分（实际值小于预测值，残差值为负）.

第二部分是六个变量间的相关矩阵. 三个预测变量与阅读素养的相关系数分别为 0.303 3，−0.524 1，0.572 9，正负号与回归系数一致，应无抑制变量存在. 三个预测数与预测值的相关系数分别为 0.452 2，−0.781 5，0.854 2，此称为结构系数. 阅读态度与

预测值的相关系数为 0.670 7，就是 R，即 $\sqrt{R^2}=\sqrt{0.4498}=0.6707$. 残差值与自变量及预测值的相关系数都是 0. 阅读素养与残差值的相关系数为 0.741 8，等于 $\sqrt{1-R^2}=\sqrt{1-0.4498^2}$，称为疏离系数，代表自变量无法解释的变异.

20.4　计算效应量

在多元回归分析中，一般常用的效应量是 R^2，它代表预测变量可以解释效标变量变异量的比例，依据 J. Cohen（1988）的经验法则，多元回归分析 R^2 值的小、中、大的效应量分别是 0.02，0.13，0.26. 在本范例中，$R^2=0.45$，调整后 $R^2=0.40$，为大的效应量.

20.5　以 APA 格式撰写结果

以性别、读书困难、父亲受教育年数对阅读素养进行多元回归分析. 整体效果是显著的，$F(3, 36)=9.81$，$p<0.001$，$R^2=0.45$. 个别变量分析，读书困难 [$\beta=-0.329$，$t(36)=-2.35$，$p=0.024$] 及父亲受教育年数 [$\beta=0.431$，$t(36)=3.23$，$p=0.003$] 可显著预测阅读素养. 性别则无法显著预测阅读素养，$b=18.69$，$t(36)=0.75$，$p=0.459$.

20.6　多元回归分析的假定

多元回归分析应符合以下三个假定.

20.6.1　独立性

观察体独立是指各个样本不会相互影响，假使观察体不独立，计算所得的 p 值就不准确. 如果有证据支持违背了这项假定，就不应使用多元回归分析.

20.6.2　多变量正态分布

此项假定有两个含义：一是每个变量在各自的总体中须服从正态分布；二是变量的所有可能组合也要服从正态分布. 当样本数在中等以上规模时，即使违背了这项假定，对于多元回归分析的影响也不大.

20.6.3　等分散性

在自变量的每种水平的所有可能组合中，因变量都要服从正态分布，而这些正态分布的方差也要相等. 如果违背此项假定，则分析所得的 F 及 p 值就不精确. 但如果不是严重违背此项假定，仍然可以使用多元回归分析.

第21章 卡方拟合度检验

卡方（χ^2，chi-square）拟合度检验旨在检验一个变量中，每个类别所占的比例（或频数）是否符合某种比例，适用的情境如下：

变量：一个包含两个或更多类别的变量，为定性变量.

21.1 基本统计概念

21.1.1 目的

卡方拟合度检验只有一个变量，是单因素的卡方检验，可以用来检验实际观测的比例（或频数）与理论或总体比例的拟合度（goodness-of-fit）. 常用的检验值有以下四种（B. H. Cohen，2007）：

1. 各类别都相同. 例如，要小朋友从四种颜色不同但外形相同的玩具中任意挑选一种，此时我们通常会假定选择各种颜色的人数相等.

2. 已知的总体比例. 例如，不经人为控制，新生婴儿男性与女性的比例大约是105：100. 我们可以依此检验某个国家新生婴儿是否符合这个比例.

3. 某种分布形状. 例如，标准正态分布各部分的比例如图21—1所示，我们可以依此检验中国成年男性的身高是否符合这个比例.

4. 理论模型. 在验证性因素分析中，我们可以检验观察的协方差矩阵与理论的模型是否适配，此时，我们通常期望接受原假设.

21.1.2 分析示例

以下研究问题可以使用卡方拟合度检验：

1. 中国患某种疾病的比例是否与发达国家相同.

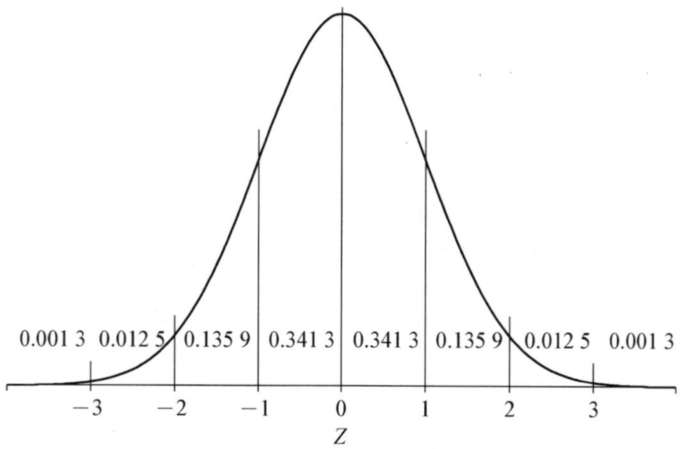

图 21—1　标准正态分布

2. 某所大学新生中各省市所占的比例，是否符合各省市 18 岁人口的总体比例.
3. 三家公司的茶饮市场占有率是否符合某一特定比例.
4. 某件产品的使用寿命是否符合正态分布.

21.1.3　统计公式

研究者想要了解一般人对数字是否有特别的偏好，于是找了 40 名受访者，请他们从数字 1～4 中选择一个，整理后得到表 21—1. 试问：公众对数字是否有特别偏好?

表 21—1　　40 名受访者实际选择的数字

数字	1	2	3	4
观察频数	7	9	18	6

21.1.3.1　原假设与备择假设

在此例中，待答问题是：

公众对数字是否有特别偏好?

原假设是“假定总体中选择每个数字的比例相等”：

$$H_0: P_1 : P_2 : P_3 : P_4 = 0.25 : 0.25 : 0.25 : 0.25$$

取整数，则写成：

$$H_0: P_1 : P_2 : P_3 : P_4 = 1 : 1 : 1 : 1$$

备择假设写成：

$$H_1: P_1 : P_2 : P_3 : P_4 \neq 1 : 1 : 1 : 1$$

综言之，统计假设写成：

$$\begin{cases} H_0: P_1 : P_2 : P_3 : P_4 = 1 : 1 : 1 : 1 \\ H_1: P_1 : P_2 : P_3 : P_4 \neq 1 : 1 : 1 : 1 \end{cases}$$

21.1.3.2　计算卡方值

卡方检验的定义公式为：

$$\chi^2 = \sum \frac{(f_o - f_e)^2}{f_e} \tag{21.1}$$

式中，f_o 是实际观察频数；f_e 是期望频数.

在表 21—1 中，由于有 4 个数字，受访者有 40 人，假设大家对数字没有偏好，则选择每一个数字的期望频数就是：

$$40 \times \frac{1}{4} = 10$$

结果如表 21—2 所示.

表 21—2　　40 名受访者选择的数字的期望频数

数字	1	2	3	4
期望频数	10	10	10	10

将表 21—1 及表 21—2 中的数值代入公式，得到：

$$\begin{aligned}\chi^2 &= \frac{(7-10)^2}{10} + \frac{(9-10)^2}{10} + \frac{(18-10)^2}{10} + \frac{(6-10)^2}{10} \\ &= \frac{9}{10} + \frac{1}{10} + \frac{64}{10} + \frac{16}{10} \\ &= \frac{90}{10} \\ &= 9\end{aligned}$$

计算后得到 χ^2 值为 9，至于能否拒绝原假设，有两种判断方法. 第一种是传统取向的做法，找出在自由度为 3（等于类别数减 1）的 χ^2 分布中，$\alpha = 0.05$ 的临界值. 由图 21—2 可看出，此时临界值为 7.815（注意：χ^2 检验的拒绝区在右侧），计算所得的 9 大于 7.815，应拒绝原假设，所以公众对数字有特别的偏好.（注：在 R 中输入 qchisq(0.95, 3) 即可得到临界值.）

第二种是现代取向的做法，找出在自由度为 3 的 χ^2 分布中，χ^2 要大于 9 的概率值. 由图 21—3 可看出，此时的 $p = 0.029\,29$，小于 0.05，应拒绝原假设，所以公众对数字有特别的偏好.（注：在 R 中输入 1−pchisq(9, 3) 即可得到 p 值.）

观察频数减期望频数称为残差，由残差来看，受访者选 3 的人数较多（18−10=8).

21.1.3.3　效应量

卡方拟合度的效应量公式为：

$$w = \sqrt{\frac{\chi^2}{N(k-1)}} \tag{21.2}$$

式中，k 是类别数.

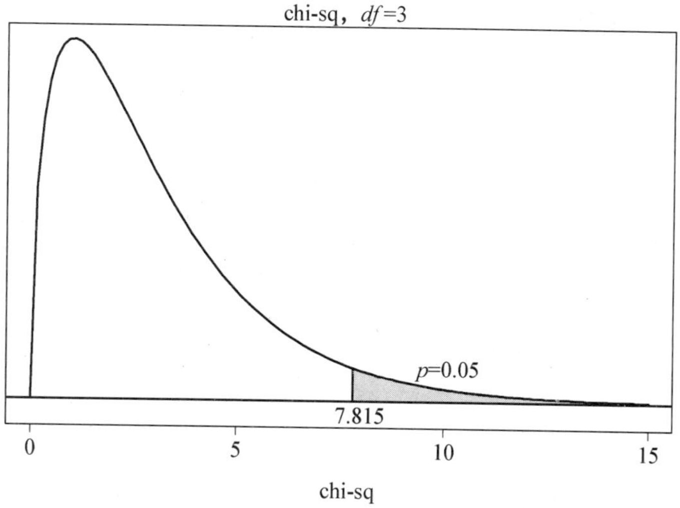

图 21—2　自由度为 3 的 χ^2 分布中，$\alpha=0.05$ 的临界值是 7.815

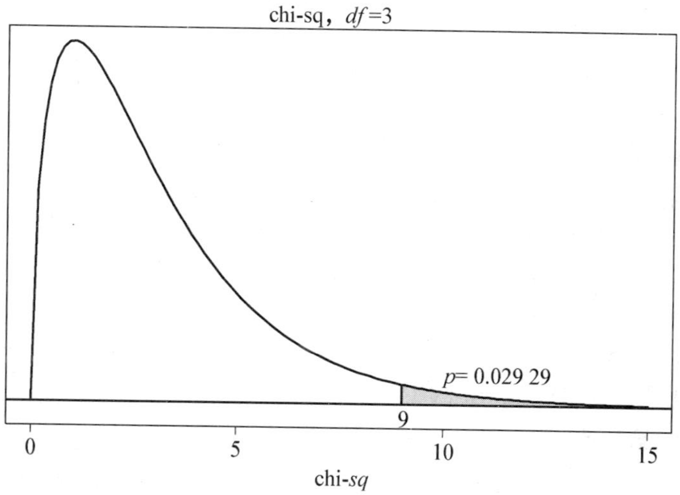

图 21—3　自由度为 3 的 χ^2 分布中，$\chi^2\geqslant 9$ 的概率值是 0.029 29

代入前面的数值得到：

$$w=\sqrt{\frac{9}{40(4-1)}}=0.274$$

依据 J. Cohen（1988）的经验法则，w 值的小、中、大效应量为 0.10，0.30，0.50，本范例为中度的效应量.

21.1.4　在 R 中输入数据的方法

要使用 R 分析表 21—1 中的数据，可以使用两种输入方法：一是使用汇整后数据；二是使用原始数据.

21.1.4.1 汇整数据

如果研究者获得的数据是已经汇整好的数据（来源于他人研究或报纸杂志），则应使用此种方法输入. 此时，需要界定两个变量，其中一个用来输入变量的类别，另一个用来输入观察频数. 表 21—1 中的数据输入见图 21—4，由于提供 4 个数字让受访者选择，因此总共输入 4 列数值，“数字”变量表示 4 种数字，“人数”则是选择该数字的受访者数（分别为 7 人、9 人、18 人、6 人）.

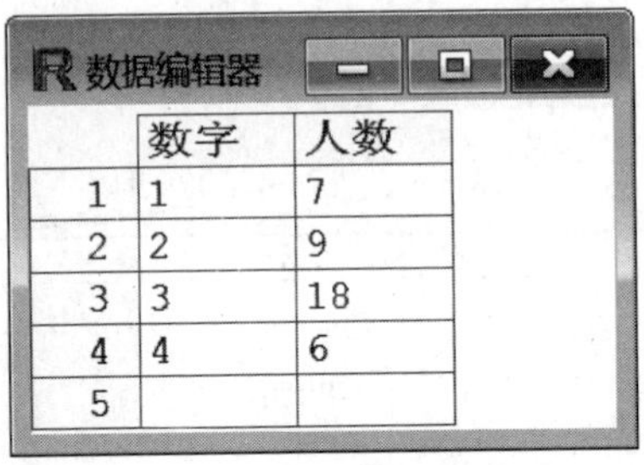

	数字	人数
1	1	7
2	2	9
3	3	18
4	4	6
5		

图 21—4　汇整数据数据文件

如文本框 21—1 所示，分析时使用 table21_1 数据框中的“人数”变量，由于假设各数字的比例相等，因此不必另外设定检验的比例. 分析后得到 $\chi^2(3)=9$，$p=0.029\,29$.

文本框 21—1　　**使用汇整数据进行分析**

```
> load("C:/mydata/chap21/table21_1.RData")        # 加载数据
> chisq.test(table21_1$人数)                       # 进行卡方拟合度检验

        Chi-squared test for given probabilities

data:  table21_1$人数
X-squared = 9, df = 3, p-value = 0.02929
```

21.1.4.2 原始数值

如果是未经汇整的原始数据（通常来自实验或调查所得），则应使用此种方法输入. 此时，只需要界定“数字”这一个变量，用来依序输入每位受访者选择的数字. 由于有 40 位受访者，因此需要输入 40 列数据，其中有 7 个 1，9 个 2，18 个 3，及 6 个 4. 图 21—5 仅显示前 10 位受访者的回答情形.

如文本框 21—2 所示，分析时先统计 table21_2 数据框中的“数字”变量各类别的频数，再进行卡方检验. 分析后得到 $\chi^2(3)=9$，$p=0.029\,29$.

文本框 21—2　　**使用原始数据进行分析**

```
> load("C:/mydata/chap21/table21_2.RData")        # 加载数据
> chisq.test(table(table21_2$数字))                # 进行卡方拟合度检验

        Chi-squared test for given probabilities

data:  table(table21_2$数字)
X-squared = 9, df = 3, p-value = 0.02929
```

图 21—5　原始数值数据文件（部分）

21.2　范　例

某研究者调查了欧洲两个地区 762 位居民的头发颜色，得到表 21—3 的数据. 请问：五种发色的比例是否符合整个欧洲的比例 0.30∶0.12∶0.30∶0.25∶0.03?

表 21—3　　762 名受访者的发色

发色	金 (fair)	红 (red)	中棕 (medium)	深棕 (dark)	黑 (black)
人数	228	113	217	182	22

资料来源：Base SAS 9.2 Procedures Guide：Statistical Procedures，Third Edition.

21.2.1　变量与数据

表 21—3 中是汇整好的数据，有两个变量，一个是头发颜色，另一个是实际调查的人数. 在 R 中，应设定两个变量，一个为“发色”，另一个为“人数”. 由于要检验的各种发色比例并不相等，因此可以另外输入一个“期望人数”变量，如果不先设定，则分析时再另外设定亦可.

21.2.2　研究问题

在本范例中，研究者想要了解的问题可以陈述如下：

居民的五种发色的比例是否符合 0.30∶0.12∶0.30∶0.25∶0.03?

21.2.3　统计假设

根据研究问题，原假设为“居民的五种发色的比例符合 0.30∶0.12∶0.30∶0.25∶0.03”：

$$H_0: P_{金} : P_{红} : P_{中棕} : P_{深棕} : P_{黑} = 0.30 : 0.12 : 0.30 : 0.25 : 0.03$$

备择假设则为“居民的五种发色的比例不符合 0.30∶0.12∶0.30∶0.25∶0.03”:

$$H_1: P_{金}: P_{红}: P_{中棕}: P_{深棕}: P_{黑} \neq 0.30:0.12:0.30:0.25:0.03$$

21.3 使用 R 进行分析

21.3.1 数据文件

完整的 R 数据文件如文本框 21—3 所示.

文本框 21—3　　范例分析数据文件

```
> load("C:/mydata/chap21/example21.RData")          # 加载本例数据
> example21                                          # 展示本例数据
    发色 人数
1     金  228
2     红  113
3   中棕  217
4   深棕  182
5     黑   22
```

21.3.2 卡方拟合度检验

由于在数据文件中并未包含检验的比例，因此文本框 21—4 中先输入“期望比例”，再以“人数”与“期望比例”进行卡方拟合度检验，并存入 fit 中. fit 中包含观察值、期望值、残差值等数值，可以另外存储或调用.

文本框 21—4　　卡方拟合度检验

```
> 期望比例 = c(0.30, 0.12, 0.30, 0.25, 0.03)          # 输入期望比例
> fit<-chisq.test(example21$人数, p = 期望比例)        # 进行卡方拟合度检验,结果存入 fit 中
> fit                                                 # 显示 fit 内容
        Chi-squared test for given probabilities

data:   example21$人数
X-squared = 6.0853, df = 4, p-value = 0.1929
> 期望人数<-fit$expected                               # 将 fit 中的 expected 存为“期望人数”
> 残差值<-round(fit$observed - fit$expected, 2)       # 将 fit 中的观察人数减期望人数,取小
                                                        数 2 位,存为“残差值”
> table21<-data.frame(example21,期望比例, 期望人数, 残差值)
                                                      # 将期望比例、期望人数,及残差值加入
                                                        example21,存成数据框,名为 table21
> table21                                             # 显示 table21 中数据
  发色 人数 期望比例 期望人数 残差值
1   金  228     0.30   228.60  -0.60
2   红  113     0.12    91.44  21.56
3 中棕  217     0.30   228.60 -11.60
4 深棕  182     0.25   190.50  -8.50
5   黑   22     0.03    22.86  -0.86
```

文本框21—4中第一部分是检验结果，$\chi^2(4)=6.0853$，$p=0.1929$. 第二部分提供了计算χ^2所需要的统计量，其中“人数”是实际调查所得的数据，“期望比例”为0.30∶0.12∶0.30∶0.25∶0.03，而调查的居民有762位，所以各种发色的“期望人数”为：

金：762×0.30=228.60

红：762×0.12=91.44

中棕：762×0.30=228.60

深棕：762×0.25=190.50

黑：762×0.03=22.86

残差值是由观察个数减期望频数而得，所以金色发色的残差值为：

$$228-228.6=-0.60$$

其余依此类推. 将数值代入式（21.1）后得到：

$$\begin{aligned}\chi^2 &= \frac{(228-228.6)^2}{228.6}+\frac{(113-91.44)^2}{91.44}+\frac{(217-228.60)^2}{228.60}+\frac{(182-190.50)^2}{190.50}\\&\quad+\frac{(22-22.86)^2}{22.86}\\&=\frac{(-0.60)^2}{228.60}+\frac{21.56^2}{91.44}+\frac{(-11.60)^2}{228.60}+\frac{(-8.50)^2}{190.50}+\frac{(-0.86)^2}{22.86}\\&=6.0853\end{aligned}$$

分析所得$\chi^2=6.08530$，在自由度为4（5种发色减1）的χ^2分布中，$p=0.1929$，并未小于0.05，不能拒绝原假设，因此，该地区居民的发色比例，与整个欧洲的比例（0.30∶0.12∶0.30∶0.25∶0.03）并无显著不同.

21.4　计算效应量

将前述数值代入式（21.2），得到：

$$w=\sqrt{\frac{6.0853}{762(5-1)}}=0.0447$$

在R中输入 sqrt(6.0853/(762 * 4))，即可得到0.04468209. 由于w值小于0.10，因此效应量非常小.

21.5　以APA格式撰写结果

研究者调查了欧洲两个地区居民的发色，经卡方拟合度检验，五种发色比例与整个欧洲并无显著差异，$\chi^2(4, N=762)=6.0853$，$p=0.1929$，效应量$w=0.0447$.

21.6 卡方拟合度检验的假定

卡方拟合度检验应符合以下两个假定.

21.6.1 观察体要随机抽样且独立

观察体独立是指各个单元格间的观察体不会相互影响. 如果受访者同时被归入两个类别（如，既是金发又是黑发），则违背独立的假定.

观察体不独立，计算所得的 p 值就不准确，如果有证据支持违背了这项假定，就不应使用卡方拟合度检验.

21.6.2 期望值大小合适

当只有两个类别（自由度为 1），而且期望频数小于 5 时，所得的 χ^2 值就不是真正的 χ^2 分布，最好使用公式 $\chi^2 = \sum \frac{(|f_o - f_e| - 0.5)^2}{f_e}$ 校正，以获得更精确的 χ^2 值.

第22章 卡方齐性与独立性检验

卡方齐性检验与独立性检验旨在检验两个定性变量之间的关联，为双因素的分析，适用的情境如下：

自变量与因变量：各自包含两个或更多类别的变量，均为定性变量.

22.1 基本统计概念

22.1.1 目的

前一章的卡方拟合度检验只分析一个变量，但是在实际的研究中，很少只关注一个变量，而会更关心两个（或两个以上）变量之间的关联.

当两个变量都是定量变量时，研究者通常会使用 Pearson 积差相关（本书第 16 章）或简单回归分析（第 19 章）. 如果自变量是定性变量，因变量是定量变量，则会进行 t 检验或方差分析（第 9～第 13 章）. 如果两个变量都是定性变量，则可以制成列联表（contingency table），进行齐性或独立性检验.

齐性检验旨在分析一个变量在不同总体间的分布是否相同（齐），独立性检验则分析两个变量是否有关联. 两者在概念上有差异，但是计算方法仍相同，所以本章并不严格加以区分.

22.1.2 分析示例

以下研究问题可以使用卡方齐性与独立性检验：

1. 四家超市的消费者年龄层（分为五个类别）是否有差异（齐性）.
2. 三所大学学生的户籍所在地是否有差异（齐性）.
3. 父母的婚姻状况（离婚与否）与孩子的婚姻状况是否有关联（独立性）.

4. 学历与收入水平是否有关联（独立性）.

22.1.3 统计公式

某大学想要了解学生对“老师经常与学生沟通互动”的意见，于是请各学院学生填答问卷，整理后得到表 22—1. 试问：不同学院学生的意见是否有差异？

表 22—1 **790 名大学生的意见**

	理学院	工学院	文学院	教育学院	列总数
非常同意	53	20	30	77	180
同意	77	74	61	103	315
中立	97	45	42	51	235
不同意	29	13	7	11	60
行总数	256	152	140	242	790

文本框 22—1 中先输入各单元格人数，再增加两个维度的变量及类别名称.

文本框 22—1 **输入汇整后数据文件**

```
> table22<-as.table(rbind(c(53, 20, 30, 77), c(77, 74, 61, 103), c(97, 45, 42, 51), c(29, 13,
7, 11) ))                                  # 输入各单元格人数到 table22 中
> dimnames(table22) <-list(意见=c("非常同意","同意","中立","不同意"), 学院=c("理学
院","工学院","文学院","教育学院"))          # 在 table22 中增加两维度的变量及其类别名称
> table22                                  # 列出 table22 数据
          学院
意见       理学院 工学院 文学院 教育学院
  非常同意    53     20     30       77
  同意        77     74     61      103
  中立        97     45     42       51
  不同意      29     13      7       11
```

22.1.3.1 原假设与备择假设

在此例中，待答问题是：

不同学院学生的意见是否有差异？

原假设是“假定四个学院学生的意见没有差异”：

H_0：不同学院学生的意见没有差异.

备择假设写成：

H_1：不同学院学生的意见有差异.

22.1.3.2 使用定义公式计算卡方值

卡方检验的定义公式为：

$$\chi^2 = \sum \frac{(f_o - f_e)^2}{f_e} \tag{22.1}$$

如果使用定义公式来计算 χ^2 值，则需要算出每个单元格的期望频数. 下面以理学院回

答“非常同意”为例，说明期望值的计算方法.

如果不考虑学生来自什么学院，则全校学生非常同意“老师经常与学生沟通互动”的比例是：

$$\frac{180}{790}=0.228$$

理学院作出回答的学生有 256 名，依据 0.228 的比例，则理学院学生持“非常同意”意见的人数（期望频数）应有：

$$256\times\frac{180}{790}=\frac{256\times180}{790}=58.329$$

因此，某个单元格的期望频数为：

$$f_{e_{ij}}=\frac{\text{第 } i \text{ 行总数}\times\text{第 } j \text{ 列总数}}{\text{总人数}}=\frac{F_i\times F_j}{N} \tag{22.2}$$

计算后，期望频数如文本框 22—2 所示.

文本框 22—2　　期望频数

```
> Xsq <- chisq.test(table22)              # 进行卡方检验,将结果存在 Xsq 对象
> round(Xsq $ expected,3)                 # 列出 Xsq 中的期望频数,取 3 位小数
          学院
意见       理学院  工学院 文学院 教育学院
  非常同意  58.329 34.633 31.899  55.139
  同意     102.076 60.608 55.823  96.494
  中立      76.152 45.215 41.646  71.987
  不同意    19.443 11.544 10.633  18.380
```

将文本框 22—1 及文本框 22—2 中的数值代入式（22.1），得到：

$$\begin{aligned}\chi^2&=\frac{(53-58.329)^2}{58.329}+\frac{(20-34.633)^2}{34.633}+\cdots+\frac{(7-10.633)^2}{10.633}+\frac{(11-18.380)^2}{18.380}\\&=0.487+6.183+\cdots+1.241+2.963\\&=46.404\end{aligned}$$

在 R 中提供各单元格的 Pearson 残差，其公式为：

$$\text{Pearson 残差}=\frac{f_o-f_e}{\sqrt{f_e}}$$

Pearson 残差的平方就是各单元格的卡方值，如果大于 3.841（即 1.96 的平方），表示该单元格的残差值较大，应加以留意. 各单元格的卡方值如文本框 22—3 所示.

文本框 22—3　　单元格卡方值

```
> round(Xsq $ residuals^2, 3)      # 将 Pearson 残差取平方,得到单元格卡方值,
                                     并取 3 位小数
```

```
        学院
意见    理学院 工学院 文学院 教育学院
  非常同意 0.487  6.183  0.113   8.667
  同意     6.160  2.959  0.480   0.439
  中立     5.708  0.001  0.003   6.119
  不同意   4.698  0.184  1.241   2.963
```

检验后得到 $\chi^2=46.404$，$p=5.067\times10^{-7}$（见文本框22—4）. 而自由度的公式是：

$$df=(\text{列数}-1)\times(\text{行数}-1)=(4-1)\times(4-1)=9 \tag{22.3}$$

文本框22—4 **卡方检验结果**

```
> Xsq                                      # 列出 Xsq 的结果

        Pearson's Chi-squared test

data:  table22
X-squared = 46.404, df = 9, p-value = 5.067e-07
```

至于能否拒绝原假设，有两种判断方法. 第一种是传统取向的做法，找出在自由度为9的 χ^2 分布中，$\alpha=0.05$ 的临界值. 由图22—1可看出，此时临界值为16.92，计算所得的64.404大于16.919，应拒绝原假设，所以四个学院学生的意见有显著不同.（注：在R中输入qchisq(0.95, 9)即可得到临界值.）

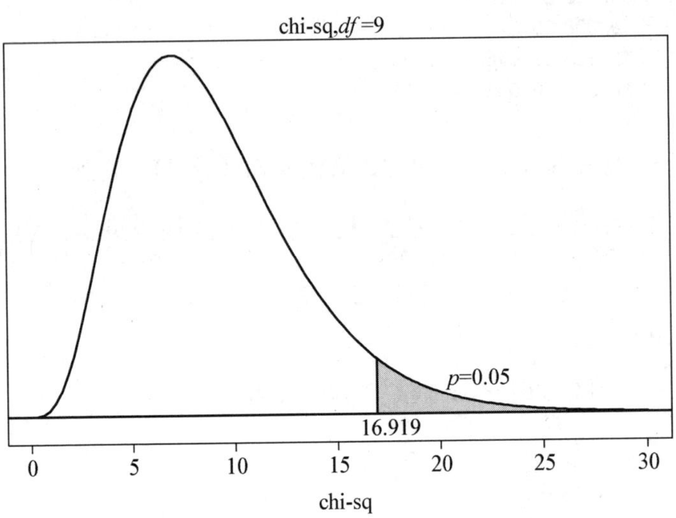

图22—1 自由度为9的 χ^2 分布中，$\alpha=0.05$ 的临界值是16.919

第二种是现代取向的做法，找出在自由度为9的 χ^2 分布中，$\chi^2>46.404$ 的概率. 由图22—2可看出，此时的 $p<0.001$（图中的5.067E−07代表 5.067×10^{-7}），小于0.05，应拒绝原假设，所以四个学院学生的意见有显著不同.（注：在R中输入1−pchisq(46.404, 9)即可得到 p 值.）

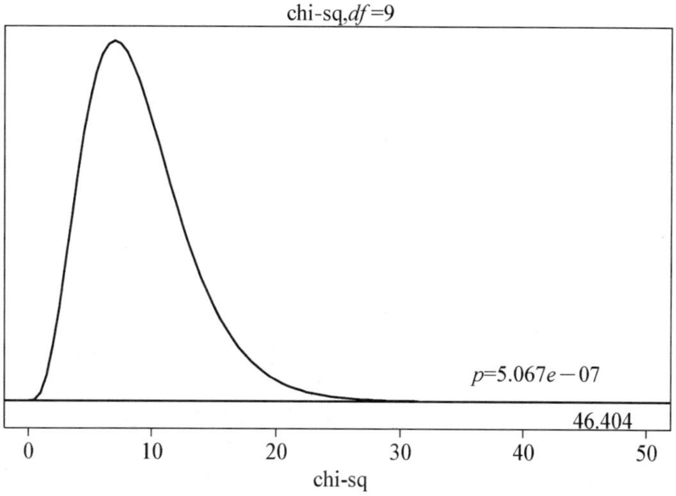

图 22—2　自由度为 9 的 χ^2 分布中，$\chi^2>64.404$ 的概率值小于 0.001

22.1.3.3　使用运算公式计算卡方值

使用定义公式计算 χ^2 值虽然可行，但是因为要计算各单元格的期望频数，所以并不方便．此时，我们可以改用运算公式，直接使用各单元格的观察频数计算 χ^2，它的公式是：

$$\chi^2=\left(\sum\frac{f_{o_{ij}}^{2}}{F_i\times F_j}-1\right)\times N \tag{22.4}$$

代入表 22—1 中的数值，得到：

$$\begin{aligned}\chi^2&=\left(\frac{53^2}{180\times256}+\frac{20^2}{180\times152}+\cdots+\frac{7^2}{60\times140}+\frac{11^2}{60\times242}-1\right)\times790\\&=(1.05874-1)\times790\\&=46.404\end{aligned}$$

使用两个公式的计算结果相同．

22.1.4　标准化残差值

整体检验显著后，可以进一步分析单元格的残差，以了解学生意见的差异情形．残差的公式为：

残差＝观察频数－期望频数

计算结果见文本框 22—5．单元格中残差值为正数，代表观察频数高于期望频数，也就是受访者的意见比较倾向此单元格的意见；反之，残差值为负数，代表观察频数低于期望频数，代表受访者比较不倾向单元格的意见．由文本框 22—5 可看出：理学院学生比较倾向回答“中立”及“不同意”，工学院与文学院学生比较倾向回答“同意”，教育学院学生比较倾向回答“非常同意”．

文本框 22—5 **原始残差**

```
> round(Xsq$observed - Xsq$expected, 3)          # 以观察频数减期望频数得到残差值,取3位
                                                   小数
         学院
意见        理学院    工学院    文学院   教育学院
  非常同意  -5.329  -14.633   -1.899    21.861
  同意     -25.076   13.392    5.177     6.506
  中立      20.848   -0.215    0.354   -20.987
  不同意     9.557    1.456   -3.633    -7.380
```

然而，原始残差值并无法反映差距的大小. 例如，6 与 1 的差异是 5，100 与 95 的差异也是 5，但是$\frac{6-1}{1}=5$，而$\frac{100-95}{95}=0.053$，两者的相对差异是不相等的. 此时，我们会将残差值除以期望频数的平方根，得到 Pearson 残差，公式为：

$$\text{Pearson 残差}=\frac{\text{观察频数}-\text{期望频数}}{\sqrt{\text{期望频数}}}=\frac{\text{残差}}{\sqrt{\text{期望频数}}} \tag{22.5}$$

计算结果见文本框 22—6.

文本框 22—6 **Pearson 残差**

```
> round(Xsq$residuals, 3)
         学院
意见      理学院  工学院  文学院 教育学院
非常同意 -0.698 -2.486 -0.336   2.944
同意     -2.482  1.720  0.693   0.662
中立      2.389 -0.032  0.055  -2.474
不同意    2.167  0.428 -1.114  -1.721
```

R 又另外提供了标准化残差，它以行与列的比例加以校正，公式为：

$$\begin{aligned}\text{标准化残差}&=\frac{\text{观察频数}-\text{期望频数}}{\sqrt{\text{期望频数}\left(1-\frac{\text{第 } i \text{ 行总数}}{\text{总人数}}\right)\left(1-\frac{\text{第 } j \text{ 列总数}}{\text{总人数}}\right)}}\\&=\frac{\text{残差}}{\sqrt{\text{期望频数}(1-\text{第 } i \text{ 行比例})(1-\text{第 } j \text{ 列比例})}}\end{aligned} \tag{22.6}$$

标准化残差服从 Z 分布，因此可以使用 ±1.96 为临界值. 由文本框 22—7 可看出，理学院学生比较倾向回答“中立”及“不同意”，工学院学生比较倾向回答“同意”，教育学院学生比较倾向回答“非常同意”.

文本框 22—7 **标准化残差**

```
> round(Xsq$stdres,3)
          学院
意见        理学院  工学院  文学院 教育学院
  非常同意 -0.966 -3.149 -0.422   4.023
```

```
同意     -3.893   2.469   0.985    1.026
中立      3.467  -0.042   0.072   -3.543
不同意    2.742   0.496  -1.278   -2.150
```

22.1.5　卡方齐性检验与卡方独立性检验

在前述例子中，由于是从各学院学生中抽取一定的样本，已经知道学生的学院及人数，因此“学院”这一变量为设计变量（design variable），是自变量；对“老师经常与学生沟通互动”的意见则为反应变量（response variable），是因变量；其主要目的在于了解四个学院的学生对“老师经常与学生沟通互动”的意见是否有不同. 因此原假设为：四个学院的学生对“老师经常与学生沟通互动”的意见没有不同. 此时的检验称为卡方齐性检验.

如果是随机从该所大学中选取一些学生，然后询问他们的“学院”及对“老师经常与学生沟通互动”的看法，此时两个变量都是反应变量，没有自变量与因变量之分，行与列的频数（或人数）都不是事先确定的，需要等到实际调查后才能得知，因此适用卡方独立性检验. 此时，研究目的在于了解“学生所在学院与对老师制的看法是否有关”，原假设为：学生所在学院与对老师制的看法无关（也就是两者独立）.

总之，如果一个变量在调查前就已知，只调查另一个变量，就适用齐性检验；如果两个变量都是由调查而得，则适用独立性检验. 虽然研究目的有所差别，但是计算 χ^2 值及自由度公式都相同，使用 R 分析的过程也一样.

22.1.6　效应量

如果是 2×2 的列联表，则 χ^2 检验的效应量可用 ϕ 表示：

$$\phi=\sqrt{\frac{\chi^2}{N}} \tag{22.7}$$

如果不是 2×2 的列联表，则可以改用 Cramér 的 V 系数，它是应用比较广泛的 ϕ 系数，公式为：

$$V=\sqrt{\frac{\chi^2}{N(k-1)}}=\frac{\phi}{\sqrt{k-1}} \tag{22.8}$$

式中，k 是行数与列数中较小者，如果行或列中一个变量只有两类，则 $V=\phi$.

代入前面的数值，有

$$V=\sqrt{\frac{46.404}{790(4-1)}}=0.140$$

依据 J. Cohen（1988）的经验法则，ϕ 与 V 值的小、中、大效应量如表 22—2 所示，本范例为小的效应量.

表 22—2 **Cramér V 的效应量**

自由度	小	中	大
1	0.10	0.30	0.50
2	0.07	0.21	0.35
3	0.06	0.17	0.29

22.2 范　例

美国 2012 年综合社会调查得到如表 22—3 所示的数据．请问：受教育程度与年收入是否有关?

表 22—3 **690 名美国受访者的数据**

年收入 \ 受教育程度	初中以下	高中	学院大学	研究生	行总数
12 999 美元以下	21	80	33	8	142
13 000～29 999 美元	16	118	35	6	175
30 000～59 999 美元	9	103	65	32	209
60 000 美元以上	4	40	71	49	164
列总数	50	341	204	95	690

22.2.1　变量与数据

表 22—3 列出了由原始数据汇整好的数据，有两个变量：一个是年收入（单位：美元），分为四个等级；另一个是受教育程度，也分为四个等级．由于使用原始数据，因此在 R 中只要设定两个变量即可，一个为“年收入”，另一个为“受教育程度”.

22.2.2　研究问题

在本范例中，研究者想要了解的问题可以陈述如下：

受教育程度与年收入是否有关?

22.2.3　统计假设

根据研究问题，原假设为“两个变量没有关联”：

H_0：受教育程度与年收入无关

备择假设则为“两个变量有关联”：

H_1：受教育程度与年收入有关

22.3　使用 R 进行分析

22.3.1　数据文件

部分 R 数据文件如文本框 22—8 所示，由于是原始数据，因此可以直接进行分析.

文本框 22—8　　数据文件（部分）

```
> load("C:/mydata/chap22/example22.RData")          # 加载本例数据
> head(example22, 15)                               # 展示前 15 个观察体数据
          年收入      受教育程度
1      60000 以上          2:高中
2  13000 - 29999          2:高中
3  30000 - 59999          2:高中
4      60000 以上        4:研究生
5      60000 以上          3:大学
6      60000 以上        4:研究生
7      60000 以上          3:大学
8      60000 以上        4:研究生
9      60000 以上          3:大学
10     60000 以上          3:大学
11     12999 以下      1:初中以下
12 30000 - 59999          3:大学
13     60000 以上        4:研究生
14 30000 - 59999        4:研究生
15     12999 以下          2:高中
```

22.3.2　观察频数

由于 example22 是数据框，分析时先转存为表格，再依需要计算边际总数（见文本框 22—9）.

文本框 22—9　　观察频数与边际总和

```
> table22<- table(example22)                   # 将 example22 转成表格
> table22                                      # 展示表格数据
             受教育程度
年收入          1:初中以下 2:高中 3:大学 4:研究生
  12999 以下           21     80     33        8
  13000 - 29999        16    118     35        6
  30000 - 59999         9    103     65       32
  60000 以上            4     40     71       49
> addmargins(table22)                          # 计算边际总数
             受教育程度
年收入          1:初中以下 2:高中 3:大学 4:研究生 Sum
  12999 以下           21     80     33        8 142
  13000 - 29999        16    118     35        6 175
  30000 - 59999         9    103     65       32 209
  60000 以上            4     40     71       49 164
  Sum                  50    341    204       95 690
```

文本框 22—9 显示了各单元格的观察频数，其中对角线粗体部分的人数总和为 253 人，占所有样本的 36.7%（$\frac{253}{690}\times 100\%=36.7\%$），1/3 以上美国公众的受教育程度与年收入水平是相同的. 从直列来看，粗体部分几乎都是同一列当中数字最大者（除了“大

学”这一列例外)，由此大略可看出：受教育程度与年收入水平有正向关联，至于是否显著，则要看文本框 22—10 中的卡方检验.

22.3.3 卡方检验

文本框 22—10 中先使用 table22 数据进行卡方检验，存于 Xsq 对象中. Xsq 中包含卡方值、自由度、p 值、观察频数、期望频数、Pearson 残差及标准化残差.

文本框 22—10 **卡方检验**

```
> Xsq<-chisq.test(table22)                    # 进行卡方检验,结果存于 Xsq 中
> Xsq                                         # 展示 Xsq 内容

        Pearson's Chi-squared test

data:  table22
X-squared = 123.03, df = 9, p-value < 2.2e-16
```

计算所得 Pearson 的 χ^2 为 123.03，自由度为 9，$p<2.2\times10^{-16}$，因此应拒绝原假设，表示受访者的受教育程度与其年收入水平是不独立的，换言之，两个变量有关联.

22.3.4 效应量

要计算 Cramér 的 V 系数，要先加载 vcd（Visualizing Categorical Data）包，接着使用 assocstats 函数分析 table22 的关联量数，而 summary 函数列出了比较详细的结果摘要（多了文本框 22—11 中的前 4 行）. 命令与输出见文本框 22—11.

文本框 22—11 **关联系数**

```
> library(vcd)                                  # 载入 vcd 包
> summary(assocstats(table22))                  # 展示 table22 关联系数摘要

Number of cases in table: 690
Number of factors: 2
Test for independence of all factors:
        Chisq = 123.03, df = 9, p-value = 3.193e-22
                    X^2 df P(>X^2)
Likelihood Ratio 125.77  9       0
Pearson          123.03  9       0

Phi-Coefficient   : NA
Contingency Coeff. : 0.389
Cramer's V        : 0.244
```

效应量 Cramér 的 V 系数为：

$$V=\sqrt{\frac{123.03}{690(4-1)}}=0.244$$

这是大的效应量.

22.3.5 直列百分比

在本范例中，以受教育程度为自变量，年收入为因变量. 因此，文本框 22—12 中先以维度 2（受教育程度置于列）计算比例，再计算维度 1（行）的总和. 最后将比例乘以 100 得到百分比，并保留 2 位小数.

文本框 22—12　　　　直列百分比

```
> round(addmargins(prop.table(table22,2),1) * 100, 2)          # 展示直列百分比
               受教育程度
年收入         1:初中以下 2:高中 3:大学 4:研究生
  12999 以下        42.00  23.46  16.18    8.42
  13000 - 29999     32.00  34.60  17.16    6.32
  30000 - 59999     18.00  30.21  31.86   33.68
  60000 以上         8.00  11.73  34.80   51.58
  Sum              100.00 100.00 100.00  100.00
```

由收入为 60 000 美元以上这一横行来看，初中学历以下者只有 8.00%年收入在60 000 美元以上，高中学历者有 11.73%可以获得此收入，研究生学历者则有半数以上（51.58%）年收入在 60 000 美元以上. 再由 12 999 美元以下这一横行来看，42.00%初中以下学历者只能获得此收入，但是研究生学历者只有 8.42%的年收入在 12 999 美元以下. 综言之，受教育程度与年收入有关，受教育程度越高者，年收入也越高.

22.3.6 期望频数

文本框 22—13 显示了 Xsq 中的期望频数（expected）.

文本框 22—13　　　　期望频数

```
> round(Xsq $ expected, 2)                     # 展示期望频数
               受教育程度
年收入         1:初中以下 2:高中 3:大学 4:研究生
  12999 以下        10.29  70.18  41.98   19.55
  13000 - 29999     12.68  86.49  51.74   24.09
  30000 - 59999     15.14 103.29  61.79   28.78
  60000 以上        11.88  81.05  48.49   22.58
```

22.3.7 原始残差值

Xsq 中并无原始残差，因此用观察频数减去期望频数得到原始残差值（见文本框 22—14）.

文本框 22—14　　　　原始残差值

```
> round(Xsq $ observed - Xsq $ expected, 2)                 # 展示原始残差
            受教育程度
年收入       1:初中以下 2:高中 3:大学 4:研究生
  12999 以下      10.71   9.82  -8.98  -11.55
```

```
13000 - 29999      3.32   31.51  -16.74   -18.09
30000 - 59999     -6.14   -0.29    3.21     3.22
60000 以上        -7.88  -41.05   22.51    26.42
```

22.3.8 Pearson 残差值

Xsq 中已包含 Pearson 残差（residuals），平方之后即为单元格的卡方值（见文本框 22—15）.

文本框 22—15 **Pearson 残差值**

```
> round(Xsq $ residuals, 2)                          # 展示 Pearson 残差
              受教育程度
年收入          1:初中以下   2:高中   3:大学   4:研究生
  12999 以下        3.34     1.17    -1.39     -2.61
  13000 - 29999     0.93     3.39    -2.33     -3.69
  30000 - 59999    -1.58    -0.03     0.41      0.60
  60000 以上       -2.29    -4.56     3.23      5.56
> round(Xsq $ residuals^2, 2)                        # 展示单元格卡方值
              受教育程度
年收入          1:初中以下   2:高中   3:大学   4:研究生
  12999 以下       11.15     1.38     1.92      6.82
  13000 - 29999     0.87    11.48     5.42     13.59
  30000 - 59999     2.49     0.00     0.17      0.36
  60000 以上        5.23    20.79    10.45     30.91
```

文本框 22—15 中，第一部分是 Pearson 残差，如果数值超过±1.96 就要留意. 第二部分是单元格卡方值，若大于 3.841，表明观察频数与期望频数相差较大.

22.3.9 标准化残差值

Xsq 中已包含标准化残差（stdres），可以直接列出（见文本框 22—16）.

文本框 22—16 **标准化残差值**

```
> round(Xsq $ stdres, 2)                                    # 展示标准化残差
              受教育程度
年收入          1:初中以下   2:高中   3:大学  4:研究生
  12999 以下        3.89     1.85    -1.85   - 3.16
  13000 - 29999     1.12     5.52    -3.21   - 4.59
  30000 - 59999    -1.96    -0.05     0.58     0.78
  60000 以上       -2.72    -7.34     4.41     6.86
```

文本框 22—16 中用粗体标示的部分是标准化残差大于 1.96 的单元格，表示观察频数显著大于期望频数. 由此可知：

1. 初中以下公众的年收入大多在 12 999 美元以下.
2. 高中学历者的年收入大多在 13 000～29 999 美元之间.
3. 大学以上者（含研究生）年收入大多在 60 000 美元以上.

22.3.10　马赛克图

R 提供马赛克图，可以较直观地呈现单元格的比例. 文本框 22—17 中以“受教育程度”为直列，“年收入”为横行画出了马赛克图（见图 22—3）

文本框 22—17　　马赛克图

```
> mosaicplot(受教育程度～年收入, data = example22, main = "马赛克图" ,col = c("gray30",
"gray50","gray70","gray90"))
```

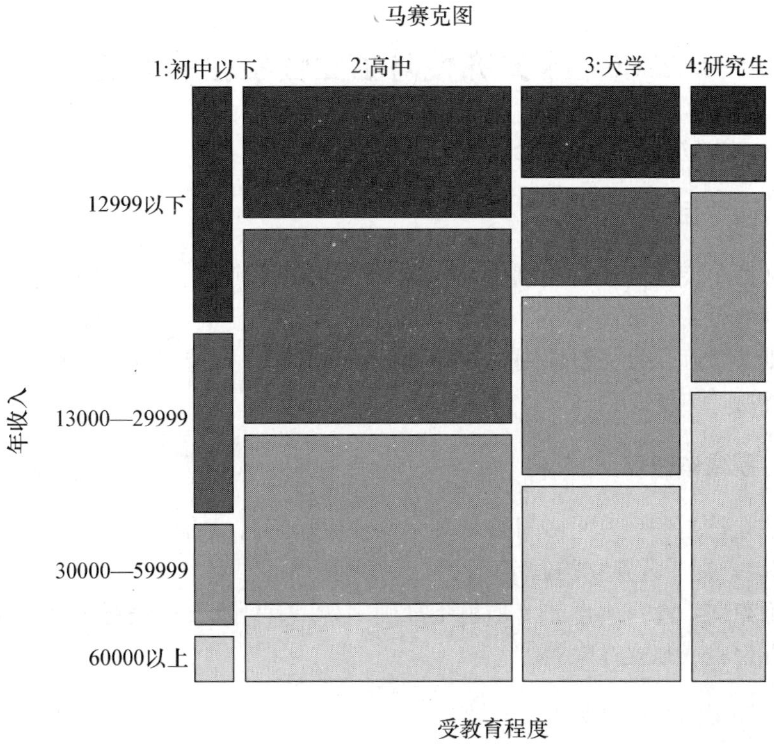

图 22—3　马赛克图

由图 22—3 中直列的宽度来看，高中学历的受访者最多，其次为大学学历者，初中以下学历者最少. 由各直列的高度来看，初中以下学历者年收入多在 12 999 美元以下，大学及研究生学历者年收入多在 60 000 美元以上.

22.4　计算效应量

文本框 22—11 中已有效应量 Cramér 的 V 系数 0.244，依据 J. Cohen（1988）的经验法则，本范例为大的效应量.

22.5 以 APA 格式撰写结果

对美国公众所做的调查发现，受教育程度与年收入有关，受教育程度越高，年收入也越高，$\chi^2(9, N=690)=123.035$，$p<0.001$，Cramér 的 $V=0.244$. 进一步分析发现：初中以下学历者年收入大多在 12 999 美元以下；高中学历者年收入大多在 13 000～29 999美元之间；大学学历者年收入大多在 60 000 美元以上；研究生学历者半数以上年收入在 60 000 美元以上.

22.6 卡方齐性与独立性检验的假定

卡方齐性与独立性检验应符合以下三个假定.

22.6.1 互斥且完整

受访者在两个变量的所有类别中，一定都可以归属其中一类，且只能归于一个类别. 假设受访者回答他的“最高学历”既是“高中”又是“研究生”，或是年收入数据不详，无法归类，则违背互斥且完整原则. 如果题目是复选题，则选项并不互斥，此时就不应使用本章介绍的统计方法.

22.6.2 观察体独立

观察体独立是指各个单元格间的观察体不会相互影响，如果受访者同时被归入两个类别（可以复选），则违背独立的假定.

观察体不独立，计算所得的 p 值就不准确，如果有证据支持违背了这项假定，就不应使用卡方齐性检验或独立性检验.

22.6.3 期望值大小合适

当两个变量都只有两个类别（单元格数 2×2，自由度为 1），而且期望频数小于 5 时，最好使用公式 $\chi^2=\sum\frac{(|f_o-f_e|-0.5)^2}{f_e}$ 校正，以获得更精确的 χ^2 值.

不过，即使自由度大于 1，如果 20% 单元格的期望值小于 5，最好更谨慎地使用卡方检验. 如果类别数很少，而且大部分的类别中频数也太少，就要考虑合并类别（Cohen, 2007）. 例如，回答“不同意”或“非常不同意”的人数如果太少，可以把两者合并为“不同意”.

第23章 探索性因素分析

因素分析常被用来分析测验或量表的构念效度（construct validity，或称建构效度），本章简要说明探索性因素分析（exploratory factor analysis，EFA）的概念及结果，详细的统计方法请参考《多变量分析方法》（程炳林与陈正昌，2011b）.

23.1 探索性因素分析的基本步骤

探索性因素分析主要用来分析题目（item，或称项目）背后的构念（construct），以建立模式. 如果研究者在编制量表时并无明确的理论依据或预设立场，或是以往仅有少数的相关研究，则使用试探取向的因素分析会较恰当.

进行探索性因素分析有以下四个步骤：

步骤一：选择抽取共同因素的方法.

在R中，有主成分法（principal components）、主轴法（principal axis），及最大似然法（maximum likelihood）. 如果是生手，一般建议使用主成分法（初始共同性设定为1），会较容易分析；如果是专家，则使用主轴法（使用SMC法估计初始共同性）会较符合理论要求. 不过，这两种方法所得结果通常都极为类似. 本章选择较容易解释的主成分法.

步骤二：决定因素个数.

一般常用的标准有：

1. 取特征值大于1者，这是许多统计软件默认的标准，也是研究者常采用的规准.
2. 采用碎石图检验（scree plot test）.
3. 保留一定累积方差的因素数. 在社会科学中，一般建议最少要达到50%以上的累积解释变异量.
4. 使用统计检验.
5. 如果有相关研究可供参考，则在事前决定因素数目.

6. 使用平行分析（parallel analysis），比较仿真数据与真实数据，找出适当的因素个数. 相关内容详见程炳林与陈正昌（2011b）的著作.

步骤三：因素转轴（rotation）.

在进行因素分析的过程中，为了符合简单结构原则，通常需要进行因素转轴（旋转）. 转轴的方法可分为正交转轴（orthogonal rotations）及斜交转轴（oblique rotations）两种，前者设定因素间没有关联，后者则允许因素间有关联. 正交转轴后只会得到一种因素载荷量矩阵，斜交转轴后则会得到样式矩阵（pattern matrix）及结构矩阵（structure matrix）. 样式矩阵是因素对项目的加权系数，结构矩阵则是因素与项目的相关系数.

在R中，提供了许多转轴方法. 其中正交转轴较常使用的有Varimax及Quatimax两种. Quatimax常会得到解释量最大的因素（综合因素），如果想要得到解释量平均的因素，最好采用Varimax法. 斜交转轴较常使用的有Oblimin及Promax两种.

转轴时应采用正交还是斜交，学者有不同的意见. 一般建议，以斜交转轴为主，如果因素间的相关系数小于±0.30，则改为采用正交转轴.

步骤四：因素命名.

最后，根据因素载荷量将项目归类，参考因素载荷量的绝对值大于0.30的项目，对因素加以命名. 如果是正交转轴，以转轴后的因素载荷量矩阵为准；如果是斜交转轴，则建议以样式矩阵为准.

23.2 范　例

研究者依据科技接受模式（technology acceptance model，TAM）编制了一份Likert六点形式的智能型手机使用量表（题目见本章最后的表23—3），40名受访者的回答情形如表23—1所示，请以此进行探索性因素分析，并对因素加以命名.

表23—1　　40名受访者的填答情形

受访者	A1	A2	A3	A4	B1	B2	B3	B4	C1	C2	C3	C4
1	5	5	4	4	4	4	5	5	4	4	5	5
2	4	4	4	4	4	4	4	4	3	3	4	4
3	6	4	4	4	4	4	4	4	5	5	5	5
4	5	5	4	4	5	5	5	5	5	5	4	5
5	6	6	6	5	5	5	5	5	5	5	5	6
6	6	6	6	6	6	6	6	6	6	6	6	6
7	5	5	4	4	5	5	5	6	5	5	5	5
8	6	6	6	6	4	4	4	4	4	4	4	4
9	5	5	4	4	5	5	5	6	5	5	5	5
10	6	6	4	5	5	5	5	5	5	5	5	5
11	6	6	6	6	6	6	6	6	6	6	6	6
12	6	6	5	5	6	6	6	6	6	6	6	6

续前表

受访者	A1	A2	A3	A4	B1	B2	B3	B4	C1	C2	C3	C4
13	6	6	5	5	3	3	3	3	6	6	6	6
14	5	4	3	3	2	3	2	2	3	3	4	4
15	5	5	3	4	3	3	3	3	4	4	6	4
16	5	4	4	3	3	4	4	1	4	4	4	4
17	6	6	6	6	6	6	6	6	6	6	6	6
18	6	6	6	6	5	5	5	5	5	5	5	5
19	6	6	4	6	6	6	6	6	6	6	6	6
20	6	6	4	5	4	4	4	4	5	5	5	5
21	6	5	1	6	6	6	6	3	6	6	5	6
22	6	6	6	6	5	5	4	4	5	5	5	4
23	6	6	5	6	6	6	6	5	6	5	6	6
24	6	6	6	6	5	5	5	5	5	6	4	6
25	6	6	4	5	6	6	6	6	6	6	6	6
26	5	4	4	4	5	5	5	5	4	4	4	3
27	5	4	3	4	4	4	4	3	4	3	3	4
28	6	6	4	6	5	5	5	5	5	5	5	6
29	5	5	4	5	5	5	5	5	6	5	5	5
30	5	5	5	5	5	5	5	5	5	5	5	5
31	5	5	4	4	4	4	4	3	4	4	4	4
32	6	6	4	6	6	6	6	5	4	4	4	4
33	5	5	3	4	5	5	5	5	4	4	3	4
34	6	6	4	6	4	6	5	5	5	5	5	5
35	6	6	6	6	5	5	4	2	6	6	6	6
36	6	6	6	6	4	4	3	5	6	5	6	6
37	6	6	4	5	4	4	4	3	5	5	5	5
38	6	6	6	6	6	6	6	6	5	5	6	6
39	6	6	6	6	1	1	1	1	2	5	2	4
40	6	5	5	5	5	5	5	4	3	3	3	4

23.3　使用 R 进行分析

23.3.1　数据文件

完整的 R 数据文件如文本框 23—1 所示.

文本框 23—1　　**探索性因素分析数据文件**

```
> load("C:/mydata/chap23/example23.RData")     # 加载本例数据
> example23                                    # 展示本例数据
```

```
   A1 A2 A3 A4 B1 B2 B3 B4 C1 C2 C3 C4
1   5  5  4  4  4  4  5  5  4  4  5  5
2   4  4  4  4  4  4  4  4  3  3  4  4
3   6  4  4  4  4  4  4  4  5  5  5  5
4   5  5  4  4  5  5  5  5  5  5  4  5
5   6  6  6  5  5  5  5  5  5  5  5  6
6   6  6  6  6  6  6  6  6  6  6  6  6
7   5  5  4  4  5  5  5  6  5  5  5  5
8   6  6  6  6  4  4  4  4  4  4  4  4
9   5  5  4  4  5  5  5  6  5  5  5  5
10  6  6  4  5  5  5  5  5  5  5  5  5
11  6  6  6  6  6  6  6  6  6  6  6  6
12  6  6  5  5  6  6  6  6  6  6  6  6
13  6  6  5  5  3  3  3  3  6  6  6  6
14  5  4  3  3  2  3  2  2  3  3  4  4
15  5  5  3  4  3  3  3  3  4  4  6  4
16  5  4  4  3  3  4  4  1  4  4  4  4
17  6  6  6  6  6  6  6  6  6  6  6  6
18  6  6  6  6  5  5  5  5  5  5  5  5
19  6  6  4  6  6  6  6  6  6  6  6  6
20  6  6  4  5  4  4  4  4  5  5  5  5
21  6  5  1  6  6  6  6  3  6  6  5  6
22  6  6  6  6  5  5  4  4  5  5  5  4
23  6  6  5  6  6  6  6  5  6  5  6  6
24  6  6  6  6  5  5  5  5  5  6  4  6
25  6  6  4  5  6  6  6  6  6  6  6  6
26  5  4  4  4  5  5  5  5  4  4  4  3
27  5  4  3  4  4  4  4  3  4  3  3  4
28  6  6  4  6  5  5  5  5  5  5  5  6
29  5  5  4  5  5  5  5  5  6  5  5  5
30  5  5  5  5  5  5  5  5  5  5  5  5
31  5  5  4  4  4  4  4  3  4  4  4  4
32  6  6  4  6  6  6  6  5  4  4  4  4
33  5  5  3  4  5  5  5  5  4  4  3  4
34  6  6  4  6  4  6  5  5  5  5  5  5
35  6  6  6  6  5  5  4  2  6  6  6  6
36  6  6  6  6  4  4  3  5  6  5  6  6
37  6  6  4  5  4  4  4  3  5  5  5  5
38  6  6  6  6  6  6  6  6  5  5  6  6
39  6  6  6  6  1  1  1  1  2  5  2  4
40  6  5  5  5  5  5  5  4  3  3  3  4
```

23.3.2 KMO 及 Bartlett 球形检验

文本框 23—2 中先加载 psych 包，然后使用其 KMO 及 cortest. bartlett 函数计算 KMO 量数，并进行 Bartlett 球形检验.

文本框 23—2 **KMO 及 Bartlett 球形检验**

```
> library(psych)                      # 加载 psych 包
> KMO(example23)                      # KMO 检验
Kaiser - Meyer - Olkin factor adequacy
Call: KMO(r = example23)
Overall MSA =   0.86
MSA for each item =
  A1   A2   A3   A4   B1   B2   B3   B4   C1   C2   C3   C4
0.89 0.85 0.82 0.85 0.87 0.87 0.79 0.90 0.80 0.87 0.86 0.93
> cortest.bartlett(example23)         # Bartlett 球形检验
R was not square, finding R from data
$chisq
[1] 484.471

$p.value
[1] 5.433929e-65

$df
[1] 66
```

文本框 23—2 中，第一部分是 KMO（Kaiser-Meyer-Olkin）取样适切性量数，依据 Kaiser 及 Rice（1977）的建议，KMO 的判断准则如表 23—2 所示，本范例为 0.85，相当理想. 除个别题目的取样适切性量数（MSA）存在 B3 小于 0.80 外，其他各题都大于 0.80.

表 23—2 **KMO 判断准则**

KMO	建议
0.90 以上	极佳（marvelous）
0.80 以上	良好（meritorious）
0.70 以上	中等（middling）
0.60 以上	普通（mediocre）
0.50 以上	欠佳（miserable）
0.50 以下	无法接受（unacceptable）

Bartlett 球形检验旨在检验矩阵是否为单元矩阵（identify matrix），也就是对角线为 1，其他元素为 0 的矩阵. 由于变量间的相关系数为 0，因此不适合进行因素分析. 检验所得 $\chi^2(66)=484.471$，$p<0.001$，表示这 12 个题目相关，适合进行因素分析.

23.3.3 决定因素数目

文本框 23—3 中绘制了碎石图，并使用 PC 法进行平行分析（见图 23—1）.

文本框 23—3 **碎石图与平行分析**

```
> fa.parallel(example23, fa = "pc")   # 绘制碎石图并进行平行分析
> abline(h = 1, lty = 2)              # 在 Y 轴 1 处加水平虚线
```

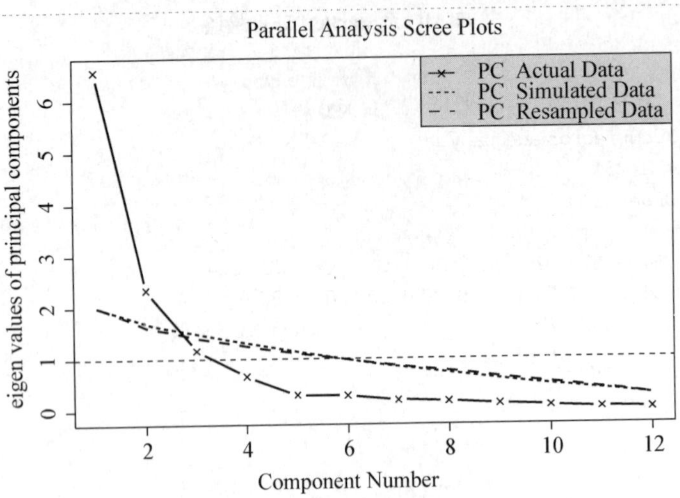

图 23—1 碎石图及平行分析

图 23—1 为 Cattell 的碎石图．图中横坐标是因素数目，纵坐标是特征值．碎石图可以帮助研究者决定因素数目．判断的依据是，取陡坡上的因素而不取平滑处的因素．由此图可知，有四个因素位于陡坡上，所以抽取陡坡上的四个因素较为适宜．

文本框 23—3 中同时进行了平行分析，图中实线部分是使用本范例分析所得的特征值，点虚线则是使用仿真数据及再抽样分析之后得到的特征值．实线高于点虚线的因素数目为 2，因此以客观的方法进行分析，建议取两个因素较恰当．

基于 TAM 理论及便于因素命名，本范例将采用特征值大于 1 的标准（横虚线所示），保留三个因素．此外，psych 包的 vss 函数提供 MAP（Minimum Average Partial）的判断方法（详见程炳林和陈正昌，2011b），分析后也显示比较适合的因素数目是 3（此处不呈现文本框中的结果，读者可以使用 vss(example23) 命令进行分析）．

23.3.4 转轴前因素载荷量

文本框 23—4 显示了使用主成分法进行因素分析，设定因素个数为 3 个．

文本框 23—4　　转轴前因素载荷量

```
> library(psych)                                                  # 载入 psych 包
> library(GPArotation)                                            # 加载 GPArotation 包
> pc1<-principal(example23, nfactors = 3, rotate = "none")        # 萃取主成分,不转轴
> pc1                                                             # 显示 pc1 的结果
Principal Components Analysis
Call: principal(r = example23, nfactors = 3, rotate = "none")
Standardized loadings (pattern matrix) based upon correlation matrix
    PC1   PC2   PC3  h2   u2 com
A1 0.66  0.55  0.17 0.77 0.234 2.1
A2 0.73  0.53  0.20 0.86 0.139 2.0
A3 0.40  0.55  0.36 0.60 0.399 2.6
A4 0.72  0.46  0.34 0.85 0.150 2.2
```

```
B1 0.80 -0.51  0.22 0.95 0.051 1.9
B2 0.78 -0.54  0.21 0.93 0.066 1.9
B3 0.73 -0.61  0.22 0.95 0.050 2.1
B4 0.69 -0.46  0.22 0.73 0.267 2.0
C1 0.86 -0.07 -0.42 0.93 0.075 1.5
C2 0.82  0.26 -0.32 0.84 0.163 1.5
C3 0.74 -0.01 -0.50 0.80 0.198 1.8
C4 0.84  0.15 -0.36 0.85 0.151 1.4

                       PC1  PC2  PC3
SS loadings            6.55 2.34 1.17
Proportion Var         0.55 0.19 0.10
Cumulative Var         0.55 0.74 0.84
Proportion Explained   0.65 0.23 0.12
Cumulative Proportion  0.65 0.88 1.00

Mean item complexity =  1.9
Test of the hypothesis that 3 components are sufficient.
The root mean square of the residuals (RMSR) is  0.05
with the empirical chi square  11.77  with prob <  1

Fit based upon off diagonal values = 0.99>
```

文本框 23—4 所示的分析结果包含三大部分．第一部分是 12 道题目在三个因素上未转轴的因素载荷量矩阵．由矩阵可以重新计算每一变量的共同性、特征值、因素解释的百分比．

以 A2 这一题为例，其三个因素的载荷量分别为 0.73，0.53，0.20，三个载荷量的平方和就是这一题的共同性（h^2），即：

$$0.73^2+0.53^2+0.20^2=0.86$$

1－0.86＝0.139，就是唯一性的方差（u^2）．

共同性（communality）代表每个题目被因素（在此有三个）解释变异量的比例，至少应大于 0.50（表示有一半的变异量被共同因素解释）．萃取之后的共同性均大于 0.50，表示所有题目被三个因素解释的部分都大于唯一性．

第二部分是特征值及解释百分比．第一部分直列因素载荷量的平方和会等于特征值，由 PC1 这一直列来看，12 道题目的因素载荷量分别为 0.66，0.73，…，0.74，0.84，第 1 个因素的特征值即为：

$$0.66^2+0.73^2+\cdots+0.74^2+0.84^2=6.55$$

三个因素的特征值分别是 6.55，2.34，1.17，总和是 10.09．因为有 12 道题目，标准化后的总变异为 12，其中第 1 个因素的解释变异量是：

$$6.55/12=0.55=55\%$$

三个因素对 12 道题目的解释量分别为 0.55，0.19，0.10，总和为 0.84．在三个因素中，个别因素的解释量分别为0.65，0.23，0.12，第1个因素的解释量最大.

第三部分是“非常简单结构”（very simple structure，VSS）的指标. 如果题目没有交叉载荷（cross-loading）的情形，则复杂度为1. 文本框23—4中，转轴前平均复杂度为1.9，转轴后平均复杂度为1.3（见文本框23—5）.

由文本框23—4中每一横行来看，12道题目在第1个因素上的载荷量都是最高的，也就是说，12道题都属于第1个因素，并不符合研究者原始的规划，因此再进行因素转轴.

23.3.5 正交转轴后因素载荷量（最大变异法）

文本框23—5显示了使用Varimax法进行转轴.

文本框23—5　　　　正交转轴载荷量

```
> pc2 = principal(example23, nfactors = 3, rotate = "varimax")      # 使用 Varimax 法进行转轴
> pc2
Principal Components Analysis
Call: principal(r = example23, nfactors = 3, rotate = "varimax")
Standardized loadings (pattern matrix) based upon correlation matrix
    PC3  PC1  PC2   h2    u2 com
A1 0.08 0.33 0.81 0.77 0.234 1.3
A2 0.15 0.35 0.85 0.86 0.139 1.4
A3 0.00 0.03 0.77 0.60 0.399 1.0
A4 0.25 0.22 0.86 0.85 0.150 1.3
B1 0.92 0.27 0.15 0.95 0.051 1.2
B2 0.92 0.26 0.11 0.93 0.066 1.2
B3 0.95 0.21 0.04 0.95 0.050 1.1
B4 0.82 0.21 0.13 0.73 0.267 1.2
C1 0.41 0.85 0.17 0.93 0.075 1.5
C2 0.19 0.78 0.44 0.84 0.163 1.7
C3 0.26 0.85 0.12 0.80 0.198 1.2
C4 0.26 0.81 0.35 0.85 0.151 1.6

                       PC3  PC1  PC2
SS loadings           3.71 3.23 3.12
Proportion Var        0.31 0.27 0.26
Cumulative Var        0.31 0.58 0.84
Proportion Explained  0.37 0.32 0.31
Cumulative Proportion 0.37 0.69 1.00

Mean item complexity  = 1.3
Test of the hypothesis that 3 components are sufficient.

The root mean square of the residuals (RMSR) is  0.05
with the empirical chi square   11.77   with prob < 1

Fit based upon off diagonal values = 0.99>
```

文本框23—5显示了使用Varimax法转轴后的载荷量. 横行的平方和同样代表题目的

共同性，与文本框 23—4 中一致. 直列平方和可以重新计算因素的解释量. 转轴后，因素三（PC3）的解释量为 0.31，因素一（PC1）的解释量为 0.27，因素二（PC2）的解释量为 0.26，累积解释量仍为 0.84.

比较每一横行的载荷量，将最大的值以粗体标示后，可以看出 A1～A4 属于第 2 个因素，B1～B4 属于第 3 个因素，而 C1～C4 属于第 1 个因素. 而未使用粗体标示的交叉载荷量，多数都在 0.35 以下，因此大致符合简单结构原则.

参考题目内容，我们可以将因素三命名为“易用性”，因素一命名为“使用意愿”，因素二命名为“有用性”，符合科技接受模式（TAM）的理论.

23.3.6　斜交转轴后因素载荷量（样式矩阵）

文本框 23—6 中使用 Oblimin 法进行转轴，并显示了样式矩阵.

文本框 23—6　　**斜交转轴后样式矩阵**

```
> pc3 = principal(example23, nfactors = 3, rotate = "oblimin")    # 使用 Oblimin 法进行转轴
> pc3
Principal Components Analysis
Call: principal(r = example23, nfactors = 3, rotate = "oblimin")
Standardized loadings (pattern matrix) based upon correlation matrix
     PC3   PC1   PC2   h2    u2  com
A1 -0.06  0.17  0.80 0.77 0.234 1.1
A2  0.01  0.17  0.83 0.86 0.139 1.1
A3 -0.04 -0.17  0.85 0.60 0.399 1.1
A4  0.17 -0.02  0.88 0.85 0.150 1.1
B1  0.94  0.03  0.05 0.95 0.051 1.0
B2  0.95  0.03  0.01 0.93 0.066 1.0
B3  0.99 -0.02 -0.05 0.95 0.050 1.0
B4  0.85 -0.01  0.05 0.73 0.267 1.0
C1  0.16  0.90 -0.07 0.93 0.075 1.1
C2 -0.07  0.80  0.25 0.84 0.163 1.2
C3  0.00  0.94 -0.11 0.80 0.198 1.0
C4  0.01  0.84  0.15 0.85 0.151 1.1
                       PC3  PC1  PC2
SS loadings           3.65 3.33 3.08
Proportion Var        0.30 0.28 0.26
Cumulative Var        0.30 0.58 0.84
Proportion Explained  0.36 0.33 0.31
Cumulative Proportion 0.36 0.69 1.00

With component correlations of
     PC3  PC1  PC2
PC3 1.00 0.52 0.25
PC1 0.52 1.00 0.48
PC2 0.25 0.48 1.00

Mean item complexity = 1.1
```

```
Test of the hypothesis that 3 components are sufficient.

The root mean square of the residuals (RMSR) is  0.05
with the empirical chi square  11.77  with prob <  1

Fit based upon off diagonal values = 0.99>
```

文本框23—6显示了采用Oblimin直接斜交法转轴所得的因素样式矩阵（即样式载荷量矩阵）. 斜交转轴后因素矩阵有两个，一是因素样式矩阵，二是因素结构矩阵，这两者都是因素载荷量. 根据Sharma（1996）的建议，如果研究者采用斜交转轴，以样式载荷量来解释因素分析的结果较为恰当. 由于斜交转轴后，两个因素的夹角不再是90°，因素样式有可能大于1. 因素样式在性质上类似于回归系数，反映每个因素对各个变量的贡献.

根据归类结果及原始题意，因素一可命名为“使用意愿”，因素二命名为“有用性”，因素三命名为“易用性”.

第三部分是因素的相关矩阵. 斜交转轴后因素与因素的相关系数不再是0，由此可知三个因素的交互相关系数为0.48，0.52，0.25，有两个相关系数大于0.30，表示因素间应相关，显示本范例采用斜交转轴较为恰当. 然而，由于正交转轴所得的分类结果与斜交转轴相同，基于正交转轴可以计算因素解释量，且容易解释，建议采用正交转轴的结果.

23.3.7 斜交转轴后因素载荷量（结构矩阵）

文本框23—7显示了斜交转轴后的结构矩阵.

文本框23—7 斜交转轴后结构矩阵

```
> pc3 $ loadings                                  # 显示因素结构矩阵
Loadings:
     PC3    PC1    PC2
A1          0.174  0.796
A2          0.167  0.831
A3    -     0.174  0.849
A4   0.165         0.877
B1   0.944
B2   0.946
B3   0.994
B4   0.846
C1   0.162  0.897
C2          0.800  0.253
C3          0.944 -0.115
C4          0.838  0.148

                 PC3   PC1   PC2
SS loadings     3.554 3.129 2.926
Proportion Var  0.296 0.261 0.244
Cumulative Var  0.296 0.557 0.801
```

斜交转轴后的因素结构表明题目与因素间的简单相关，它的平方表示题目被某个因素以及此因素和其他因素的交互作用共同解释的变异（Sharma，1996）．在此，结构系数分类的结果与样式矩阵相同．

23.4　撰写结果

研究者自编 12 道题的 Likert 六点量表，以测量使用者对智能型手机的看法．经使用主成分法因素分析，并采用特征值大于 1 的标准，得到三个共同因素．采用 Varimax 法进行转轴，三个因素分别命名为易用性（因素二）、使用意愿（因素三），及有用性（因素一），解释量分别为 31%，27%，26%，总解释量为 84%．三个因素的载荷量分别介于 0.82～0.95，0.78～0.85，0.77～0.86 之间，所有题目均保留，未被删除．摘要如表 23—3 所示，粗体字部分表示该题目所属的因素．

表 23—3　　**因素分析摘要表**

题目	因素			共同性
	1	2	3	
A1 使用智能型手机上网，可以随时获得想要的信息	0.08	0.33	**0.81**	0.77
A2 使用智能型手机，能让生活更便利	0.15	0.35	**0.85**	0.86
A3 使用智能型手机，能提升工作绩效	0.00	0.03	**0.77**	0.60
A4 使用智能型手机中的应用程序，可以解决许多问题	0.25	0.22	**0.86**	0.85
B1 智能型手机的操作系统很容易上手	**0.92**	0.27	0.15	0.95
B2 智能型手机的操作方法简单易学	**0.92**	0.26	0.11	0.93
B3 要熟练智能型手机的操作，是容易的事	**0.95**	0.21	0.04	0.95
B4 我不需要别人协助，就可以学会使用智能型手机	**0.82**	0.21	0.13	0.73
C1 智能型手机是值得使用的	0.41	**0.85**	0.17	0.93
C2 使用智能型手机是个好主意	0.19	**0.78**	0.44	0.84
C3 我对使用智能型手机的态度是正面的	0.26	**0.85**	0.12	0.80
C4 使用智能型手机有许多好处	0.26	**0.81**	0.35	0.85
解释量	31%	27%	26.0%	84%

第24章

验证性因素分析

验证性因素分析（confirmatory factor analysis，CFA）也常被用来分析测验或量表的构念效度. 在R中要进行验证性因素分析，可以使用lavaan（Latent Variable Analysis）或sem（Structural Equation Models）包. 本章简要说明验证性因素分析的概念及结果，详细的统计方法请参考《多变量分析方法》（程炳林、陈正昌和陈新丰，2011）.

24.1 验证性因素分析的基本步骤

验证性因素分析主要用于模型（模式）的验证，如果研究者在编制量表时已有明确的理论依据或者默认立场，或已有许多相关研究，则使用验证取向的因素分析会较恰当.

验证性因素分析比较常用的步骤有五个.

24.1.1 发展理论模型

图24—1是探索性因素分析的示意图，图中共有6个观察变量（$V_1 \sim V_6$），分析时设定为2个潜在因素（F_1及F_2）的测量指标，因此共有12条（2×6）单向箭头.

经过因素分析后，可能$V_1 \sim V_3$在F_1的因素载荷量较高，而$V_4 \sim V_6$在F_2的因素载荷量较高，此时会将$V_1 \sim V_3$归为第一个因素（F_1），而将$V_4 \sim V_6$归为第二个因素（F_2）. 然而，F_1对$V_4 \sim V_6$，F_2对$V_1 \sim V_3$的因素载荷量（见图24—2中浅灰色虚线）并不等于0.

图24—3是验证性因素分析的示意图，此时，研究者依据理论设定$V_1 \sim V_3$是F_1的测量指标，而$V_4 \sim V_6$是F_2的测量指标，所以只有6条单向箭头. 此时，$V_4 \sim V_6$不是F_1的测量指标，$V_1 \sim V_3$也不是F_2的测量指标，所以并没有单向箭头连接它们.

图24—4是根据图24—3所绘的理论模型. 在绘制理论模型时有几点需要特别注意：

1. 圆形或椭圆形代表潜变量（latent variable），是不可观察的变量（unobserved vari-

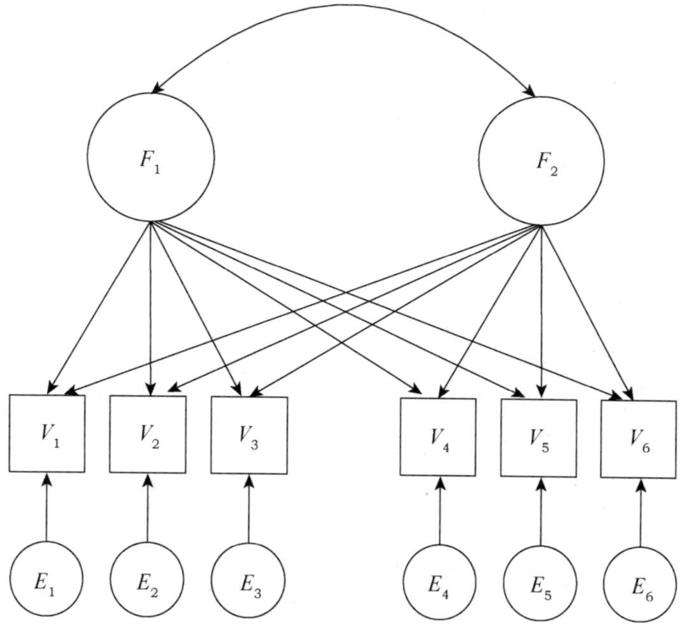

图 24—1　探索性因素分析（1）

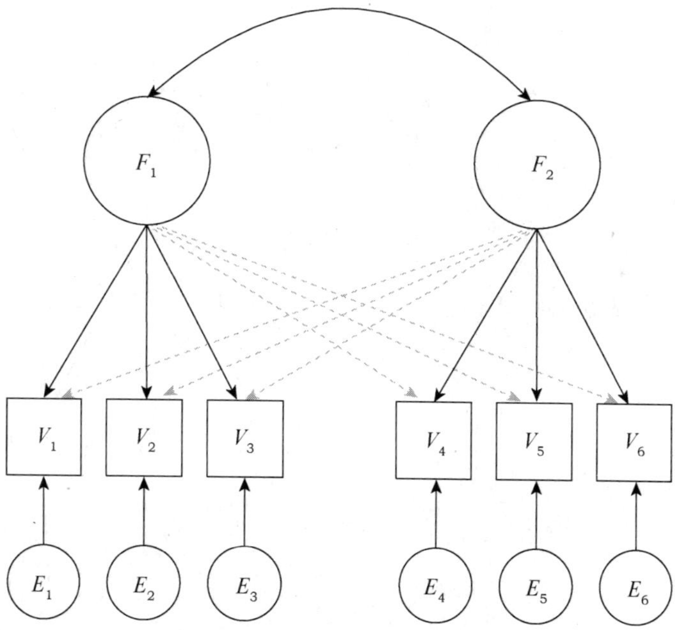

图 24—2　探索性因素分析（2）

able)；方形或矩形代表可观察的变量（observed variable），是因素的指标（index）.

2. 因素与指标间使用单向箭头连接，方向是由因素指向指标（一般称为反映性指标）. 因素的名称（在此为 F_1 及 F_2）自行设定，但是不可以与所要分析的数据文件中变量名称相同，指标的名称（$V_1 \sim V_6$）则一定要在数据文件中. 也就是说，观察变量名称须包含在数据文件中，潜变量名称则不可以与数据文件的变量名称相同.

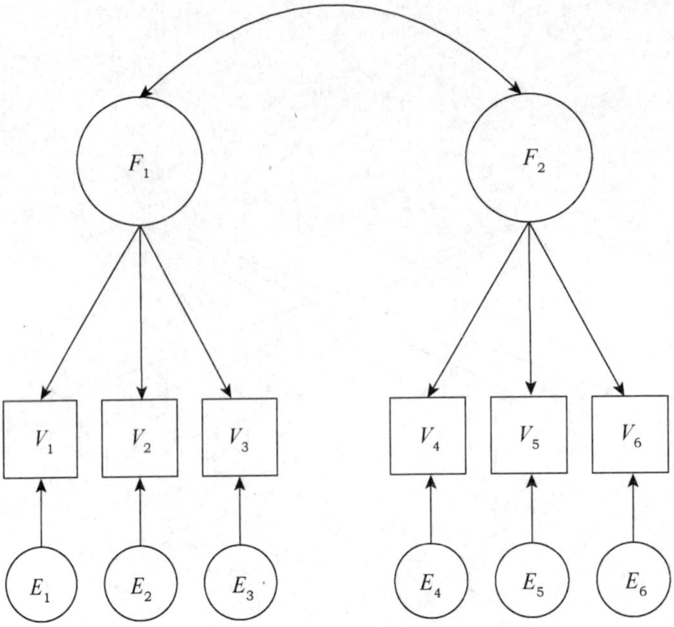

图 24—3　验证性因素分析

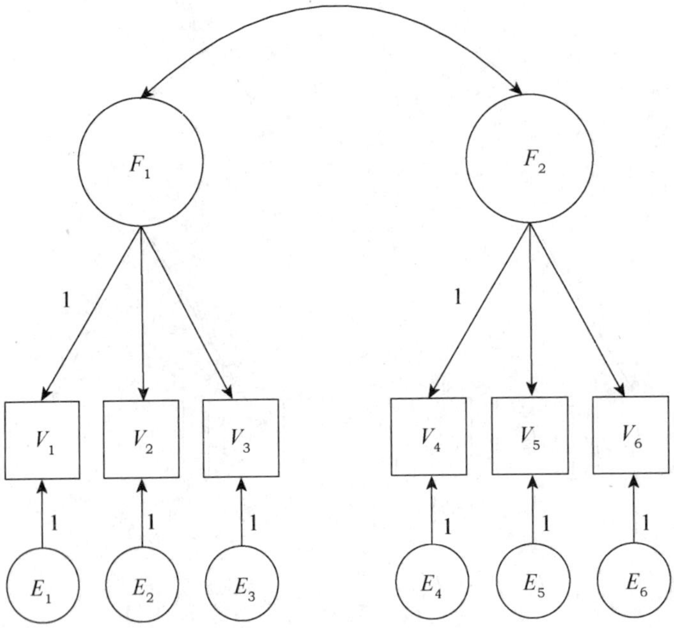

图 24—4　理论模型

3. 每个因素（潜变量）须设定一个参照指标，加权系数设定为 1. 图 24—4 中，F_1 及 F_2 是潜变量，它们的参照指标分别为 V_1 及 V_4. 如果未特别设定，通常以第 1 个观察变量作为参照指标.

4. 因素间一定要有双向箭头连接，如果是直交，则可以再设定参数值为 0.

5. 每个观察变量须有一个测量误差（分别为 $E_1 \sim E_6$），使用单向箭头连接，加权系数设定为 1. 测量误差同样是潜变量，名称自行设定.

6. 在模型中，凡是单向箭头所指的变量称为内生变量（endogenous variables），未被单向箭头指到的变量称为外生变量（exogenous variables）.

24.1.2 评估模型的辨认

此步骤是使用不同方法辨认参数是否有解，在此，仅说明自由度的计算方法，因为自由度只有大于或等于 0，才可以得到参数解. 图 24—4 中，有 6 个观察变量，因此提供的信息量为：

$$6\times(6+1)/2=21$$

图 24—4 中要估计的参数有 13 个，其中因素载荷量（又称回归加权）有 4 个（2 个参照指标不需要估计参数），所有潜变量的方差有 8 个，F_1 及 F_2 的协方差（标准化之后为相关系数）有 1 个，因此：

$$4+8+1=13$$

以信息量减去要估计的参数就是自由度，因此在图 24—4 中自由度为：

$$21-13=8$$

24.1.3 进行参数估计

如果数据符合各项假设，则使用最大似然法会得到较佳的解. 图 24—5 为估计所得的标准化系数.

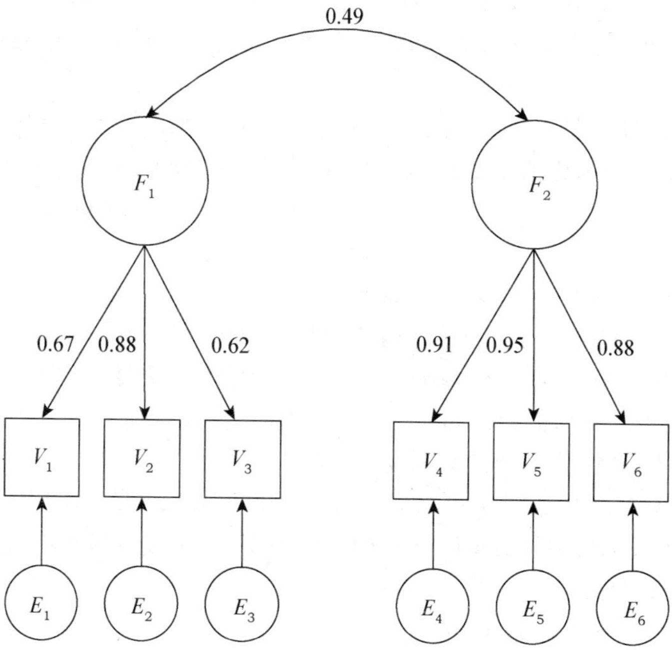

图 24—5 估计的标准化系数

如果可能，最好使用原始数据进行参数估计．如果是汇整后的数据，则使用观察变量的方差—协方差矩阵比较理想．假使只有相关矩阵，最好也能找到观察变量的均值及标准差．只使用相关矩阵进行分析，是最后的选择．使用结构方程模型的论文，目前建议最好能附上变量间的方差—协方差矩阵或相关系数矩阵，以利于后续研究者重新检证．

24.1.4 评价模型的拟合度

结构方程模型分析的过程，旨在缩小 $\boldsymbol{S}$ 与 $\hat{\boldsymbol{\Sigma}}$ 的差异，使得 $\boldsymbol{S}=\hat{\boldsymbol{\Sigma}}$．其中 $\boldsymbol{S}$ 是样本的方差—协方差矩阵，也就是观察到的数据，$\hat{\boldsymbol{\Sigma}}$ 是由理论模型估计所得的隐含方差—协方差矩阵（implied variance-covariance matrix），也就是由理论模型所复制的数据，两者的差异称为残差的方差—协方差矩阵．结构方程模型的统计假设为：

$$H_0: \boldsymbol{S}=\hat{\boldsymbol{\Sigma}}$$

$$H_1: \boldsymbol{S}\neq\hat{\boldsymbol{\Sigma}}$$

参数估计完成后，可以得到各种参数估计值及模型拟合度．由于结构方程模型（包含验证性因素分析）并没有唯一的指标，因此需要参考各种拟合度指标来判断理论模型是否拟合观察到的数据．这些拟合度指标可以分为四类．

24.1.4.1 绝对拟合指标

绝对拟合指标（absolute fit indices）直接比较 $\boldsymbol{S}$ 与 $\hat{\boldsymbol{\Sigma}}$ 的差异，即将理论模型与饱和模型（saturated model，是拟合度最佳的模型）相比较．常用的指标有：

1. 模型的 χ^2 值：χ^2 值越大表示 $\boldsymbol{S}$ 与 $\hat{\boldsymbol{\Sigma}}$ 的差异越大，因此为缺拟合指标（badness of fit index）．我们会期望 χ^2 检验的 p 值大于 0.05，也就是不能拒绝原假设，此时才表示 $\boldsymbol{S}=\hat{\boldsymbol{\Sigma}}$．

2. χ^2 与自由度的比值：由于 χ^2 值会受到样本数的影响，经常会拒绝原假设，因此可以将 χ^2 除以自由度，如果比值小于 3，表示理论模型的拟合度良好．

3. 拟合度指标（goodness of fit index，GFI）：代表理论模型所能解释的变异量，介于 0～1 之间，大于 0.9 表示理论模型的拟合度良好．

4. 调整拟合度指标（adjusted goodness of fit index，AGFI）：将自由度纳入考虑之后的 GFI，介于 0～1 之间，大于 0.9 表示理论模型的拟合度良好．

5. 残差均方根（root mean square residual，RMR）：残差矩阵是由样本方差—协方差矩阵减去再制后的方差—协方差矩阵而得，将残差的绝对值相加再求平均并取平方根，就是 RMR 值．RMR 值最小为 0，最大则没有上限．

6. 标准化残差均方根（standardized root mean square residual，SRMR）：RMR 标准化之后就是 SRMR，由残差相关矩阵计算而得，小于 0.08 表示模型的拟合度可接受，小于 0.05 则表示拟合良好．

7. 近似误差均方根（root mean square error approximation，RMSEA）：RMSEA 也是缺拟合指标，小于 0.05 表示有良好的拟合度，在 0.05～0.08 之间表示有不错的拟合度．

8. Hoelter 的临界 N 值：如果大于 200，表示样本适当.

24.1.4.2 相对拟合指标

相对拟合指标（relative fit indices）是比较理论模型与基线模型（baseline model，也称独立模型，就是拟合度最差的模型），计算理论模型比基线模型改善的比例，数值最好能大于 0.9. 常用的指标有：

1. 标准拟合度指标（normed fit index，NFI）：介于 0～1 之间，大于 0.9 表示理论模型比基线模型有更佳的拟合度.
2. 非标准拟合度指标（nonnormed fit index，NNFI）或 Tucker-Lewis 指标（Tucker-Lewis index，TLI）：不是介于 0～1 之间，最好大于 0.9.
3. 相对拟合度指标（relative fit index，RFI）.
4. 增值拟合度指标（incremental fit index，IFI）.
5. 比较拟合度指标（comparative fit index，CFI）.

24.1.4.3 精简拟合指标

如果两个模型都可以拟合观察数据，则越精简的模型越好. 精简拟合指标（parsimony fit indices）主要用来代表模型精简的程度，数值最好能大于 0.5. 常用的指标有：

1. 精简调整 GFI（parsimony-adjusted GFI，PGFI）.
2. 精简调整 NFI（parsimony-adjusted NFI，PNFI）.
3. 精简调整 CFI（parsimony-adjusted CFI，PCFI）.

24.1.4.4 信息标准指标

信息标准指标（information criterion indices）用于不同模型之间的比较，数值越小，表示模型的拟合度越好. 常用的指标有：

1. Akaike 信息标准（Akaike information criterion，AIC）.
2. 一致 Akaike 信息标准（consistent Akaike information criterion，CAIC）.
3. Bayesian 信息标准（Bayesian information criterion，BIC）.
4. Browne-Cudeck 标准（Browne-Cudeck criterion，BCC）.
5. 期望交互效化指标（expected cross-validation index，ECVI）.

除了以上四类拟合指标外，还需要对聚敛效度（convergent validity）及区别效度（discriminant validity）加以分析. 依据 Hair Jr.，Black，Babin 及 Anderson（2009）的建议，如果符合以下四项标准，则量表就具有聚敛效度：

1. 标准化的载荷量（回归加权）至少要在 0.5 以上，最好在 0.7 以上.
2. 个别题目被因素解释的变异量要在 0.5 以上.
3. 每个因素的平均抽取变异量（average variance extracted，AVE），也就是因素对题目的平均解释量，要在 0.5 以上.
4. 每个因素的构念信度要在 0.7 以上.

此外，如果两因素间的相关系数的平方小于个别因素的 AVE，则具有区别效度.

24.1.5 进行模型修正

如果理论模型与观察数据的拟合度不佳，有些研究者会重新设定或修正模型，不过，依据严格验证取向的观点，此步骤仍有争议. 假使可能，最好先提出几个竞争模型，参考拟合指标选出一个拟合度较好的模型，此称为竞争取向的分析.

24.2 范　例

研究者依据科技接受模式编制了一份 Likert 六点形式的智能型手机使用量表（题目见第 23 章的表 23—3）. 变量 $a_1 \sim a_4$ 测量第一个因素，$b_1 \sim b_4$ 测量第二个因素，$c_1 \sim c_4$ 测量第三个因素，理论模型如图 24—6 所示，请以此进行验证性因素分析.

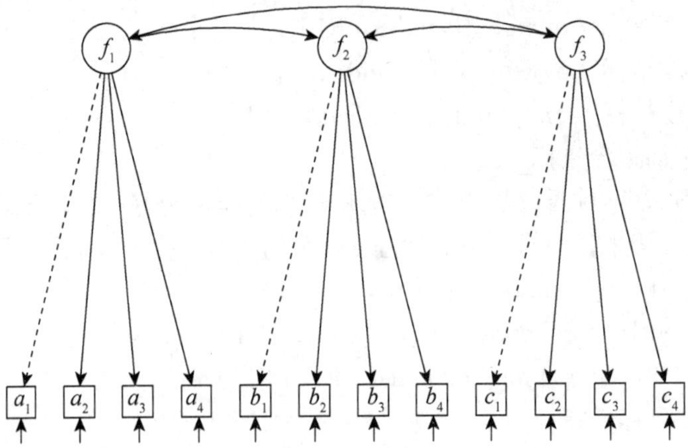

图 24—6　理论模型

24.3 使用 R 进行分析

下面说明如何使用 R 软件进行验证性因素分析.

24.3.1 分析数据文件

文本框 24—1 显示了部分数据文件，包含 $a_1 \sim a_4$，$b_1 \sim b_4$，$c_1 \sim c_4$ 共 12 个变量.

文本框 24—1　　　　**部分数据文件**

```
> load("c:/mydata/chap24/example24.RData")          # 加载本例数据
> head(example24)                                    # 展示前 6 行数据
  a1 a2 a3 a4 b1 b2 b3 b4 c1 c2 c3 c4
1  6  5  4  5  5  5  4  6  6  6  6  5
2  6  6  3  6  6  6  6  6  6  6  6  6
3  5  5  4  5  5  5  5  4  4  4  4  4
4  5  6  5  5  5  5  5  6  5  5  5  6
5  5  5  4  4  4  4  5  5  4  4  5  5
6  6  6  6  6  6  6  6  6  6  6  6  6
```

24.3.2　参数估计

文本框 24—2 显示了使用 lavaan 包的 cfa 函数进行分析．首先设定理论模型，“=～”代表回归模型，“=～”之前为潜在因素，“=～”之后为观测指标，默认第 1 个变量为参照指标，因素间自动设定有相关关系．以 cfa 函数估计参数后存为 fit 对象，并以 summary 函数列出结果，加上 standardized=TRUE，可得到标准化参数估计值，rsquare=TRUE 则可得到每道题目的信度．

文本框 24—2　　　　**估计参数**

```
> library(lavaan)                                      # 载入 lavaan 包
> cfa.model<- 'f1 = ~a1 + a2 + a3 + a4
               f2 = ~b1 + b2 + b3 + b4
               f3 = ~c1 + c2 + c3 + c4'                # 设定模型命名为 cfa.model
> fit<- cfa(cfa.model,data = example24)                # 进行参数估计
> summary(fit, standardized = TRUE,rsquare = TRUE)     # 列出估计所得结果,含标准化参数及 R²
lavaan(0.5-20)converged normally after  43 iterations

  Number of observations                             308

  Estimator                                           ML
  Minimum Function Test Statistic                102.592
  Degrees of freedom                                  51
  P-value (Chi-square)                             0.000

Parameter Estimates:

  Information                                   Expected
  Standard Errors                               Standard

Latent Variables:
                 Estimate  Std.Err  Z-value  P(>|z|)   Std.lv  Std.all
  f1 = ~
    a1              1.000                               0.469    0.657
    a2              1.374    0.116   11.871    0.000    0.644    0.844
    a3              1.668    0.165   10.116    0.000    0.781    0.676
    a4              1.656    0.147   11.281    0.000    0.776    0.777
  f2 = ~
    b1              1.000                               0.833    0.916
    b2              1.004    0.036   28.010    0.000    0.836    0.939
    b3              1.033    0.042   24.369    0.000    0.860    0.886
    b4              0.901    0.065   13.935    0.000    0.750    0.661
  f3 = ~
    c1              1.000                               0.800    0.910
    c2              0.996    0.039   25.322    0.000    0.797    0.919
    c3              0.921    0.047   19.536    0.000    0.737    0.813
    c4              0.777    0.043   18.194    0.000    0.622    0.783
```

```
Covariances:
                   Estimate  Std.Err  Z-value  P(>|z|)   Std.lv   Std.all
  f1 ~~
    f2                0.200    0.031    6.489    0.000    0.511    0.511
    f3                0.257    0.033    7.658    0.000    0.684    0.684
  f2 ~~
    f3                0.346    0.046    7.457    0.000    0.519    0.519

Variances:
                   Estimate  Std.Err  Z-value  P(>|z|)   Std.lv   Std.all
    a1                0.289    0.026   10.920    0.000    0.289    0.568
    a2                0.167    0.022    7.482    0.000    0.167    0.288
    a3                0.725    0.067   10.753    0.000    0.725    0.543
    a4                0.395    0.042    9.324    0.000    0.395    0.396
    b1                0.133    0.016    8.250    0.000    0.133    0.161
    b2                0.094    0.014    6.678    0.000    0.094    0.119
    b3                0.203    0.021    9.619    0.000    0.203    0.215
    b4                0.726    0.061   11.852    0.000    0.726    0.563
    c1                0.133    0.017    7.963    0.000    0.133    0.172
    c2                0.116    0.016    7.407    0.000    0.116    0.155
    c3                0.279    0.026   10.698    0.000    0.279    0.339
    c4                0.243    0.022   11.025    0.000    0.243    0.386
    f1                0.220    0.036    6.104    0.000    1.000    1.000
    f2                0.693    0.067   10.382    0.000    1.000    1.000
    f3                0.640    0.063   10.206    0.000    1.000    1.000

R-Square:
                   Estimate
    a1                0.432
    a2                0.712
    a3                0.457
    a4                0.604
    b1                0.839
    b2                0.881
    b3                0.785
    b4                0.437
    c1                0.828
    c2                0.845
    c3                0.661
    c4                0.614
```

文本框 24—2 中先说明样本数为 308，使用最大似然法进行估计，Minimum Function Test Statistic 即为 χ^2，等于 102.592，卡方检验的 $p=0.000$，小于 0.05，因此应拒绝原假设，表示理论模型无法拟合观察数据，所以研究者提出的理论模型并不恰当. 然而，χ^2 会受到样本数的影响，因此应再参考其他的拟合指标.

本范例中共有 12 个观察变量，因此提供的信息量为：

$$12\times(12+1)/2=12\times13/2=78$$

自由度是 51，表示要估计的参数为 78－51＝27. 这 27 个参数包含 9 个因素对变量的回归系数，3 个因素间的协方差（相关），15 个潜变量的方差.

其次是参数估计结果，分为三个部分：(1) 因素对变量的回归系数（载荷量）；(2) 因素间的协方差；(3) 因素的方差.

每个部分都有 6 栏数值：

1. 第 1 栏 Estimate 是参数估计值（未标准化），其中有 3 个参照指标，固定为 1. 图 24—7 是以 semPaths 所绘的估计结果，固定参数以虚线表示.（详细说明见 24.3.4 小节.）

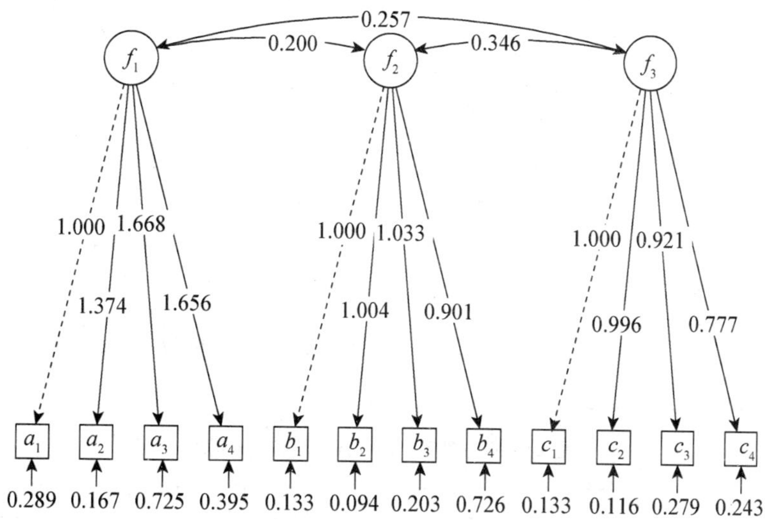

图 24—7　原始估计值

2. 第 2 栏 Std. Err 是参数的标准误，固定参数没有标准误.
3. 第 3 栏 Z-value 的公式是：

$$Z=\frac{原始估计值}{标准误}$$

Z 值大于 1.96 则达到 0.05 显著性水平. 文本框 24—2 中 27 个 Z 值均大于 1.96，表示所有参数都显著.

4. 第 4 栏 P(>| z |) 是 Z 的 p 值，都小于 0.001.
5. 第 5 栏 Std. lv 是将潜在因素标准化所得的参数，一般较少使用.
6. 第 6 栏 Std. all 是将所有因素及变量都标准化后所得的估计值，通常在研究结果中会呈现此部分的数值. 图 24—8 是以 semPaths 所绘的估计结果，其中有 3 个载荷量未大于 0.70 的标准，不过，至少都大于 0.60.

文本框 24—2 中最后的 R-Square，是标准化载荷量的平方，a_1，a_3，b_4 未达到 0.50.

图 24—9 至图 24—11 显示了使用陈正昌设计的 Excel 程序的计算结果，三个因素的平均抽取变异量（AVE）分别是 0.551 2，0.735 7，0.736 7，都大于 0.50；构念信度分别是 0.829 4，0.916 3，0.917 6，均大于 0.70. 整体而言，本量表具有良好的聚敛效度.

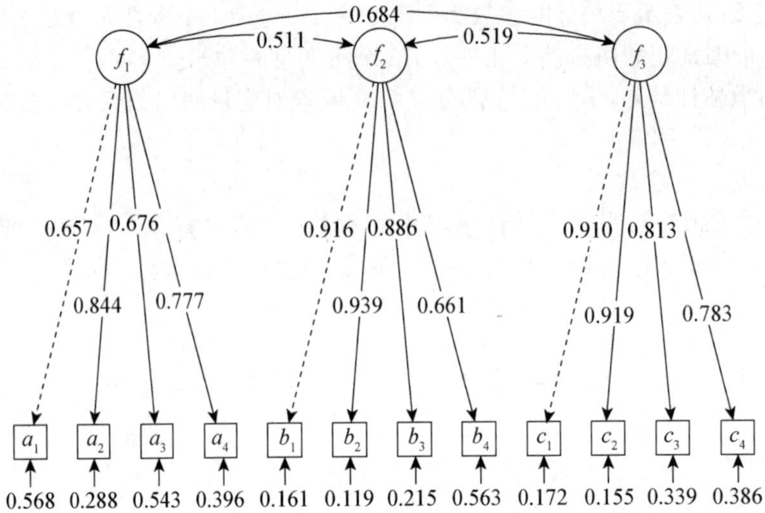

图 24—8　标准化估计值

	A	B	C	D	E	F
1	变量	标准化系数(-1~1间)	项目信度	测量误差方差	变异数	4
2	1	0.6570	0.4316	0.5684	平均抽取变异量(AVE)	**0.5512**
3	2	0.8440	0.7123	0.2877	构念信度(组合信度)	**0.8294**
4	3	0.6760	0.4570	0.5430		
5	4	0.7770	0.6037	0.3963		

图 24—9　因素一的 AVE 及构念信度

	A	B	C	D	E	F
1	变量	标准化系数(-1~1间)	项目信度	测量误差方差	变异数	4
2	1	0.9160	0.8391	0.1609	平均抽取变异量(AVE)	**0.7357**
3	2	0.9390	0.8817	0.1183	构念信度(组合信度)	**0.9163**
4	3	0.8860	0.7850	0.2150		
5	4	0.6610	0.4369	0.5631		

图 24—10　因素二的 AVE 及构念信度

	A	B	C	D	E	F
1	变量	标准化系数(-1~1间)	项目信度	测量误差方差	变异数	4
2	1	0.9100	0.8281	0.1719	平均抽取变异量(AVE)	**0.7367**
3	2	0.9190	0.8446	0.1554	构念信度(组合信度)	**0.9176**
4	3	0.8130	0.6610	0.3390		
5	4	0.7830	0.6131	0.3869		

图 24—11　因素三的 AVE 及构念信度

将三个因素间的相关系数取平方之后分别是 0.261 1，0.269 4，0.467 9，代表两因素的互相解释量，它们都小于三个因素 AVE 的最小值 0.551 2，因此本量表具有良好的区别效度.

24.3.3　拟合指标

在上一小节中，如果设定 summary(fit，fit. measures＝TRUE)，就可以同时得到各项拟合指标，不过，缺少 GFI 及 AGFI 等指标. 如果使用文本框 24—3 中的命令，则可以得到较详细的拟合指标.

文本框 24—3　　　　拟合指标

```
> lavaan::print.fit.measures(fitMeasures(fit))       # 列出较详细的拟合指标

  Number of observations                              308

  Estimator                                            ML
  Minimum Function Test Statistic                 102.592
  Degrees of freedom                                   51
  P-value (Chi-square                               0.000

Model test baseline model:

  Minimum Function Test Statistic                2687.073
  Degrees of freedom                                   66
  P-value                                           0.000

User model versus baseline model:

  Comparative Fit Index (CFI)                       0.980
  Tucker-Lewis Index (TLI)                          0.975
  Bentler-Bonett Non-normed Fit Index (NNFI)        0.975
  Bentler-Bonett Normed Fit Index (NFI)             0.962
  Parsimony Normed Fit Index (PNFI)                 0.743
  Bollen's Relative Fit Index (RFI)                 0.951
  Bollen's Incremental Fit Index (IFI)              0.980
  Relative Noncentrality Index (RNI)                0.980

Loglikelihood and Information Criteria:

  Loglikelihood user model (H0)                 -3588.584
  Loglikelihood unrestricted model (H1)         -3537.288

  Number of free parameters                            27
  Akaike (AIC)                                   7231.168
  Bayesian (BIC)                                 7331.880
  Sample-size adjusted Bayesian (BIC)            7246.248

Root Mean Square Error of Approximation:

  RMSEA                                             0.057
  90 Percent Confidence Interval          0.041     0.073
  P-value RMSEA<=0.05                               0.215
Standardized Root Mean Square Residual:

  RMR                                               0.030
  RMR (No Mean)                                     0.030
  SRMR                                              0.037
```

```
Other Fit Indices:
  Hoelter Critical N (CN) alpha = 0.05                    207.158
  Hoelter Critical N (CN) alpha = 0.01                    233.327

  Goodness of Fit Index (GFI)                               0.947
  Adjusted Goodness of Fit Index (AGFI)                     0.919
  Parsimony Goodness of Fit Index (PGFI)                    0.619

  McDonald Fit Index (MFI)                                  0.920

  Expected Cross-Validation Index (ECVI)                    0.508
```

以下依据指标分类说明所得结果，请读者自行寻找相对应的数值.

绝对拟合指标分别为：

1. 理论模型的 $\chi^2(51)=102.592$，$p<0.001$. χ^2 与自由度的比值为 102.592/51=2.011 6，小于 3，尚可接受.

2. GFI=0.947，AGFI=0.919，都大于 0.9.

3. SRMR=0.037，小于 0.05.

4. RMSEA=0.057，90%置信区间为 [0.041，0.073]. 检验 H_0：RMSEA⩽0.05，得到 $p=0.215$，所以不能拒绝原假设，表示模型拟合度良好.

相对拟合指标是将理论模型与基线模型比较之后得到的指标，依据标准应大于 0.90（最好大于 0.95）. 由此观之，本范例的相对拟合指标都符合此项标准：

1. NFI=0.962.

2. NNFI=0.975，TLI=0.975.

3. RFI=0.951.

4. IFI=0.980.

5. CFI=0.980.

6. MFI=0.920.

精简拟合指标分别为：

1. PGFI=0.619.

2. PNFI=0.743.

信息指标（AIC，BIC，ECVI）主要提供不同模型间的比较，数值越小表示模型拟合度越好. 由于本范例不进行模型间比较，因此可忽略此结果.

最后，Hoelter 的临界 N 值最好大于 200，本范例为 207.158，符合此项标准.

24.3.4 绘制模型

使用 semPlot 包中的 semPaths 函数可以绘制模型图，设定 whatLabels="no" 可以得到理论模型，设定 whatLabels="est" 可以得到未标准化估计值，设定 whatLabels="std" 则可以得到标准化估计值. style="lisrel" 则是以 Lisrel 的形式绘图（见文本框 24—4）. 绘制图形如图 24—6、图 24—7 及图 24—8 所示，不再重复列出.

文本框 24—4　　　　**绘制模型**

```
> library(semPlot)                                      #载入 semPlot 包
> semPaths(fit,what = "path",layout = "tree2",whatLabels = "std",style = "lisrel",edge.color = c
("black"),nDigits = 3)                                  #设定绘图参数
```

24.4　撰写结果

研究者自编 12 道题 Likert 六点量表，以测量使用者对智能型手机的看法. 本量表共有三个分量表，各有 4 题，分别测量有用性、易用性及使用意愿. 经使用 R 进行验证性因素分析，得到 $\chi^2(51, N=308)=102.592$，$p<0.001$. χ^2 与自由度比值为 2.005，GFI=0.947，AGFI=0.919，RMSEA=0.057，SRMR=0.037，CFI=0.980，表示理论模型拟合度良好. 三个因素的 AVE 分别为 0.551 2，0.735 7，0.736 7，都大于 0.50；构念信度分别是 0.829 4，0.916 3，0.917 6，均大于 0.70. 整体而言，本量表具有聚敛效度. 三个因素间的相关系数分别为 0.511，0.519，0.684，取平方都小于 AVE 的最小值 0.551 2，因此本量表具有良好的区别效度. 标准化估计值如图 24—8 所示，因素载荷量都在 0.60 以上.

第 25 章 信度分析

信度类型中的重测信度及复本信度，甚至折半信度，都可以使用 Pearson 积差相关系数 r 代表，此部分请见本书第 16 章的介绍. 本章旨在说明如何利用 R 进行内部一致性信度分析.

25.1 基本统计概念

内部一致性信度（internal consistency reliability）用来测量同一个维度的多个项目（题目）一致的程度. 此处的“同一个维度”是指这些项目都在测量相同构念，由于受试者具有某种构念（想法），因此他在这些项目上的反应就具有一致性.

例如，研究者编制了一份 Likert 六点形式的智能型手机有用性量表，题目如下：

1. 使用智能型手机上网，可以随时获得想要的信息.
2. 使用智能型手机，能让生活更便利.
3. 使用智能型手机，能提升工作绩效.
4. 使用智能型手机中的应用程序，可以解决许多问题.
5. 使用智能型手机让我更方便地与朋友联系.
6. 我认为智能型手机并不实用（反向题）.

假如一位受访者认为智能型手机非常有用，那么他对第 1～第 5 题的回答应该是“6”或非常接近“6”（非常同意）. 第 6 题是反向题，所以他应该回答“1”（非常不同意），这样才与其他 5 题的反应一致. 反之，如果另一位受访者认为智能型手机并不实用，那么他对第 1～第 5 的回答应是“1”，对第 6 题的回答应是“6”.

最常用来估计内部一致性信度的统计量数是 Cronbach 的 α 系数，它是所有可能折半信度的均值，介于 0～1 之间，数值越大代表内部一致性信度越高. 它的公式是：

$$\alpha=\frac{K}{K-1}\left(1-\frac{\sum_{i=1}^{K}s_i^2}{s^2}\right) \tag{25.1}$$

式中，K 是题目数；s^2 是整个量表的方差；s_i^2 是每道题目的方差.

在计算 Cronbach 的 α 系数时应注意：

1. 量表应是单一维度，也就是所有的题目是在测量同一个潜在构念，不同构念的题目不要合并计算 α 系数.

2. 反向题（如前述第 6 题）应先反向计分. 相关内容请参考本书第 3 章 3.2 节的介绍.

3. 如果要删除欠佳的题目，应一次删除一题，不要一次删除多题.

4. Cronbach 的 α 系数适用于多选的题目（如，三选一或六选一等），如果是二选一的题目，则应采用 Kuder-Richardson 的 20 号公式（简称 KR20）. 在 R 中并不需要区分 Cronbach 的 α 系数或者 KR20，因为 KR20 是 Cronbach 的 α 系数的特例，所以得到的系数是相同的.

Cronbach 的 α 系数的适切性标准如表 25—1 所示.

表 25—1　Cronbach 的 α 系数的适切性标准

Alpha	适切性
0.90 以上	优良（excellent）
0.80～0.89	好（good）
0.70～0.79	尚可（acceptable）
0.60～0.69	欠佳（questionable）
0.50～0.59	差（poor）
0.49 以下	无法接受（unacceptable）

25.2 范　例

研究者依据科技接受模式中的“有用性”，编制了一份 Likert 六点形式的智能型手机使用量表（题目见本章末表 25—3），表 25—2 是 30 名受访者的填答情形，请以此计算内部一致性信度.（注：第 6 题已完成反向转码.）

表 25—2　30 名受访者的填答情形

受访者	V1	V2	V3	V4	V5	V6
1	5	5	4	5	6	6
2	5	5	4	4	4	3
3	5	5	4	4	6	5
4	6	6	6	6	6	5
5	6	6	6	5	6	4
6	5	5	4	4	6	4
7	6	6	5	4	5	4
8	6	6	5	5	6	3
9	5	5	5	4	5	4
10	6	5	5	4	5	5

续前表

受访者	V1	V2	V3	V4	V5	V6
11	5	5	4	4	5	3
12	5	3	5	3	4	5
13	6	6	4	5	5	4
14	6	6	6	6	6	6
15	5	5	4	4	6	4
16	6	6	6	6	6	4
17	6	6	6	6	6	5
18	5	5	5	5	5	5
19	6	5	4	4	4	4
20	6	5	5	5	6	6
21	6	4	3	4	5	6
22	5	6	5	5	6	4
23	6	6	6	6	6	5
24	5	4	3	4	4	4
25	6	5	4	6	3	4
26	6	6	4	6	6	3
27	6	6	6	6	5	6
28	4	4	3	3	3	2
29	5	5	3	6	4	3
30	5	4	3	4	4	3

25.3 使用 R 进行分析

25.3.1 数据文件

完整的 R 数据文件如文本框 25—1 所示.

文本框 25—1 信度分析数据文件

```
> load("C:/mydata/chap25/example25.RData")        # 加载本例数据文件
> example25                                        # 展示数据文件内容
  V1 V2 V3 V4 V5 V6
1  5  5  4  5  6  6
2  5  5  4  4  4  3
3  5  5  4  4  6  5
4  6  6  6  6  6  5
5  6  6  6  5  6  4
6  5  5  4  4  6  4
7  6  6  5  4  5  4
8  6  6  5  5  6  3
9  5  5  5  4  5  4
10 6  5  5  4  5  5
11 5  5  4  4  5  3
```

```
12 5  3  5  3  4  5
13 6  6  4  5  5  4
14 6  6  6  6  6  6
15 5  5  4  4  6  4
16 6  6  6  6  6  4
17 6  6  6  6  6  5
18 5  5  5  5  5  5
19 6  5  4  4  4  4
20 6  5  5  5  6  6
21 6  4  3  4  5  6
22 5  6  5  5  6  4
23 6  6  6  6  6  5
24 5  4  3  4  4  4
25 6  5  4  6  3  4
26 6  6  4  6  6  3
27 6  6  6  6  5  6
28 4  4  3  3  3  2
29 5  5  3  6  4  3
30 5  4  3  4  4  3
```

25.3.2　信度分析

文本框 25—2 中，先将 6 道题目加总得到量表总分，并计算量表的均值及标准差，然后使用 psych 包的 alpha 函数进行信度分析.

文本框 25—2　　　　信度分析——Cronbach alpha

```
> attach(example25)                              # 绑定数据
> T = V1 + V2 + V3 + V4 + V5 + V6                # 将各题加总
>  mean(T)                                       # 计算量表均值
[1]29.46667
> sd(T)                                          # 计算量表标准差
[1]4.083046
> library(psych)                                 # 载入 psych 包
> alpha(example25)                               # 进行 alpha 信度分析
Reliability analysis
Call:alpha(x = example25)

  raw_alpha std.alpha G6(smc) average_r S/N  ase mean  sd
      0.83      0.85     0.89      0.48 5.6 0.093 4.9 0.68

lower alpha upper     95% confidence boundaries
0.65 0.83 1.01
Reliability if an item is dropped:
    raw_alpha  std.alpha  G6(smc)  average_r  S/N  alpha se
V1       0.81       0.82     0.86       0.47  4.4     0.110
V2       0.79       0.81     0.79       0.45  4.2     0.116
V3       0.77       0.80     0.86       0.45  4.1     0.119
V4       0.80       0.82     0.86       0.47  4.5     0.112
```

```
V5      0.80      0.82    0.85          0.48  4.7    0.113
V6      0.85      0.86    0.86          0.56  6.3    0.099

Item statistics
      n   raw.r   std.r   r.cor   r.drop   mean    sd
V1   30    0.74    0.78    0.72    0.66     5.5   0.57
V2   30    0.79    0.81    0.82    0.69     5.2   0.81
V3   30    0.84    0.82    0.78    0.73     4.6   1.04
V4   30    0.76    0.77    0.73    0.62     4.8   0.97
V5   30    0.76    0.75    0.70    0.63     5.1   0.97
V6   30    0.62    0.58    0.52    0.41     4.3   1.09

Non missing response frequency for each item
        2     3     4     5     6 miss
V1   0.00  0.00  0.03  0.43  0.53    0
V2   0.00  0.03  0.13  0.43  0.40    0
V3   0.00  0.17  0.33  0.27  0.23    0
V4   0.00  0.07  0.40  0.23  0.30    0
V5   0.00  0.07  0.20  0.27  0.47    0
V6   0.03  0.20  0.37  0.23  0.17    0
```

文本框 25—2 中，第一部分显示了 30 名受访者完成整个量表的平均分数为 29.466 67，标准差为 4.083 046.

第二部分显示量表原始的 Cronbach 的 α 系数（raw _ alpha）为 0.83.

$$\alpha=\frac{6}{6-1}\left(1-\frac{0.57^2+0.81^2+1.04^2+0.97^2+0.97^2+1.09^2}{4.083\,046^2}\right)=0.83$$

如果把 6 道题目先标准化，则标准化的 Cronbach 的 α 系数（std. alpha）为 0.85，介于 0.80～0.89 之间，内部一致性信度相当高. Guttman 的 λ6 等于 0.89，它是由每道题目的 SMC 计算而得，公式为：

$$\lambda 6=1-\frac{\sum e_i^2}{s^2}=1-\frac{\sum(1-r_{\text{smc}}^2)}{s^2}$$

式中,SMC 是以某一道题目为因变量，其他 5 题为自变量进行多元回归分析所得的 R^2.

average _ r 是 6 道题目间 15 个 Pearson r 值的均值，为 0.48. S/N 是讯号与杂音比，公式为：

$$S/N=\frac{K\bar{r}}{1-\bar{r}}=\frac{6\times 0.48}{1-0.48}=5.6$$

所有题目的均值是 4.9，标准差是 0.68（由 30 名受访者完成量表的平均得分计算而得）. 如果要计算 Cronbach 的 α 系数的置信区间，比较常用的公式为：

$$下限:1-(1-\alpha)\times F_{(1-\alpha/2,N-1,(N-1)(N-K-1))}$$
$$上限:1-(1-\alpha)\times F_{(\alpha/2,N-1,(N-1)(N-K-1))}$$

计算结果为 [0.72，0.91]，与文本框 25—2 中的结果不一致，这是因为所用公式不同.

第三部分是删除某一题后量表的 α 值．一般情形下，量表的题目越多，信度越高，因此删除题目通常会使得信度降低．然而，删除第 6 题后，其他 5 题的原始 α 值反而增加为 0.85，10 个 r 值的均值增加为 0.56，如果第 6 题的内容不是非常独特或重要，可以考虑删除此题，以增大量表的 α 值．

第四部分是每道题目的统计量．其中 mean 及 sd 分别是 30 名受访者在该题上的均值及标准差．raw. r 是某一题与量表总分的相关系数，由于量表总分是由 6 题的分数相加而得，因此 raw. r 会包含题目的自身相关．r. cor 是以 SMC 校正后的 r．r. drop 则是某一题与其他 5 题加总之后总分的 Pearson 积差相关，相关系数最好在 0.50 以上．以第 1 题为例，将 30 名受访者在第 2～第 6 题的得分相加（假设命名为 SUM 26），再计算 V1 与 SUM 26 的相关系数（文本框 25—2 中为 0.66）．如果 r. drop 较低，表示受访者在该题的反应与其他 5 题不太一致，因此可能会使得整个量表的内部一致性信度降低．第 6 题与其他 5 题总分的相关系数为 0.41，是 r. drop 最低者，因此将第 6 题加入，有可能反而使量表的 α 值变小．

第五部分是受访者在 6 道题目上的反应．以第 1 题为例，53%的受访者（16 人）回答"6"（非常同意），43%（13 人）回答"5"（很同意），3%（1 人）回答"4"（有些同意），回答其他三个选项的人数都为 0．

总之，如果保留全部的题目，则量表的 Cronbach α＝0.83；如果要删题，可以优先剔除第 6 题；如果想保留 V6 这个反向题，则可以考虑去掉 V1 这一题．

25.4　撰写结果

研究者自编 6 道题的"智能型手机有用性量表"（见表 25—3，第 6 题为反向题），量表的 α 系数为 0.83，表示题目间有很高的一致性．个别题目的均值介于 4.30～5.50，总量表的均值为 29.467，标准差为 4.083．

表 25—3　　量表题目

题号	题目
V1	使用智能型手机上网，可以随时获得想要的信息
V2	使用智能型手机，能让生活更便利
V3	使用智能型手机，能提升工作绩效
V4	使用智能型手机中的应用程序，可以解决许多问题
V5	使用智能型手机让我更方便地与朋友联系
V6	我认为智能型手机并不实用

参考书目

林清山．心理与教育统计学［M］．台北：东华书局，1992．

范德鑫．共变数分析功能、限制及使用之限制［N］．台湾师范大学学报，1992（37）：133-163．

陈正昌．行为及社会科学统计学［M］．3 版．高雄：复文图书公司，2004．

陈正昌．多元回归分析［M］//陈正昌、程炳林、陈新丰、刘子键．多变量分析方法（六版）．台北市：五南图书公司，2011a：27-92．

陈正昌．区别分析［M］//陈正昌、程炳林、陈新丰、刘子键．多变量分析方法（六版）．台北市：五南图书公司，2011b：195-256．

陈正昌．SPSS 与统计分析［M］．台北市：五南图书公司，2013．

陈正昌，张庆勋．量化研究与统计分析［M］．台北市：新学林出版公司，2007．

程炳林，陈正昌．多变量变异数分析［M］//陈正昌、程炳林、陈新丰、刘子键．多变量分析方法（六版）．台北市：五南图书公司，2011a：317-368．

程炳林，陈正昌．因素分析［M］//陈正昌、程炳林、陈新丰、刘子键．多变量分析方法（六版）．台北市：五南图书公司，2011b：393-448．

程炳林，陈正昌，陈新丰．结构方程模式［M］//陈正昌、程炳林、陈新丰、刘子键．多变量分析方法（六版）．台北市：五南图书公司，2011：539-704．

贾俊平．统计学——基于 R［M］．北京：中国人民大学出版社，2014．

Aron，A.，Coups，E. J.，& Aron，E. Statistics for Psychology［M］. 6th ed. Upper Saddle River，NJ：Pearson Education，2013.

Bachmann，K. et al. Controlled study of the putative interaction between famotidine and theophylline in patients with chronic obstructive pulmonary disease［J］. Journal of Clinical Pharmacology，1995，35（5）：529-535.

Cohen，B. H. Explaining Psychological Statistics［M］. 3rd ed. New York，NY：John Wiley & Sons，2013.

Cohen，J. Statistical Power Analysis for the Behavioral Sciences［M］. 2nd ed. Hillsdale，NJ：Lawrence Erlbaum Associates，1988.

Girden，E. R. ANOVA：repeated measures［M］. Thousand Oaks，CA：Sage，1992.

Green, S. B., & Salkind, N. J. Using SPSS for Windows and Macintosh: Analyzing and understanding data [M]. 7th ed. Upper Saddle River, NJ: Pearson Education, 2014.

Hair, Jr. J. F., Black, W. C., Babin, B. J., & Anderson, R. E. Multivariate Data Analysis [M]. 7th ed. Upper Saddle River, NJ: Prentice Hall, 2009.

Kaiser, H. F., & Rice, J. Little Jiffy, Mark IV [J]. Educational and Psychological Measurement, 1974 (34): 111-117.

Keppel, G. Design and analysis: A researcher's handbook [M]. 3rd ed. Upper Saddle River, NJ: Prentice Hall, 1991.

Kim, Soyoung. Alternatives to analysis of covariance for heterogeneous regression slopes in educational research [J]. Korean Journal of Teacher Education, 2010 (26): 73-91.

Kirk, R. E. Experimental design: Procedures for the behavioral sciences [M]. 3rd ed. Pacific Grove, CA: Brooks/Cole, 1995.

Kirk, R. E. Experimental design: Procedures for the behavioral sciences [M]. 4th ed. Los Angeles, CA: Sage, 2013.

Levine, T. R. & Hullett, C. R. Eta squared, partial eta squared and the misreporting of effect size in communication research [J]. Human Communication Research, 2002 (28): 612-625.

O'Connor, B. P. SPSS and SAS programs for determining the number of components using parallel analysis and Velicer's MAP test [J]. Behavior Research Methods, Instrumentation, and Computers, 2000 (32): 396-402.

Owen, S. V., & Froman, R. D. Uses and abuses of the analysis of covariance [J]. Research in Nursing & Health, 1998 (21): 557-562.

Page, M. C., Braver, S. L., & MacKinnon, D. P. Levine's guide to SPSS for analysis of variance [M]. 2rd ed. Hillsdale, NJ: Lawrence Erlbaum Associates, 2003.

Pierce, C. A., Block, R. A., & Aguinis, H. Cautionary note on reporting eta-squared values from multifactor ANOVA designs [J]. Educational and Psychological Measurement, 2004 (64): 916-924.

Tabachnick, B. G., & Fidell, L. S. Using multivariate statistics [M]. 5th ed. Boston, MA: Pearson, 2007.

Tamhane, A. C. A comparison of procedures for multiple comparisons of means with unequal variances [J]. Journal of the American Statistical Association, 1979 (74): 471-480.

教师教学服务说明

中国人民大学出版社工商管理分社以出版经典、高品质的工商管理、财务会计、统计、市场营销、人力资源管理、运营管理、物流管理、旅游管理等领域的各层次教材为宗旨。

为了更好地为一线教师服务，近年来工商管理分社着力建设了一批数字化、立体化的网络教学资源。教师可以通过以下方式获得免费下载教学资源的权限：

在“人大经管图书在线”（www.rdjg.com.cn）注册，下载“教师服务登记表”，或直接填写下面的“教师服务登记表”，加盖院系公章，然后邮寄或传真给我们。我们收到表格后将在一个工作日内为您开通相关资源的下载权限。

如您需要帮助，请随时与我们联络：

中国人民大学出版社工商管理分社

联系电话：010－62515735，62515749，62515987

传　　真：010－62515732，62514775　　　电子邮箱：rdcbsjg@crup.com.cn

通讯地址：北京市海淀区中关村大街甲 59 号文化大厦 1501 室（100872）

教师服务登记表

<table>
<tr><td>姓 名</td><td></td><td>□先生　□女士</td><td>职　　称</td><td colspan="2"></td></tr>
<tr><td>座机/手机</td><td colspan="2"></td><td>电子邮箱</td><td colspan="2"></td></tr>
<tr><td>通讯地址</td><td colspan="2"></td><td>邮　　编</td><td colspan="2"></td></tr>
<tr><td>任教学校</td><td colspan="2"></td><td>所在院系</td><td colspan="2"></td></tr>
<tr><td rowspan="3">所授课程</td><td>课程名称</td><td>现用教材名称</td><td>出版社</td><td>对象（本科生/研究生/MBA/其他）</td><td>学生人数</td></tr>
<tr><td></td><td></td><td></td><td></td><td></td></tr>
<tr><td></td><td></td><td></td><td></td><td></td></tr>
<tr><td colspan="2">需要哪本教材的配套资源</td><td colspan="4"></td></tr>
<tr><td colspan="2">人大经管图书在线用户名</td><td colspan="4"></td></tr>
<tr><td colspan="6">院/系领导（签字）：
院/系办公室盖章</td></tr>
</table>